Jean-Jacques Rousseau: Die beiden Diskurse zur Zivilisationskritik

Klassiker Auslegen

Herausgegeben von
Otfried Höffe

Band 53

Jean-Jacques Rousseau: Die beiden Diskurse zur Zivilisationskritik

―

Erster Diskurs über die Wissenschaften und die Künste (1750)

Zweiter Diskurs über die Ungleichheit (1755)

Herausgegeben von
Johannes Rohbeck und Lieselotte Steinbrügge

DE GRUYTER

ISBN 978-3-11-037522-0
e-ISBN (PDF) 978-3-11-037531-2
e-ISBN (EPUB) 978-3-11-038714-8
ISSN 2192-4554

Library of Congress Cataloging-in-Publication Data
A CIP catalog record for this book has been applied for at the Library of Congress.

Bibliografische Information der Deutschen Nationalbibliothek
Die Deutsche Nationalbibliothek verzeichnet diese Publikation in der Deutschen Nationalbibliografie; detaillierte bibliografische Daten sind im Internet über http://dnb.dnb.de abrufbar.

© 2015 Walter de Gruyter GmbH, Berlin/München/Boston
Titelbild: Jean-Jacques Rousseau, Pastell von Maurice Quentin de La Tour, 1753, gemeinfrei, Wikimedia Commons
Druck und Bindung: Hubert & Co. GmbH & Co. KG, Göttingen
♾ Gedruckt auf säurefreiem Papier
Printed in Germany

www.degruyter.com

Inhalt

Zitierweise —— VII

Vorwort —— IX

Johannes Rohbeck und Lieselotte Steinbrügge
1 Einführung —— 1

Béatrice Durand
2 Die historischen Entstehungsgründe der Zivilisation
Erster Diskurs, erster Teil —— 27

Michaela Rehm
3 Aufklärung über Fortschritt: Die systematischen Ursachen der Zivilisation
Erster Diskurs, zweiter Teil —— 47

Alfonso M. Iacono
4 Politische Utopie und hypothetischer Ursprung.
Staatstheoretische und methodologische Voraussetzungen
Zweiter Diskurs: Widmung, Vorwort, Einleitung (Exordium) —— 63

Susanne Lettow
5 Naturgeschichte und Geschichte der Menschheit
Zweiter Diskurs, erster Teil —— 83

Blaise Bachofen
6 Der erste Naturzustand als *wahrer* Naturzustand.
Die Tragweite einer anthropologischen Untersuchung
Zweiter Diskurs, erster Teil —— 103

Philip Stewart
7 Der zweite Naturzustand des „goldenen Zeitalters"
Zweiter Diskurs, zweiter Teil (D2, 172–195) —— 127

Antonio Gomez Ramos
8 Der Übergang zur bürgerlichen Gesellschaft
Zweiter Diskurs, zweiter Teil (D2, 195–215) —— 141

Karlfriedrich Herb
**9 Zwischen Narrativ und Norm. Rousseaus Erzählungen
über den Ursprung der Gesellschaft
Zweiter Diskurs, zweiter Teil (D2, 215–273) —— 159**

Günther Mensching
**10 Das Verhältnis des *Zweiten Diskurses*
zu den Schriften *Vom Gesellschaftsvertrag* und *Emile* —— 179**

Simone Zurbuchen
11 Zur Wirkungsgeschichte der beiden Diskurse —— 195

Auswahlbibliographie —— 221
Personenregister —— 225
Sachregister —— 227
Hinweise zu den Autorinnen und Autoren —— 231

Zitierweise

Die folgenden Siglen gelten für den gesamten Band. Alle weiteren Texte von Rousseau werden in den einzelnen Beiträgen nachgewiesen.

D1 Discours sur les sciences et les arts. Abhandlung über die Wissenschaften und die Künste. Französisch/Deutsch, übersetzt von D. Butz-Striebel in Zusammenarbeit mit M.-L. Petrequin, herausgegeben von B. Durand, Stuttgart 2012.

D2 Diskurs über die Ungleichheit. Discours sur l'inégalité. Kritische Ausgabe des integralen Textes. Mit sämtlichen Fragmenten und ergänzenden Materialien nach den Originalausgaben und den Handschriften neu ediert, übersetzt und kommentiert von H. Meier, 6. Aufl. Paderborn 2008.

PÖ Abhandlung über die Politische Ökonomie, in: Politische Schriften, herausgegeben von L. Schmidts, Paderborn 1995, 9–57.

US Versuch über den Ursprung der Sprachen, in: Sozialphilosophische und Politische Schriften, Erstübertragung von E. Koch, D. Leube, M. Walz und H. Zischler, München 1981, 165–226.

GV Du contrat social ou Principes du droit politique. Vom Gesellschaftsvertrag oder Grundsätze des Staatsrechts. Französisch/Deutsch, in Zusammenarbeit mit E. Pietzcker übersetzt und herausgegeben von H. Brockard, Stuttgart 2010.

E Emile oder Über die Erziehung, herausgegeben, eingeleitet und mit Anmerkungen versehen von M. Rang; unter Mitarbeit des Herausgebers aus dem Französischen übertragen von E. Sckommodau, Stuttgart 1998.

B Die Bekenntnisse, übersetzt von Alfred Semerau, durchgesehen von D. Leube; mit einem Nachwort und Anmerkungen von Ch. Kunze, Mannheim 2011.

OC Œuvres complètes, herausgegeben von B. Gagnebin und M. Raymond, Paris 1959 ff. (Bibliothèque de la Pléiade).

Vorwort

Jean-Jacques Rousseau gehört zu den einflussreichsten Denkern der Moderne. Gleichzeitig sind seine Schriften so heterogen und für heutige Leser/innen bisweilen unverständlich, dass wir bei der Arbeit an diesem Buch so manches Mal dem Dresdener Romanisten Victor Klemperer zugestimmt haben, der den Autor einen „Quälgeist" nannte.

Die beiden Diskurse zur Zivilisationskritik, die Gegenstand des vorliegenden Bandes sind, bilden das Gerüst für Rousseaus gesamtes Werk. In ihnen formuliert er sein grundsätzliches Unbehagen an der modernen Kultur. Damit demonstriert er, dass die Kritik an der Aufklärung und Moderne zu einer Zeit entstanden ist, als sich diese Kultur gerade herausgebildet hat. Hier zeigt sich, dass die heute vielfach geforderte Selbstreflexion der Aufklärung bereits seit ihren Anfängen präsent war.

Rousseaus Kritik an der modernen Zivilisation ist bis in die Gegenwart aktuell geblieben. Wenn Rousseau die soziale „Ungleichheit" beklagt, denkt man an die ungeheure Kluft zwischen Arm und Reich in der globalisierten Welt. Und wenn er zwar kein „Zurück zur Natur", wohl aber eine naturgemäße Lebensweise propagiert, sehen wir Parallelen zur ökologischen Bewegung. Inzwischen gelten die beiden Diskurse in so unterschiedlichen Disziplinen wie der Philosophie, Soziologie, Ethnologie, Psychologie, Politik-, Geschichts- und Literaturwissenschaft als „Klassiker".

Dass ihre Lektüre nicht Qual, sondern Vergnügen und Erkenntnis bewirken möge, ist das Ziel der hier versammelten Beiträge. In den Aufsätzen 2 bis 9 werden die jeweils in den Überschriften genannten Abschnitte der beiden Diskurse intensiv kommentiert, kontextualisiert und interpretiert. Die übrigen Artikel widmen sich übergreifenden Themen.

Wir danken allen Autorinnen und Autoren dieses Bandes für ihre Beiträge. Für bibliographische Recherchen danken wir Marco Kleber (Technische Universität Dresden) und Christopher Kock (Ruhr-Universität Bochum).

Johannes Rohbeck und
Lieselotte Steinbrügge   Vertheuil, im Sommer 2014

Johannes Rohbeck und Lieselotte Steinbrügge
1 Einführung

Mit seinen beiden *Diskursen* stellt Rousseau (1712–1778) die moderne Zivilisation radikal in Frage. Während andere Vertreter der Aufklärung die Erwartung äußerten, dass die erkennbaren Fortschritte in Wissenschaft, Technik und Ökonomie auch zu Verbesserungen in Moral und Politik führen mögen, hält Rousseau derartige Hoffnungen für eine Illusion. Er vertritt vielmehr die These, dass die wissenschaftlichen und technischen Fortschritte die Sitten der Menschen und der Gesellschaft verderben. So behauptet er einen grundlegenden Widerspruch zwischen den kulturellen Errungenschaften einerseits und den moralischen, sozialen und politischen Zuständen andererseits. Auf diese Weise deutet er den Fortschritt in einen Verfallsprozess um.

Im ersten *Diskurs über die Wissenschaften und die Künste* (1750) beschreibt Rousseau deren negative Auswirkungen auf die Verhaltensweisen der Menschen. An die Stelle früherer Tugend sei das Laster getreten. Mitmenschliche Beziehungen seien verloren gegangen, stattdessen herrschten soziale Kälte, Hass und Argwohn. Besonders perfide sei dieser Zustand, weil sich die wechselseitigen Bosheiten hinter einem Schleier der Höflichkeit verbergen. Im ersten Teil dieses *Diskurses* versucht Rousseau mit Hilfe von Beispielen aus der Antike zu belegen, dass diese Phänomene seit dem Beginn der Menschheitsgeschichte zu beobachten seien. Im zweiten Teil folgt eine systematische Begründung, indem die Motive menschlichen Handelns und die Folgen auf das Verhalten der Menschen analysiert werden. Zum Schluss wird ein Weg aus der Krise aufgewiesen.

Im zweiten *Diskurs über die Ungleichheit* (1755) beabsichtigt Rousseau eine geschichtsphilosophische Grundlegung, um zu erklären, wie es im Laufe der Zeit zum Verfall der Sitten gekommen ist. Die historische Darstellung soll die Kritik an der modernen Gesellschaft vertiefen. Der erste Teil widmet sich dem „Naturzustand" (l'état de nature) des Menschen, d. h. einem Zustand, in dem die Menschen nicht vergesellschaftet sind und ihre unverdorbene „Natur" zum Vorschein bringen. Indem sich Rousseau an der zeitgenössischen „Naturgeschichte" orientiert, entwirft er eine originäre Anthropologie. Im zweiten Teil stellt er einen weiteren „Naturzustand" dar, in dem die Menschen kleine Gemeinschaften bilden und relativ glücklich leben. Darauf lässt er den Zustand der bürgerlichen Gesellschaft folgen, in dem im Zuge von Arbeitsteilung und Privateigentum die soziale Ungleichheit entsteht, aus der wiederum politische Herrschaft und Unterdrückung hervorgehen.

Wie kaum ein anderer Philosoph hat Rousseau mit seiner Theorie höchst kontroverse Wirkungen hervorgerufen (siehe Zurbuchen in diesem Band). Rousseau ist ein Autor, der auf extreme Weise provoziert und polarisiert. Er spaltet die Rezeption in feindliche Lager der begeisterten Anhänger und ablehnenden Kritiker. Besonders bemerkenswert ist dabei der Umstand, dass sowohl Fürsprecher als auch Gegner aus entgegengesetzten politischen Richtungen stammen. Schon während der Französischen Revolution wurde Rousseaus Philosophie gefeiert, so wie ihm die darauf folgende Restauration den Terror zur Last legte. Später wurde er sowohl von der zivilisationskritischen Romantik in Deutschland als auch von den sozialistischen Bewegungen des 19. und 20. Jahrhunderts in Anspruch genommen. So wurde er zum Repräsentanten feindlicher Brüder – ein Zwiespalt, der bis in die heutige Gegenwart aktuell geblieben ist. Das gilt besonders für die beiden Diskurse, die zu den Grundtexten moderner Zivilisationskritik gehören.

In dieser Einführung geben wir einen Überblick über den ersten und zweiten Diskurs, um deren Zusammenhang zu verdeutlichen, bevor die in diesem Band versammelten Autorinnen und Autoren die einzelnen Textpassagen detailliert kommentieren. Darüber hinaus versuchen wir, einige eigene Akzente zu setzen, welche die vorliegenden Analysen ergänzen sollen. Dazu zählt die Sozialphilosophie, die gegenüber der Anthropologie und politischen Theorie ein besonderes Gewicht erhält. Ein weiteres Thema sind die im Rousseauschen Diskurs immer wieder auftauchenden geschlechtlichen Markierungen bestimmter Theoreme sowie die explizit thematisierten Geschlechterverhältnisse. Schließlich kommt die Geschichtsphilosophie systematisch zur Sprache, um nicht nur die Gemeinsamkeiten und Unterschiede im Vergleich mit den Fortschrittstheorien der Aufklärung zu sondieren, sondern auch die praktische Funktion der historischen Erzählung zu erläutern. Doch zunächst gehen wir kurz auf die äußeren Umstände der beiden Diskurse ein, um den historischen Kontext zu beleuchten.

1.1 Rousseaus Diskurse im Kontext

Der Anlass für den *Ersten Diskurs* war die Preisfrage der Akademie von Dijon, „Hat die Wiederherstellung der Wissenschaften und Künste dazu beigetragen, die Sitten zu läutern?" (D1, 9).[1] Rousseau fällte in seiner Beantwortung, in der er die Frage mit dem Zusatz „oder sie zu verderben" (D1, 13) reformulierte, ein vernichtendes Urteil: Nein, die Wissenschaften und Künste fördern nicht die Sitten; im Gegenteil, sie schaden den Menschen und der Gesellschaft. Obwohl

---

[1] Im Französischen bedeuten die „Künste" (arts) sowohl die „schönen Künste" (beaux arts) wie Literatur, Musik und Malerei, als auch die „mechanischen Künste" (arts mécaniques), worunter heute die Technik verstanden wird.

die Akademie mit einer derart kühnen Antwort nicht gerechnet hatte, verlieh sie Rousseau den ersten Preis, der sich selbst von diesem Ergebnis überrascht zeigte (Goldschmidt, 271). Damit stellt sich die Frage, warum Rousseau diesen Preis erhalten hat. Wie sensationell diese Entscheidung auch erschien, so lassen sich dafür doch einige Gründe angeben, die den *Ersten Diskurs* in den damaligen Kontext stellen.

Vordergründig ist zu konstatieren, dass Rousseau mit Hilfe einer ausgefeilten Rhetorik die Akademie von Dijon für sich einzunehmen vermochte (Meier, XLVII f.). Weil er die Wissenschaften nicht pauschal verdammte, sondern für einen anderen Gebrauch wissenschaftlicher Erkenntnisse zum Wohl der Gesellschaft eintrat, hielt er eine Reform grundsätzlich für möglich. Und zu den „Heilmitteln" (remèdes) der diagnostizierten Krankheit zählte er ausgerechnet diejenige Institution, von der er sich eine Auszeichnung erhoffte (D1, 71). Offensichtlich haben sich die Preisrichter von dieser dreisten Schmeichelei betören lassen. Im Grunde widersprach sich Rousseau hier selbst, indem er das Wissenschaftssystem seiner Zeit anprangerte und im selben Atemzug seine Protagonisten hofierte, die Heuchelei generell verabscheute und zugleich als Mittel für eigene Zwecke einsetzte.

Ferner ist einzuräumen, dass Rousseaus Position nicht ganz so neu war, wie es erscheinen mag. Explizit griff er auf die Antike zurück, um zu zeigen, dass „die Übel, die unsere fruchtlose Wissbegierde hervorbringt, [...] so alt wie die Welt" sind (D1, 27). Diese Einschätzung belegte er mit zahlreichen Beispielen aus den antiken Kulturen der Ägypter, Griechen und Römer. Noch wichtiger ist hier, dass er sich dabei auf Autoren wie Platon, Livius, Seneca, Tacitus und Plutarch berief, die dafür bekannt sind, die Dekadenz ihrer Epoche beklagt zu haben. Sie alle kritisierten Handel, Reichtum und Luxus, die sie für den Sittenverfall verantwortlich machten (Müller, 30 ff.; siehe Durand in diesem Band). Insbesondere der fünfte Gesang aus dem *Wesen des Weltalls* des römischen Dichters Lukrez (ca. 99–55 v. Chr.) fungierte als Vorbild, ohne jedoch genannt zu werden. Darin schilderte dieser die ersten Fortschritte der Menschheit wie den Bau von Hütten, die Entdeckung des Feuers und des Ackerbaus, um sogleich die negativen Auswirkungen zu nennen wie Ehrgeiz, Missgunst und Herrschaft (Lukrez, 269 ff.). Es ist nicht unwahrscheinlich, dass die Mitglieder des Preisgerichts darin ihr Bildungswissen wiedererkannten und zu schätzen wussten. Außerdem dürften sie sich an den *Streit zwischen den Altertumsfreunden (anciens) und den Modernen (modernes)* erinnert haben, der Ende des 17. Jahrhunderts in Frankreich ausgetragen wurde und bis in die Mitte des 18. Jahrhunderts noch zahlreiche Anhänger der Antike hinterlassen hat.

In einer solchen Orientierung an der Antike und zugleich kritischen Haltung gegenüber der Moderne drückte sich eine konservative Grundstimmung aus, die im positiven Urteil über Rousseaus Preisschrift zum Tragen kam. Angesprochen fühlte sich der Adel, der der höfischen Kultur selbst überdrüssig geworden war, wie die Flucht aus den Städten und Palästen aufs Land mit entsprechenden Schäferidyllen demonstrierte. Zugleich war der adligen Gesellschaft das reiche Bürgertum suspekt geworden, das nicht nur sozial immer weiter aufstieg, sondern mit seinen berühmten Salons, in denen Philosophen wie Voltaire, Denis Diderot und Paul Henri D. T. d'Holbach verkehrten, die Ideen der Aufklärung verbreitete. So kamen die aufklärungskritischen Argumente von Rousseau, der selbst an dieser Salonkultur, wenn auch mit ambivalenten Gefühlen teilnahm, sogar den Monarchisten entgegen.

Aber auch in den Schriften ihm unmittelbar vorausgegangener Zeitgenossen hat die Kritik an der modernen Zivilisation oftmals eine wichtige Rolle gespielt. Sie steht bereits in den *Essais* des von Rousseau bewunderten und mehrfach erwähnten Michel de Montaigne wie auch in den ethnologischen Studien von Louis-Armand de Lahontan (Klemperer, 159 f.). Außerdem findet sich zu genau derselben Zeit eine ähnliche, wenn nicht sogar radikalere Position im *Gesetzbuch der Natur* (1755) von Étienne-Gabriel Morelly und später in *Über die Gesetzgebung, oder Prinzipien der Gesetze* (1776) von Gabriel Bonnot de Mably. Man kann daraus schlussfolgern, dass die Zivilisationskritik in der Luft lag.

Neben den historischen Anleihen und sozialen Gegensätzen spielten schließlich auch geographische Faktoren eine Rolle. Die Stadt Dijon liegt etwa dreihundert Kilometer von Paris entfernt. Wenn deren Akademie einen Autor wie Rousseau auszeichnete, dann verbarg sich darin nicht zuletzt der Aufstand der Provinz gegenüber der Metropole (Weigand, XV). Rousseau war dafür der richtige Kandidat, weil er sich selbst als ein Fremder verstand. Denn er stammte aus Genf in der Schweiz, vagabundierte sein Leben lang durch halb Europa und fühlte sich in der Pariser Gesellschaft niemals heimisch (Starobinski, 403 ff.; Soëtard, 46 f.). Wenn er die „Urbanität" (urbanité; D1, 23) der Aufklärung brandmarkte, zielte er in erster Linie auf die Stadt Paris. Die kritischen Blicke aus der Peripherie auf das Zentrum dürften sich hier getroffen haben.

Fünf Jahre später schrieb die Akademie von Dijon einen weiteren Preis aus, jetzt mit der Frage: „Welches ist der Ursprung der Ungleichheit unter den Menschen, und ob sie durch das natürliche Gesetz autorisiert wird." (D2, 65) Wieder reichte Rousseau ein Manuskript ein, das umfangreicher als der *Erste Diskurs* ausfiel und den abgewandelten Titel trug: *Diskurs über den Ursprung und die Grundlagen der Ungleichheit unter den Menschen*. In der vorangestellten Widmung „An die Republik Genf", die er als konkrete Utopie stilisierte (Hatzenberger, 229 ff.), gab er sich sogleich als ein Außenseiter zu erkennen, der gegenüber der französischen Zivilisation kritische Distanz wahrte (zu diesen Paratexten siehe Iacono in diesem Band). Obwohl er diesmal keinen Preis gewann, den er wegen seines vorausgegangenen Erfolges auch nicht mehr nötig hatte, konnte er sich der Zustimmung der Akademie gewiss sein.

1.2 Natur und Kultur

Die beiden *Diskurse* gaben auch Anlass für ein prinzipielles Missverständnis. Bereits die Zeitgenossen warfen Rousseau vor, ein „Zurück zur Natur" zu fordern in dem Sinne, dass sich der Mensch in seinen tierischen Zustand zurückversetzen sollte – ein Vorurteil, das sich bis heute gehalten hat. Doch in Wirklichkeit ist eine solche Formulierung in Rousseaus Schriften nirgendwo zu finden. Sie wäre mit seiner Philosophie auch unvereinbar, wie er selbst in einer Anmerkung klarstellt (D2, 319).

Denn im *Zweiten Diskurs* trifft Rousseau innerhalb des Naturzustandes eine wesentliche Unterscheidung. Im ersten Stadium beschreibt er die Menschen so, als ob sie völlig isoliert gelebt hätten, ohne Technik, Sprache und Moral; hier ist der Abstand des „wilden Menschen" (homme sauvage) zu den Tieren tatsächlich gering (siehe Lettow in diesem Band). Aber es handelt sich, wie Rousseau versichert (D2, 319), um keinen Zustand, den er wiederherzustellen beabsichtigt. Im zweiten Stadium lässt er die Menschen elementare Techniken entwickeln und soziale Verbindungen eingehen. Erst diese Epoche bezeichnet Rousseau als „die wahrhafte Jugend der Welt" (D2, 195) und die glücklichste Zeit der Menschheit. Sein Ideal besteht also in einer Gesellschaft, die sich zwischen dem ursprünglichen Naturzustand und dem Zustand der bürgerlichen Gesellschaft befindet, d. h. auf dem mittleren Entwicklungsniveau einer kleinbäuerlichen Agrarwirtschaft.[2]

Im Hinblick auf die Methode ist zu beachten, dass Rousseau keineswegs beansprucht, mit dem Naturzustand ein historisches Faktum zu beschreiben. Es komme vielmehr darauf an, „alle Tatsachen beiseite zu lassen" und keine „historischen Wahrheiten" (verités historiques) zu behaupten (D2, 71). Mit dieser Ablehnung der „Tatsachen" richtet sich Rousseau nicht, wie man vordergründig annehmen könnte, gegen die zeitgenössische Naturforschung, die er durchaus schätzte – wie auch die lange Anmerkung X (D2, 323–349) beweist, in der er den ethnologischen Forschungen und Reiseberichten seiner Zeitgenossen Tribut zollt –, sondern gegen die *biblischen* Tatsachen, d. h. die Schöpfungsgeschichte. Die „verschleierte Befehdung der Bibel" (Klemperer, 69) in den Passagen vor und nach diesem vieldiskutierten Satz (D2, 71, Anm. 83) belegt dies ebenfalls. Weil es aber keinen empirischen Beweis für diesen Naturzustand gibt, weil es sich um einen Zustand

---

[2] Ein solches Landleben bildet die Grundlage der Romane *Julie oder Die Neue Héloïse* (1761) und *Emile oder Über die Erziehung* (1762). In seinen Verfassungsentwürfen für Polen und Korsika, deren Gesellschaften noch ländlichen Charakter trugen, hat Rousseau versucht, einen entsprechenden Einfluss zu nehmen, während er die Rückkehr zu einem solchen Zustand in entwickelten Ländern wie Frankreich für illusorisch hielt.

handelt, „der nicht mehr existiert, der vielleicht nie existiert hat und der wahrscheinlich niemals existieren wird" (D2, 47), bleibt nur übrig, ihn gedanklich zu konstruieren. Rousseau spricht von bloßen „Vermutungen" (conjectures), die im günstigen Fall auf Wahrscheinlichkeiten beruhen. In diesem Sinn nimmt er sich vor, wie „unsere Naturwissenschaftler" (D2, 71) vorzugehen und eine „hypothetische Geschichte" (histoire hypothétique; D2, 61; vgl. 47–51, 167/169) zu entwerfen, die man heute konjekturale Geschichtsschreibung nennt (siehe Iacono in diesem Band).

So fragt er: „Welche Experimente wären notwendig, um zur Erkenntnis des natürlichen Menschen zu gelangen; und welches sind die Mittel, um diese Experimente inmitten der Gesellschaft durchzuführen?" (D2, 49) Doch sogleich verwirft er diese Idee wieder, weil mit ganzen Gesellschaften nun einmal keine Experimente durchgeführt werden können (D2, 336). Sehr wohl möglich sind jedoch „Experimente", die in der geistigen Vorstellung stattfinden. Was Rousseau hier versucht, nennt man heute Gedankenexperiment (Demandt). Es besteht in der Frage: Stell dir vor, was wäre wenn ...?

Bei Rousseau lautet die entsprechende Aufgabe, sich den Menschen so vorzustellen, als ob er ohne Wissenschaft, Technik und Gesellschaft existierte. So ist „zu unterscheiden, was in der aktuellen Natur des Menschen ursprünglich (originaire) und was künstlich (artificiel) ist" (D2, 47; Sturma, 55). Es kommt daher darauf an, beim Menschen, so wie er in der Gegenwart erscheint, diejenigen Eigenschaften wegzudenken, die sich als „künstlich" erweisen. Die Rede ist auch davon, dass man dieses Wesen aller Gaben, die es im Laufe der kulturellen Entwicklung erworben hat, „entkleide" (en dépouillant; D2, 79; siehe Bachofen in diesem Band). Am Ende soll der entblößte Naturmensch vor uns stehen, der die zivilisatorischen Kleider abgelegt hat. Das Gedankenexperiment besteht also in einem Prozess der sukzessiven Abstraktion.

Mit diesem Verfahren grenzt sich Rousseau von anderen Philosophen ab, denen er vorwirft, das Natürliche und Kulturelle miteinander vermengt oder die aus der Gesellschaft entnommenen Erfahrungen auf den Naturzustand übertragen zu haben (D2, 69, 93, 119, 191, 229). Damit kritisiert er die Theorie des Naturrechts, wie sie vor allem im 17. Jahrhundert etwa von Hugo Grotius in *Über das Recht des Kriegs und des Friedens* (1625) oder von Samuel Pufendorf in *Über die Pflicht des Menschen und des Bürgers nach dem Gesetz der Natur* (1673) ausgearbeitet worden war. Demnach besitzen die Menschen „von Natur aus" bestimmte Rechte wie das Recht auf Unversehrtheit oder Freiheit. Gegen John Locke wendet Rousseau ein, dass er in seiner *Zweiten Abhandlung über die Regierung* (1690) das Eigentum zu einem natürlichen Recht erklärt habe. Vor allem aber gegen Thomas Hobbes richtet sich die Kritik, der in *Vom Bürger* (1642) den Menschen von jeher als angriffslustig oder gar als „böse" charakterisiert und damit ein natürliches Recht des Stärkeren legitimiert habe (D2, 69, 83, 137).

Welche Funktion haben diese Methode und die Kritik an den Vorgängern? Um im Bild zu bleiben: Welche Rolle spielen dabei der nackte Naturmensch und die entledigten Kleider der Zivilisation? Im ersten Fall geht es um Anthropologie, im zweiten um Sozialphilosophie.

Glaubt man seinen eigenen Absichtserklärungen, will Rousseau vorrangig die ursprüngliche Natur des Menschen erkennen. Wie er im Vorwort und in der Einleitung (Exordium) des *Zweiten Diskurses* programmatisch verkündet und wortreich wiederholt, ist die Menschennatur sein eigentliches Thema. Schon der erste Satz lautet: „Die nützlichste und die am wenigsten fortgeschrittene von allen menschlichen Kenntnissen scheint mir die Kenntnis des Menschen zu sein" (D2, 43). Rousseau unterscheidet dabei, wie erwähnt, zwischen dem „wilden Menschen" im ersten Naturzustand und dem auf mittlerem Niveau zivilisierten Menschen im zweiten Naturzustand. Da er eine Rückkehr zur fast tierischen Wildheit ausschließt, dient ihm der zweite Naturzustand als Ideal, an dem die depravierten Menschen und Gesellschaften seiner Gegenwart gemessen werden können. Dieser Zustand fungiert zugleich als normativer Maßstab, an dem sich die erzieherische und politische Praxis orientieren soll, wie sie später im *Emile* (1762) und im *Gesellschaftsvertrag* (1762) entworfen wird (Cheneval; siehe Mensching in diesem Band). Ohne Zweifel besteht darin der theoretische und praktische Ertrag einer derartigen Anthropologie.

Doch die Ironie dabei ist, dass gerade die Zivilisation, die ja durch Abstraktion vom Menschen entfernt werden sollte, nicht weniger, sondern vielleicht noch größeres Interesse beansprucht. In dieser positiven Kehrseite des negativen Ausschlussverfahrens besteht gewissermaßen die nicht beabsichtigte Nebenwirkung der Rousseauschen Analyse. Durch die Trennung des Gesellschaftlichen vom Natürlichen verschwindet der naturalistische Schein der bürgerlichen Gesellschaft. Wie der Naturmensch am Ende sozusagen ent-sozialisiert ist, so wird die Gesellschaft de-naturalisiert. Die Stärke dieser paradoxen Denkbewegung zeigte sich bereits in Rousseaus Kritik am Naturrecht, indem er z. B. das Privateigentum nicht als Naturverhältnis, sondern als eine genuin soziale Institution begreift. Und wenn Wirtschaftstheoretiker die Akkumulation von Reichtum, die Konkurrenz zwischen den Akteuren und den Sozialneid der Betroffenen als dem Menschen angeblich angeboren behaupten, kann eine solche Naturalisierung der kapitalistischen Gesellschaft mit Rousseau zurückgewiesen werden. Nur unter dieser Voraussetzung ist eine alternative Entwicklung der Zivilisation denkbar. In dieser Art Ideologiekritik liegt die Pointe des Rousseauschen Denkens wie auch seine Aktualität.

Folgt man nämlich dieser Argumentation, so lassen sich die theoretischen Konsequenzen noch weiter verallgemeinern. Der Versuch, die „wahre" Natur des

Menschen zu ergründen, führt dazu, die gesellschaftlichen Einflüsse genauer zu erforschen; er trägt so dazu bei, den sozialen Charakter der modernen Zivilisation freizulegen. Was andere für „natürlich" halten, charakterisiert Rousseau als spezifisch gesellschaftlich. Indem er die Natur des Menschen vor der Gesellschaft bewahren will, zeigt er genau auf, was eben nicht natürlich, sondern gesellschaftlich ist. Das Programm einer Rettung der Natur schärft den Blick für das Kulturelle. Dieses Programm lässt die Grenze zwischen Natur und Kultur viel präziser ziehen; es grenzt die Sphäre der Natur ein und erweitert den Geltungsbereich des Kulturellen.

In diesem Zusammenhang tritt zur Anthropologie, die von Rousseau beabsichtigt wurde, eine nicht intendierte Sozialphilosophie, die sich mit dem Abstand, den wir heutige Leser haben, als der mindestens ebenso interessante, wenn nicht sogar als der bedeutendere Ertrag seiner kulturkritischen Diskurse erweist. In der Erfindung der Sozialphilosophie bzw. der späteren Soziologie kann Rousseaus originäre Leistung gesehen werden (Durkheim). Bemerkenswert ist an dieser Entstehungsgeschichte, dass die Geburt der Sozialphilosophie eng mit der Kritik an der modernen Gesellschaft verknüpft ist. Gerade weil Rousseau die gesellschaftlichen Verhältnisse, an denen er die Menschen leiden zu sehen glaubt, so radikal kritisiert, ist er offenbar in der Lage, genau dieses soziale System so scharfsinnig zu analysieren. Indem er eine „Pathologie des Sozialen" (Honneth) schreibt, lässt er das Gesellschaftliche umso deutlicher hervortreten. Auf diese Weise ist die Sozialphilosophie als kritische Gesellschaftstheorie entstanden.

1.3 Mensch und Gesellschaft

Dieser sozialphilosophische Aspekt soll im Folgenden noch etwas näher betrachtet werden. Thema sind die gesellschaftlichen Verhältnisse, die das soziale Verhalten der Menschen prägen. Nennt man dieses Vorhaben soziale Anthropologie, sollte man nicht aus den Augen verlieren, dass es nicht nur um die anthropologischen Grundlagen der Gesellschaft geht, sondern auch und vor allem um die gesellschaftliche Entwicklung der Menschen.

1.3.1 Die sozialen Folgen der Zivilisation

Im *Diskurs über die Wissenschaften und die Künste* untersucht Rousseau die Auswirkungen der Zivilisation auf die Sitten der Menschen seit der frühen Neuzeit (siehe Durand in diesem Band; vgl. auch Durand, 17 ff.). Doch ist die Begründung nicht eindeutig. Einerseits lässt er die Wissenschaften wie die Sternenkunde aus

Aberglauben, die Beredsamkeit aus Schmeichelei und die Landvermessung aus Geiz hervorgehen, um daraus zu schließen: „Wissenschaften und Künste haben ihre Geburt also unseren Lastern zu verdanken." (D1, 45) Andererseits kehrt er das Kausalverhältnis um: „Wo keine Wirkung ist, braucht man keine Ursache zu suchen: Hier jedoch ist die Wirkung gewiss, der Sittenverfall erwiesen und unsere Seelen im selben Maße dem Verderben ausgeliefert, wie unsere Wissenschaften und Künste ihrer Vollendung entgegenstreben." (D1, 27)

Man mag darin einen Zirkelschluss erkennen. Doch lässt sich dieses Verhältnis auch als eine Wechselbeziehung interpretieren, wie Rousseau an anderer Stelle andeutet: „Aus dem Müßiggang geboren, geben sie [die Wissenschaften] ihm ihrerseits Nahrung." (D1, 49) Außerdem fügt Rousseau noch einen sozialen Faktor hinzu: „Der Luxus kommt selten ohne die Wissenschaften und Künste daher, letztere niemals ohne ihn." (D1, 51) Hier stellt sich die Frage, ob Rousseau die Wissenschaft zur einzigen Ursache erklärt oder vielleicht doch eine verderbte Gesellschaft, in der die Wissenschaften korrumpiert werden. Für die letztere Variante spricht die erwähnte Tatsache, dass er am Ende des *Ersten Diskurses* die Möglichkeit eröffnet, die Wissenschaft mit der Tugend zu versöhnen (D1, 69 ff.; siehe Rehm in diesem Band).

Doch selbst wenn man Rousseau keine pauschale Wissenschaftsfeindlichkeit unterstellt, verstört der fanatische Predigerton, in dem er die zivilisatorischen Errungenschaften und die wissenschaftliche Praxis seiner Zeit geißelt. Die Funktion von Kleidern und „äußere[m] Schmuck" sieht er darin, „etwaige Missbildungen zu verbergen" (D1, 219). Die Billigung von Bildersturm (D1, 39), Verbannung von Intellektuellen (D1, 33) und Bücherverbrennungen (D1, 73, insbes. Anm. 10) sowie die immer wieder variierte Rede von der „glücklichen Unwissenheit" (D1, 41) haben schon seine zeitgenössischen Leser irritiert.[3]

Dennoch ist festzuhalten, dass Rousseau keine monokausale Begründung anbietet. Obwohl er zu Beginn des zweiten Teils ankündigt, den „Ursprung" (origine; D1, 45) zu erkunden, folgen derart viele Wirkungsverhältnisse, dass eher ein komplexes Beziehungsgeflecht vorliegt. Inhaltlich läuft es darauf hinaus, dass sich letztlich nicht die Wissenschaft, sondern die verdorbene Gesellschaft als das Grundübel von Neuzeit und Aufklärung erweist. Methodisch zeigt sich hier, dass Rousseau den Blick von den „Wissenschaften und Künsten", nach denen die Akademie gefragt hat, auf die gesellschaftlichen Bedingungen richtet, unter denen sich wissenschaftliche und technische Tätigkeiten vollziehen. Damit

---

3 Victor Klemperer ist einer der wenigen Rousseau-Interpreten, der diese Seite des Rousseauschen Werkes nicht verdrängt und zu Recht anklingen lässt, dass für heutige Leser die Parallelen zur Sprache des Totalitarismus unübersehbar sind (Klemperer, 60–64).

erkennt Rousseau den genuin gesellschaftlichen Charakter von Wissenschaft und Technik und macht ihn zum Gegenstand seiner kritischen Gesellschaftstheorie. So kann der *Erste Diskurs* als eine kritische Sozialgeschichte des Wissens und Könnens gelesen werden.

Im *Diskurs über die Ungleichheit*, in dem ja die gesamte Geschichte der Menschheit behandelt wird, unterscheidet Rousseau – wie gezeigt – zwischen einem rohen Naturzustand, einem halbwegs zivilisierten Zustand und dem Zustand der bürgerlichen Gesellschaft.[4] In allen drei Stadien kommt der sozialphilosophische Ansatz auf je besondere Weise zur Geltung.

1.3.2 Der rohe Naturzustand

Im ersten Teil des *Zweiten Diskurses* schreibt Rousseau dem „wilden Menschen" einige „Prinzipien" (principes) zu, die ausdrücklich vor dem Prinzip der „Geselligkeit" (sociabilité) Geltung beanspruchen sollen (Rang, 95 ff.). – „Das erste Gefühl des Menschen war das seiner Existenz, seine erste Sorge die um seine Erhaltung." (D2, 173) Diesen „Wunsch nach Selbsterhaltung" (désir de se conserver; D2, 141) bezeichnet Rousseau auch als „Selbstliebe" (amour de soi; D2, 151, vgl. 369; Dent, 98 ff.). – Als zweites Gefühl nennt Rousseau das „Mitleid" (pitié), das negativ im Widerwillen besteht, einen anderen Menschen leiden zu sehen, und positiv in der Fähigkeit, sich an die Stelle eines anderen Menschen zu versetzen (D2, 57, 147–151). – Als weitere Eigenschaft bezeichnet Rousseau die Handlungsfreiheit. Während das Tier der Natur gehorcht, ist der Mensch ein „frei Handelnder" (agent libre; D2, 99). – Schließlich unterstellt Rousseau die „Perfektibilität" (perfectibilité), d. h. die „Fähigkeit, sich zu vervollkommnen" (D2, 103). Diese Fähigkeit hält er für die Quelle der späteren Entwicklung, die den Menschen aus dem ursprünglichen Naturzustand herausführt.

Überblickt man diese Charakterisierung, muss man zugestehen, dass sie nicht besonders originell ist. Das grundlegende Merkmal der Selbsterhaltung findet sich bereits bei Hobbes, von dem sich Rousseau am meisten abzugrenzen versucht (Hobbes I, 11, 6). Und dass die Menschen zuerst von ihren elementaren Bedürfnissen getrieben werden, ist ein Gemeinplatz der europäischen Aufklä-

---

[4] Der Begriff der bürgerlichen Gesellschaft wird hier – wie schon zuvor – im modernen Sinn verwendet, dem bei Rousseau kein eindeutiger Terminus entspricht. Der Ausdruck „société civile" (D2, 172) bedeutet sowohl der Zustand der Zivilisation als auch – wie im 17. und 18. Jahrhundert üblich – die politisch verfasste Gesellschaft oder der Staat (siehe auch Anm. 1 und 2 bei Bachofen in diesem Band).

rung. Dazu zählt auch das Gefühl des Mitleids, das insbesondere in David Humes *Traktat über die menschliche Natur* (1739/40) ausgearbeitet worden ist. Der Begriff der Perfektibilität ist zwar ein Neologismus, der im *Zweiten Diskurs* zum ersten Mal schriftlich auftaucht, aber damals bereits im Gespräch war (Lotterie, XVI). Einzig die Behauptung, der Mensch habe ursprünglich völlig vereinzelt gelebt, ist eine eigenwillige Konstruktion von Rousseau, der dafür schon zu seinen Lebzeiten kritisiert wurde. Sie erklärt sich aus dem rigorosen Verfahren, den Naturmenschen von allen gesellschaftlichen Eigenschaften frei zu machen.

Gleichwohl enthält dieser anthropologische Diskurs eine neuartige sozialphilosophische Botschaft. Sie besagt, dass die Grenze zwischen Natur und Gesellschaft möglichst klar zu ziehen ist. Angesichts der wenigen Prinzipien wird deutlich, dass alle weiteren Eigenschaften des Menschen nicht mehr als natürlich, sondern als gesellschaftlich erworben gelten müssen. Insofern ist die Rede von der anthropologischen Grundlegung irreführend; es wird nur ex negativo geklärt, dass die Eigenschaften des Naturmenschen gerade keine hinreichenden Gründe für den Fortgang in die Gesellschaft sind; denn dafür mangelt es dem „Wilden" an der Fähigkeit der Soziabilität, die sich hingegen bei den meisten Autoren des 18. Jahrhunderts findet. Rousseaus Anthropologie dient vielmehr als Kontrastfolie für die Sozialphilosophie. Damit wird der Horizont für die nun folgende Entwicklung der Gesellschaft eröffnet.

1.3.3 Der zivilisierte Naturzustand

Zu Beginn des zweiten Teils des *Zweiten Diskurses* (D2, 173–195) beschreibt Rousseau die „entstehende Gesellschaft" (societé naissante; D2, 193) oder die erste Stufe der Zivilisierung des Menschen. Demnach ändern die Menschen ihre Subsistenzweise, indem sie Techniken wie das Fischen und Jagen sowie den Gebrauch des Feuers erwerben. Gleichzeitig gründen sie Familien und Horden, wodurch sich gemeinsame Interessen und einfache Formen der Kooperation herausbilden (D2, 173–177).

Die dabei wachsenden sozialen Beziehungen werden zwiespältig gedeutet. Auf der einen Seite lässt Rousseau aus dem Zusammenleben neben der Sprache die ersten mitmenschlichen Gefühle wie Gatten- und Elternliebe hervorgehen. In diesem Sinn hält er auch die Liebe für ein „künstliches Gefühl", das aus der Gewohnheit in der Gesellschaft entsteht (D2, 179/181, vgl. 157). Auf der anderen Seite will Rousseau zeigen, wie bereits in diesem frühen Stadium der Vergesellschaftung unerwünschte Effekte eintreten wie Konkurrenz, Gewalt und List. Mit der Liebe erwachen Eifersucht und Zwietracht, mit dem Wunsch nach Achtung zugleich Verachtung und Beleidigung, Eitelkeit und Neid (D2, 179/181).

Diese Ambivalenz schlägt sich in der Emotion der „Eigenliebe" (amour propre) nieder: Sie fördert die gegenseitige Anerkennung der Individuen (Neuhouser, 9 f.), doch zugleich überwiegen die destruktiven Momente. Im Unterschied zur Selbstliebe (amour de soi), die als ein „natürliches Gefühl" eingeführt wurde, definiert Rousseau die Eigenliebe als ein „künstliches und in der Gesellschaft entstandenes Gefühl" (D2, 369, vgl. 141), das wiederum die weitere gesellschaftliche Entwicklung vorantreibt. Das heißt jedoch nicht, dass man aus der Eigenliebe alles Folgende ableiten könnte.[5] Aus ihr gehen vielmehr Wirkungen hervor, die gerade nicht in diesem Gefühl angelegt sind, sondern sich gesellschaftlichen Mechanismen verdanken, die eine eigene Dynamik entfalten.

1.3.4 Der Zustand der bürgerlichen Gesellschaft

Wenn Rousseau im *Zweiten Diskurs* beabsichtigt, „den Ursprung und die Grundlagen der Ungleichheit" zu erforschen, wird spätestens im Übergang vom frühen zivilisierten Naturzustand zum Zustand der bürgerlichen Gesellschaft (D2, 195–215), die er zuvor als das „letzte Stadium des Naturzustandes" (D2, 173) bezeichnet hat, deutlich, dass für ihn die Ungleichheit in der modernen Zivilisation das eigentliche Thema ist. Damit ist er in seiner Gegenwart angekommen, von der er im *Ersten Diskurs* ausgegangen ist.

Im Unterschied dazu sind in der neuen Abhandlung wichtige Voraussetzungen geklärt. Nun ist noch klarer, dass die Charaktereigenschaften des zivilisierten Menschen keineswegs in dessen Natur angelegt, sondern historisch entstanden sind. Mit Hilfe der Vorgeschichte ist Rousseau in der Lage, den Begriff der Ungleichheit zu präzisieren. Denn schon in der Einleitung unterscheidet er zwischen einer „natürlichen oder physischen" und einer „moralischen oder politischen" Ungleichheit (D2, 67). Und im Laufe des zweiten Teils modelliert er daraus prinzipiell verschiedene Kombinationen. Im zivilisierten Naturzustand bleibt die „moralische", d. h. soziale Ungleichheit noch an die körperlichen und geistigen Merkmale der Menschen gekoppelt und damit begrenzt. Doch im Zustand der bürgerlichen Gesellschaft beruht die soziale Ungleichheit auf einer völlig anderen Art von Gesellschaftlichkeit, die nicht durch unterschiedliche mensch-

---

5 Wie es Neuhouser macht, der die Eigenliebe (amour propre) als die „grundlegende Quelle einer Vielzahl von Übeln" bezeichnet (Neuhouser, 10). Daher gesteht er den Faktoren Privateigentum, materielle Abhängigkeit, Vermögensungleichheit und Arbeitsteilung eine bloß sekundäre Bedeutung zu (ebd., 21) und behandelt die „sozio-ökonomische[n] Bedingungen" nur am Rande (ebd., 167). Mit einer solchen Psychologisierung verkennt er jedoch Rousseaus Sozialphilosophie.

liche Eigenschaften, sondern „durch die Unterschiede der äußeren Umstände" (circonstances; D2, 205) entsteht. Dazu zählen nicht zuletzt die ökonomischen Bedingungen.[6]

Der entscheidende Schritt in die bürgerliche Gesellschaft ist für Rousseau die gesellschaftliche Teilung der Arbeit: „Die Metallurgie und der Ackerbau waren die beiden Künste, deren Erfindung die große Revolution hervorbrachte." (D2, 197; siehe Gomez in diesem Band) Mit dieser Zäsur betont er, dass er darunter nicht die Arbeitsteilung zwischen kleinen Bauern und Handwerkern versteht, sondern diejenige zwischen Landwirtschaft und Metallverarbeitung, womit die Epoche der Industrialisierung einsetzt. Aus dieser die gesamte Gesellschaft umwälzenden Arbeitsteilung lässt Rousseau – im Unterschied zur früheren „Art von Eigentum" (D2, 181) – das große Eigentum hervorgehen, mithin den Unterschied zwischen Arm und Reich, sowie „die Sklaverei und das Elend" (D2, 197–201). Und aus dieser genuin gesellschaftlichen Ungleichheit leitet er neuartige negative soziale Verhaltensweisen ab: „Konkurrenz und Rivalität", den „Gegensatz der Interessen" und das „versteckte Verlangen, seinen Profit auf Kosten anderer zu machen" (D2, 209).

Hervorzuheben ist hier, dass Rousseau das Privateigentum nicht aus einem Naturverhältnis deduziert, so wie er ja schon zuvor die naturrechtliche Legitimation des Eigentums kritisiert hat. Zwar hat es an einer Stelle den Anschein, als ob er im Stile von Locke das Recht auf Eigentum unmittelbar auf die menschliche Arbeit zurückführt: „Allein die Arbeit, die dem Bauern ein Recht auf das Produkt des Feldes gibt, das er bestellt hat, gibt ihm folglich ein Recht auf den Boden" (D2, 203; vgl. Locke II, § 28). Aber der Zusammenhang erhellt, dass diese Art Aneignung unter den zuvor erläuterten gesellschaftlichen Verhältnissen stattfindet. Außerdem hat Rousseau schon zu Beginn des zweiten Teils geklärt, dass das Privateigentum zuerst aus der Besitznahme hervorgeht, die in dem sozialen Akt besteht, dass jemand „ein Stück Land eingezäunt" und damit andere Menschen davon ausgeschlossen sowie deren Anerkennung eingeholt hat (D2, 172; vgl. 113/115; Brandt, 145 ff.; siehe Stewart in diesem Band). Die Arbeit führt also nur insofern zu Eigentum, als sie auf einem Boden erfolgt, der bereits einem Eigentümer gehört. Unter dieser Bedingung ist sie von vornherein private Arbeit, die nur als solche Produkte in Form von Privateigentum zu erzeugen vermag. Die

---

[6] Dahinter steht nicht zuletzt die Politische Ökonomie, mit der sich Rousseau zur gleichen Zeit beschäftigte. Sein Artikel Ökonomie (Économie) erschien 1755 in der Encyclopédie, also im selben Jahr wie der Zweite Diskurs. Im dritten Abschnitt finden sich ähnliche Auffassungen wie z. B. das Plädoyer für egalitäres Eigentum und die Ablehnung von Industrie und Handel (PÖ, 37–57). Dies deckt sich mit der ökonomischen Lehre der Physiokraten, die allein die landwirtschaftliche Arbeit für wertbildend hielten.

Arbeit hat also nicht nur eine physische, sondern auch eine soziale Seite. Damit ist Rousseau der erste Sozialphilosoph, der den gesellschaftlichen Charakter der Arbeit erkennt.

Wenn schließlich die Sphäre der Politik zum Thema wird (D2, 215–273; siehe Herb in diesem Band), geschieht dies unter der Voraussetzung einer bereits dargestellten gesellschaftlichen Entwicklung. Hat Hobbes den Staat aus einem spontanen Vertrag unverbundener Individuen hervorgehen lassen (Hobbes II, 5, 7), schickt Rousseau eine in mehrere Stufen differenzierte Sozialgeschichte voraus. Das hat sowohl deskriptive als auch normative Konsequenzen.

In der Beschreibung zeigt sich, wie die sozialen Strukturen den folgenden politischen Prozess präformieren. Demnach sind es die Reichen und Mächtigen, die einen Staat gründen, um die Armen und Schwachen zu unterwerfen (D2, 215–219; Fetscher, 49 ff.). Mit dem despotischen Staat ist „das letzte Stadium der Ungleichheit" erreicht (D2, 263). So verkehrt sich die Reihenfolge der Stadien: Während Hobbes einen kriegerischen Naturzustand an den Anfang stellte, auf den mittels Vertrag ein staatlicher Zustand des Friedens folgt, beginnt Rousseau mit einem friedlichen Naturzustand und endet mit einem barbarischen Staat, den er zum eigentlichen „Kriegszustand" (état de guerre; D2, 211/213) und zum pervertierten „neuen Naturzustand" (nouvel état de nature; D2, 263) erklärt. Die sozialgeschichtliche Darstellung widerlegt die ahistorische Vertragskonstruktion, sie fungiert als narratives Argument.

Die normative Schlussfolgerung besteht darin, dass der Vertrag – wie schon das Eigentum – seine naturrechtliche Legitimation verliert. So setzte Hobbes beim Staatsvertrag gleichberechtigte Menschen voraus, um die Rechtmäßigkeit der Vereinigung zu begründen. Gerade diese Gleichheit ist für Rousseau nicht mehr gegeben. Ein Vertrag zwischen sozial Ungleichen ist nicht nur unrechtmäßig, sondern überhaupt kein politischer Akt mehr, der den Namen Vertrag verdient; er ist nichts anderes als „willkürliche Gewalt" (pouvoir arbitraire; D2, 241). Es ist daher konsequent, das Rousseau im letzten Abschnitt des *Zweiten Diskurses* einen „wahren Vertrag" (vrai contract; D2, 243) entwirft, worin er Theoreme des später verfassten *Gesellschaftsvertrags* vorwegnimmt.

1.4 Vernunftkritik und Gender

Rousseaus Zivilisationskritik ist keineswegs geschlechtsneutral, sondern geschlechtlich markiert. Wenn er im *Diskurs über die Wissenschaften und die Künste* den Verfall der Sitten beklagt, meint er in erster Linie den Verlust der männlichen Tugend. So attestiert er dem Studium der Wissenschaften, „den Mut zu verweichlichen und zu verweibischen" (D1, 59).

Diese Klage über den Niedergang der Mannestugend korrespondiert mit einem Männlichkeitskult, der sich in der Verherrlichung antiker Stadtstaaten manifestiert. Rousseau propagiert eine an Sparta orientierte „kriegerische Polis" (D1, 59) und ein entsprechend soldatisches Menschenbild. Er schwärmt von den „Heroen", die einst Griechenland bevölkerten (D1, 27), von der „Versammlung von zweihundert tugendhaften Männern" (D1, 41), die zu Zeiten des römischen Reichs die Erde regierten, „von körperlicher Kraft und Vitalität" und vom „nackten Athleten" (D1, 21). Fortgesetzt wird dieser Kult in der Verherrlichung von soldatischen Tugenden und Männerbünden im *Gesellschaftsvertrag*, in dem der ideale Bürger als Soldat geschildert wird (Scherl).

Die zahlreichen gender-codierten Metaphern und Anspielungen, die sich bereits im *Ersten Diskurs* finden, sind deshalb keine isolierten „Entgleisungen", sondern münden in explizite Ausführungen zu den Unterschieden der Geschlechter. Männer und Frauen sind für Rousseau von grundlegend unterschiedlicher Natur. Kein anderer Philosoph der französischen Aufklärung hat die „Polarisierung der Geschlechtercharaktere" (Hausen) soweit gedanklich vorangetrieben und ausformuliert wie er, so dass man von einer „Sonderanthropologie" (Honegger) sprechen kann, die er für den weiblichen Menschen entwirft.

Ausgearbeitet wird diese weniger in den beiden Diskursen, als vielmehr im fünften Kapitel des *Emile*, in dem er für Sophie, die Gefährtin des Protagonisten, ein Erziehungsprogramm entwickelt, das in klarer Opposition zu dem Emiles steht; in seinem Bestsellerroman *Julie oder die neue Héloïse*, in dem er modellhaft die Rolle der Frau in einem idealen Gemeinwesen (dem Gut Clarens) entwirft, und in seinem offenen *Brief an d'Alembert*, in dem er Frauen grundsätzlich aus dem öffentlichen Leben verbannen will. Dieser Aspekt seines Werks wurde und wird oftmals vernachlässigt, weil das Motiv dafür ausschließlich in der Biografie des Autors zu liegen scheint. Vielmehr zeigt aber die Genderforschung (Steinbrügge, Nagl-Docekal, Kuster, Scherl), dass die von Rousseau explizierte Modellierung der Geschlechterverhältnisse eine systemische Funktion innerhalb seiner Sozialphilosophie ausübt. Verständlich wird dies allerdings erst durch seine ausgearbeitete Vernunftkritik im *Zweiten Diskurs*.

Eine zentrale Kategorie zur Beschreibung der menschlichen Entwicklung vom natürlichen zum zivilisierten Zustand ist, wie dargelegt, die Eigenliebe (amour propre). Sie ist eine Pervertierung des dem Menschen angeborenen Selbsterhaltungstriebs (amour de soi), die aus dem Übergang von der ersten Phase der Vergesellschaftung zur Phase der bürgerlichen Gesellschaft resultiert. Mit dieser Entwicklung geht jedoch nicht nur eine Veränderung des menschlichen Gefühls einher, sondern auch des Verstandes. Indem sich die Vernunft vervollkommnet, entwickelt sie sich unter dem negativen Einfluss der Gesellschaft zu einer Denktätigkeit, die vor allem privaten Zwecken dient. Rousseau geht sogar noch einen

Schritt weiter, indem er das Verhältnis von Gefühl und Verstand umkehrt. Es ist nicht allein die Eigenliebe, die den Verstand leitet. Vielmehr ist es die Vernunft selbst, die zur Eigenliebe führt: „Die Vernunft erzeugt die Eigenliebe und die Reflexion verstärkt sie; sie läßt den Menschen sich auf sich selbst zurückziehen; sie trennt ihn von allem, was ihm lästig ist und was ihn betrübt. Die Philosophie isoliert ihn; ihretwegen sagt er beim Anblick eines leidenden Menschen insgeheim: Stirb, wenn Du willst, ich bin in Sicherheit." (D2, 149) Die Vernunft lässt die „natürliche" menschliche Veranlagung zum spontanen Mitfühlen nicht nur verkümmern, sondern sie schafft ihrerseits neue, „künstliche" Gefühle wie Neid, Misstrauen und Konkurrenz.

Es ist daher kein Zufall, dass Rousseau in seinen utopischen Entwürfen einer idealen Erziehung und eines vollkommenen Gemeinwesens ein Element einbaut, das diese Pervertierung der Vernunft und damit der Moral verhindern soll. Es ist das weibliche Element. Im Zentrum all seiner Vorstellungen von idealer Weiblichkeit steht ein grundsätzlich beschränktes Vernunftvermögen. Besonders deutlich wird das in den Erziehungsprinzipien für Sophie, die sich unter Ausschaltung aller „abstrakten und spekulativen Wahrheiten" nur „auf die Praxis beziehen" sollen (E, 775). Wie ein Leitmotiv zieht sich durch seine Schriften die prinzipielle Unvereinbarkeit von gelungenem weiblichen Menschsein und intensivem Einsatz von Vernunft. Frauen, die sich wie Männer ihres Verstandes bedienen, wirken „lächerlich" und vernachlässigen ihre familiären Aufgaben und Pflichten (E, 819). Jene aber, deren intellektuelle Fähigkeiten nicht in dem Maße wie beim zivilisierten Mann entwickelt sind, haben in sich umgekehrt noch jene moralischen Eigenschaften des nicht depravierten natürlichen Menschen bewahrt, die dem Mann im Laufe der Zivilisierung abhanden gekommen sind. Die Frau wird bei Rousseau zum „moralischen Geschlecht" (Steinbrügge).

Wie aber ist die Vorstellung von der Frau als Hüterin der Moral vereinbar mit den Warnungen vor den Launen der Frauen (E, 742), der Schamlosigkeit der Pariserinnen (Rousseau 1988, 275) oder mit der Überzeugung, dass die republikanischen Tugenden nur von Männern erbracht werden können und man deshalb in einer Republik vor allem Männer braucht (Rousseau 1978, 436 f.; vgl. Scherl)? Kohärent wird diese Argumentation nur, wenn man erkennt, dass Rousseau zwei verschiedene Arten moralischen Handelns entwickelt: das öffentliche und das private. Während die öffentliche Moral auf der Vernunft basiert, beruht die private auf dem unverstellten, fast instinktiven Gefühl. Die auf der Vernunft beruhende Tugend des Mannes (vertu), von Fetscher auch Vernunft*einsicht* genannt (Fetscher, 88 f.), erlaubt es dem depravierten und unumkehrbar dem Naturzustand entfremdeten Menschen, die egoistischen Leidenschaften zu überwinden und das Allgemeinwohl vor das Privatinteresse zu stellen. Eben dieser Prozess der Überwindung der schlechten Neigungen mittels rationaler

Erkenntnis bestimmt die „Lehrjahre" Emiles und seine Vorbereitung auf das Leben in Gesellschaft.

Aufgrund ihrer nur rudimentär entwickelten Vernunft ist die Frau dazu nicht in der Lage. Interessanterweise benutzt Rousseau im *Emile* auch den Begriff „goût" (Neigung) in ausdrücklicher Abgrenzung zur „vertu" (Tugend; E, 726), um das Sozialverhalten der Frau in der Familie zu charakterisieren: „der Mann braucht Kenntnisse zum Reden, die Frau Geschmack (goût)" (E, 755). Ihre moralischen Prinzipien sind Fürsorge, Selbstlosigkeit und Empathie.

Es fehlt der Frau also sowohl an egoistisch-reflektierendem und kalkulierendem Verstand, um im gleichen Masse wie der Mann den gesellschaftlichen Verfallsprozess voranzutreiben, wie es ihr auch folglich an jener höheren moralischen Einsicht fehlt, diesen Verfallsprozess aufzuhalten. Deshalb gebührt ihr auch kein Platz in jenen Bereichen und Institutionen, in denen die Angelegenheiten der Gesellschaft verhandelt werden. Sie gehört nicht in die Öffentlichkeit: „Was sie auch tun mag, man fühlt, dass sie in der Öffentlichkeit nicht an ihrem Platz ist, und selbst ihre Schönheit, die gefällt, ohne zu interessieren, ist nur ein Fehler mehr, für den das Herz sie tadelt." (Rousseau 1978, 423)

Umso wirksamer erweist sich die moralische Kompetenz der Frau im unmittelbar zwischenmenschlichen Bereich. Die sorgende Mutter, die spontan, ohne darüber nachzudenken, dass sie ihr eigenes Leben aufs Spiel setzt, dem ertrinkenden Kind in den kalten See hinterher springt (Julie in *Die neue Héloïse*, 738), die Lobpreisungen von Sophies „Geduld und Sanftmut", „Zärtlichkeit und Fürsorge [...], um die Einigkeit in der ganzen Familie aufrechtzuerhalten" (E, 726), sind ebenso leitmotivisch in Rousseaus Schriften wie die Naturmetaphern, die sich der Figur der Mutter als Bildspender bedienen: „Die Natur wollte Euch vor der Wissenschaft bewahren, ebenso wie eine Mutter ihrem Kind eine gefährliche Waffe aus den Händen reißt." (D1, 41)

Besonders effizient werden diese weiblichen Anlagen, wenn sie sich in einem dem ersten Gesellschaftszustand ähnlichen Schonraum entfalten können. Diese Situation spielt Rousseau literarisch in seinem Roman *Julie oder Die Neue Héloïse* durch, in dem er mit dem Landgut Clarens eine abseits von zivilisatorischem Fortschritt autark existierende Mikrogesellschaft schildert. Julie, die Protagonistin des Romans, vollzieht intuitiv die aufgestellten Prinzipien des Wirtschaftens und Zusammenlebens; sie erweist sich als der stabilisierende Faktor dieses von ihrem Mann Wolmar aufgrund seines aufgeklärten Verstandes geschaffenen Universums.

So paradox es klingt: Rousseau reagiert mit seinem Weiblichkeitskonzept, das uns heute ganz altmodisch erscheint, als einer der Ersten auf die gesellschaftlichen Herausforderungen der Moderne. Nur so erklärt sich auch dessen Langlebigkeit und der große Erfolg. Es ist ein integraler Teil seiner Sozialphilosophie, ohne das sein Gesellschaftsmodell nicht funktionieren würde. Er schafft mit Sophie und Julie den systemnotwendigen Gegenpol zur „Konkurrenz und Rivalität" (D2, 209) der modernen, auf Privateigentum gegründeten Gesellschaft.

Mit ihrer besonderen moralischen Funktion wird die Frau zurückgestuft auf jenes „glückhafte", nur kurz währende menschheitsgeschichtliche Stadium „zwischen den Folgen des Abfalls und ihrer Spürbarkeit" (Weigand, XLIII). In diesem Stadium der beginnenden Zivilisierung waren Technik und Vernunft noch nicht so weit entwickelt und konnten nicht so viel Unheil anrichten. Weil die soziale Ungleichheit noch mit natürlichen Unterschieden verknüpft und damit weniger ausgeprägt war, hielten sich die menschlichen Laster in Grenzen. Zwar hält Rousseau diese Epoche des so genannten goldenen Zeitalters für unwiederbringlich, erklärt aber die weibliche Natur zu dessen gegenwärtigem Platzhalter, um die negativen Folgen der modernen Zivilisation zu kompensieren. Hier zeigt sich die geschichtsphilosophische Dimension seiner Geschlechtertheorie.

1.5 Philosophie der Geschichte

Rousseaus konjekturale Geschichte, die ja kein Bericht tatsächlicher Ereignisse sein will, kann man auch als Geschichtsphilosophie bezeichnen. Der Begriff „Philosophie der Geschichte" (philosophie de l'histoire) stammt aus einer separat erschienenen Einleitung (1765) des *Entwurfes über den Geist und die Sitten der Völker* (1756) von Voltaire, der damit den Anspruch auf eine säkulare und auf Quellen gestützte Historiographie verband. Während Voltaire gegenüber der Idee eines universellen Fortschritts in der Geschichte Skepsis walten ließ, vertraten andere Autoren wie z. B. Anne Robert Jacques Turgot in seinem *Grundriss für zwei Abhandlungen über die Universalgeschichte* (1751) und vor allem Marie Jean A.N.C. de Condorcet in seinem *Entwurf einer historischen Darstellung der Fortschritte des menschlichen Geistes* (1795) die Idee des Fortschritts. Dem standen geschichtsphilosophische Schriften gegenüber, die sich zur Fortschrittsidee eher kritisch verhielten, wie etwa *Die Ruinen oder Betrachtungen über die Revolutionen der Reiche* (1789) von Constantin François de Volney. Trotz dieser Vielfalt lassen sich gemeinsame Grundzüge feststellen, die sich auch in Rousseaus *Zweitem Diskurs* finden (Rohbeck, 55 ff.). Obwohl er eine radikale Kritik an der Idee des Fortschritts übt, bedient er sich derselben theoretischen Instrumente wie die Fortschrittstheoretiker, um erklären zu können, wie es überhaupt zu bestimmten Phänomenen gekommen ist.

1.5.1 Negative Geschichtsphilosophie

Zunächst schließt sich Rousseau der Säkularisierung des historischen Denkens an, indem er davon ausgeht, dass allein die Menschen die Geschichte machen. Dabei geht es nicht mehr um herausragende Ereignisse in der Abfolge von Dynastien, sondern primär um eine Kulturgeschichte, in der die Entwicklung von Gesellschaften im Vordergrund steht. Wie die genannten Autoren legt auch Rousseau die Subsistenzweisen der Menschen zu Grunde, indem er die technisch-ökonomischen Stadien der Jäger, Hirten und Ackerbauern sowie der Handel und Industrie treibenden Völker aufeinander folgen lässt. Ebenso gehört die Erkenntnis, dass sich die zuerst unmerklichen Fortschritte mit der Zeit beschleunigen und dass zunehmende Lebensmittel neuartige Bedürfnisse schaffen (D2, 181, 185), zum Topos der zeitgenössischen Geschichtsphilosophie. Bemerkenswert ist die Art, in der auch Rousseau mit Hilfe einer wirtschaftstheoretischen Argumentation die Übergänge von einem Stadium zum anderen erklärt: Die Landwirtschaft musste so produktiv werden, dass sie die Eisen verarbeitenden Menschen ernähren konnte (D2, 201). Nach dieser Begründung versteht es sich von selbst, dass die dabei beteiligten Menschen zwar aus eigenen Interessen handelten, aber die langfristigen Ergebnisse ihrer Handlungen weder voraussehen noch beabsichtigen konnten. Bereits mit dem ersten Gebrauch von Werkzeugen und der daraus resultierenden Muße legten sich die Menschen ein Joch auf, „ohne daran zu denken" (sans y songer; D2, 183). Rousseau liefert keine intentionale Erklärung, stattdessen untersucht er die komplexen Bedingungen für die Möglichkeit zivilisatorischer Prozesse (Althusser; Mensching, 21, 26, 50). Weil dabei konkrete Orte und Zeiten nebensächlich sind,[7] löst sich die Geschichte von der traditionellen Chronologie ab und verwandelt sich in das Bild einer idealtypischen Entwicklung, in der logische und historische Momente miteinander verschmelzen (Bachofen, 20; Vincenti, 38). Auf diese Weise entsteht ein neuartiger Geschichtsbegriff, der sich nicht mehr an einzelnen Ereignissen, sondern an der Abfolge kultureller Formationen orientiert, und damit eine vertiefte Einsicht in die Geschichtlichkeit menschlichen Daseins.

---

[7] Im Unterschied zum *Ersten Diskurs* werden im *Zweiten Diskurs* sehr selten Orte und Zeiten genannt. Rousseau deutet nur an, dass er zeigen könnte, dass sich die „Fortschritte des Geistes präzise nach den Bedürfnissen bemessen haben", und verweist dazu auf die Kulturen der Ägypter und Griechen. Außerdem behauptet er, dass infolge des Klimas „die Völker des Nordens im allgemeinen kunstfertiger sind als jene des Südens" (D2, 109). In Rousseaus *Versuch über den Ursprung der Sprachen* (1759) kommen die geographischen Unterschiede zwischen Süden und Norden mehr zur Geltung (Delhom/Hirsch, 11 f.).

Trotz dieser Übereinstimmungen mit den Fortschrittstheoretikern gelangt Rousseau zu einem konträren Resultat, das man negative Geschichtsphilosophie nennen kann. Er behauptet ein Auseinanderdriften von wissenschaftlichen, technischen und ökonomischen Fortschritten, die er ja nicht bestreitet, und der Entwicklung der moralischen und politischen Beziehungen zwischen den Menschen. Während die technisch-ökonomische Zivilisation weiterhin aufsteigt, befinden sich die Lebensweisen der Menschen im Niedergang. So verkehrt sich der Fortschritt in Degeneration. Dieser Umschlag wird später von Max Horkheimer und Theodor W. Adorno als *Dialektik der Aufklärung* (1947) bezeichnet. Wenn man daran festhält, dass Rousseau gerade auch mit seiner Zivilisationskritik als ein Vertreter der Aufklärung gelten kann, lässt sich mit ihm demonstrieren, wie bereits während der Epoche der Aufklärung deren Selbstkritik einsetzt.

1.5.2 Jenseits von Geschichtsteleologie und Ursprungsmythos

Freilich hat diese besondere Position bestimmte theoretische Konsequenzen, mit denen sich Rousseau von den übrigen Geschichtsphilosophen seiner Zeit unterscheidet. Er bemüht keine Teleologie wie beispielsweise Turgot, der die Geschichte so darstellt, als ob sie von einer „höheren Macht" gelenkt würde (Turgot, 176). Zwar verwendet Rousseau im *Ersten Diskurs* die erwähnte Metapher: „Die Natur wollte Euch vor der Wissenschaft bewahren" (D1, 41; vgl. D2, 199); und zu Beginn des *Zweiten Diskurses* nennt er die „Natur" oder gar die „weise Vorsehung" (providence très sage), die den Menschen bestimmte Fähigkeiten zugeteilt habe (D2, 131, 135, 163; vgl. D1, 41). Aber im weiteren Verlauf der historischen Darstellung, wenn die eigentliche Menschheitsgeschichte beginnt, ist davon nicht mehr die Rede. Das leuchtet insofern ein, als keine göttliche oder gottähnliche Instanz vorstellbar ist, die das Übel der Menschheit zum Zweck setzte und die Menschen blindlings ins Verderben rennen ließe. Das Problem der Theodizee, das in der Frage besteht, wie das Böse in eine an sich gute, weil von Gott geschaffene Welt gelangt sei, löst Rousseau mit der eindeutigen Klarstellung, dass ausschließlich die Menschen für ihr Unglück verantwortlich seien – unabhängig davon, ob sie es ursprünglich gewollt haben oder nicht.

Wie es in dieser Konzeption kein im Voraus geplantes Endziel gibt, so geht Rousseau von keinem singulären Ursprung in der Bedeutung einer einzigen Ursache aus. Im Titel des *Zweiten Diskurses* fragt er zwar nach dem „Ursprung" der Ungleichheit, in der Durchführung spricht er jedoch auch von „Ursprünge[n]" (origines; D2, 131, 223) im Plural. Dieser Sprachgebrauch korrespondiert mit seiner gesamten Verfahrensweise, für jeden Entwicklungsschritt jeweils mehrere Ursachen anzugeben. So setzt die Transformation zur gesellschaftlichen Arbeitsteilung eine Reihe von Faktoren voraus: das Leben in Gemeinschaften, die Entstehung von Eigentum, die Produktivität der Landwirtschaft, die Entdeckung von Eisenerz usw. (D2, 195–199). Ebenso wenig kann die Natur des Menschen als homogener Ursprung gelten, aus dem alle geschichtlichen Entwicklungen abgeleitet werden könnten: wie aus einem Keim, der alle natürlichen Anlagen enthielte und nur auszufalten brauchte. Selbst bei der Perfektibilität, die als eine solche Naturanlage erscheint, beeilt sich Rousseau hinzuzufügen, dass sie und ebenso die anderen menschlichen Fähigkeiten „sich niemals von selbst entwickeln konnten, daß sie hierfür des zufälligen Zusammentreffens mehrerer äußerer Ursachen bedurften". Denn diese Fähigkeiten sind nur „der Möglichkeit nach" (D2, 167) vorhanden, während hingegen die wirkliche Entwicklung von vielfältigen Bedingungen abhängt.

1.5.3 Historische Kontingenz

An die Stelle von Geschichtsteleologie und Ursprungsmythos setzt Rousseau eine Theorie der Kontingenz. Während einige Geschichtsphilosophen des 18. Jahrhunderts die durchaus anerkannte Tatsache, dass die Geschichte ein kontingentes Geschehen ist, durch eine teleologische Konstruktion zu bewältigen versuchten (Koselleck, 158), ist es Rousseaus Verdienst, die historische Kontingenz auszuhalten. Mehr noch, er macht die Kontingenz zu einem durchgehenden Prinzip, indem er eingesteht, dass „die Ereignisse, die ich zu beschreiben habe, auf verschiedene Weise haben eintreten können" (D2, 167; Althusser). Auf allen Etappen verweist er auf „Zufälle" (hazards), ohne die sich bestimmte Entwicklungen nicht hätten vollziehen können. Bereits zum Gebrauch des Feuers bedurfte es „vieler unterschiedlicher Zufälle" (D2, 113), so wie die Menschen andere Entdeckungen nur „durch Zufall" (D2, 161) machten. Auch in den zivilisierten Zustand der bürgerlichen Gesellschaft gelangte man infolge eines „unheilvollen Zufalls" (D2, 193). Selbst die Entstehung des Staates war das „Werk des Zufalls" (D2, 225). Eine wichtige Rolle spielen dabei die sich verändernden Bedingungen der natürlichen Umwelt wie Boden und Klima (D2, 175, 187). So führt Rousseau die Entstehung erster Gemeinschaften und Sprachen auf „große Überschwemmungen oder Erdbeben" sowie „Revolutionen des Erdballs" (D2, 185) zurück, von denen er letztendlich den Übergang zu Gesellschaft und Staat beeinflusst sieht.

An diesen Beispielen wird deutlich, dass sich der Begriff des Zufalls nicht auf Individuen beschränkt, welche die Auswirkungen ihrer Handlungen als etwas Unbeabsichtigtes, Unvorhergesehenes oder Unerwartetes erfahren. Rousseaus Zufallsbegriff bezieht sich vielmehr auf die Bedingungen, unter denen zufälliges Handeln überhaupt zustande kommen kann. Wenn er etwa im Rahmen des ersten Naturzustandes schreibt, „Männchen und Weibchen vereinigten sich zufällig" (fortuitement; D2, 119), will er damit sagen, dass ihre Handlungen nicht koordiniert waren. Doch diese Zufälle setzen einen Zustand voraus, in dem jede Form von Gesellschaftlichkeit fehlt. Es spricht viel dafür, dass er terminologisch zwischen zufälligem Handeln (fortuitement) und strukturellem Zufall (hazard), der heute Kontingenz heißt (Hoffmann), unterscheidet.

Dieser exzessive Umgang mit historischer Kontingenz führt zu einer eigenartigen Ambivalenz von Kontinuität und Diskontinuität (Delhom/Hirsch, 8; Vincenti, 43 ff.). Zum einen stehen die vielen Zufälle für die Brüche in der Geschichte. Insbesondere die geologischen Katastrophen bilden Zäsuren, nach denen jeweils etwas Neues geschieht. Unter dieser Voraussetzung darf die soziale Ungleichheit nicht bruchlos aus der natürlichen Ungleichheit abgeleitet werden. Das gilt auch für den prinzipiellen Unterschied zwischen Selbstliebe und Eigenliebe.

Zum andern weist der Prozess des Sittenverfalls eine kontinuierliche Tendenz auf. Die negativen Folgen des ersten Werkzeuggebrauchs und der späteren Industrie liegen auf einer Linie – ähnlich wie beim aufsteigenden Pfeil des Fortschritts, nur in diesem Fall auf einer abschüssigen Geraden. An einer Stelle, die den Beginn der Industrialisierung markiert, bemerkt Rousseau: „Aber mit großer Wahrscheinlichkeit waren die Dinge damals bereits an dem Punkt angelangt, an dem sie nicht mehr bleiben konnten, wie sie waren" (D2, 173). Später heißt es sogar: „Aus der Bebauung des Grund und Bodens folgte notwendigerweise seine Aufteilung; und aus dem Eigentum, war es einmal anerkannt, die ersten Regeln der Gerechtigkeit." (D2, 201) Hier erhält die Geschichte etwas Zwangsläufiges, wodurch das dominierende Prinzip der Kontingenz relativiert wird.

1.5.4 Geschichte als Erzählung

Derartige Geschichtsbilder schlagen sich auch in der Art und Weise des Erzählens nieder (Ricœur, Bd. 1). Wie es für jede Geschichtserzählung typisch ist, erzählt auch Rousseau seine Geschichte vom Ende her – im Wissen über die kulturelle Katastrophe seiner Gegenwart. Insofern nimmt er im *Zweiten Diskurs* die kritische Perspektive des *Ersten Diskurses* ein. Vom narrativen Endpunkt aus schreibt er jedem Ereignis die jeweilige finale Bedeutung zu, wie die immer wiederkehrenden Kommentare zeigen. Zu Beginn des zweiten Naturzustandes hält Rousseau die durch elementare Techniken errungenen „Bequemlichkeiten" für die „erste Quelle der Übel, die sie [die Menschen] für ihre Nachkommen vorbereiteten" (D2, 183/183). Zur ersten Besitzergreifung von Boden bemerkt er, dass sie der Anfang der späteren Misere gewesen sei (D2, 173). Die Fabel von der kontinuierlichen Sittenverderbnis verleiht den einzelnen Etappen ihren übergreifenden und verbindenden Sinn.

Auch die Diskontinuitäten der Geschichte finden ihre narrative Form. Mit Hilfe rhetorischer Mittel hebt Rousseau die Brüche im historischen Prozess hervor. Einmal fordert er den Leser dazu auf, seine Lektüre zu unterbrechen und die kunstvoll ausgelassene Lücke zu füllen (D2, 131; vgl. 205). Ein andermal überspringt er große Zeiträume oder durcheilt „pfeilgeschwind unzählige Jahrhunderte – [...] denn je langsamer die Ereignisse aufeinander folgen, desto rascher sind sie zu beschreiben" (D2, 121, 181; vgl. 117). Schließlich greift er mit einer fiktiven Szene vor, wie bei der Landnahme zu Beginn des zweiten Teils des *Zweiten Diskurses*, um dann die dazu gehörende Vorgeschichte nachzutragen: „Nehmen wir die Dinge daher an einem früheren Zeitpunkt wieder auf und versuchen wir, diese langsame Abfolge von Ereignissen und Erkenntnissen unter einem einzigen Gesichtspunkt, in ihrer natürlichen Ordnung, zusammenzubringen." (D2, 173; vgl. 215/217; Bachofen, 27 ff.). Auf dieses Weise variiert er ständig das Verhältnis zwischen der Erzählzeit und der erzählten Zeit des Gegenstandes Geschichte, der er unterschiedliche Geschwindigkeiten zuschreibt.

Wie wir sahen, repräsentieren die Diskontinuitäten in der Geschichte das Prinzip historischer Kontingenz, die Rousseau wiederum mittels des Gedankenexperiments erschließt, indem er in das große „Experiment" des Naturzustandes mehrere kleine Gedankenexperimente einfügt, denen er die explizite Form der kontrafaktischen Erklärung verleiht. Bereits im *Ersten Diskurs* weist er darauf hin, dass es angesichts des „dichte[n] Schleier[s] [...], mit dem die Natur ihr Wirken bedeckt hat", eigentlich nicht hätte passieren dürfen, dass die Menschen der Natur ihre Geheimnisse entreißen (D1, 41), und stellt die Frage: „Wenn Ihr [Philosophen] uns von all diesen Dingen nie etwas gelehrt hättet, wären wir dann weniger an der Zahl, weniger gut regiert, flößten wir weniger Furcht ein, hätten wir weniger Wohlstand – oder wären wir noch perverser?" (D1, 49) Und im Vorwort des *Zweiten Diskurses* fragt Rousseau, „was wir, uns selbst überlassen, geworden wären" (D2, 61). Doch manchmal dient die kontrafaktische Erklärung auch dazu, tatsächliche Zusammenhänge zu bestätigen: „Aber nehmen wir an", schreibt Rousseau, „die wilden Menschen wären für den Ackerbau technisch gerüstet gewesen, dann hätten sie ihn trotzdem unterlassen, weil sie sich mangels Eigentum der Früchte ihrer Arbeit nicht sicher gewesen wären" (D2, 113/115). Diese Argumentation bedeutet jedoch nicht, dass eine Entwicklung ohne Eigentumsverhältnisse unmöglich gewesen wäre, wie die Auftaktszene zum zweiten Teil demonstriert: „Wie viele Verbrechen, Kriege, Morde, wie viel Not und Elend und wie viele Schrecken hätte derjenige dem Menschengeschlecht erspart, der die Pfähle eingerissen oder den Graben zugeschüttet" hätte (D2, 173). Und nachdem Rousseau die Genese des Privateigentums detailliert geschildert hat, konstatiert er: „Die Dinge in diesem Zustand hätten gleich bleiben können, wenn die Talente gleich gewesen wären und wenn beispielsweise die Verwendung des

Eisens und der Verbrauch an Lebensmitteln sich stets exakt die Waage gehalten hätten" (D2, 205). Hier wird klar, diese Entwicklung hätte eine völlig andere Richtung nehmen können.

Die narrativen Verweise auf derartige Kontingenzen in der Geschichte haben die Funktion zu zeigen, dass die Geschichte auch anders hätte verlaufen können. Rousseau verweist damit auf die nicht realisierten Möglichkeiten des Zivilisationsprozesses. Nach einer Formulierung von Walter Benjamin (*Über den Begriff der Geschichte*, 1942) sucht er nach dem „Unabgegoltenen" in der Geschichte (Benjamin, Bd. I.2, 697 f.). Dahinter verbirgt sich die praktische Absicht, solche Punkte im historischen Verlauf zu erkennen, an denen ein anderer Weg hätte eingeschlagen werden können. Es sind diejenigen Möglichkeitsbedingungen zu reflektieren, die dazu beitragen, den kritisierten Sittenverfall zu verhindern und eine den Menschen gerecht werdende Ordnung zu fördern. Ziel ist es, für die Gegenwart den Horizont für neue Handlungsspielräume zu eröffnen, um einen alternativen Gebrauch von Wissenschaft und Technik und einen gerechteren Umgang mit Eigentum zu ermöglichen. Rousseau begreift die Kontingenz nicht nur als Schicksal, dem gegenüber die handelnden Menschen ohnmächtig sind, sondern vor allem auch als Chance für verändernde Eingriffe in die Geschichte. An dieser Stelle mündet die Geschichtsphilosophie in die praktische Philosophie – und darin liegt Rousseaus große Bedeutung für unser heutiges Denken.

Literatur

Althusser, L. 2012: Cours sur Rousseau (1972), hrsg. von Y. Vargas, Paris.
Bachofen, B. 2012: Logische Genesen, geschichtliche Anfänge, Begründung im Recht: Figuren des Ursprungs und der Grundlegung bei Rousseau, in: P. Delhom/A. Hirsch (Hrsg.): Rousseaus Ursprungserzählungen, München, 19–36.
Benjamin, W. 1974: Gesammelte Schriften, hg. von R. Tiedemann und H. Schweppenhäuser, Frankfurt a.M.
Brandt, R. 1974: Eigentumstheorien von Grotius bis Kant, Stuttgart-Bad Cannstatt.
Cheneval, F. 2008: Rousseau, in: J. Rohbeck/H. Holzhey (Hrsg.), Grundriss der Geschichte der Philosophie. Die Philosophie des 18. Jahrhunderts, Band 2: Frankreich, Basel, 618–683.
Delhom, P./Hirsch, A. (Hrsg.) 2012: Rousseaus Ursprungserzählungen, München.
Demandt, A. 1984: Ungeschehene Geschichte. Ein Traktat über die Frage: Was wäre geschehen, wenn …? Göttingen.
Dent, N. 2005: Rousseau, London/New York.
Duchet, M. 1971: Anthropologie et histoire au siècle des lumières. Buffon, Voltaire, Rousseau, Helvétius, Diderot, Paris.
Durand, B. 2007: Rousseau, Stuttgart.
Durkheim, E. 1953: Montesquieu et Rousseau: précurseurs de la sociologie, Paris.
Fetscher, I. 1981: Rousseaus politische Philosophie. Zur Geschichte des demokratischen Freiheitsbegriffs, Frankfurt a.M.

Goldschmidt, V. 1980: Le problème de la civilisation chez Rousseau (et la réponse de d'Alembert au „Discours sur les sciences et les arts"), in: Jean-Jacques Rousseau et la crise contemporaine de la conscience, Paris, 269–316.
Hausen, K. 1976: Die Polarisierung der „Geschlechtercharaktere" – eine Spiegelung der Dissoziation von Erwerbs- und Familienleben. In: W. Conze (Hrsg.): Sozialgeschichte der Familie in der Neuzeit Europas, Stuttgart, 363–393.
Hatzenberger, A. 2012: Rousseau et l'utopie. De l'État insulaire aux cosmotopies, Paris.
Hobbes, Th. 1966: Vom Menschen (I). Vom Bürger (II), hrsg. von G. Gawlick, Hamburg.
Hoffmann, A. 2005: Zufall und Kontingenz in der Geschichtstheorie, Frankfurt a.M.
Honegger, C. 1991: Die Ordnung der Geschlechter. Die Wissenschaften vom Menschen und das Weib, Frankfurt a.M.
Honneth, A. 1994: Pathologien des Sozialen. Die Aufgabe der Sozialphilosophie, Frankfurt a.M.
Koselleck, R. 1979: Vergangene Zukunft. Zur Semantik geschichtlicher Zeiten, Frankfurt a.M.
Klemperer, V. 1966: Geschichte der französischen Literatur im 18. Jahrhundert, 2 Bde., Halle (Saale), Band II: Das Jahrhundert Rousseaus.
Kuster, F. 2012: Private Tugenden – öffentliche Wohlfahrt. Rousseaus Geschlechterpolitik, in: K. Herb/M. Scherl (Hrsg.): Rousseaus Zauber. Lesarten der Politischen Philosophie, Würzburg, 101–112.
Locke, J. 1967: Zwei Abhandlungen über die Regierung, hrsg. und eingeleitet von W. Euchner, Frankfurt a.M.
Lotterie, F. 2006: Progrès et perfectibilité: un dilemme des Lumières françaises, Oxford.
Lukrez 1994: Vom Wesen des Weltalls, aus dem Lateinischen von Dietrich Ebener, Berlin.
Meier, H. 2001: Ein einführender Essay über die Rhetorik und die Intention des Werkes, in: J.-J. Rousseau. Diskurs über die Ungleichheit, ediert und übers. von H. Meier, Paderborn u.a., XXI–LXXXV.
Martin-Haag, É. 2009: Rousseau ou la conscience sociale des Lumières, Paris.
Mensching, G. 2000: Rousseau zur Einführung, Hamburg.
Müller, R. 1997: Anthropologie und Geschichte. Rousseaus frühe Schriften und die antike Tradition, Berlin.
Nagl-Docekal, H. 1994: Geschichtsphilosophie als Theorie der Geschlechterdifferenz – Das Beispiel Rousseaus, in: Deutsche Zeitschrift für Philosophie, 42, 4, 571–589.
Neuhouser, F. 2012: Pathologien der Selbstliebe. Freiheit und Anerkennung bei Rousseau, Frankfurt a.M.
Rang, M. 1959: Rousseaus Lehre vom Menschen, Göttingen.
Ricœur, P. 1988–1991: Zeit und Erzählung, 3 Bände, München.
Rohbeck, J. 2010: Aufklärung und Geschichte, Berlin.
Rousseau, J.-J. 1978: Brief an Herrn d'Alembert, in: Schriften, hrsg. von H. Ritter. Bd. I, Gütersloh, 333–474.
Rousseau, J.J. 1988: Julie oder Die neue Héloïse. Briefe zweier Liebenden aus einer kleinen Stadt am Fuße der Alpen, München.
Scherl, M. 2012: Freunde, Bürger, Soldaten. Republikanische Tugend und Männlichkeit bei Rousseau, in: K. Herb/M. Scherl (Hrsg.): Rousseaus Zauber. Lesarten der Politischen Philosophie, Würzburg, 113–128.
Soëtard, M. 2012: Jean-Jacques Rousseau. Leben und Werk, München.
Starobinski, J. 1993: Rousseau: eine Welt von Widerständen. Aus dem Franz. von U. Raulff, Frankfurt a.M.

Steinbrügge, L. 1987: Das moralische Geschlecht. Theorien und literarische Entwürfe über die Natur der Frau in der französischen Aufklärung, Weinheim.
Sturma, D. 2001: Jean-Jacques Rousseau, München.
Turgot, A. R. J. 1990: Über die Fortschritte des menschlichen Geistes, hrsg. von J. Rohbeck/L. Steinbrügge, Frankfurt a.M.
Vicenti, L. 2012: Der Ursprung ohne Zweck. Rousseau – Denker des Möglichen, in: P. Delhom/A. Hirsch (Hrsg.): Rousseaus Ursprungserzählungen, München, 37–48.
Weigand, K. 1978: Rousseaus negative Historik, in: J.-J. Rousseau. Schriften zur Kulturkritik. Die zwei Diskurse von 1750 und 1755, Hamburg.

Béatrice Durand
2 Die historischen Entstehungsgründe der Zivilisation
Erster Diskurs, erster Teil

Der zweite *Diskurs über die Wissenschaften und die Künste* ist das Stiefkind unter den „großen" Schriften Rousseaus. Mit wenigen Ausnahmen (Goldschmidt, 19–104; Spaemann, 47–83) meiden die systematischen und synthetischen Interpretationen (z. B. Cassirer, Starobinski, Derathé) den *Ersten Diskurs*. Dabei enthält er bereits wesentliche Denkmotive, die sich im später verfassten zweiten *Diskurs über die Ungleichheit* finden.

Der *Diskurs über die Wissenschaften und die Künste* war die Antwort auf eine von der Akademie zu Dijon ausgelobte Preisfrage, die lautete: „Hat der Wiederaufstieg der Wissenschaften und Künste zur Läuterung der Sitten beigetragen?" Rousseau beantwortete diese Frage eindeutig: Wissenschaft und Technik vervollkommnen nicht die Sitten, sondern verderben die Tugend der Menschen. Wider Erwarten wurde ihm der erste Preis zugesprochen.

Noch bevor Rousseau von diesem Preis erfuhr, hatte er bereits damit begonnen, die eingesandte Fassung zu bearbeiten. Aber nach der Preisverleihung entschloss er sich, „den Zustand wiederherzustellen, in dem der Text preisgekrönt wurde", und fügte lediglich „ein paar Anmerkungen" und „zwei leicht erkennbare Zusätze" hinzu (D1, 11).

Aus diesen Gründen trägt die 1750 publizierte Fassung die stilistischen Züge einer akademischen Preisschrift. Sie ist eine geschriebene Rede, die in Aufbau und Stil den Grundregeln der Rhetorik verpflichtet ist. Sie besteht – nach einem für die Publikation geschriebenen „Vorwort" – aus einer kurzen Einleitung (das „exordium" der klassischen Rhetorik), in der die Frage der Akademie erörtert wird, und aus zwei Hauptteilen: Der erste Teil bietet historische Beispiele für die These von der zivilisatorischen Dekadenz. Der zweite Teil beansprucht, die im ersten Teil historiographisch festgestellten Phänomene systematisch zu erklären.

2.1 Rhetorischer Auftakt und Fragestellung

Bemerkenswert ist, dass Rousseau auf der Titelseite nicht mit seinem Namen auftritt, sondern sich lediglich als „Bürger Genfs" präsentiert. Sein Name wird erst in einer späteren Ausgabe (in der Ausgabe von Barillot, auch 1750) erscheinen. Eine solche Selbstdarstellung ist umso überraschender, als Rousseau seit seiner

Bekehrung zum Katholizismus 1728 (bei Madame de Warens, die ihn aufgenommen hatte) auf die Genfer Bürgerrechte praktisch verzichtet hatte und diese erst 1754 wieder erlangen sollte. Er präsentiert sich also als Nicht-Franzose und damit als Außenseiter. Bestätigt wird dies im Motto, das aus einem Exilgedicht Ovids stammt: „Ein Barbar bin ich hier, da ich von niemandem verstanden werde." (D1, 85) Im etymologischen Sinne ist der Barbar derjenige, der stottert oder eine unverständliche Sprache, d. h. kein Griechisch spricht. Rousseau gibt also zu verstehen: Als Barbar erscheine ich den eigentlichen Barbaren; ich werde von Fremden, unter denen ich mich fremd fühle, als fremd geahndet. Obwohl er zu dieser Zeit schon einige Jahre in Paris gelebt hatte, dort in die Salongesellschaft eingeführt worden und mit d'Alembert, Diderot und anderen Philosophen befreundet war, hat er sich in dieser Gesellschaft nie heimisch gefühlt. Die philosophische Kritik an der Zivilisation ist ein Ausdruck dieses persönlichen Unbehagens.

Sowohl in dem für die Veröffentlichung geschriebenen Vorwort als auch in den Eingangsseiten wendet Rousseau alle rhetorischen Mittel an, um das Wohlwollen seiner Leser zu erlangen (captatio benevolentiae). Er lobt die Juroren und preist die gestellte Frage. Die Juroren sind „weise" (D1, 11); später wird ihre Integrität mit der Unbefangenheit von „gerechten Herrschern" verglichen: Diese „haben nie gezögert, sich in hängigen Streitgesprächen selbst infrage zu stellen". Rousseau erkennt an, dass er bei dem Wettbewerb faire Bedingungen erfahren hat: „nichts ist für eine gute Sache vorteilhafter, als sich vor einer grundsätzlich integren und aufgeklärten Partei zu verteidigen" (D1, 13).

Zur Fiktion eines (wenn auch geschriebenen) Diskurses gehören auch die wiederholten Appelle an die Juroren oder an die Leser: „Meine Herren" (D1, 13, 37). Sie tragen zum Pathos des *Diskurses* bei, der durch seine emotionale Wirkung besticht.

Rousseau weiß um den provokativen Charakter seiner These. Ihm ist auch klar, dass seine Position paradox, wenn nicht prekär erscheinen mag: „Denn wie kann man sich unterstehen, vor einer der gelehrtesten Gesellschaften Europas die Wissenschaften zu schelten, in einer berühmten Akademie die Unwissenheit zu loben und die Verachtung für das Studium mit der Hochachtung vor den wahren Gelehrten in Einklang zu bringen? Dieser Widersprüche bin ich mir durchaus bewusst" (D1, 13). Gerade in einer akademischen Schrift mag die radikale Kritik an der wissenschaftlichen Kultur einer Gesellschaft kühn erscheinen.

Daher beugt Rousseau der antizipierten Kritik vor, indem er seine potentiellen Widersacher als frivol diskreditiert und sie den Juroren (die seine Schrift ausgezeichnet haben) entgegenstellt. Die „bedeutendste [...] und trefflichste" Frage der Akademie wird mit den „metaphysischen Spitzfindigkeiten" der Möchtegern-Philosophen kontrastiert. Rousseaus zukünftige Widersacher sind „Schöngeister" und „Modegötzen"; mancher gibt sich für einen „Freigeist und einen Philosophen" aus, ist es aber nicht (D1, 11). Rousseau beschreibt das zeitgenössische Ideengeschäft als modische Pose. Schlimmer noch: Er wirft potentiellen Kontrahenten das vor, was man im modernen Deutsch intellektuellen „Opportunismus" nennen würde: Modegeister, die Geistesstärke vortäuschen, sind in Wahrheit schwach, anfällig für fremd gesteuerte und gefährliche Ideen.

Diese Anfälligkeit ergibt sich aus einer Verwechslung von Sein und Schein, was ein Zitat aus Horaz' Dichtkunst bestätigt, das Rousseau der Preisschrift voranstellt: „Wir lassen uns vom Schein des Rechten täuschen." (D1, 13) Rousseau kämpft mit seinem *Diskurs* auf der Seite des Seins gegen den Schein.

Schon das Vorwort zur publizierten Fassung als auch die erste Seite der Schrift denunzieren das gängige intellektuell-mondäne Leben. Der rhetorische Auftakt ist ihm eine erste Gelegenheit, seine geistige Unabhängigkeit zu inszenieren: Er hat keine Angst, allein gegen den Trend zu kämpfen, und vertraut darauf, allein gegen alle Recht zu behalten. Er proklamiert seine intellektuelle Freiheit.

Zu seiner Selbstinszenierung gehört auch die sokratische Pose: „Welchen Standpunkt soll ich in dieser Frage vertreten? Den, meine Herren, der sich für einen ehrenhaften Mann geziemt, *der nichts weiß*, sich dieserhalb aber selbst nicht weniger schätzt" (D1, 13; Hervorh. B. D.). Wie Sokrates, der ironisch vorgab, nur zu wissen, dass er nichts wisse, kokettiert auch Rousseau mit seinem vermeintlichen Unwissen.

Die Beteuerung des eigenen Unwissens, auf die Rousseau wenig später zurückkommt (D1, 35–37), wird am Ende der Eingangsseite durch eine weitere Begründung ergänzt: Er versichert, dass er allein aus innerer Notwendigkeit schreibe: „unabhängig davon, ob mir Erfolg beschieden sein wird oder nicht, [habe ich] meiner natürlichen Einsichtskraft gemäß die Partei der Wahrheit ergriffen, und so gibt es einen Preis, der mir nicht aberkannt werden kann: Ihn finde ich im Grunde meines Herzens" (D1, 15). Wie später im vierten Buch des *Emile* (im „Glaubensbekenntnis eines Vikars aus Savoyen") das Gewissen zum „göttlichen Instinkt" erhoben wird, dient hier die innere Überzeugung als moralische und intellektuelle Richtschnur. Das innere Gefühl garantiert die Aufrichtigkeit und die Güte des Geschriebenen.

Kurz zuvor hat Rousseau das rhetorische Können vom Inhalt unterschieden: Er habe zwar das aufgeklärte Urteil der Leser zu befürchten, „aber nur in Hinblick auf [s]eine Beweisführung, nicht in Rücksicht auf die Einstellung des Redners" (D1, 13). Diese Einstellung wurzelt in einer tieferen emotionalen Schicht der Seele und unterscheidet sich von den rhetorischen Stilmitteln. In seiner Antwort auf Stanislaus' (König von Polen) Anmerkungen zum *Ersten Diskurs* wird sich Rousseau erneut auf sein „Gefühl" berufen (OC III, 35).

Die von der Akademie gestellte Frage wird als „eine der bedeutendsten und trefflichsten, die je aufgeworfen wurden", gepriesen. Um ihre Bedeutung zu betonen, erörtert Rousseau, was auf dem Spiel steht: Es geht um nichts weniger als um „das Glück des Menschengeschlechts" (D1, 11). Die Frage der Akademie hat Allgemeingültigkeit. Der Rahmen, in dem sie bedacht werden soll, ist der einer allgemeinen Anthropologie.

Rousseau ergänzt die gestellte Frage, „ob die Wiederherstellung der Wissenschaften und Künste dazu beigetragen habe, die Sitten zu läutern" (D1, 9), um die Alternative, die in der Formulierung der Akademie implizit geblieben war: „oder sie zu verderben" (D1, 13). So macht er klar, dass diese Frage für ihn keineswegs eine rhetorische ist. Die Option des Verfalls durch Kultur wird explizit gemacht. Vielleicht war sie von der Akademie nicht einmal ausgeschlossen (Bourchardy, 1239; Spaemann, 47 ff.), denn eine lobende Erwähnung ging an eine weitere Schrift, die die Frage ebenfalls mit „nein" beantwortet hatte, während die übrigen Teilnehmer am Wettbewerb die Frage mit „ja" beantwortet hatten.

2.2 Ursachen und Mechanismen der Dekadenz

Die ersten beiden Paragraphen präsentieren die These, die sich aus einer positiven Beantwortung der Preisfrage ergeben hätte: Demnach ist die Geschichte der Menschheit eine Fortschrittsgeschichte. Diese Sichtweise führt zu einer grundsätzlichen Bewunderung für die Errungenschaften des menschlichen Geistes.

In seiner ironischen Darstellung bedient sich Rousseau der damals üblichen Metaphorik: Die Fortschritte werden als „Lichter der Vernunft" mit der „Finsternis" (D1, 17) konfrontiert. Die Beherrschung der Natur wird durch räumliche Bilder dargestellt: „mithilfe des Geistes schwingt [sich der Mensch] in himmlische Gefilde empor, [durchmisst] sonnengleich mit Riesenschritten die weiten Räume des Universums" (D1, 17). Verherrlicht wird der menschliche Versuch, das Universum durch seine Geisteskraft zu erkunden und zu beherrschen. Dazu gehört auch der Blick nach innen – die Selbsterkenntnis.

Dabei verweist Rousseau auf eine spezifische historische Situation: „All dies Wunderbare ist seit wenigen Generationen wieder an den Tag gekommen". Gemeint ist die Renaissance – nach dem (empfundenen) zivilisatorischen Rückgang des Mittelalters. Spätestens seit dem 17. Jahrhundert gilt das Mittelalter etymologisch als die Zeit zwischen der Antike und ihrer Wiedergeburt. Die Entwicklungen zum Besseren hat eine Epoche gebracht, die in der Frage der Akademie als eine solche „Wiederherstellung" verstanden wird – und die im Italienischen schon früh als „Rinascita", in den übrigen europäischen Sprachen ab dem späten 18. Jahrhundert als „Renaissance" bezeichnet wird. Diese Darstellung entspricht sowohl einem spontanen Verständnis der Geschichte als Fortschritt als auch der damals schon allgemein akzeptierten Periodisierung Antike – Mittelalter – Renaissance.

Im Europa der Aufklärung gilt insbesondere das Osmanische Reich als der Inbegriff einer despotischen und dunklen Staatsmacht, die jegliche intellektuelle Tätigkeit durch Freiheitsentzug untersagt. Daher bezeichnet es Rousseau auch als „Geißel des Gelehrten" (D1, 17). Ebenso haben sich Montesquieu in den *Persischen Briefen* (1721) und Voltaire in *Zadig* (1747) über die despotischen Regierungen im Orient mokiert. Während das Mittelalter mit „Barbarei" gleichgesetzt wird, erscheint die Renaissance als eine „Revolution" (D1, 17). Mit seiner Ironie geht Rousseau so weit, dass er den Beitrag des Islam zur Erhaltung und Tradierung antiken Wissens anerkennt: Dem „Muselmann" sei es zu verdanken, dass antikes Wissen nicht verloren gegangen ist, mag er zur damaligen Zeit auch als „stupide" gelten.

In einer Geschichte, die als Fortschritt erzählt wird, ist jede Generation der Vorgängerin verpflichtet. Kulturgeschichte ist ein Prozess der ständigen Weitergabe und Aneignung kultureller Güter: In der Antike haben sich die Römer an den Griechen, im 16. Jahrhundert die Franzosen an den Italienern geschult. Mit dem italienischen Einfluss sind die „Italien-Kriege" der Könige Ludwig XIII. (1483–1498) und Karl VIII. (1498–1515) gemeint, die auf ihrer Rückkehr die Renaissance in Frankreich eingeführt haben. Der erste Schritt ist, was wir heute einen Kulturtransfer nennen: die Übernahme wertvoller Hinterlassenschaften anderer Epochen oder Kulturen. Darauf folgen Neuerungen in den Geistes- und Naturwissenschaften.

Bis zu diesem Punkt hat Rousseau die gängige, optimistische Deutung der Geschichte paraphrasiert und dabei so getan, als würde er sie teilen. Seine Darstellung des vermeintlichen kulturellen Fortschritts führt aber auf leisen Sohlen erste Elemente einer Kritik mit sich. Zwar weist der Text keinen spektakulären Wendepunkt auf, an dem Rousseau seinen Gegenbeweis (refutatio) antreten würde, aber er beginnt an dieser Stelle, die zu widerlegende These sukzessive zu unterlaufen.

Triebfeder des auf den ersten Blick erfreulichen Aufschwungs von Wissenschaften und Künsten ist ein sozial-psychologischer Mechanismus, der nichts Gutes ahnen lässt. Geistig arbeitende Menschen und Künstler wollen gehört werden und suchen den Erfolg; sie sind daher im „Umgang mit den Musen" vom Urteil der Anderen abhängig. Mit dem Wunsch, einander zu gefallen, werden sie zwar „geselliger" (D1, 19), machen sich dadurch aber gegenseitig zu Sklaven. Nach Rousseau führt diese Entwicklung letztlich zu Konkurrenz, die ihm als Ursache allen Übels gilt.

Ein weiteres kritisches Element besteht im Verweis auf die gesellschaftliche und politische Funktion der Wissenschaften und Künste (D1, 19). Um ihre materiellen Bedürfnisse zu befriedigen, brauchen die Menschen Regierungen, welche die „ehernen Ketten" der neuen Sklaverei bilden. Der Wissenschaft, Literatur und Kunst schreibt Rousseau die Aufgabe zu, die „Blumenkränze" um diese Ketten zu winden; sie fungieren wie eine „Zierde", damit die Macht weniger sichtbar und damit umso wirksamer ausgeübt werden könne (D1, 19). Gerade durch ihren schönen Schein verbergen sie die wahre Natur der Herrschaft.

Aus dieser Kritik folgt der ironische Rat an die Mächtigen, sich dieses Hilfsmittels zu bedienen, indem sie das Mäzenatentum fleißig betreiben; und der – ebenfalls ironisch gemeinte – Rat an die „gesitteten Völker" und die „glücklichen Sklaven", die wissenschaftlichen und künstlerischen „Talente" zu pflegen, denen sie diesen „erlesenen und raffinierten Geschmack" verdanken. Denn die gesitteten Umgangsformen seien nur ein Zerrbild, das die Knechtschaft bestätige: „Die Notwendigkeit hat die Throne geschaffen, die Wissenschaften und Künste haben sie anschließend gefestigt" (D1, 19).

In einer Anmerkung bezweifelt Rousseau sogar die „Nützlichkeit" der Wissenschaften und Künste, weil sie sich nicht einmal ökonomisch rentierten. Seine Begründung besteht darin, dass sie lediglich künstliche Bedürfnisse schafften, die den Herrschenden Macht über die Menschen verleihen.

Zwei „wilde" Völker dienen als Gegenbeispiele, die demonstrieren sollen, dass weniger entwickelte Bedürfnisse mehr Freiheit bedeuten: die Ichthyophagen, ein von Plinius dem Älteren in seiner *Naturgeschichte* (VI, Kap. XXV) mehrfach erwähntes Fischervolk an der Küste Indiens; und die „Wilden" Amerikas, die hier als ein Vorbild von Genügsamkeit dienen. Beide Völker waren so lange unabhängig, wie sie sich auf die Befriedigung elementarer Bedürfnisse beschränkten. Weil sie sich auf diese Weise selbst versorgen konnten, blieb ihre ursprüngliche Autonomie erhalten.

In den nächsten Absätzen kritisiert Rousseau die „Höflichkeit" (politesse; D1, 21) in der Gesellschaft. Zunächst zieht er eine „aufrichtige Höflichkeit" in Erwägung, die das Gleichgewicht zwischen „teutscher Ungeschliffenheit" und „ultramontaner [italienischer] Theatralik" einhalten könnte. Sein Ideal sind raffinierte und zugleich aufrichtige Umgangsformen, die weder zu grob (deutsch) noch zu gekünstelt (italienisch) seien.

Diese aufrichtige Höflichkeit würde wahres Philosophieren ermöglichen: Der „philosophische Umgangston ohne Pedanterie" würde „natürliche und dennoch zuvorkommende Manieren" begleiten, das „ernsthafte [...] Studium" wäre durch den gesellschaftlichen Umgang perfektioniert. Interessant ist, dass Rousseau das Philosophieren mit den gesellschaftlichen Umständen verbindet, da es sich allein im geselligen Kontakt herausbilde. Daher assoziiert er Philosophie mit Sitten und Manieren. Und daraus entspringt die Sehnsucht nach einem Idealzustand, in dem die Philosophie nicht zum gesellschaftlichen Spiel verkommt, sondern in dem – wie in der Antike – die aufrichtige Wahrheitssuche möglich sein soll.

Der Zustand eines Gleichgewichtes zwischen zuvorkommenden Sitten und Aufrichtigkeit soll im antiken Athen wie Rom vorhanden gewesen sein. Die zeitgenössischen Gesellschaften meinen, diesen antiken Modellen wieder ebenbürtig zu sein: „Und eben durch sie [die aufrichtigen Manieren] werden auch unser Jahrhundert und unsere Nation ohne Zweifel allen Zeiten und Völkern überlegen sein" (D1, 21).

Doch sogleich wird diese Wunschvorstellung als Illusion entlarvt: Die „wahre Philosophie" ist nicht bei denen zu finden, die sich mit „dem Titel des Philosophen" schmücken; „die Tugend kommt kaum in so großem Gepränge daher" (D1, 21). Und wiederum werden Metaphern des trügerischen Scheins – „Schmuck", „goldbetresstes Kleid" der Höflinge, „Zierrat" – dem „gesunden kraftvollen Mann" und „dem groben Gewand eines Bauern" entgegengestellt. Das Vokabular der Einfachheit und Nacktheit stemmt sich gegen das Vokabular der Pracht, des Pompes und der Angeberei. Noch einmal prägt Rousseau bildliche Maximen: „Tugend [ist] der Seele Kraft und Vitalität"; „Ein guter Mann ist ein Athlet, der sich darin gefällt nackt zu kämpfen" (D1, 21). Die Künstlichkeit betrifft nicht nur die Manieren, selbst unsere Sprache ist gekünstelt. Und wenn der Idealzustand einer höflichen Aufrichtigkeit oder einer aufrichtigen Höflichkeit nicht mehr möglich ist, dann doch lieber die „Ungeschliffenheit" und die „rauen" Sitten. Die Höflichkeit ist nur ein Ausdruck der Komödie in der zivilisierten Gesellschaft. Sie ist nicht einmal ein minderes Übel.

Die negativen Konsequenzen bestehen darin, dass die Beziehungen zwischen den Menschen zerstört werden. Die aufrichtige Einfachheit ergab „Sicherheit" im Umgang mit anderen, weil die Menschen „sich ohne Mühe wechselseitig [...] durchschauen" (D1, 23). Durch die soziale Künstlichkeit hingegen werden die Menschen einander fremd; es fehlt diejenige Transparenz, die Jean Starobinski als Ziel eines tiefgründigen Strebens in Rousseaus Leben und Denken ausmacht (Starobinski).

Die gesellschaftliche Komödie bringt einen weiteren Nachteil mit sich: Wenn jeder sich gezwungen fühlt, „die Kunst zu gefallen" (l'art de plaire) zu praktizieren, lebt das Individuum in einem permanenten Zwang und verliert seine Originalität. Diese Kunst ist in der Tat in zahlreichen Anstandsbüchern der Zeit dokumentiert. Nach den italienischen Vorbildern der Renaissance (*Il Cortegiano* von Baldassare Castiglione, *Il Galateo* von Giovanni Della Casa) erfährt die Gattung solcher Bücher eine neue Blüte im Frankreich des 17. und 18. Jahrhunderts. Sie kodifizieren das gute Benehmen in der höfischen Gesellschaft. Nun bedeutet der Zwang, derartige Regeln zu befolgen, dass das Individuum die eigene Persönlichkeit unterdrücken und sich anpassen muss. Rousseau verachtet diese Art

Konformismus: Es ist von einer „schändlichen und trügerischen Gleichförmigkeit" die Rede. „Unaufhörlich fordert die Höflichkeit und gebietet der Anstand", man „folgt Gepflogenheiten und niemals der eigenen Eingebung" (son propre génie), „traut sich nicht mehr", ist im „ständigen Zwang", die Gesellschaft ist eine „Herde" (D1, 23).

Um diese Uniformität des Individuums zu beschreiben, benutzt Rousseau eine weitere Metapher, die er später in der Präambel der *Bekenntnisse* (1771) noch einmal verwenden wird: Alle Geister scheinen in derselben Form gegossen worden zu sein (jetés dans un même moule; ebd.). In der Präambel der *Bekenntnisse* präsentiert sich Rousseau (stellvertretend für alle Menschen) als ein Unikat: Die Natur hat die Form, in die sie ihn gegossen, nur einmal verwendet und dann verworfen.

Durch die Konformierung des Einzelnen wird das Leben im gesellschaftlichen Schein unglücklich. Somit ist ein wichtiges Motiv in Rousseaus Denken angesprochen: das Leid des Einzelnen in einer Gesellschaft, die der individuellen Originalität nicht gerecht wird. Rousseau wird dieses Motiv immer wieder aufgreifen: im *Brief an d'Alembert* (1757), wenn er den Molièreschen Menschenfeind gegen Molière verteidigt; in *Julie oder Die Neue Héloïse* (1761), in der er ein glückliches Leben in der utopischen Transparenz einer kleinen Gemeinschaft imaginiert; sowie in den *Träumereien eines einsamen Spaziergängers* (verfasst 1776–1778).

Die Korrumpierung betrifft auch das kollektive Verhalten: Zwar ist eine Gesellschaft weniger aggressiv zu ihren Feinden, aber nur weil die Liebe zum Vaterland weniger stark geworden ist: „Der Hass zwischen den Völkern wird erlöschen, mit ihm aber auch die Liebe zum Vaterland" (D1, 25). Mit dieser spezifischen Konsequenz des Zivilisationsprozesses schlägt Rousseau im *Ersten Diskurs* zum ersten Mal eine Brücke zwischen privaten Sitten und Politik. Der Patriotismus, die Identifikation mit dem Vaterland und die Bereitschaft, sich fürs Gemeinwohl zu opfern, ist ein für ihn fundamentaler politischer Affekt, weil er die politische Gemeinschaft erst ermöglicht. Doch wird dieser Gemeinsinn vom „Prozess der Zivilisation" vernichtet.

Im Grunde tritt hier an die Stelle der „natürlichen" menschlichen Eigenschaft ein pervertiertes Substitut der Tugend. So wird zum Beispiel die primitive „Unwissenheit" (D1, 25) durch die fundamentale Skepsis ersetzt. Diesen „Pyrrhonismus" hält Rousseau für viel gefährlicher als das ursprüngliche Nichtwissen.

Rousseau weigert sich also, der Zivilisation diejenigen Qualitäten zuzusprechen, die man ihr gewöhnlich zuschreibt. Frappierend sind jene Formulierungen, die darauf abzielen, den zivilisatorischen Schein zu entlarven. So betont Rousseau, dass Laster „mit dem Namen von Tugenden dekoriert" werden, „die Mäßigung unserer zeitgenössischen Weisen" nur eine „raffinierte Maßlosigkeit", eine „vorgetäuschte Einfalt" (artificieuse simplicité; D1, 25) sei. Erstaunlich ist auch die Geringschätzung der aggressionshemmenden Wirkung höflicher Umgangsformen. Rousseau verwirft dieses Ergebnis des von ihm nicht anerkannten „Prozesses der Zivilisation", er sieht nur seine Nachteile, die mangelnde Authentizität und den sittlichen Verfall.

Das Zitat in der Anmerkung entstammt dem Essay „Über die Gesprächs- und Diskussionskunst" (III, 8) von Michel de Montaigne, in dem dieser die „Unterhaltung" (conférence) als die „fruchtbarste und natürlichste Übung unseres Geistes" preist. Er stellt die geglückte Form des gedanklichen Austausches („nur mit wenigen Menschen und für mich") der mondänen Variante entgegen, die er mit entehrender Selbstverleugnung gleichsetzt. Aber anders als Montaigne, für den es die Möglichkeit einer aufrichtigen und erfüllenden Kunst des Gesprächs gab, richtet Rousseau seine Kritik an der mondänen Konversation gegen „alle unsere Schöngeister". Die „Ausnahme", von der in der Anmerkung die Rede ist, soll Diderot sein (Bouchardy, 1243, Anm. 2), der Rousseau nicht nur während der Redaktion 1749 dazu ermutigt hatte, die Frage der Akademie mit „nein" zu beantworten, sondern ihm auch danach bei der Publikation behilflich war.

Die Aufzählung aller schlechten Auswirkungen des Zivilisationsprozesses führt Rousseau zu einer ersten Schlussfolgerung und ironischen Beantwortung der Preisfrage: „So ist es um die Lauterkeit bestellt, die unsere Sitten erlangt haben" (D1, 25). Wissenschaften und Künste haben ihren „Anteil an diesem auch so segensreichen Werk" (D1, 25). In einem für seine Zeit üblichen rhetorischen Verfahren – man denke an die beiden Perser von Montesquieus *Persischen Briefen* (1721) oder an *Micromegas* (1752), *Candide* (1759) oder den *Freimütigen* (1767) bei Voltaire – lässt Rousseau diesen vorläufigen Schluss von einem fiktionalen Fremden bestätigen: „der Bewohner eines entlegenen Landstrichs" (D1, 25), ein „Fremder" (D1, 27), würde unsere Sitten vollkommen falsch deuten, so trügerisch sei ihr Anschein.

Auf diese Weise hat Rousseau die Wirkung der Wissenschaften und Künste in ihren Mechanismen beschrieben. Die Korrumpierung – und nicht die Läuterung – der Sitten durch Wissenschaft und Künste ist für ihn eine Tatsache, die zum allgemein gültigen Gesetz erhoben werden kann: „diese Erscheinung war zu allen Zeiten und allerorten zu beobachten" (D1, 27). Rousseau betont diese Allgemeingültigkeit mit einem naturwissenschaftlichem Vergleich: Die Korrelation zwischen der Entwicklung der Wissenschaften und Künste und dem sittlichen Verfall sei genauso evident wie die Korrelation zwischen den Phasen des Mondes und den Tiden des Meeres.

2.3 Historische Beispiele: korrumpierte und tugendhafte Völker

In den folgenden Passagen führt Rousseau historische Beispiele und Gegenbeispiele an, um dieses allgemein gültige Gesetz zu bestätigen und für seine These eine empirische Basis zu schaffen. Mit Hilfe dieser Beispiele werden erste „historische Herleitungen" (inductions historiques) möglich.

Als Beispiele für Dekadenz werden Ägypten, Griechenland, Rom, Byzanz und China angeführt. Als Gegenbeispiele führt Rousseau „die ersten Perser", die Scythen und die Germanen an, ebenso das republikanische Rom und die ursprünglichen Stadtstaaten Griechenlands, vor allem Sparta. In einer Fußnote werden noch die „Wilden" Amerikas erwähnt, die hier ihre Rolle als „edle Wilde" spielen dürfen. Später kommen sogar die Schweizer, „jenes Volk von Ackerbauern" (nation rustique; D1, 31), hinzu.

Das historische Imaginäre, woraus sich Rousseaus Kulturkritik speist, ist keineswegs originell. Rousseau übernimmt seine Darstellungen der Epochen und Kulturen klassischen historischen Darstellungen. Er kannte Montesquieus *Größe und Niedergangs Roms* (1734). Universalgeschichten der Zeit, wie etwa Bossuets *Discours sur l'histoire universelle* (1681) oder Rollins *Histoire ancienne des Égyptiens, des Carthaginois, des Assyriens, des Babyloniens, des Mèdes et des Perses, des Macédoniens, des Grecs...* (1730–1738) oder seine *Histoire romaine* (1738–1748) präsentieren die Geschichte der Völker als Zyklen von Entstehung und Niedergang. Ein derartiges Deutungsmuster geht sogar auf antike Historiker und Philosophen zurück (Müller). Die Darstellung der Germanen als tapferes Volk orientiert sich an *Germania* von Tacitus. Selbst die radikale Kulturkritik findet erste Formulierungen bei den Kynikern, den Stoikern oder den Epikuräern.

Diese Hochkulturen eint ein ähnliches Schicksal: Sie können auf eine ruhmreiche Vergangenheit zurückblicken und wurden später von Fremdherrschern erobert und besetzt, da sie nicht mehr in der Lage waren, sich militärisch zu wehren. Sie scheinen die Korrelation zwischen dem Prozess der Zivilisation und dem politischen Verfall zu bestätigen. Dieser Zusammenhang wird dadurch erklärt, dass das Aufblühen von Wissenschaften und Künsten Patriotismus und Tugend verdränge. Der Maßstab, den Rousseau anwendet, um diese Dekadenz auszumachen, ist die Unfähigkeit dieser Völker, ihre Unabhängigkeit zu bewahren. Ihre militärische Niederlage wird auf die mangelnde Tugend der Bürger zurückgeführt: eine Folge der schlechten, unaufrichtigen Sitten, die Rousseau auch in den Umgangsformen seiner Zeit diagnostiziert.

Hier aber erhält die Kritik eine politische Dimension, die sie in den vorausgegangenen Seiten nicht hatte: Tugend ist nicht nur Sittlichkeit, Aufrichtigkeit im privaten und gesellschaftlichen Umgang, sie ist, im antiken Sinne des Wortes, die Identifikation mit dem Gemeinwesen und die Bereitschaft, sich für dieses gegebenenfalls zu opfern. Indem er auf die politischen Konsequenzen der privaten Laster verweist, verlässt Rousseau das Terrain der Sittenkritik.

Dass Schrift, Religion und Wissenschaft ihren Ursprung in Ägypten haben und dieses Land als „Schule des Universum" (D1, 27) gilt, findet sich schon bei Platon. Wie Bossuet und Rollin vor ihm hat Rousseau diese Auffassung von Platon übernommen, aber hinzugefügt, dass diese Verdienste das Land nicht davor bewahrt hätten, Opfer fremder Eroberer zu werden.

Was die Griechen betrifft, nennt Rousseau in einem Atemzug den trojanischen Krieg und die Perser-Kriege, als wären diese Kriege Zeugnisse ein und desselben Patriotismus (D1, 27). Tatsächlich galten die Perser-Kriege – mit den legendären Siegen von Marathon und Salamis und der heroischen Aufopferung des spartanischen General Leonidas mit seinen 300 Soldaten bei den Thermopylen – als Sieg der patriotischen Kraft einer noch lebendigen Demokratie. Keine hundert Jahre später jedoch hat Demosthenes in seinen Reden gegen Philipp von Makedonien die Athener für ihre Frivolität und Verantwortungslosigkeit kritisiert. Gegen seine Ermahnungen blieben sie taub. Rousseaus Beitrag ist, dass er die politische Gleichgültigkeit und mangelnde Wehrbereitschaft der Athener auf die Entwicklungen der Philosophie, des Luxus und der Künste zurückführt: Zur Zeit der Perser-Kriege hätte „die aufkommende Philosophie [...] die Verderbnis in die Herzen ihrer Bewohner noch nicht gepflanzt (D1, 27); seitdem jedoch hätten „Luxus und Künste" den Gemeinschaftssinn „ausgezehrt" (D1, 29). Die „Künste" werden im *Ersten Diskurs* immer mit dem Luxus assoziiert, als hätten sie bloß die Funktion, Konsumgier und Geltungsbedürfnis der Reichen zu bedienen.

Schließlich gilt Rom als ein Paradebeispiel für „Dekadenz". Die römische erotische Dichtung (Ovid, Catull, Martial) ist Ausdruck eines sittlichen Verfalls. Die Ernennung des Dichters Petronius zum Schiedsrichter des feinen Geschmacks (arbiter elegantiarum; D1, 29) durch Nero fällt für Rousseau mit dem „Fall Roms" zeitlich zusammen. Eigentlich gemeint ist lediglich der Fall der Republik und der Übergang in die Kaiserzeit. Bezeichnend ist aber, dass Rousseau dabei vom „Fall Roms" überhaupt spricht, als wäre Rom nicht mehr „Rom" in der Kaiserzeit. Höfling Neros und Autor des *Satyricon*, von Tacitus in den *Annalen* porträtiert (XVI, 18), ist Petronius für Rousseau ein Symbol der Frivolität. Denn es sei frivol, seine Urteilskraft lediglich auf Fragen des Lebensstils anzuwenden. Nicht erwähnt wird jedoch, dass Petronius alles andere als unkritisch war. In Missgunst gefallen, beging er Selbstmord – nicht ohne Neros Verbrechen und Trivialitäten zuvor publik gemacht zu haben.

Byzanz, die „Metropole des oströmischen Imperiums", soll nach der Völkerwanderung im Westteil des Reiches das Refugium der Wissenschaften und

Künste gewesen sein. Sein intellektuelles und künstlerisches Prestige werde aber begleitet von einer kriminellen Herrschaft. Rousseau geht so weit, dass er die Verbannung von Wissenschaften und Künsten aus dem Westen Europas als ein Phänomen darstellt, das eher „aus Weisheit denn aus Barbarei" (D1, 29) erfolgt sei.

China liefert Rousseau schließlich ein zeitgenössisches Dekadenz-Beispiel. Die These von der Korruption durch den Zivilisationsprozess wird hier durch die Widerlegung der Gegenthese bekräftigt: „Würden die Wissenschaften die Sitten läutern, lehrten sie die Menschen, ihr Blut für das Vaterland zu vergießen, und förderten sie die Tapferkeit, so müssten die Völker Chinas weise, frei und unbezwingbar sein." (D1, 29) Das war offenbar nicht der Fall, weil die Chinesen von den Tartaren besetzt wurden. Rousseau ergänzt die Korrelation zwischen dem Prozess der Zivilisation und gesellschaftlichem Verfall durch eine weitere – fast ökonomische – Beobachtung: Die Kultiviertheit Chinas ist die der Mandarine. Diese bilden eine Kaste und ihre Kultiviertheit „nützt" dem Land insgesamt offenbar überhaupt nicht.

Formen und Symptome der Dekadenz sind verschieden: Hedonismus, Unsittlichkeit, Luxus, Verweichlichung der Sitten, Verbrechen (in Byzanz). Aber gemeinsam ist ihnen, dass die Völker fremden Herrschern zum Opfer fallen. An ihrer Unfähigkeit, sich Eroberungen und Fremdherrschaften militärisch zu erwehren, wird ihre Korruption gemessen. Spätestens an diesem Punkt wird klar, was Rousseau mit reinen, guten, geläuterten Sitten meint: „die Sitten läutern", heißt bei ihm, dass die Bürger wieder bereit sein müssen, „ihr Blut für das Vaterland zu vergießen" (D1, 29).

Ein weiteres gemeinsames Merkmal für den gesellschaftlichen Verfall ist der materielle Überfluss, der Luxus, der die Menschen abhängig mache: Die Völker (oder zumindest ihre Oberschicht) sind Geiseln künstlicher Bedürfnisse.

Die These, dass die Athener zu Demosthenes' Zeit ihre Wehrbereitschaft durch Luxus und Muße einbüßten, ist nicht neu. Das Lob des einfachen, genügsamen Lebens ist schon in der Antike ein Gemeinplatz, den man bei Platon, Vergil, Tacitus oder Plutarch finden kann. In dieser Tradition stehen Fénelon mit dem *Télémaque* (1699) oder Montesquieu mit dem Troglodyten-Märchen, das Usbek in den *Persischen Briefen* (1721) erzählt. Im Jahr 1749 erhält aber Rousseaus Verurteilung des Luxus eine polemische Dimension: Denn sie ist Teil einer Diskussion über die Rolle des Luxus und Konsums für die Gesamtgesellschaft. In der *Bienenfabel. Private Laster, öffentliche Wohlfahrt* (1723) hatte der holländischer Arzt Bernard de Mandeville auf die kollektiven Vorteile des Luxus hingewiesen, denn dieser schaffe Arbeit und belebe die Wirtschaft. Ähnlich hatte der französische Ökonom Melon in seinem *Essai politique sur le commerce* (1734) und Voltaire in dem Lehrgedicht *Le Mondain* (1736) argumentiert. Voltaire machte sich über die moralisierende Verurteilung des Luxus – namentlich über Fénelon –

lustig. Später wird Saint-Lambert, Autor des Artikels „Luxus" für die *Encyclopédie* (Band IX, 1765), in dem Streit eine Vermittlerposition einnehmen. Als Ganzes stellt jedoch die *Encyclopédie* ein einziges Lob auf den technischen Fortschritt und seine Auswirkungen für die individuelle Bequemlichkeit dar. Rousseaus *Erster Diskurs* ist eine heftige Verneinung der provokanten These vom Nutzen des Luxus. Noch apodiktischer wird es Rousseau in seiner Antwort an Stanislaus formulieren: „Der Luxus verdirbt alles; sowohl den Reichen, der den Luxus genießt als auch den Elenden, der ihn begehrt" (OC III, 51, Übers. B. D.). Er wird mehrfach in allen seinen Erwiderungen kritisiert, z. B. in der *Dernière réponse* an Bordes, wo er Melons Essai namentlich erwähnt (OC III, 95).

Den tugendhaften Völkern sei gemeinsam, dass sie sowohl genügsam als auch politisch unabhängig seien. Es seien Völker, die „kraft ihrer Tugenden ihr eigenes Glück schufen" (D1, 31). Daher seien sie glücklich. Sie würden auch „von der Ansteckung durch dieses nutzlose Wissen [...] verschont" (D1, 31). Ihr mangelndes Interesse für Kunst und Wissenschaft sei kein Zufall, sondern Vorsicht.

Der „philosophische Roman", von dem Rousseau im Folgenden spricht (D1, 31), ist Xenophons *Kiropaideia*. Er idealisiert das strenge, kollektive und militarisierte Erziehungssystem der „ersten Perser", das auch Platon bewunderte. Der Gegensatz zwischen Athen und Sparta ist ein Klassiker antiker Kulturgeschichte und findet sich schon bei Plutarch. In der Neuzeit haben bereits Montaigne oder Bossuet Sparta bewundert. Interessant bei der Darstellung Athens ist einmal mehr, dass Rousseau die Epochen komprimiert: Der „Tyrann", der „mit dem größten Eifer die Werke des Dichterfürsten [Homer] sammelte" (D1, 33), ist Peisistratos (ca. 600–527 v. Chr.), ganz zu Beginn der athenischen Demokratie, die er in die Wege leitete. Er ließ in der Tat die Werke Homers sammeln und bei den panathenäischen Spielen feierlich rezitieren. Er ist aber kein „Tyrann" im Sinne des Machtmissbrauchs. Bezeichnend ist, dass Rousseau die kulturpolitische Handlung – die Kanonisierung von Homers Werk – als eine ummittelbare Ursache für Athens politischen Verfall (der erst 300 Jahre später stattfindet) sieht.

Heute würde man diese Art, Kulturgeschichte zu betreiben, als essentialistisch und ideologisch charakterisieren. Rousseau kompiliert Informationen aus zweiter Hand, verallgemeinert und schlägt kühne Bögen zwischen Epochen und Völkern, gerade so wie es in seine Beweisführung passt. Er hat alle seine historischen Beispiele und Gegenbeispiele so bearbeitet, dass sie die Korrelation zwischen bestimmten privaten Verhaltensweisen und der Fähigkeit zur politischen Teilnahme (oder ihrem Ausbleiben) bestätigen. Es wird eine Brücke zwischen der kritischen Beschreibung der zeitgenössischen Gesellschaft mit ihren privaten Lastern am Anfang des *Diskurses* und der politischen Wertung historischer Völker geschlagen. So wird die Gegenwart (das Paris der aufgeklärten, mondänen Salons) in die Idealisierung vergangener Epochen und Kulturen eingebunden und damit die politischen Konsequenzen der (privaten) Sitten aufgezeigt. Eine Gesellschaft, die von privaten Lastern geprägt wird, so die These, ist zur politischen Gemeinschaft unfähig.

2.4 Tugendfiguren

In den nächsten Abschnitten lässt Rousseau Verfechter antiker Tugenden zu Wort kommen: Sokrates und sein Lob der Unwissenheit, der alte Cato und Fabricius, beide Verächter der dekadenten römischen Sitten.

Das rhetorische Verfahren der Prosopopeia, die darin besteht, eine Figur (hier Tote), fiktiv sprechen zu lassen, führt zu einem ähnlichen Gedankenexperiment wie die Wortmeldungen des fiktiven Fremden am Anfang des *Diskurses* (D1, 27). In diesem Fall schafft die zeitliche Distanz einen in der Vergangenheit eingenommenen Standpunkt, von dem aus man mit einem fremden Blick über die gegenwärtigen Verhältnisse richtet. Diese Methode kann man durchaus als eine Art Gegenangriff der Entfremdung lesen, die im Ovid-Zitat auf der Titelseite zu spüren war: Das passive und schmerzhafte Gefühl der Entfremdung wird hier aktiv gegen die verdorbene Gesellschaft gerichtet. Sokrates, Cato und Fabricius klagen zurück.

Jedoch sind Sokrates' Worte im Text des *Diskurses* keine Prosopopeia im engeren Sinne, denn Rousseau zitiert sie aus der *Apologie des Sokrates* (D1, 35; nach Platon I, 20c–23a).

In Platons Darstellung verteidigt sich Sokrates vor den Richtern, die ihn zu Tode verurteilen werden (399 v. Chr.), indem er u. a. eine Erklärung bietet für den Neid und die Kritik, die er auf Grund eines Orakels der Pythia in Delphi erfahren hatte: Diese hatte gesagt, kein Mensch sei weiser als Sokrates (Platon I, 33d). Überrascht vom Orakel wollte dieser verstehen, was die Pythia genau meinte und besuchte Politiker, Dichter, Handwerker und Künstler, um mehr über deren Wissen oder Können zu erfahren. Er fand heraus, dass ihr Wissen entweder ein Scheinwissen war (bei den Politikern, denen alles geglaubt wird) oder eine Zufallsleistung (bei den Dichtern, die nur unter dem Einfluss einer göttlichen Inspiration dichten und nicht in der Lage sind, intelligent über ihre Werke zu sprechen) oder eine beschränkte Spezialkompetenz (bei den Handwerkern und Künstlern). Hingegen war Sokrates' paradoxes Wissen über das eigene Nicht-Wissen die einzig wirkliche Weisheit.

In seiner eigenen Reformulierung Platons hat Rousseau die Politiker weggelassen und den Vorwurf des Scheinwissens, der bei Sokrates den Politikern galt, an die Dichter und Handwerker gerichtet, denen Sokrates vorwarf, unfreiwillig zu dichten bzw. Fachidioten zu sein. Rousseau hat die eigentliche Pointe des Sokrates, dass Weisheit nicht automatisch aus Spezialwissen abgeleitet werden kann, zu einer pauschalen Verurteilung des Wissens allgemein vereinfacht und seine Kritik auf eine Kritik des Scheins reduziert: Er hält die Dichter „für Leute, die sich selbst und andere mit ihrem Talent beeindrucken, sich für weise ausgeben und für weise gehalten werden" (D1, 35). Die Denunzierung des Scheins bei Sokrates bzw. Platon unterstützt seine eigene Darstellung der sozialen Kommunikation als Lüge: Die einen täuschen etwas vor, die anderen sind bereit es hinzunehmen; so wird die allgemeine gesellschaftliche Komödie immer weiter fortgesetzt. Mit einer rhetorischen Frage macht er Sokrates zum Verbündeten: „Glaubt denn irgendjemand, dass unsere Gelehrten und Künstler, lebte er [Sokrates] wieder unter uns, ihn von seiner Überzeugung abbringen könnten [sein Lob der Unwissenheit zurück zu nehmen]?" Rousseaus Reformulierung (durch Auslassungen und Komprimierung) ignoriert die Ironie des Sokrates, der nicht „die Unwissenheit" lobgepriesen hat, wie Rousseau behauptet (D1, 37), sondern bloß das Bewusstsein über die eigene Unwissenheit. Auch hat Sokrates, trotz aller Ironie und Bissigkeit, „unsere nutzlosen Wissenschaften" als Wissensdisziplinen nie ausdrücklich „verachtet" (D1, 37).

Sokrates ist für Rousseau eine Identifikationsfigur in vielerlei Hinsicht. Wie Bachofen treffend formuliert hat (Bachofen, 19, Anm. 2), ist er der Philosoph, „der uns vor der Philosophie rettet", ein Philosoph, der zwar geistig tätig ist, der aber seine Tugend „in der Heimstatt der Musen" (Athen) bewahrt hat und die Fähigkeit besaß, seine Philosophie als Lebensweisheit praktisch umzusetzen. Obwohl er Philosoph ist, tritt er als Inkarnation der Tugend auf und stellt somit einen Präzedenzfall für Rousseaus paradoxe Position dar: ein Philosoph, der gegen geistige oder kreative Tätigkeit polemisiert. Sokrates ist der einzige Philosoph, der von Rousseau nicht verachtet wird – anders als z. B. Epikur, Zenon und Arkesilaos, die er wenige Zeilen später als Beispiele nutzloser und dekadenter Spinnerei erwähnt (D1, 39). Selbst Sokrates' Schicksal hat Modellcharakter: Ähnlich wie Ovid, der Exilierte unter den Barbaren, wurde er von seinen Zeitgenossen nicht verstanden und deshalb zum Tode verurteilt.

Rousseau hat vielleicht nicht ganz Unrecht, wenn er Sokrates dafür lobt, dass er „mitnichten [...] jene Menge an Büchern vergrößern helfen [würde], mit denen man uns allenthalben überschwemmt" (D1, 37), da Sokrates ja in der Tat nicht selber geschrieben hat. Die Klage gegen die Bücherflut und überhaupt der Argwohn gegen Bücher ist bei Rousseau ein Leitmotiv und wird sich im *Emile* wieder finden: „Lesen ist die Plage der Kindheit" (E, 258) und „Ich hasse Bücher. Sie bringen einem nur bei, wie man über das, was man nicht kennt, reden kann" (E, 388). Im *Emile* soll das Studium aus Büchern dem praktischen Lernen weichen, ähnlich wie Sokrates' Weisheit kein Bücherwissen war. Sokrates gilt Rousseau als Modell einer gelebten Weisheit, die durch ihre Beispielhaftigkeit gewirkt habe und deshalb im Gedächtnis überliefert wurde – im Gegensatz zu einer rein intellektuellen Wissenschaft oder Philosophie, die in Büchern tradiert wird.

Eines hat aber Rousseau von Sokrates und Platon ganz wörtlich übernommen: „als ich mich an die Stelle des Orakels setzte und mich selbst befragte, ob es mir lieber wäre, das zu sein, was ich bin, oder das, was sie sind; über das Wissen zu verfügen, das sie erlernt haben, oder zu wissen, dass ich nichts weiß, ich mir selbst und Gott geantwortet habe: Ich will bleiben, was ich bin" (D1, 35/37). Sokrates' Bekenntnis zur Selbsttreue in der *Apologie des Sokrates* (Platon I, 22e) passt in Rousseaus eingangs schon erwähnte Forderung nach Authentizität, d. h. nach gesellschaftlichen Verhältnissen, die das Individuum nicht zwingen, seine Individualität zu verneinen.

Auf die Figur des Sokrates folgt ein weiteres Beispiel antiker Tugend: Der „alte Cato" (234–249 v. Chr.) verkörperte schon bei antiken Autoren (Cornelius Nepos, Livius und ganz besonders Plutarch, den Rousseau schon als Kind mit Begeisterung gelesen hatte) die alten römischen Tugenden. In einer Bauernfamilie geboren, wurde er nach militärischen Heldentaten während der Punischen Kriege zum Politiker. Er wurde nicht müde, den Römern ihren fehlenden Patriotismus und ihre Gleichgültigkeit gegen die karthagenische Bedrohung vorzuwerfen. Diese führte er auf eine Verweichlichung der Sitten zurück. Er wetterte gegen den ostentativen Luxus reicher Römer und erließ Gesetze dagegen. Er kritisierte auch die Begeisterung der Römer für die griechische Philosophie als eine dem politischen und patriotischen Engagement der Bürger nicht besonders dienliche Mode. Er selbst gab das Beispiel für einen bescheidenen und genügsamen Lebensstil.

Rousseau zählt ebenso die Entwicklung der Philosophie in Rom unter griechischem Einfluss zu den korrumpierenden, verweichlichenden Faktoren. Epikur (Begründer einer nach ihm benannten materialistischen Lehre, ca. 341 bis ca. 270 v. Chr.), Zenon (Zenon von Kition, ca. 33 bis ca. 261 v. Chr., Begründer der Stoa, der philosophischen Strömung des Stoizismus) und Arkesilaos (ca. 315 bis ca. 240 v. Chr., ursprünglich Mitglied von Platons Schule, Entwickler des Skeptizismus) wie auch der von Rousseau schon erwähnte (D1, 25) Pyrrhon (ca. 365 bis ca. 270 v. Chr.) stehen für die drei wichtigen Strömungen der hellenistischen Philosophie, die in Rom rezipiert wurden und die römischen Philosophen beeinflussten (insbes. Lukrez für den Epikurismus, Seneca für den Stoizismus). Rousseau verurteilt mit einer Formel ihren – in seiner Sicht – korrumpierenden Einfluss: „Bis dahin waren die Römer damit zufrieden, die Tugend zu praktizieren; alles war verloren, als sie begannen, selbige zu studieren" (D1, 39). Der Philosophie wirft Rousseau vor, rein spekulativ zu sein und ohne Auswirkungen auf das sittliche Verhalten des Menschen und sein Engagement als Bürger.

Dass Rousseau diese Philosophen verurteilt, soll nicht heißen, dass er sie nicht kannte. Er hat sie im Gegenteil sehr genau gelesen und verdankt insbesondere den Epikuräern, den Stoikern und den Kynikern viele kulturkritische Anregungen: den Stoikern die Kritik am Luxus und das Lob der Mäßigung und der Genügsamkeit; den Epikuräern und Kynikern die Idee, dass Bildung und Wissenschaften zum sittlichen Verhalten nichts beitragen (Müller).

Ein letztes Mal lässt Rousseau eine fremde bzw. anachronistische Figur über den Verfall der Sitten richten. Die berühmte Prosopopeia des Fabricius ist im *Ersten Diskurs* ein Bravourstück und auch dessen Kern: Es ist das Erste, was Rousseau schrieb.

Die Entstehungsgeschichte des *Ersten Diskurses* – die sogenannte „Erleuchtung von Vincennes" – hat Rousseau mehrmals erzählt: im achten Buch der *Bekenntnisse* (B, 345 f.) und in einem Brief vom 12. Januar 1762 an Malesherbes, dem obersten Zensor und Beschützer Rousseaus und der Enzyklopädisten. Auf dem Weg zu seinem Freund Diderot, der im Gefängnis von Vincennes wegen der Veröffentlichung des *Briefs über die Blinden* eine Strafe verbüßte, las er im *Mercure de France* die Frage der Akademie zu Dijon. Von der Inspiration überwältigt, setzte er sich unter einen Baum und schrieb „mit Bleistift" einen ersten Entwurf der Prosopopeia des Fabricius nieder. Diderot soll ihn ermutigt haben, am Wettbewerb teilzunehmen und die Frage der Akademie mit „nein" zu beantworten. Über Diderots genaue Rolle in der Entwicklung des *Ersten Diskurses* sind die Zeugnisse unterschiedlich (Bouchardy).

Gleichwohl bleibt die Prosopopeia des Fabricius ein rhetorischer Höhepunkt. Diesmal handelt es sich um eine echte Prosopopeia, denn die Rede des Fabricius ist als Rede von Rousseau frei erfunden, wenngleich in sehr enger Anlehnung an Plutarchs *Leben des Pyrrhos*, dem die Figur des Fabricius entnommen ist. Fabricius war ein römischer General im 3. Jahrhundert v. Chr. – also noch vor Cato –, aber wie er ein Muster alter römischer Tugenden wie Genügsamkeit, Unbestechlichkeit und Bescheidenheit im Lebensstil. Bekannt ist er als Gesandter Roms beim griechischen König Pyrrhos, der ihn mit einer großen Summe Gold und mit Geschenken (einem Elefanten) bestechen wollte. Fabricius wies alle Geschenke unbeeindruckt zurück. Als das Gespräch auf Epikur und die Philosophie kam, soll Fabricius gewünscht haben, die Römer mögen dieser Philosophie nicht folgen, denn sie lehrte, die Beschäftigung mit der Politik als Störung für das individuelle Glück zu betrachten.

Rousseau spricht zunächst Fabricius direkt an: „O Fabricius! Was hätte deine großmütige Seele gedacht"? Das „durch deinen Arm gerettet[e]" Rom ist eine Anspielung auf Fabricius' Rolle im Krieg gegen Pyrrhos. Rousseau imaginiert dann, was Fabricius gesagt hätte, wenn er das imperiale Rom erlebt hätte: „,O Götter', hättest du gesagt, ,wo sind die Strohhütten und schlichten Heimstätten geblieben, die einst Mäßigung und Tugend beherbergten?'" (D1, 39). Die erste Hälfte der Prosopopeia besteht aus rhetorischen Fragen, die Fabricius' bzw.

Rousseaus Empörung zum Ausdruck bringen. Im zweiten Teil fordert Fabricius die Römer auf, den ganzen Pomp niederzureißen. Der Ton erinnert an die Bilderstürmer: „Römer, reißt eiligst die Amphitheater nieder, zertrümmert die Marmorbilder, verbrennt die Gemälde, verjagt diese Sklaven, die Euch beherrschen und deren unheilvolle Künste Euch verderben" (D1, 39). Dieser Satz hat die Zeitgenossen – und nicht nur sie (z. B. Klemperer, 60 ff.) – schockiert. Manche Leser haben sich gefragt, ob ein solcher Appell wörtlich zu nehmen oder bloße rhetorische Übertreibung sei. Welche Schlüsse soll man daraus für die Gegenwart ziehen? Rousseau hat im Brief an Stanislaus eine nuancierte Antwort auf diese Kritik gegeben: Man kann die Geschichte nicht rückgängig machen und die Zeit vor der Zivilisation nicht wieder herstellen. Da die Korruption der Menschheit durch den Zivilisationsprozess nicht getilgt werden kann, sollen im Gegenteil Wissenschaften und Künste als Palliativ zu den individuellen und kollektiven Lastern weiter gepflegt werden (OC III, 56), genau wie Rousseau sie den Herrschenden als weiches Machtmittel schon im *Diskurs* (D1, 19) empfohlen hatte.

Noch einmal werden zwei Lebensstile und Einstellungen zum öffentlichen Wohl gegenüber gestellt: die Bescheidenheit der „Strohhütten" und „diese Statuen, diese Bilder, diese Bauwerke", die typisch sind für den Luxus im imperialen Rom. Die Rolle der Künste beschränkt sich in dieser Darstellung nur darauf, Reiche und Geltungssüchtige mit Prestigegütern oder Unterhaltung zu beliefern, wie die Liste der „unnötigen" Berufe – „Baumeister, Maler, Bildhauer und Possenreißer" – zeigt.

Am Schlimmsten sind nicht einmal die durch Luxus „verweichlichten Sitten", sondern der Verlust an Autonomie und Freiheit. Eine ganz besondere Zielscheibe in Fabricius' Rede ist die Faszination, die die griechische Kultur auf die Römer ausübt und die Minderwertigkeitskomplexe, die sie bei ihnen hervorruft. Die „Schönredner", denen sich die Römer der Kaiserzeit verschrieben hätten, sind die Philosophen, Sophisten und Rhetoriklehrer aus Griechenland, bei denen die Römer zur Schule gegangen sind. Oft waren diese Lehrer oder Künstler tatsächlich als Sklaven nach Rom gekommen. Rousseau deutet es als ein Paradoxon: Die Römer bewundern die Völker, die sie zuvor militärisch und politisch unterworfen haben. Gleichzeitig machen sie sich zu „Sklaven" ihrer Untertanen, indem sie diese als Modell für guten Geschmack und Intellektualität betrachten.

Durch eine elegante Praeteritio (etwas wird erwähnt, indem der Redner behauptet, es nicht behandeln zu wollen) überspringt Rousseau „die örtliche und zeitliche Distanz" (D1, 41). „Was sich in unseren Landstrichen und vor unseren Augen abgespielt hat", sei kaum erwähnenswert. Rousseau erspart sich die Wiederholung und betont gleichzeitig die Allgemeingültigkeit des Dekadenzprozesses. Er bietet lediglich zwei weitere Beispiele, die in seinen Augen den von Fabricius angeführten ebenbürtig sind: Ludwig XII. (1462–1515) und Heinrich IV.

(1553–1610), zwei Könige, die die Geschichte mit dem Ruf versehen hat, „gute", volksnahe Monarchen mit einem Hang zum einfachen Leben gewesen zu sein. Ludwig XII. galt als gerecht und milde und wurde vom Volk verehrt. Der gute König Heinrich, der nicht nur dem Bürgerkrieg zwischen Protestanten und Katholiken ein Ende bereitete, sondern auch wollte, dass alle seine Untertanen jeden Sonntag ein Huhn im Topf haben. In beiden vereinigte sich das allgemeine Wohl und der bescheidene Lebensstil.

Sokrates beschließt die Runde. Durch eine geschickte Überbietung erscheint die Gegenwart noch schlimmer als die Gesellschaft, die Sokrates zum Tode verurteilt hat: „bei uns hätte Sokrates nicht den Schierlingsbecher leeren müssen, nein er hätte einen viel bitteren Kelch getrunken, voll beleidigenden Spotts und einer Verachtung, hundertmal schlimmer als der Tod" (D1, 41), was just die Erfahrungen Rousseaus in der Pariser Gesellschaft beschreibt.

Der Abriss der Geschichte der Völker endet mit einer ersten negativen Umdeutung des Prometheus-Mythos. Der Hang des Menschen, alle Naturgeheimnisse durchdringen zu wollen, sei keine Heldentat, sondern eine Anmaßung. Rousseau geht so weit, dass er die von ihm diagnostizierte Dekadenz als Strafe für das Verlassen des ursprünglichen Zustands der Unwissenheit deutet. Eine der göttlichen Vorsehung ähnliche „ewige Weisheit" (D1, 41), die sich bald als die personifizierte Natur entpuppt (D1, 41), hat für die Menschheit den Zustand der Unwissenheit vorgesehen. Dies wird durch mehrere Bilder und Werturteile bekräftigt: Die „Natur" habe die Geheimnisse der Erkenntnis mit einem „dichte[n] Schleier" bedeckt, um die Menschen „vor der Wissenschaft [zu] bewahren". Sie habe es mit den Menschen gut gemeint, „wie eine Mutter ihrem Kind eine gefährliche Waffe aus den Händen reißt" (D1, 41). Die Menschen haben Geheimnisse entschlüsselt, die sie nicht hätten finden dürfen. Dafür werden sie bestraft. Eine Formel bringt die Gefahr eines Missbrauchs des Wissens auf den Punkt: „Die Menschen sind widernatürlich (pervers); sie wären noch schlimmer, wäre ihnen das Unglück widerfahren, gelehrt auf die Welt zu kommen" (D1, 41).

Die negative Fassung des Prometheus-Mythos antwortet auf den – im Endeffekt ironischen – Enthusiasmus, mit dem Rousseau am Anfang die Mär von der Eroberung der Welt durch den menschlichen Geist darstellte. Eine allegorische Radierung ziert die Frontseite der ersten publizierten Fassung vom *Diskurs* (D1, 5): Die Statue eines Jünglings (die Menschheit?) wird durch Prometheus mit seiner Fackel (links im Bild) zum Leben erweckt, während rechts ein Satyr eine erschrockene (oder enthusiastische?) und grinsende Grimasse zieht. Da seine Widersacher die Wahl dieser Illustration als Widerspruch zu seiner Wissenschaftskritik empfanden, schlägt Rousseau im *Brief an Lecat* (1752) eine Interpretation der Szene vor, die seine Verurteilung der Erkundung der Welt durch Prometheus nuanciert: „Ich hätte gedacht, es wäre für meine Leser eine Beleidigung gewesen, wenn ich sie wie Kinder behandelt hätte und ihnen so eine klare Allegorie erklärt hätte; wenn ich ihnen gesagt hätte, Prometheus' Fackel ist die der Wissenschaft und sie ist dazu da, große Genies zu animieren. Der Satyr, der das Feuer zum ersten Mal sieht, zu ihm rennt und es fassen will, repräsentiert die gemeinen Menschen (les hommes vulgaires), die vom Glanz der Literatur (des lettres) verführt, sich dem Studium maßlos hingeben. Der Prometheus, der schreit und sie vor der Gefahr warnt, ist der Bürger Genfs. Diese Allegorie ist gerecht und schön, ich meine sogar erhaben" (OC III, 102, Übers. B. D.). Rousseau ist Prometheus selbst! Die Menschen hätten die Geheimnisse der Natur besser nicht lüften sollen. Aber Prometheus-Rousseau darf es, weil er um die Gefahren seiner Entdeckungen weiß und die Menschheit davor bewahren möchte! Wissenschaft ist nur gut, wenn sie von vorsichtigen und verantwortlichen Menschen betrieben wird. Genauso wie Philosophie die „wahre Philosophie" nur sein kann, wenn sie von Sokrates vertreten wird.

Der erste Teil des *Diskurses* endet mit einer gewissen Schadenfreude: „Wie demütigend sind dergleichen Überlegungen doch für die Menschheit!" (D1, 43). Rousseau scheint sich zu freuen, den in der Frage der Akademie impliziten Stolz der Zivilisation demütigen zu können.

Literatur

Bachofen, B. 2002: La condition de la liberté. Rousseau, critique des raisons politiques, Genf/Paris.
Bouchardy, F. 1964: Einführung und Endnoten zu Discours sur les sciences et les arts, in: Rousseau, Œuvres complètes, Bd.III, Gallimard (Pléiade), XXVII–XLI und 1237–1284.
Diemer, A. 2013: „Quand le luxe devient une question économique: retour sur la querelle du luxe du 18e siècle", in: Innovations 2013/2 (n°41), Dunkerque, 9–27.
Goldschmidt, V. 1983: Anthropologie et politique. Les principes du système de Rousseau, Paris.
Klemperer, V. 1966: Geschichte der französischen Literatur im 18. Jahrhundert, Bd II: Das Jahrhundert Rousseau, Halle.
Margairaz, D. 1999: „La querelle du luxe au XVIIIe siècle", in: J. Marseille (Hrsg.), Le Luxe en France du siècle des Lumières à nos jours, JADHE, Paris, 25–37.
Montaigne, M. de 1998; Essais, erste moderne Gesamtübersetzung von H. Stilett, Frankfurt a.M.
Müller, R. 1997: Anthropologie und Geschichte: Rousseaus frühe Schriften und die antike Tradition, Berlin.
Platon 2008: Sämtliche Werke, übers. von F. Schleiermacher, hrsg. von B. König, Reinbek bei Hamburg.
Spaemann, R. 2008: Rousseau – Mensch oder Bürger. Das Dilemma der Moderne, Stuttgart, insbesondere das Kapitel 2 „Von der Polis zur Natur. Die Kontroverse um Rousseaus ersten ‚Discours'", 47–83.
Starobinski, J. 1988: Rousseau: eine Welt von Widerständen, München.
Tacitus 1997: Annalen, hrsg. von Erich Heller, Düsseldorf/Zürich.

Michaela Rehm
3 Aufklärung über Fortschritt: Die systematischen Ursachen der Zivilisation[1]
Erster Diskurs, zweiter Teil

3.1 Die Auswirkungen der „Wiederherstellung der Wissenschaften und der Künste"

Hat Rousseau in seinem *Diskurs über die Wissenschaften und die Künste*[2] womöglich das Thema verfehlt? Die Preisfrage der Akademie von Dijon im Jahre 1750 lautete: „Hat die Wiederherstellung [rétablissement] der Wissenschaften und der Künste dazu beigetragen, die Sitten [mœurs] zu läutern?" (D1, 9). Für Rousseau scheint die Frage nach der Läuterung der „mœurs" nur ein – wenn auch wesentlicher – Teilaspekt der Frage zu sein, ob die „Wiederherstellung" das Glück der Menschheit befördert hat oder nicht. Der Begriff „mœurs" (Sitten) umfasst im zeitgenössischen Sprachgebrauch sowohl moralische Sitten als auch nicht notwendig zum Bereich der Moral gehörende Phänomene wie etwa Höflichkeitsregeln oder künstlerische Standards.[3] Auch Rousseau verwendet diesen Begriff

---

[1] Bei diesem Text handelt es sich um die revidierte Fassung des folgenden Aufsatzes: Rehm, M. 2012: Aufklärung über Fortschritt: Warum Rousseau kein ‚Zurück zur Natur' propagiert, in: P. Delhom/A. Hirsch (Hrsg.), Rousseaus Ursprungserzählungen, München, 49–66.

[2] Zur Methodik: In diesem Aufsatz geht es in erster Linie um den *Diskurs über die Wissenschaften und die Künste* (1750). Rousseau äußerte sich später kritisch über diesen frühen Text (B, 347), behauptete aber auch, die Ideen, die ihn zu diesem ersten *Diskurs* inspiriert hätten, seien dieselben, die er im *Diskurs über die Ungleichheit* (1755) und in *Emile* (1762) geäußert habe (OC I, Fragments autobiographiques: Lettres à Malesherbes, 1136). Auch wenn Aussagen der Art, er habe zwar „über verschiedene Materien geschrieben, aber immer mit denselben Prinzipien" (Rousseau, Bd. I, 500) als Teil seiner Selbstinszenierung (des sich treu bleibenden Jean-Jacques in einer Gesellschaft von Anpassern) mit Vorsicht zu genießen sind, kann man zugestehen, dass es im Großen und Ganzen die selben Fragen sind, die ihn in verschiedenen Werken beschäftigen. Weil sich z. B. die Frage nach dem richtigen Verständnis des Fortschritts des Menschen vom *Diskurs über die Wissenschaften und die Künste* über den *Diskurs über die Ungleichheit* hin zum *Gesellschaftsvertrag* (1762) durchzieht, scheint es gerechtfertigt, diese Werke in eine Untersuchung des ersten *Diskurs* mit einzubeziehen.

[3] Die Artikel „mœurs" in der ersten Ausgabe des *Dictionnaire de l'Académie française* von 1694 (77) und in der vierten Ausgabe des *Dictionnaire de l'Académie française* von 1762 (154) machen

zunächst in diesem umfassenden Sinn, um dann zu präzisieren, auf welche Bedeutung von „mœurs" er sich bezieht, wenn er behauptet, Wissenschaften und Künste hätten nichts zu deren Läuterung beigetragen. Er gesteht zu, dass die Umgangsformen weniger rustikal sind, als sie es ehemals waren, und der Geschmack verfeinert worden ist (D1, 11). Aber er urteilt über den Einfluss der Sitten eben nicht als jemand, der nur an ästhetischen Fragen interessiert wäre. Ihn interessiert, ob die ästhetische Verfeinerung mit einer moralischen Läuterung einhergeht. Seine Antwort ist negativ: Die „Wiederherstellung der Wissenschaften und der Künste" hat dazu geführt, die Sitten zu korrumpieren.

Diesen Verfall der Sitten im moralischen Sinn kann man für Rousseau nun nicht einfach mit missbilligendem Kopfschütteln abtun. Das Dramatische daran ist nicht nur, dass sich moralisch standhaftere Naturen möglicherweise mit ihren verrohten Mitbürgern herumschlagen müssen, sondern dass er die Menschen unglücklich macht. Rousseau sorgt sich also nicht nur um die Folgen, die der Verfall der moralischen Sitten für die Tugendhaften haben mag; es geht ihm gut paternalistisch um das Glück aller Menschen, auch der Lasterhaften. Damit greift er den zentralen Gedanken antiker eudaimonistischer Ethik auf: Wer tugendhaft lebt, wird glücklich, wobei mit großer Selbstverständlichkeit vorausgesetzt wird, dass alle Menschen glücklich sein wollen.

Rousseau nennt verschiedene Beispiele von Staaten, deren Niedergang durch Lasterhaftigkeit und den Verlust bürgerlicher Freiheit herbeigeführt worden war; das klassische Beispiel dafür ist Rom. Den wegen ihrer Lasterhaftigkeit untergegangenen Reichen stellt Rousseau jene Völker entgegen, die „kraft ihrer Tugenden ihr eigenes Glück schufen", allen voran die Schweiz (D1, 31). Rousseaus Bilanz seiner Überlegungen, was zum Niedergang der einen Staaten und zum Glanze der anderen geführt hat, lautet, dass „der Fortschritt der Wissenschaften und Künste zu unserer wahren Glückseligkeit (félicité) nichts beigetragen hat" (D1, 75). Das Glück der Menschen nicht zu befördern, das ist der eigentliche Vorwurf Rousseaus an die Wissenschaften und Künste. Dass sie nicht geholfen haben, die Sitten zu läutern, ist nicht per se dramatisch, sondern wird erst im Zusammenhang mit der Frage nach dem Glück richtig relevant – denn ohne gute moralische Sitten, ohne Tugend, kann man Rousseau zufolge nicht glücklich werden.

Die Seelen also, behauptet Rousseau, sind in dem Maß verdorben worden, in dem „unsere Wissenschaften und Künste ihrer Vollendung entgegenstrebten" (D1, 27), und das sei überhaupt nichts Neues; „die Übel, die unsere fruchtlose Wissbegierde hervorbringt, sind ebenso alt wie die Welt" (D1, 27). Um die

---

deutlich, dass mit diesem Begriff zunächst ganz allgemein „natürliche oder erworbene Verhaltensweisen" gemeint sind und der Bezug auf die Moral zweitrangig ist.

Menschen vor diesen schädlichen Auswirkungen zu bewahren, habe die „ewige Weisheit" (sagesse éternelle) einen Schleier über ihr Wirken gebreitet, wie eine Mutter, die ihr Kind davor schützen will, seine Neugierde auf Dinge zu richten, die zu gefährlich für es sind (D1, 41).

Die „ewige Weisheit" lädt Rousseau zufolge also gerade nicht zur Erforschung ihrer Operationen ein, sondern hat es so eingerichtet, diese dem menschlichen Blick zu entziehen. Dass es trotzdem Menschen gibt, die es reizt, den Schleier zu lüften, lässt sich offenbar nicht vermeiden. Doch wegen der Gefahren der Wissenschaft sollte es nur einer kleinen Zahl gestattet sein, sich „dem Studium der Wissenschaften und Künste" zu widmen, „denen, die in sich die Kraft spüren, im Alleingang in deren [der „Lehrer des Menschengeschlechts" wie Descartes oder Newton, Anm. M. R.] Fußstapfen zu treten und sie gar zu überholen" (D1, 75/77). In der Vergangenheit, so scheint es, war genau das der Fall: Nur wenigen Männern war es gegeben, Künstler oder Wissenschaftler zu werden. Rousseau interessiert sich nun nicht nur für die Konsequenzen, die deren Tätigkeit für sie selbst haben mochte. Schließlich haben ihre Werke Auswirkungen auf ihr Publikum, und Rousseau lässt keinen Zweifel daran, dass er diesen Einfluss in der Regel für schädlich hält. Angesichts des negativen Effektes bereits dieser kleinen Zahl von Künstlern und Wissenschaftlern zeichnet Rousseau das Schreckensbild, wie die Welt erst aussähe, wenn Gelehrte nicht die Ausnahme darstellten (D1, 41/43).

3.2 Besser ein guter Handwerker als ein schlechter Künstler?

Das Problem zu Rousseaus Lebzeiten ist seiner Auffassung nach nun eben, dass eine wundersame Vermehrung von Künstlern und Wissenschaftlern stattfindet – und zwar durch die Produktivität derer, die sich das Projekt Aufklärung auf ihre Fahnen geschrieben hatten. Das waren ihrem Selbstverständnis und der Außenwirkung nach insbesondere die „philosophes". Der Begriff „philosophe" entwickelte sich seit der Mitte des 18. Jahrhunderts zu einem Eigennamen, zunächst für die Mitarbeiter der *Encyclopédie*, später allgemeiner für deren Gesinnungsgenossen.[4] Tatsächlich gehörte es zum Programm der *Encyclopédie*, „der Gesellschaft

---

[4] Rousseau gehörte zunächst selbst zum Kreis der „philosophes" – er verfasste Artikel für die *Encyclopédie* (B, 342 f.) und war Protagonisten der französischen Aufklärung wie Condillac, Grimm und vor allen Diderot freundschaftlich verbunden. Seine im *Diskurs über die Wissenschaften und die Künste* geäußerte Kritik an Wissenschaften und Künsten verursachte jedoch

durch das Anwachsen der Zahl wirklicher Gelehrter, gediegener Künstler und aufgeklärter Kunstliebhaber neue Vorteile" zu bieten (d'Alembert, 109). So hat man es aus Rousseaus Sicht mit einer größeren Gruppe von Aufklärern zu tun, die es als ihre Aufgabe ansieht, andere an die Wissenschaften und Künste heranzuführen. Mit Blick auf sie spricht er von einem „Haufen von Wissensvermittlern" (D1, 75), der die Hindernisse weggeräumt habe, welche den Zugang zum Tempel der Musen einst versperrt hatten. Dabei habe doch die „ewige Weisheit" selbst Hindernisse errichtet und Schleier über ihr Wirken gebreitet, damit es eben nicht jedem möglich sei, jenen Tempel zu betreten. Die Hindernisse seien als Kraftprobe ersonnen worden, als Propädeutikum, um die Spreu der weniger Begabten, vielleicht auch weniger Opferbereiten vom Weizen derjenigen zu trennen, denen keine Hürde zu hoch ist und die keine Anstrengung scheuen, um der Natur ihre Geheimnisse zu entlocken. Der „Haufen" nun aber habe dem unwürdigen „Pöbel" (populace) Einlass in das Heiligtum der Wissenschaften verschafft (D1, 75).

Das ist auf den ersten Blick einigermaßen verblüffend: Rousseau, der Apostel des Egalitarismus, als Verteidiger einer elitaristischen Auffassung von Wissenschaft und Kunst? Einzelne Individuen scheinen dazu bestimmt zu sein, Großes in Künsten und Wissenschaften hervorzubringen (D1, 75/77). Diejenigen, die diese Bestimmung nicht haben, so darf man schlussfolgern, sollten besser bei ihren Leisten bleiben. Muss man Rousseau an dieser Stelle Elitarismus vorwerfen? Hintergrund seiner Auffassung ist, dass er eine Theorie der menschlichen Natur vertritt, aus der hervorgeht, dass jeder Mensch bestimmte natürliche Anlagen besitzt, die es zu realisieren gilt. Gelingt das, so kann man glücklich werden. Dementsprechend nimmt Rousseau aus seiner Sicht keine elitäre Haltung ein, wenn er die Menge der Menschen vom Musentempel fern halten will.[5] Das liegt daran, dass es ihm zufolge eine Verbindung des naturgemäßen Lebens mit dem Glück gibt. Wer also keine natürliche Bestimmung dafür besitzt, Künstler oder

---

erste Zerwürfnisse, die mit der Zeit zum völligen Bruch zwischen Rousseau und den anderen Denkern im Umfeld der *Encyclopédie* führten. Zum Verhältnis Rousseaus zu den „philosophes" siehe Gouhier und Salaün.

Es muss jedoch betont werden, dass Rousseau nicht überall im *Diskurs über die Wissenschaften und die Künste*, wo er über Philosophie spricht, die „philosophes" in diesem engen und kritischen Verständnis meint; schließlich geht er auch auf positive Beispiele von Philosophen ein (namentlich Sokrates, siehe D1, 35 f.) und propagiert ein aus seiner Sicht positives Modell von Philosophie: „Wie beschaulich lebte es sich unter uns [...], wäre die wahre Philosophie untrennbar mit dem Titel des Philosophen verbunden!" (D1, 21)

5 Im Übrigen kokettiert Rousseau damit, selbst zu dieser Menge der weniger Begabten zu gehören: „Wir gewöhnlichen Leute, denen der Himmel nicht solch große Talente beschieden und die er nicht zu so viel Ruhm bestimmt hat, wir bleiben lieber in unserem Dunkel." (D1, 79)

Wissenschaftler zu werden, und sich dennoch in diesen Bereichen betätigen will, wird scheitern. Und das Unersprießliche an diesem Scheitern ist eben nicht nur, dass die Mitmenschen dadurch mit miserablen Gedichten oder bestenfalls langweiligen wissenschaftlichen Werken behelligt werden, die niemandem von Nutzen sind: All jene, die versuchen, sich gegen ihre eigene Natur zu wenden, führen damit ihr Unglück herbei. „Wer lebenslang ein schlechter Versemacher, ein mittelmäßiger Landvermesser gewesen, wäre vielleicht ein großer Textilfabrikant geworden", so Rousseau (D1, 75). Für ihn scheint es gerade keine Hierarchie der Berufe und Berufungen zu geben; der Stoffhersteller braucht sich vor dem Wissenschaftler nicht zu genieren. Das Entscheidende ist, dass der zum Stoffhersteller Begabte dieser Begabung nachkommt, denn dann ist er in der Lage, sein Glück zu machen – genau wie derjenige, der eine wahre Bestimmung zur Kunst oder zur Wissenschaft hat.

Den zu erwartenden Vorwurf, eine elitaristische Konzeption von Künsten und Wissenschaften zu vertreten, kann Rousseau mit einem Vorwurf an die Adresse der Protagonisten der Aufklärung kontern: Diese laden unterschiedslos alle ein, sich Künsten und Wissenschaften zuzuwenden, und sorgen damit für eine gewaltige Frustration der Menge, die dieser Beschäftigung nicht gewachsen ist. Gleichzeitig untergraben „diese nichtsnutzigen und seichten Deklamatoren [...] die Grundfesten des Glaubens und richten die Tugend zugrunde. Sie belächeln verächtlich jene alten Begriffe, Vaterland und Religion, und verwenden ihre Talente und ihre Philosophie darauf, alles, was den Menschen heilig ist, zu zerstören und herabzuwürdigen" (D1, 49/51). Außerdem führt die Konzentration auf Künste und Wissenschaften dazu, dass man nicht mehr fragt, ob ein Mensch „redlich ist, sondern ob er Talente besitzt"; der „Schöngeist erntet die Belohnungen, und die Tugend wird mit keinerlei Ehrungen bedacht" (D1, 67).

Durch das Projekt Aufklärung werden den Menschen also gerade die Dinge verleidet, die sich Rousseaus Meinung nach als Bestandteile eines guten Lebens für die Vielen bewährt haben: Tugendhaftigkeit, Religion und Patriotismus. Und das große Paradoxon der Aufklärung besteht darin, zwar Künste und Wissenschaften egalitär als allen zugänglich zu präsentieren, aber durch deren neu errungene Vormacht dafür zu sorgen, dass sie zum elitären Maßstab für gesellschaftliches Ansehen werden: Honoriert wird nur der für Wissenschaften und Künste Talentierte. Rousseau nennt diese Entwicklung eine „Auszeichnung [der] Talente" bei gleichzeitiger „Geringschätzung der Tugenden", durch die eine „verhängnisvolle Ungleichheit" herbeigeführt worden sei (D1, 76). Die Vergötterung des Talents in den Künsten und Wissenschaften führt dazu, dass Normalsterbliche keine Möglichkeit mehr haben, zu Ruhm und Ehre zu gelangen. In Zeiten, in denen Tugend der zentrale Maßstab zur Beurteilung einer Person war, mochte es ein durchschnittlich begabter Mensch allein durch seine Charaktereigenschaften zum geschätzten Mitbürger bringen. Was Rousseau hier vor Augen hat, mag man demokratische Wege nennen, Ansehen zu bekommen – sich etwa durch Rechtschaffenheit auszuzeichnen, ist seiner Auffassung nach ein für alle erreichbares Ziel.

Die Aufklärung also erzeugt und zementiert Ungleichheit, eine Ungleichheit, von der ihre Vertreter profitieren – Männer von außergewöhnlichem Talent, die zu Lebzeiten hofiert werden und denen der Nachruhm sicher ist. Rousseau kritisiert, dass das Konzept der „philosophes" nur einem kleinen Zirkel von Individuen attraktiv erscheinen kann: ihresgleichen nämlich, ausgestattet mit allen Möglichkeiten, auf die eigene Leistung aufmerksam zu machen und den Lohn der Welt einfordern zu können. „Diese bequeme Philosophie der Glücklichen und der Reichen" nennt Rousseau diese Einstellung. Die „philosophes", so seine Schelte, bereiten „sich auf dieser Welt ihr Paradies" (Rousseau, Bd. II, 612), und schließen mit ihren Vorstellungen die Mehrzahl der Menschen aus, denen dieses weltliche Paradies mangels herausragender künstlerischer oder wissenschaftlicher Begabung verschlossen bleibt. Weil sie den Menschen zusätzlich auch noch die Hoffnung auf das Jenseits nehmen, vertreten sie für Rousseau eine „barbarische Lehre" (Rousseau, Bd. II, 612).

3.3 Der Kampf um Vorherrschaft auf dem Markt der Meinungen

Der *Diskurs über die Wissenschaften und die Künste* bietet also eine Aufklärungskritik: zunächst einmal, indem Rousseau die „philosophes" als Protagonisten der Aufklärung dafür verantwortlich macht, Aufklärung als ein Heilsversprechen für alle zu propagieren – ein Heilsversprechen, das sich jedoch nur für wenige erfüllt; für die große Masse der Menschen bleibt es unerreichbar. In Kombination mit der Verächtlichmachung all dessen, was vielen Menschen traditionell Sinn und Trost gestiftet hat, produziert die Aufklärung Rousseau zufolge das Glück einiger weniger auf Kosten des Unglücks der Vielen und befördert noch die bestehende Ungleichheit.

Eine Aufklärungskritik ist der *Diskurs* aber noch in einem weiteren Sinn: indem er den „philosophes" unterstellt, eine Meinungsherrschaft zu errichten. Das hat mit dem ersten genannten Punkt der Aufklärungskritik zu tun, der von Rousseau behaupteten Suggestion der „philosophes", Künste und Wissenschaften stünden allen offen. Problematisch ist das in seinen Augen zunächst einmal deshalb, weil die breite Masse der Menschen auf Lehrer angewiesen ist, die ihr den Zugang zu Wissenschaften und Künsten erst vermitteln.

Für die großen Männer wie Descartes oder Newton habe es keiner Meister bedurft; welcher Lehrer hätte sie auch bis in jene Höhen begleiten können, in die ihr Genie sie führte? Hätten sie sich an Lehrern orientiert, wären sie durch deren Auffassungsgabe eingeschränkt geblieben. Zur Größe seien sie gerade deshalb gelangt, weil sie Widerstände überwinden, sich anstrengen und lernen mussten, die bisher gesetzten Grenzen des Wissens zu überspringen. Sie mussten die Kraft besitzen, den Weg der Künste und Wissenschaften alleine zu beschreiten, und Rousseau beschreibt dies als das heroische, einsame Geschäft einiger weniger Geistesgrößen (D1, 77).

Wenn sich nun aber viele Menschen den Künsten und Wissenschaften widmen sollten, brauche es Lehrer, welche die von der „ewigen Weisheit" errichteten Hindernisse für ihre Schüler beseitigten. Und wenn Rousseau Recht hat, ist es für den durchschnittlichen Schüler schwierig, weiter zu gelangen, als die Auffassungsgabe seines Lehrers reicht. Das wäre vielleicht nicht weiter problematisch, wenn Rousseau davon ausginge, dass die Lehrer ihre Schüler nach bestem Wissen und Gewissen zur Wahrheit führten. Er unterstellt jedoch, den „philosophes" gehe es nicht um Wahrheit, sondern um das Rechthaben, um die Vormachtstellung auf dem Markt der Meinungen: „Welche Lehren erteilen diese Freunde der Weisheit? Würde man sie, so man sie hört, nicht für einen Haufen Scharlatane halten, von denen ein jeder seine Ansicht auf dem Marktplatz feilbietet? Kommt her zu mir, ich bin der Einzige, der nicht betrügt" (D1, 71). Das führt zu einer Art Parteibildung – die Menschen stehen nicht mehr für ihre individuelle Auffassung ein, sie passen sich einer der gängigen Meinungen an.[6] Es ergibt sich eine „schändliche und trügerische Gleichförmigkeit", und alle „Geister scheinen geradezu nach demselben Muster zugeschnitten zu sein" (D1, 23). Ergebnis ist „diese Herde [...], die man Gesellschaft nennt" (D1, 23).

„Warum unser Glück in der Meinung anderer suchen", fragt Rousseau, wenn „wir es in uns selbst finden können" (D1, 79)? Die Unterstellung ist offenkundig: Die Aufklärer sind zwar angetreten, um die Menschen aus der ideologischen Herrschaft von Kirche und Staat zum Selbstdenken zu befreien. Tatsächlich jedoch werden die Menschen nur von der alten Parteimeinung zu einer neuen bekehrt. Den neuen Parteien liegt nicht daran, die Menschen frei zu machen; es geht um Meinungsführerschaft gegen das System des *Ancien Régime*, und in diesem Kampf sind Epigonen nützlicher als wirklich unabhängige Geister. Eine Spitze gegen diese Uniformität findet sich bereits im Vorwort des *Diskurs über die Wis-*

---

6 Später in den *Träumereien eines einsamen Spaziergängers* nennt Rousseau die „philosophes" sogar „Parteihäupter" (chefs de parti), bei denen man nicht um persönlichen Rat zu ersuchen brauche, weil man sowieso nur eine Parteimeinung zu hören bekomme (T, 42).

senschaften und die Künste, in dem Rousseau sagt, er mache sich auf die Missbilligung seines Textes gefasst, weil er alles angreife, was zu seiner Zeit bewundert werde. Es sei ihm gleichgültig, behauptet er, wenn er den „Schöngeistern" und „Modegötzen" nicht gefalle: Zu allen Zeiten gebe es Menschen, die sich bereitwillig den Meinungen ihres Zeitalters, ihres Landes und ihrer Gesellschaft unterwürfen. In seiner eigenen Epoche finde man diese Schwäche beim „Freigeist" und beim „Philosophen" (D1, 11). Der „philosophe" wäre wegen dieser Neigung, sich anzupassen, zur Zeit der Liga[7] ein Fanatiker gewesen (D1, 11) – ein besonders harter Vorwurf, bedenkt man, dass die Anhänger der *Sainte Ligue* gern von den „philosophes" selbst als Paradebeispiele herangezogen wurden, wenn Letztere Ignoranz und Intoleranz geißeln wollten. Die „philosophes", suggeriert Rousseau damit, stehen ihren Gegnern an Fanatismus um nichts nach.

3.4 Der rechte Gebrauch der „Perfektibilität"

Erstens nutzt Rousseau den *Diskurs über die Wissenschaften und die Künste*, um Kritik am Pseudo-Egalitarismus der „philosophes" zu üben: Diese lüden zwar mit großem Gestus alle ein, sich den Künsten und Wissenschaften zu nähern. Durch ihren elitären Geniekult jedoch machten sie Leistungen in diesen Bereichen zum zentralen Maßstab für gelingendes Leben; gleichzeitig beraubten sie die Menschen der nicht vom Talent in Wissenschaften und Künsten abhängigen Möglichkeiten, es zu gesellschaftlichem Ansehen zu bringen. Zweitens kritisiert Rousseau die durch die Aufklärung erzeugte Uniformität der Auffassungen. Die Aufklärung löst die Menschen aus ihren alten ideellen Abhängigkeiten von den Institutionen des *Ancien régime* nur, um sie ihrer eigenen Doktrin zu unterwerfen. Die Menschen werden so gerade nicht unabhängig gemacht und zum eigenen Urteil ermutigt; sie fügen sich lediglich in ein anderes Denksystem ein.

Damit schlage ich vor, den *Diskurs über die Wissenschaften und die Künste* als Epochenkritik zu lesen, als Kritik Rousseaus daran, wie sich das hoffnungsvolle Projekt Aufklärung in den Händen der „philosophes" entwickelt hat. Der *Diskurs* beinhaltet keine pauschale Fortschrittskritik: Was Rousseau tadelt, ist weniger das Phänomen des Fortschritts selbst, als vielmehr ein bestimmtes Konzept von Fortschritt, und zwar dasjenige, das die „philosophes" vertreten. So wenig die Aufklärer des 18. Jahrhunderts Fortschritts-Euphoriker waren, wie das rückbli-

---

[7] Gemeint ist die katholische „Sainte Ligue" des 16. Jahrhunderts, deren Anhänger den Protestantismus bekämpft haben (Näheres in Constant).

ckend mitunter scheinen mag,[8] war Rousseaus Vorstellung von Fortschritt nicht durchgängig ablehnend.

Rousseau kennt durchaus einen positiven Begriff von Fortschritt. Der Mensch, so sagt er im *Diskurs über die Ungleichheit*, besitzt von Natur aus die „Perfektibilität" (perfectibilité; D2, 103), eine Meta-Fähigkeit (Binoche, 14), „die, mit Hilfe der Umstände, allmählich alle anderen entwickelt und bei uns sowohl der Art nach als auch dem Individuum innewohnt".[9] Wenn der Mensch tatsächlich von Natur aus über diese Anlage verfügt, seine Fähigkeiten zu vervollkommnen, ist es zunächst einmal fraglich, wie man es anstellen sollte, diese natürliche Anlage zu unterdrücken – wenn man denn tatsächlich annähme, Rousseau lehne Fortschritt generell ab. Wer aber so vehement wie er vertritt, alles, was aus den Händen des Schöpfers komme, sei gut (E, 107), wird wohl kaum eine natürliche Anlage komplett als schlecht aburteilen wollen. Aber wie viele andere natürliche Anlagen auch kann sich diese, „mit Hilfe der Umstände" (D2, 103), in eine falsche Richtung entwickeln. Die von Rousseau im *Diskurs über die Wissenschaften und die Künste* gescholtenen Künstler und Wissenschaftler nutzen ihre Anlage der Perfektibilität zweifelsohne, und dieser Gebrauch an sich kann noch kein Grund zum Tadel sein. Dennoch scheint Rousseau ihnen einen schädlichen Ehrgeiz vorzuwerfen, sich zu vervollkommnen und sich so von anderen zu unterscheiden: „O Geltungswahn, was vermagst du nicht alles anzurichten?" (D1, 51), wie Rousseau verzweifelt ausruft. Es stellt sich die Frage, was einen positiven Gebrauch der Perfektibilität für Rousseau von einem fehlgeleiteten unterscheidet.

Im *Diskurs über die Wissenschaften und die Künste* untersucht Rousseau die Produkte der ehrgeizigen Bemühungen in Künsten und Wissenschaften, um deutlich zu machen, was genau er in diesen Bereichen auszusetzen hat. Er stellt den Wissenschaftlern die offenkundig rhetorische Frage, wenn „Ihr uns von all diesen Dingen nie etwas gelehrt hättet, wären wir dann weniger an der Zahl, weniger gut regiert, flößten wir weniger Furcht ein, hätten wir weniger Wohlstand" (D1, 49)? Die Wissenschaftler sollten ihre Werke nicht so wichtig nehmen, denn sie produzierten wenig Nützliches (D1, 49). In Zeiten der Ökonomisierung der Wissenschaft

---

[8] Das *Dictionnaire de l'académie française* von 1762 beispielsweise enthält unter dem Schlagwort „progrès" (480) den wertneutralen (und mit dem Text der Ausgabe von 1694 identischen) Eintrag: „Il signifie proprement Avancement, movement en avant. [...]. Il se dit aussi, de toute sorte d'Avancement, d'accroissement, d'augmentation en bien ou en mal." Zum Begriff des Fortschritts im 18. Jahrhundert siehe Lecourt, 23 f.

[9] In manchen Interpretationen wird davon ausgegangen, dass der Begriff „perfectibilité" Rousseaus Erfindung ist (z. B. Lotterie 2006, XVI). Jedenfalls verweist bereits das *Dictionnaire universel français et latin, vulgairement appelé Dictionnaire de Trevoux* der Ausgabe Paris 1771 unter dem Eintrag zu „perfectibilité" auf Rousseau (Bd. 6, 675).

zuckt man zusammen, wenn man liest, diese müsse Nutzen bringen. Rousseau aber meint gerade nicht den wirtschaftlichen Vorteil, wenn er Wissenschaftler des mangelnden Nutzens ihrer Arbeit bezichtigt. Er weist ganz im Gegenteil darauf hin, dass ein Grund für seine Kritik in der Koppelung der Wissenschaften und Künste mit dem Luxus liege. „Unsere" Philosophie, so drückt sich Rousseau aus, behaupte sogar, der Luxus mache den „Glanz der Staaten" aus (D1, 51).

Wissenschaften und Künste also beförderten auf verschiedene Weise die Liebe zum Luxus, und die Verweichlichung, die Rousseau besonders im *Diskurs über die Ungleichheit* kritisiert, wird auch schon im *Diskurs über die Wissenschaften und die Künste* getadelt (D1, 57/59). Abgesehen davon, dass die Menschen durch den Luxus immer schwächlicher würden, zerstöre er die Moral: „Und was wird aus der Tugend, wenn man sich um jeden Preis bereichern muss? Die Staatsmänner der Antike sprachen unablässig von Sittlichkeit und Tugend. Unsere sprechen nur von Handel und vom Geld. [...] Sie taxieren die Menschen wie Viehherden" (D1, 51).

Dass Menschen zur Ware werden, ist demzufolge auch den Künsten und Wissenschaften anzulasten. Durch die Verfeinerung der Sitten schaffen sie einen Markt für Dienstleistungen und Konsumobjekte, die sich eben nicht jeder leisten kann: Die Ungleichheit wächst, und Rousseau beklagt keineswegs nur jene, die den Reicheren und Mächtigeren zu Diensten sein müssen: „verjagt diese Sklaven, die *Euch* beherrschen", lautet seine Forderung auch schon im *Diskurs über die Wissenschaften und die Künste* (D1, 39; Hervorh. M. R.).

Wie steht es nun also mit der „Perfektibilität" derjenigen Künstler und Wissenschaftler, die Rousseau als negative Beispiele vorführt? Heinrich Meier sieht in Sachen Perfektibilität eine „Diskrepanz zwischen dem, was für die Art, und dem, was für das Individuum oder einige Individuen wünschenswert, vorteilhaft oder notwendig erscheint [...]. Die Perfektibilität, die ,bei uns sowohl der Art als auch dem Individuum innewohnt', garantiert keineswegs einen harmonischen Zusammenklang der beiden Entwicklungen. Das Gegenteil ist der Fall" (D2, 195, Anm. 241). Den Fehler der im *Diskurs über die Wissenschaften und die Künste* kritisierten Künstler und Wissenschaftler mag man anachronistisch mit dem Rousseau des *Diskurs über die Ungleichheit* so beschreiben, dass sie ihre Perfektibilität auf Gegenstände gerichtet haben, die ihnen individuell für sich oder für eine Gruppe nützlich erschienen. Mit dem noch späteren Rousseau kann man sagen, sie hätten lediglich ein „Privatinteresse" vertreten, gerichtet auf ein partikulares Wohl.[10]

---

10 Im *Gesellschaftsvertrag* unterscheidet Rousseau den „Gemeinwillen" (volonté générale), der auf das Gemeinwohl gerichtet ist, von dem am partikularen Wohl orientierten „Willen aller" (la volonté de tous; GV, II, 3).

Gute Künstler und Wissenschaftler, so kann man daraus schließen, verwenden ihre Fähigkeit zur Vervollkommnung darauf, das Wohl aller zu befördern, wie das die Natur von jedem Menschen verlangt. Demnach richtet sich die Nützlichkeit, die Rousseau von den Künsten und Wissenschaften fordert, nach dem Maßstab des Gemeinwohls. Künste und Wissenschaften müssten die Sitten wahrhaft läutern, die Menschen Vaterlandsliebe lehren, den „Mut beflügeln" und dazu beitragen, ein Volk „weise, frei und unbesiegbar" zu machen (D1, 17). Sie müssten „Freiheit, Uneigennützigkeit, Gesetzestreue" vermitteln (D1, 39), und, wie das positive Modell der Akademien, „der Menschheit nicht nur angenehme Einsichten, sondern auch heilsame Unterweisungen zuteilwerden [...] lassen" (D1, 69). Ihre einzig würdige Belohnung aber sei es, „zum Glück der Völker beizutragen, denen sie die Weisheit gelehrt hätten" (D1, 77).

3.5 Die wohlgeordnete Gesellschaft als Heilmittel gegen die Übel der Zivilisation

Im *Diskurs über die Wissenschaften und die Künste* sieht Rousseau im Zusammenspiel von Geist und Macht die Chance, wirklich nützliche Wissenschaft hervorzubringen: Solange „die Macht allein auf der einen Seite steht, Aufklärung und die Weisheit allein auf der anderen, werden die Gelehrten kaum Großes denken und die Fürsten noch seltener Gutes tun" (D1, 79). Doch Rousseau hat seine Meinung in diesem Punkt grundlegend geändert. Statt darauf zu setzen, dass sich aufgeklärte Herrscher durch die Erkenntnisse der Gelehrten beeindrucken lassen und letztere durch die Fürsten an nützliche Betätigungsfelder herangeführt werden, plädiert der spätere Rousseau für grundlegend neue politische Strukturen: „Beheben wir den Mangel des allgemeinen Zusammenschlusses [gemeint ist die vorpolitische „association générale" der ganzen menschlichen Gattung, Anm. M. R.] durch neue Zusammenschlüsse", schreibt Rousseau im *Genfer Manuskript* des *Gesellschaftsvertrag* (OC III, *Contrat social, I^e version*, 288, Übers. M. R.). Zusammenschlüsse und die Etablierung politischer Institutionen sind es, welche die Menschen tugendhaft und dadurch auch glücklich machen können, weil sie ein System bilden, in dem man es sich leisten kann, tugendhaft zu sein. Selbst der „leidenschaftliche Vernünftler", der im *Genfer Manuskript* geschilderte „Feind der menschlichen Gattung", kann durch die richtigen politischen Strukturen „gut, tugendhaft, feinfühlig" werden, sogar „die zuverlässigste Stütze einer wohlgeordneten Gesellschaft" (OC III, *Contrat social, I^e version*, 289, Übers. M. R.).

Kurzum: Möglicherweise möchte man angesichts der zivilisatorischen Fehlentwicklungen „rückwärtsgehen können", wie Rousseau das seinem Leser im

Diskurs über die Ungleichheit unterstellt (D2, 75). Doch schon in seinen Anmerkungen zu diesem *Diskurs* macht Rousseau deutlich, dass er nicht die Gesellschaft zerstören und zurück in die Wälder will – das sei nur der fehlerhafte Schluss, den seine Gegner aus seinen Schriften zögen (D2, 319). Und am Ende seines Lebens präsentiert er sich in *Rousseau richtet über Jean-Jacques* gar so, dass er immer auf dem Prinzip insistiert habe, dass „die menschliche Natur nicht rückwärts geht und man niemals zu den Zeiten der Unschuld und Gleichheit zurückkehren kann" (Rousseau, Bd. II, 569).

Der Ausweg aus der Misere liegt also nicht im Weg zurück, sondern im Voranschreiten zu einer „wohlgeordneten Gesellschaft" (OC III, *Contrat social*, I^e version, 289, Übers. M. R.). Bereits im *Diskurs über die Wissenschaften und die Künste* kritisiert Rousseau, dass die Künste und Wissenschaften „Blumenkränze über die ehernen Ketten" legten (D1, 19). Sie erstickten das Freiheitsgefühl und bildeten so die Stütze für die Throne der Mächtigen (ebd.). Warum sollte man die Aufklärung in dieser Form weiter propagieren, wenn sie nur die Ungleichheit vorantreibt und die meisten Menschen ihren Ansprüchen überhaupt nicht gewachsen sind? Wäre es nicht ratsamer, gerechte Institutionen zu erschaffen, in denen alle die Möglichkeit haben, moralisch „besser" und damit glücklich zu werden? Rousseau unterstellt offenbar, die „philosophes" hätten gar kein Interesse an einem solchen egalitären Projekt (Rehm, 23-33). D'Alembert schreibt im *Versuch über den Umgang der Gelehrten und Großen*, das Motto des „philosophe" solle „Freyheit, Wahrheit und Armuth" lauten, er fügt sogar den Zusatz bei, „wer die letzte – die Armut – scheut, ist noch sehr fern von den beyden ersten" (Alembert, 78). Die Maxime, in Armut zu leben, war zumindest zu Beginn des Projekts der *Encyclopédie* für viele ihrer Autoren leicht zu befolgen, da sie ohnehin keinen gehobenen sozialen Stand und die entsprechend schlechte finanzielle Ausstattung hatten (siehe Lough).

Eine Ausnahme bildete etwa d'Alembert, der bereits seit 1742 Mitglied in der *Académie des Sciences* war und Ansehen wie auch Wohlstand genoss (Rezler, 176). Mit dem Erfolg der *Encyclopédie* gelang auch anderen Beiträgern ein gesellschaftlicher Aufstieg. Nicht nur, dass sie in den Salons der besseren Pariser Kreise gern gesehene Gäste waren; manche von ihnen – etwa Diderot – wurden von absolutistischen Herrschern gefördert (Diderot, 528-531), andere – wie z. B. Helvétius und d'Holbach – warben beispielsweise durch die Widmungen ihrer Werke um die Gunst der Mächtigen (Hulliung, 207 f.). Rousseau dagegen inszeniert sich als die große Ausnahme, als der Denker, der alle Pensionen ablehnt und sich lieber mit dem Kopieren von Noten durchschlägt, als sich von anderen abhängig zu machen. Die „philosophes" verbrüdern sich aus seiner Sicht mit den Größen des *Ancien régime*, und das zeige sich vor allem in der Beihilfe zur Unterdrückung: Schließlich seien es die von der Aufklärung propagierten Wissenschaften und Künste, welche das Joch des Despotismus erträglicher machten und die Menschen davon abhielten, gegen diese Zustände zu rebellieren (D1, 19).

Rousseau präsentiert sich somit als einzig radikaler Denker, der mit dem System des *Ancien régime* wirklich Schluss macht: persönlich, indem er sich durch seine „Reform" (réforme) der korrupten und korrumpierenden Gesellschaft entzieht (B, 357 f.; T, 56 ff.); strukturell, indem er ein völlig neues politisches System propagiert. Was Letzteres angeht, lässt Rousseau die übrigen „philosophes" tatsächlich alt aussehen: Die maximale politische Forderung, zu der sich die meisten von ihnen durchringen konnten, war die nach einer konstitutionellen Monarchie gemäß dem englischen Vorbild. Mit seiner im *Gesellschaftsvertrag* präsentierten Idee einer direkten Demokratie dagegen geht Rousseau zumindest in politischer Hinsicht weiter als sie alle. Und wenn er dort von der sittlichen Metamorphose durch den Vertrag spricht, die aus einem triebgesteuerten Lebewesen erst einen sittlichen, vernünftigen Menschen macht (GV, I, 8), wird noch einmal deutlich, dass nicht die Rückkehr in den Naturzustand, sondern die „wohlgeordnete Gesellschaft" (OC III, *Contrat social, I^e version*, 289, Übers. M. R.) das Heilmittel gegen die Übel der Zivilisation bietet.

3.6 Schluss: Aufklärung *über* Fortschritt

Bei aller Kritik an der Aufklärung ist Rousseau kein Gegen-Aufklärer (wie das z. B. von Garrard und McMahon vertreten wird). Schon im *Diskurs über die Wissenschaften und die Künste* zeigt sich vielmehr, dass sich Rousseau als der *wahre* Aufklärer stilisiert, der im Gegensatz zu den „philosophes" keine Tabus kennt und auch vor dem Allerheiligsten seiner Zeit, dem Fortschritt, nicht Halt macht; bereits im Vorwort erklärt er, er verstoße „gleichsam gegen alles […], was heute die Bewunderung der Menschen auf sich zieht" (D1, 11). Sein Programm ist das der Aufklärung *über* den Fortschritt: Er tadelt dessen negative Auswirkungen, weist aber auch darauf hin, wie eine positive Form von Fortschritt aussehen kann. Der Maßstab für die Arbeit von Künstlern und Wissenschaftlern ist, ob sie dem Gemeinwohl dienlich ist oder nicht. Dann kann sie sogar ein Heilmittel für die Übel sein, die sie verursacht hat, wie im *Préface à Narcisse* deutlich wird: Künste und Wissenschaften, so sagt Rousseau dort, haben bestimmte Laster zwar erst hervorgebracht, sie können nun aber auch dazu dienen, diese einzudämmen (OC II, 972; dazu Starobinski).

Im *Diskurs über die Wissenschaften und die Künste* präsentiert Rousseau eine Kritik seiner eigenen Epoche der Aufklärung. Was er darin zeigt, ist erstens, dass die Aufklärung ein Heilsversprechen gibt, das für die Masse der Menschen unerfüllbar bleibt und damit Ungleichheit befördert: Nur wenige haben die Begabung, sich mit Künsten und Wissenschaften zu beschäftigen. Der Versuch, diese Welt allen zu erschließen, führt zu Frustration. Zweitens haben die Protagonisten der Aufklärung, die „philosophes", eine Meinungsherrschaft errichtet, die sich in ihrer Intoleranz und ihrem missionarischen Eifer nicht von ihren liebsten Feinden, nämlich den Jesuiten und den Anhängern der Liga, unterscheidet.

Rousseau dagegen will die Abkehr von Parteigeist und Uniformität des Denkens. Er glaubt, alles was man wirklich wissen müsse, finde man in sich selbst (D1, 79). Man ist dafür auf keinerlei Vermittlung angewiesen, nicht durch die Kirche, aber eben auch nicht durch die „philosophes". Damit kann er sein Konzept eines erkenntnistheoretischen Individualismus als wahre Aufklärung propagieren: Er, Rousseau, helfe den Menschen tatsächlich zu eigenständiger Einsicht, im Gegensatz zu den „philosophes", die gar kein Interesse an Selbstdenkern hätten, sondern nur Anhänger für *ihre* Auffassung gewinnen wollten.

Die Natur habe dem Menschen alles ins Herz geschrieben, was er braucht, um glücklich zu werden (ebd.) – und darum geht es im *Diskurs über die Wissenschaften und die Künste* offenbar, der sich eben auch als Antwort auf die Frage lesen lässt, ob die Wiederherstellung der Wissenschaften und Künste dazu beigetragen habe, die Menschen glücklich zu machen. Darum propagiert Rousseau zwar kein „Zurück zur Natur" im Sinne einer Rückkehr zu einem ursprünglichen Zustand, wohl aber eine Rückbesinnung auf die Natur des Menschen.

Literatur

Alembert, J. le Rond d' 1775: Versuch über den Umgang der Gelehrten und Großen; über den Ruhm, die Mäcenen, und die Belohnungen der Wissenschaften, Leipzig.
Binoche, B. 2004: Les équivoques de la perfectibilité, in: ders. (Hrsg.), L'homme perfectible, Seyssel, 13–35.
Constant, J.-M. 1996: La Ligue, Paris.
Dictionnaire de l'Académie française, première édition 1694, Paris.
Dictionnaire de l'Académie française, quatrième édition 1762, Paris.
Dictionnaire universel français et latin, vulgairement appelé Dictionnaire de Trévoux 1771: Bd. 6, Paris.
Diderot, D. 1984: Briefe 1742–1781, hrsg. von H. Hinterhäuser, Frankfurt a.M.
D'Alembert, J. Le Rond 1989: Einleitung zur „Enzyklopädie", hrsg. und mit einem Essay von G. Mensching, Frankfurt a.M.
Garrard, G. 2003: Rousseaus Counter-Enlightenment. A republican critique of the „philosophes", New York.
Gouhier, H. 1983: Rousseau et Voltaire. Portraits dans deux miroirs, Paris.
Hulliung, M. 1994: The autocritique of Enlightenment: Rousseau and the Philosophes, Cambridge, MA.
Lecourt, D. 1997: L'avenir du progrès. Entretien avec Philippe Petit, Paris.

Lotterie, F. 2006: Progrès et perfectibilité: un dilemme des Lumières françaises (1755–1814), Oxford.
Lough, J. 1973: The contributors to the Encyclopédie, London.
McMahon, D. 2001: Enemies of the Enlightenment. The French Counter-Enlightenment and the making of modernity, Oxford u. a.
Rehm, M. 2006: Bürgerliches Glaubensbekenntnis. Moral und Religion in Rousseaus politischer Philosophie, München/Paderborn.
Rezler, M. 1964: Voltaire and the Encyclopédie: a re-examination, in: Studies on Voltaire and the eighteenth century 30, 147–178.
Rousseau, J.-J. 1978: Brief an Christophe de Beaumont, in: Schriften, hrsg. von H. Ritter, Bd. I, Frankfurt, 500–589.
Rousseau, J.-J. 1978: Rousseau richtet über Jean-Jacques, in: ders., Schriften, hrsg. von H. Ritter, Bd. II, Frankfurt, 253–636.
Salaün, F. 2006: Diderot – Rousseau. Un entretien à distance. Actes du colloque „Diderot hanté par Rousseau, Rousseau hanté par Diderot", Université Paul-Valéry Montpellier III, 9 avril 2005, Paris.
Starobinski, J. 1989: Le remède dans le mal. Critique et légitimation de l'artifice à l'âge des Lumières, Paris.

Alfonso M. Iacono

4 Politische Utopie und hypothetischer Ursprung. Staatstheoretische und methodologische Voraussetzungen

Zweiter Diskurs:

Widmung, Vorwort, Einleitung (Exordium)

4.1 Genf und der ideale Staat (Widmung)

Der zweite *Diskurs über den Ursprung und die Grundlagen der Ungleichheit unter den Menschen* beginnt mit einer Widmung an die Republik Genf. Als Motto dient ein Zitat aus der *Politik* des Aristoteles: „Das heißt, man muß immer das Naturgemäße an den Dingen auch mehr in ihrem naturgemäßen Zustand und nicht im verdorbenen suchen" (D2, 4; Aristoteles, 1254a). Der Verweis auf die Vorstellung des Naturgemäßen hat offensichtlich programmatischen Charakter für Rousseaus gesamten Diskurs über die Frage der Ungleichheit. Doch gerade deswegen verdient er eine gewisse Aufmerksamkeit, insbesondere wenn man den theoretischen Kontext berücksichtigt, aus dem Rousseau das Zitat herauslöst. Aristoteles erörtert an dieser Stelle die naturgegebene Rollenverteilung zwischen Herr und Sklave, zwischen Herrschendem und Beherrschtem und vor allem das Verhältnis von Herrschen und Beherrschtwerden, zwischen Seele und Körper. Direkt nach dem Satz, den Rousseau als Motto gewählt hat, heißt es bei Aristoteles: „Also muss man auch den Menschen betrachten, der sich im besten körperlichen und seelischen Zustand befindet; an ihm wird das klar. Denn bei Menschen, die schlecht sind oder sich in einem schlechten Zustand befinden, scheint wohl des öfteren der Körper über die Seele zu herrschen, weil sie sich in einem schlechten Zustand befinden und sich wider die Natur verhalten." (Aristoteles, 1254b). Offenkundig bezieht sich Rousseau im Hinblick auf das Verhältnis von Seele und Körper auf Aristoteles, aber nicht im Hinblick auf die Vorstellung von Gleichheit. In der Tat spricht er in seiner Widmung an die Genfer Bürger von naturgegebener Gleichheit.

In rhetorischer Manier wendet sich Rousseau an die Genfer Republik, um ihr öffentlich zu huldigen, wobei er die Preisfrage als Anlass nutzt. Da das vorgeschlagene Thema die Gleichheit ist, kann er als in Genf geborener Bürger nicht über das Verhältnis zwischen natürlicher Gleichheit und sozialer Ungleichheit unter den Menschen nachdenken, ohne dabei zu berücksichtigen, mit welcher Weisheit die geglückte Verbindung dieser beiden Momente gerade in der Genfer

Republik „auf die dem natürlichen Gesetz am nächsten kommende und für die Gesellschaft vorteilhafteste Weise" (D2, 9) hergestellt wurde.

Zu dieser Zeit war Genf eine demokratische Republik, regiert von calvinistischen Pastoren, die nicht wie Bischöfe und Priester der katholischen Kirche von oben ernannt, sondern direkt von den Gläubigen gewählt wurden. Auch wenn die Genfer Republik zugleich oligarchische Züge trug, kommt sie Rousseaus Ideal eines tugendhaften und transparenten Gemeinwesens am nächsten. Es verfügt im Wesentlichen über folgende Eigenschaften:

1. territoriale Begrenzung des Staates. Die Grenzen sollten so gesetzt sein, dass das Delegieren von Aufgaben auf andere Personen so weit wie möglich beschränkt ist. Denn um gut regieren zu können, so Rousseau, sollte jeder seine Aufgabe erfüllen, ohne anderen die Funktionen seines Amtes übertragen zu müssen. Dadurch wären klare Verhältnisse gewährleistet, umso mehr als ein Staat, dessen Grenzen so gesetzt sind, dass alle sich untereinander kennen können, verhindern würde, dass „die dunklen Machenschaften des Lasters" und „die Bescheidenheit der Tugend den Blicken und dem Urteil der Öffentlichkeit entgehen könnten" (D2, 11);
2. übereinstimmende Interessen von Souverän und Volk; diese sind auf das gemeinschaftliche Glück gerichtet und werden in einer demokratischen, „weise gemäßigten" Regierung möglich (D2, 11);
3. Freiheit als Gehorsam gegenüber dem Gesetz; Gesetze, die über dem Staat stehen, denen sich niemand entziehen und über oder außerhalb denen niemand stehen kann;
4. eine alte Republik, die an die Freiheit gewöhnt ist. Eine neu errichtete Republik nämlich, mit deren Regierung die Bürger nicht zufrieden sind, läuft Gefahr, zerstört zu werden. Sind die Völker erst einmal an Herrscher gewöhnt, argumentiert Rousseau, können sie nicht mehr auf sie verzichten, folglich liefern ihre Revolutionen sie „Verführern" (D2, 11) aus, die ihre Ketten nur noch schwerer machen;
5. eine Republik ohne Eroberungsgeist und umgeben von freundlich gesinnten Staaten;
6. eine allen Bürgern gemeinsame Gesetzgebung, jedoch ohne Plebiszite und ohne Ausschluss der Staatsoberhäupter und Magistrate von den Beratungen;
7. Ablehnung einer legislativen Selbstverwaltung des Volkes, bei der es keine Magistrate gibt, die die öffentlichen Angelegenheiten regeln und die Anwendung der Gesetze gewährleisten; eine Republik, in der die Bürger die Gesetze anerkennen und in gemeinschaftlicher Versammlung über die wichtigsten öffentlichen Angelegenheiten entscheiden. Dabei halten sie die verschiedenen Zuständigkeiten der Verwaltung und der Regierung auseinander und wählen jährlich die zur Verwaltung der Justiz und zur Regierung des Staates fähigsten Bürger.

Diese sieben Punkte fassen Rousseaus Vision eines glücklichen Staates zusammen, der demnach gekennzeichnet ist durch territoriale Begrenzung, Gewaltenteilung, Wählbarkeit und jährlichen Ämterwechsel der Regierenden und Magistrate, Vorrangstellung des inneren und äußeren Friedens und somit Ablehnung des Eroberungsgeistes. Versuchen wir nun, den von Rousseau angebotenen Rahmen Punkt für Punkt zu analysieren und zu kommentieren.

4.1.1 Territoriale Begrenzung des Staates

Mit der Behauptung, ein kleiner Staat entspräche den Kriterien der Gerechtigkeit und der Gleichheit am besten, und mit der Vorstellung eines Systems, in dem niemand seine Amtsaufgaben delegieren müsse, entwirft Rousseau ein Szenarium der klaren Verhältnisse, da alle Darsteller und Zuschauer zugleich sind. Denn jeder widmet sich seinem Amt gemeinhin sichtbar. In diesem Kontext führt Rousseau ein Element ein, das große Bedeutung und gewichtige Folgen haben wird: das Hinschauen und Urteilen des Publikums.

Was ist das für ein Publikum? Es sind dieselben Bürger und Darsteller, die aus der Perspektive ihrer spezifischen Ämter beobachten und beurteilen, was die anderen tun. Das Publikum besteht somit nicht aus passiven Zuschauern, wie im Theater, sondern aus aktiven Zuschauern, die beobachten und beurteilen. Dies ist der Grund, warum Rousseau das Theater, wo die Trennung zwischen Darstellern und Zuschauern unvermeidlich ist, gering schätzt, während Feste, bei denen alle Darsteller und Zuschauer sind, für ihn eher der rechten moralischen Verfassung entsprechen. Im *Brief an d'Alembert über das Schauspiel* macht Rousseau deutlich, worin der Unterschied zwischen Theater und Fest besteht:

> „Man glaube im übrigen nicht, man könne eine solche Einrichtung versuchsweise machen, um sie dann wieder abzuschaffen, wenn ihre Nachteile spürbar werden. Diese Nachteile lassen sich nämlich nicht mit dem Theater, das sie hervorbringt, abreißen, sie bleiben, wenn ihre Ursache beseitigt ist, und wenn man sie zu spüren beginnt, sind sie bereits unheilbar. Unsere geänderten Sitten, unser veränderter Geschmack werden sich nicht einfach so wiederherstellen, wie sie verdorben wurden. Selbst unsere Freuden, unsere unschuldigen Freuden, werden ihren Zauber verloren haben, das Theater hat sie uns für immer verleidet. Ist der Müßiggang einmal notwendig geworden, so werden wir uns in Zeiten, die wir nicht auszufüllen wissen, selber zur Last. Bei ihrer Abreise lassen uns die Schauspieler die Langeweile als Pfand für ihre Rückkehr, bald wird sie uns zwingen, sie zurückzurufen oder Schlimmeres zu tun. Wir werden übel daran getan haben, wenn wir die Bühne einrichteten, wir werden übel daran tun, wenn wir sie bestehen lassen, und wir tun übel, wenn wir sie zerstören: nach dem ersten Fehler haben wir nur noch die Wahl zwischen verschiedenen Übeln. Wie? Soll es in einer Republik denn gar kein öffentliches Schauspiel geben? Im Gegenteil, man braucht sogar viele. In den Republiken wurde das Schauspiel geboren, in

ihrem Schoß sieht man es wahrhaft festlich blühen. Zu welchen Völkern paßt es mehr, sich oft zu versammeln und untereinander die sanften Bande des Vergnügens und der Freude zu knüpfen, als zu denen, die so viele Gründe haben, sich zu lieben und für immer vereint zu bleiben? Wir haben bereits eine Reihe öffentlicher Feste, laßt uns davon noch mehr haben, ich werde um so entzückter sein. Aber laßt uns nicht diese sich abschließenden Schauspiele übernehmen, bei denen eine kleine Zahl von Leuten in einer dunklen Höhle trübselig eingesperrt ist, furchtsam und unbewegt in Schweigen und Untätigkeit verharrend, und wo den Augen nichts als Bretterwände, Eisenspitzen, Soldaten und quälende Bilder der Knechtschaft und Ungleichheit geboten werden. Nein, glückliche Völker, nicht dies sind eure Feste! In frischer Luft und unter freiem Himmel sollt ihr euch versammeln und dem Gefühl eures Glücks euch überlassen. [...] Was werden aber schließlich die Gegenstände dieses Schauspiels sein? Was wird es zeigen? Nichts, wenn man will. Mit der Freiheit herrscht überall, wo viele Menschen zusammenkommen, auch die Freude. Pflanzt in der Mitte eines Platzes einen mit Blumen bekränzten Baum auf, versammelt dort das Volk, und ihr werdet ein Fest haben. Oder noch besser: stellt die Zuschauer zur Schau, macht sie selbst zu Darstellern, sorgt dafür, daß ein jeder sich im andern erkennt und liebt, daß alle besser miteinander verbunden sind" (Rousseau, 462 ff.; zu Fest und Theater bei Rousseau siehe Starobinski und Franzini).

Der Umstand, dass ein Zuschauer die Position des Darstellers und ein Darsteller die Position des Zuschauers einnehmen kann, ist für Rousseau entscheidend im Hinblick auf das Verhältnis von Ethik und Politik. Es handelt sich um einen Zustand, der sich mit der Gleichheit deckt und der nach Rousseau nur in Staaten mit territorialer Begrenzung verwirklicht werden kann.

Vergleicht man diese Vorstellung eines zu klaren Verhältnissen fähigen Staates mit Platons *Staat*, bemerkt man, dass das Misstrauen gegenüber dem Darsteller und dem Theater bei Rousseau bereits in Platons Meisterwerk angelegt ist. Bei Platon wird die Trennung zwischen Zuschauer und Darsteller für negativ befunden, denn der Darsteller erlangt durch die Interpretation seiner Figur die Macht, die Stelle eines anderen einzunehmen. Seine mimetische Macht, die der des Dichters ähnelt, macht ihn unbeständig und somit trügerisch. Daher misstraut er dem Theater, besonders jenen Darstellungen, die den Zuschauer irreführen. Dieser weiß nicht, wo die Wahrheit liegt, so als ob er von weitem einen mit der Technik der Illusionsmalerei dargestellten Tisch betrachtet und ihn möglicherweise für einen echten Tisch hält. Es geht hierbei um das Thema der Mimesis, die in Bezug auf das Problem der Beteiligung des Zuhörers und der Identifikation zwischen dem Rhapsoden und dem Publikum einen Prozess bildet, der zugleich Dichtung, Gedächtnistechnik, Erziehung und Bildung miteinander verbindet. Platon rügt diese Kommunikations- und Erziehungsmethode, die auf vollständiger emotionaler Anteilnahme beruht und zulasten jeglicher Objektivität geht.

Was Platon in all dem als Gefahr für die Erziehung ausmacht, ist der Verlust der eigenen Identität im ständigen Versuch, wie die anderen zu werden. Doch Rousseau negiert nicht das Schauspiel, sondern er macht den Zuschauer zugleich zum Darsteller, was unter großer emotionaler Beteiligung beispielsweise bei einem Fest geschieht, aber auch in den alltäglichen Situationen des politischen und institutionellen Handelns, wo nicht die Einmaligkeit eines Festtages, sondern das demokratische Leben eines Staates im Mittelpunkt steht, in dem sich die Beteiligung des Bürgers eben nicht auf die des Zuschauers beschränken kann. Daher schenkt Rousseau der Gefahr von „dunklen Machenschaften des Lasters" und dem Umstand, dass „die Bescheidenheit der Tugend den Blicken und dem Urteil der Öffentlichkeit entgehen könnten" (D2, 11), besondere Beachtung.

4.1.2 Übereinstimmende Interessen von Souverän und Volk

Ferner postuliert Rousseau das Glück als gemeinsame Bestrebung von Souverän und Volk. Im *Gesellschaftsvertrag* von 1762, also nur wenige Jahre später, schreibt er:

> „Je besser der Staat verfasst ist, desto mehr überwiegen im Herzen der Bürger die öffentlichen Angelegenheiten die privaten. Es gibt sogar viel weniger private Angelegenheiten; denn indem die Gesamtheit des gemeinsamen Glücks einen bedeutenderen Anteil zu dem jedes Individuums beiträgt, muss dieses sein Glück weniger in der Sorge um sein eigenes Wohl suchen. In einem gut geführten Staat eilt jeder zu den Versammlungen; unter einer schlechten Regierung möchte niemand auch nur einen Schritt dorthin tun; weil nämlich keiner mehr Interesse daran hat, was dort geschieht, weil man voraussieht, dass der Gemeinwille dort nicht herrscht, und weil schließlich die Sorgen um das häusliche Wohl alles in Anspruch nehmen. Gute Gesetze lassen bessere entstehen, schlechte ziehen schlechtere nach sich. Sobald einer bei den Staatsangelegenheiten sagt: *Was geht's mich an?*, muss man damit rechnen, dass der Staat verloren ist.
> Das Erkalten der Vaterlandsliebe, die Betriebsamkeit des Privatinteresses, die Übergröße der Staaten, die Eroberungen und der Regierungsmissbrauch haben in den Nationalversammlungen den Gedanken an das Mittel der Volksvertreter oder der Abgeordneten des Volkes aufkommen lassen. In gewissen Ländern wagt man das den Dritten Stand zu nennen. So wird das Sonderinteresse zweier Gruppierungen an die erste und zweite Stelle gesetzt, und das öffentliche Interesse steht erst an dritter.
> Die Souveränität kann aus dem gleichen Grund, aus dem sie nicht veräußert werden kann, auch nicht vertreten werden; sie besteht wesentlich im Gemeinwillen, und der Wille kann nicht vertreten werden: er ist derselbe oder ein anderer; ein Mittelding gibt es nicht. Die Abgeordneten des Volkes sind also nicht seine Vertreter, noch können sie es sein, sie sind nur seine Beauftragten; sie können nicht endgültig beschließen" (GV, III, 15).

Das gemeinschaftliche Glück ist somit in einem demokratischen Staat möglich, in dem das öffentliche vor dem privaten Interesse steht und das gemeinschaftliche Glück folglich auch für den Einzelnen einen höheren Anteil am Glück gewährleistet. Dass in einem demokratischen und weise gemäßigten Staat alle zugleich Darsteller und Zuschauer sind, kommt im Übrigen dem Konzept des „Gemeinwillens" (volonté général) nahe, von dem Rousseau im *Gesellschaftsvertrag* spricht. Der Gemeinwille kann grundsätzlich nicht repräsentiert werden. Er ist er selbst oder er ist ein anderer. Er kann nicht dazwischen liegen. Somit sind die Abgeordneten des Volkes keine Repräsentanten, sondern Beauftragte. Damit meint Rousseau, dass sie nicht von ihren Wählern zu trennen sind, da sie nichts endgültig beschließen können.

Rousseaus Anliegen ist also die Repräsentation bzw. die Übertragung von Verantwortung auf andere Bürger für die Verwaltung der öffentlichen Angelegenheiten. Er fürchtet, dass die politische Repräsentation eine Kluft zwischen Repräsentanten und Repräsentierten analog zu jener zwischen Darstellern und Zuschauern bewirken könnte. Dies nämlich würde dazu führen, die gemeinsame Bestrebung, die Souverän und Volk zusammenhält, zu verfälschen, statt sie in Übereinstimmung zu bringen. Der *Diskurs über die Ungleichheit* enthält bereits in der Widmung viele theoretische und politische Denkmotive, die später im *Gesellschaftsvertrag* systematisiert werden.

4.1.3 Freiheit als Gehorsam gegenüber dem Gesetz

Außerdem tritt Rousseau dafür ein, dass die Gesetze über allen Menschen stehen und dass die Freiheit durch die von den Gesetzen geforderte Mäßigung beschränkt ist; denn die Gesetze ermöglichen es, die enge Verbindung von Freiheit, dem Gemeinwohl und der Andersartigkeit zu definieren. Grundsätzlich wird Freiheit hier nicht mit Egoismus und Individualismus in Verbindung gebracht. Die Anderen werden nicht als Hindernisse für die Ausdehnung des eigenen Ichs angesehen, sondern als Wesen, die des Mitleids bedürfen, also der sozialen Anerkennung ihres Daseins, was Rousseau im 20. Jahrhundert den Ruf als Begründer der modernen Anthropologie eingebracht hat (Lévi-Strauss). Die Freiheit impliziert, sich Grenzen zu setzen. Diese sind von der Gegenwart der Anderen bestimmt, mit denen zusammen der Staat errichtet wird.

Kommen wir noch einmal auf den *Gesellschaftsvertrag* zurück, in dem Rousseau schreibt: „der Gehorsam gegen das selbstgegebene Gesetz ist Freiheit" (GV, I 8). Die Freiheit ist daher Unterwerfung unter das Recht, aber gegenüber einem Recht, das die Bürger sich selbst gegeben haben, um maßzuhalten, damit das Zusammenleben von Vielen in einem demokratischen Staat von Gleichen ermöglicht wird.

Um diesen theoretisch-politischen Abschnitt bei Rousseau besser zu verstehen, kann es von Nutzen sein, den einige Jahre zuvor verfassten *Traktat über die menschliche Natur* (1739) von David Hume in den Blick zu nehmen. Im fünften Kapitel des zweiten Buches beschäftigt sich Hume mit dem Thema „Über unsere

Wertschätzung der Reichen und Mächtigen". Bei der Frage, warum sich die Menschen mit den Reichen und Mächtigen identifizieren, führt Hume das Konzept der Sympathie ein. Es ermöglicht ihm in erster Linie, zu erklären, dass der Identifikationsprozess nicht vom Gefühl des Nutzens und des Vorteils, der daraus gezogen werden könnte, bestimmt wird, sondern vom Genuss, sich an Stelle des Reichen und Mächtigen zu fühlen. Hierbei hat Hume das Theater vor Augen und somit den psychischen Zustand eines durchschnittlichen Zuschauers. Dahinter verbirgt sich eine Idee von Herrschaft, die auf der Identifikation des Schwächsten mit dem Mächtigsten beruht. Das Gefühl der Gleichheit, das der Mensch empfindet, wenn er sich emotional in den Reichen und Mächtigen hineinversetzt, ist eine Täuschung, die die eigentliche Ungleichheit erhärtet.

Genau diese Art Identifikation will Rousseau vermeiden, wenn er sich sowohl von der theatralen wie auch von der politischen Repräsentanz distanziert. Vier Jahre nach dem *Diskurs über die Ungleichheit* veröffentlicht Adam Smith seine *Theorie der moralischen Gefühle* (1759), in der das Konzept der Sympathie – das bei Hume in einem breiteren philosophischen und theoretischen Kontext stand – zum Mittelpunkt des gesamten Werks wird. Smiths Theorie der Sympathie beruht nicht mehr auf der Identifikation mit dem Reichen und dem Mächtigen, sondern wird zu einer allgemeinen Theorie der sozialen Beziehungen, in der sich das Konzept der Sympathie neben der des Mitleids und des Erbarmens eingliedert. Im Werk von Smith, der Rousseaus *Diskurs* kannte (Smith, 250 f.), wird der unparteiische Zuschauer eingeführt, der, im menschlichen Geist internalisiert, nun als moralischer Richter auftritt und die Werte des Common Sense vertritt. Das ist weit entfernt vom Rousseauschen Bürger, der Darsteller und Zuschauer ist, doch die Lektion ist angekommen, denn nun entscheidet der gemeinschaftliche Standpunkt über die sozialen Beziehungen und das individuelle Handeln.

4.1.4 Eine alte Republik, die an die Freiheit gewöhnt ist

In diesem Zusammenhang betont Rousseau die Bedeutung der Gebräuche und ihres Alters. Er strebt einen Staat an, in dem freie und demokratische Institutionen bereits zur Gewohnheit geworden sind, denn Gewohnheiten lassen sich schwer verändern. Aus diesem Grund bevorzugt er langlebige Gesetze, die nicht ohne weiteres gekippt werden können. Ist ein Volk aber nicht an Freiheit gewöhnt, wird es sich nach der Einführung von freien und demokratischen Institutionen nur schwerlich auf sie einstellen können.

Rousseau greift hier einen Stoff von Titus Livius auf, in dem dieser den Übergang der Römer von der tarquinischen Herrschaft zur Errichtung der Republik beschreibt. An dieser Stelle führt der große römische Historiker die berühmte

Parabel an, die Menenius Agrippa den aufständischen Plebejern vortrug – die Parabel vom Magen und den Gliedern, und der Notwendigkeit ihrer wechselseitigen Zusammenarbeit (Titus Livius, II, 32). Die Parabel gleicht Rousseaus erwähnter Vorstellung einer Demokratie mit territorialer Begrenzung, in der jeder auf seine Aufgaben bedacht ist und die Verwalter der öffentlichen Angelegenheiten nicht Repräsentanten, sondern Beauftragte sind. Protagonist der Parabel ist der Magen in seiner Funktion als Ernährer.

Unmittelbar vor seinem Verweis auf Livius und das alte Rom vergleicht Rousseau die Freiheit mit der Ernährung. Er schreibt: „Denn mit der Freiheit steht es wie mit jenen derben und kräftigen Speisen oder jenen feurigen Weinen, welche dazu taugen, die robusten Temperamente, die an sie gewöhnt sind, zu nähren und zu stärken, welche die Schwachen und Zarten aber, die nicht für sie geschaffen sind, umwerfen, ruinieren und betrunken machen. Sind die Völker erst einmal an Herren gewöhnt, so können sie sie nicht mehr entbehren. Wenn sie das Joch abzuschütteln versuchen, entfernen sie sich umso weiter von der Freiheit, als sie diese mit einer grenzenlosen Zügellosigkeit verwechseln, die das Gegenteil der Freiheit ist, und ihre Revolutionen sie deshalb fast immer Verführern ausliefern, die ihre Ketten nur schwerer machen." (D2, 15) Bei dem, der an die Sklaverei gewöhnt ist, reagiert der Geist auf die Freiheit genauso wie der Körper auf ungewohntes Essen und Trinken.

Die Sklaverei ist nicht nur politisch-sozial zu betrachten, da sie die sittliche Fähigkeit umfasst, seine Begierden zu zügeln. So beschreibt Rousseau im *Gesellschaftsvertrag* „die sittliche Freiheit [...], die allein den Menschen zum wirklichen Herrn seiner selbst macht; denn der Antrieb des reinen Begehrens ist Sklaverei" (GV, I 8). So wie die Menschen imstande sein müssen, ihre Gelüste zu zügeln, um sich nicht zu Sklaven ihrer selbst zu machen, so müssen die Bürger imstande sein, mit Mäßigung zu regieren, denn Freiheit bedeutet Gehorsam gegenüber dem Gesetz.

4.1.5 Eine Republik ohne Eroberungsgeist

Im Folgenden stellt Rousseau eine Theorie des Friedens auf. Er missbilligt einen Staat, der sich der Aggression bedient, um sich zu bereichern oder seine eigene Gesellschaftsform zu oktroyieren. Die Idee des Friedens als Staatszweck bzw. als Zweck des von Rousseau favorisierten Staates wird Bestandteil der Französischen Revolution werden. Nach 1789 wird sie von Kant in *Der Streit der Fakultäten* (1789) wieder aufgenommen, der in seiner Reflexion des Ereignisses, das Frankreich und ganz Europa erfasst hat, behaupten wird, dass diejenigen, die in dessen Folge die Terrorherrschaft erlebt und erlitten hatten, die Erfahrung der

Revolution nie hätten wiederholen wollen. Dennoch habe sie bei den europäischen Völkern Enthusiasmus hervorgerufen, d. h. eine uneigennützige und somit moralische Anteilnahme, und darüber hinaus zwei Prinzipien begründet, auf die niemand mehr habe verzichten wollen: die Selbstbestimmung der Nationen und den Frieden als sittliche und politische Haltung eines Staates (Kant XI, 358; Iacono 2000).

4.1.6 Eine allen Bürgern gemeinsame Gesetzgebung

Im Hinblick auf die innere Gesetzgebung mahnt Rousseau zur Gleichheit vor den Gesetzen. Aber nicht nur das. Der Ausschluss der Plebiszite führt zur Ablehnung einer Art Demokratie, in der gemeinsame Entscheidungen anerkannt und für gesetzmäßig erklärt werden, auch wenn diese in Opposition zu den Staatsoberhäuptern und den Magistraten stehen. Rousseau hat dabei das scheinbar gleichstellende, jedoch in Wahrheit starre Plebiszit des antiken Rom und die Rolle der römischen Plebejer vor Augen: „Ich hätte ein Land gesucht, in dem das Recht der Gesetzgebung allen Bürgern gemeinsam wäre; denn wer kann besser wissen als sie, unter welchen Bedingungen es ihnen recht ist, in derselben Gesellschaft zusammen zu leben? Nicht gutgeheißen hätte ich dagegen Plebiszite gleich jenen der Römer, wo die Oberhäupter des Staates und die an seiner Erhaltung am meisten Interessierten von den Beratungen ausgeschlossen waren, von denen oft sein Wohl und Wehe abhing, und wo, aufgrund einer absurden Inkonsequenz, die Magistrate der Rechte beraubt waren, die die einfachen Bürger genossen" (D2, 17).

Unter diesem Gesichtspunkt muss die Plebs vom Volk unterschieden werden, denn das Volk wird von Bürgern gebildet und ist zur institutionell korrekten Selbstverwaltung imstande, d. h. es erkennt die rechtmäßig vom Volk gewählten Oberhäupter und Magistrate an.

4.1.7 Ablehnung einer legislativen Selbstverwaltung des Volkes

Daher rührt die Idee, dass die Regierung Magistrate ermächtigt, die für die Verwaltung der öffentlichen Angelegenheiten und die Anwendung der Gesetze zuständig sind. Im Kern zeichnet Rousseau das Bild eines Staates, in dem die Bürger weder passive Zuschauer eines Schauspiels sind, bei dem ein Gewaltherrscher bzw. die Oberhäupter als unersetzliche und unwiderrufliche Darsteller auftreten, noch in dem sie aktive Zuschauer in einem Theater sind, zu dem die Darsteller keinen Zutritt haben. Mit anderen Worten: Ebenso wie die Verfälschung der Repräsentation – wenn nämlich die gewählten Repräsentanten nicht die Interessen der Bürger vertreten, sondern sich von ihnen distanzieren, um gemäß ihrer eigenen Interessen zu regieren – fürchtet Rousseau den Egalitarismus des Plebs, der unvermeidlich Opfer eines Gewaltherrschers wird. In seinem demokratischen und friedfertigen Staat können alle der insgesamt eher wenigen Zuschauer zu Darstellern werden. Alle Bürger können also zu Regierenden werden, doch wenn sie es tun – was nur für begrenzte Zeit und nach dem Rotationsprinzip geschieht – erhalten sie all die Macht, die sie benötigen, um die Gesetze anzuwenden und anwenden zu lassen. Soweit der Kommentar zu den anfangs genannten Merkmalen eines idealen Staatswesens, das er in der Stadt Genf verwirklicht sieht.

4.1.8 Genf als politische Utopie

Der Staat, den Rousseau ersehnt, muss zum Glücklichsein auch über ein gemäßigtes Klima, fruchtbare Böden sowie reizvolle Landschaften verfügen und Freundschaft, Menschlichkeit und Rechtschaffenheit den Vorrang geben. Genf ist die Stadt, die diesem utopischen Ideal am nächsten kommt. In der Ansprache an seine Mitbürger erklärt Rousseau mit einem rhetorischen Kunstgriff, dass dies jedoch eine bereits verwirklichte Utopie sei:

> „Je mehr ich über Eure politische und bürgerliche Situation nachdenke, desto weniger kann ich mir vorstellen, daß die Natur der menschlichen Dinge eine bessere zulassen könnte. Wenn es darum geht, das größte Wohl des Staates sicherzustellen, beschränkt sich in allen anderen Regierungen alles stets auf nur in der Vorstellung existierende Projekte und höchstens auf bloße Möglichkeiten. Was Euch angeht, so ist Euer Glück ganz und gar gemacht, Ihr braucht es lediglich zu genießen, und um vollkommen glücklich zu werden, müßt Ihr nur noch verstehen, Euch damit zufriedenzugeben, es zu sein" (D2, 25).

Die Utopie, die Rousseau in seiner Geburtsstadt verwirklicht sieht, muss nicht nur über klare institutionelle und politische Verhältnisse, Rechtschaffenheit und Freundschaft als Tugenden verfügen, sondern auch über das Ansehen der Gesetze und den Gehorsam gegenüber den Gesetzen, denn: „Keiner von Euch ist so wenig aufgeklärt, daß er nicht wüßte, daß es dort, wo die Kraft der Gesetze und die Autorität ihrer Beschützer aufhören, weder Sicherheit noch Freiheit für irgendjemanden geben kann" (D2, 29). Nachdem Rousseau an seinen Vater erinnert hat – als Beispiel eines perfekten Bürgers der idealisierten Stadt Genf –, wendet sich Rousseau an die Frauen. Er rühmt ihre Keuschheit, Strenge, Rechtschaffenheit und Schlichtheit.

Doch die Rousseaus Utopie ist so schal wie viele Utopien, in denen die Tugend regiert und das Laster verbannt wird. Das gemeinschaftliche Glück darf nicht den Glanz haben, der die Augen blendet und die Freiheit vernichtet.

„Ich schmeichle mir, durch die Ereignisse nicht widerlegt zu werden, wenn ich auf solche Garanten [die Frauen] die Hoffnung auf das gemeinschaftliche Glück der Bürger und den Ruhm der Republik gründe. Ich gebe zu, daß sie bei all diesen Vorzügen nicht in jenem Glanze erstrahlen wird, der die meisten Augen blendet und dessen kindische und unheilvolle Hochschätzung der tödlichste Feind des Glücks und der Freiheit ist. Mag eine ausschweifende Jugend woanders leichte Vergnügungen und lange Reue suchen gehen. Mögen die sogenannten Leute mit Geschmack die Größe der Paläste, die Schönheit der Equipagen, die prachtvollen Möbel, den Pomp der Schauspiele und alle Raffinessen der Weichlichkeit und des Luxus andernorts bewundern. In Genf wird man nur Menschen finden; aber dennoch hat ein solches Schauspiel sehr wohl seinen Wert, und jene, die es aufsuchen werden, werden so viel wert sein wie die Bewunderer des übrigen." (D2, 39)

Wieder verwendet Rousseau das Sinnbild des Schauspiels, das ihm hier die Gelegenheit bietet, die tugendhaften Bürger Genfs von den lasterhaften Bürgern anderer Städte abzuheben. Ein Schauspiel, das von passiven Zuschauern verfolgt wird, bemüht sich, eindrucksvoll zu sein. In ihm werden solche Dinge zu bewundern sein, auf die Hume sich bezog, als er von der Bewunderung sprach, welche die Menschen für die Reichen und die Mächtigen hegen. Rousseau stellt der äußerlichen Schau der Paläste und der Karossen ein weniger prächtiges, aber inneres Schauspiel gegenüber, nämlich das der Menschen.

Rousseau wirft damit ein Dilemma wieder auf, das sich quer durch die Geschichte der Utopie zieht und das Lewis Mumford zusammengefasst hat. In seinem Buch *Die Stadt. Geschichte und Ausblick* vergleicht er Venedig mit Amaurote auf der Insel Utopia: eine historische Stadt, so wie sie sich zum Ende des Mittelalters bzw. zu Beginn der Moderne präsentiert, mit einer idealen Stadt, wie sie sich Thomas Morus in jener Übergangsepoche vorstellte. An Venedig hebt Mumford die auf den Bezirken beruhende Organisation hervor, doch er verschweigt nicht die politischen Zustände.

„Die politische Ordnung Venedigs", schreibt Mumford,

„gründet sich auf eine im Ergebnis schließlich demoralisierende Verbindung von Gewalt und Heimlichkeit; die Regenten der Stadt bedienten sich privater Spitzel und heimlicher Mordanschläge als übliche Instrumente ihrer Herrschaft. Dieses System muß jegliche Form von ehrlicher Arbeit, freimütigem Urteil und vertrauensvoller Zusammenarbeit verhindert haben, so daß die Regenten schließlich, wie heute die Angehörigen irgendeines totalitären Regimes, Opfer ihrer eigenen krankhaften Vorstellungen und Träume wurden. Selbst unter dem formell demokratischen Regime in Amerika haben wir erlebt, daß jede Gruppe, die insgeheim arbeitet, eben wegen ihrer Arbeitsbedingungen die Beziehungen zur Wirklichkeit verliert, mag das nun eine Atomenergie-Kommission, ein Nationaler Sicherheitsrat oder ein Geheimdienst sein. Was als Unterdrückung einer kritischen Opposition beginnt, endet mit der Unterdrückung der Wahrheit und dem Ausschalten jeder Alternative zu der einmal akzeptierten Politik, so offensichtlich deren Fehler, so unvernünftig deren Pläne und so verhängnisvoll deren Verpflichtungen sein mögen." (Mumford, 377)

An Amaurote, der im Zentrum der Insel Utopia gelegenen Stadt, kritisiert Mumford die äußere Einförmigkeit. Sie ist genau wie die anderen 54 Siedlungen der Insel:

„Dieselbe Sprache, dieselben Manieren, Bräuche und Gesetze. Ebenso gleichförmig ist die äußere Erscheinung: es gibt keine Abwandlungen der städtischen Gestalt. Keine Verschiedenheit des Anzugs, keine verschiedenen Farben. Das war die neue Note: Standardisierung, Reglementierung und kollektive Herrschaft. Quäkergrau oder Gefängnisgrau. Ist das Utopia – der ‚gute Ort'?" (Mumford, 380)

Doch trotz dieser trostlosen äußeren Einförmigkeit, einer Vorankündigung der Moderne, die die Insel Utopia recht unattraktiv macht, fragt sich Mumford andererseits

„Wer jedoch möchte [...] das ehrliche Zusammenleben in Amaurote eintauschen gegen die verschlagene Tyrannei, das schleichende Mißtrauen und den Haß, die Rufmorde, die heimtückischen Anschläge und Mordtaten, die unter dem blühenden Handel und der festlichen Kunst Venedigs verborgen lagen?" (Mumford, 382).

Mumford stellt hier einen bedeutenden Aspekt der Utopie heraus: das Reflektieren und zugleich das Vorhersagen einer geschichtlichen Dimension, in der es Platz für das angeblich nicht Realisierbare gibt. Und in der andererseits gerade dieses Unrealisierbare ein kritisches Licht auf das Realisierte wirft. *Utopie*, dieser von Thomas Morus eingeführte Begriff, der wörtlich „Nicht-Ort" bedeutet, ist genau der Standpunkt des Beobachters, der einen externen Blickwinkel simuliert, um seinem historischen und sozialen Umfeld, der Welt, in der er lebt, alternative Möglichkeiten aus der Welt der Phantasie gegenüber zu stellen. Sehr häufig muss die Utopie den Preis für ihre übertriebene Vereinfachung bezahlen. Oder besser gesagt, sie bezahlt, wie Mumfords überzeugender Vergleich von Venedig und Amaurote zeigt, den Preis für die Spiegelbildlichkeit, mit der sie – anders als man im Allgemeinen annimmt – zu eng an die historische, reale Welt gebunden und von ihr abhängig ist, als eine Art verkehrte Welt. Auf diese Weise bleibt vom utopischen Traum guter menschlicher Beziehungen am Ende nur ein farbloser Abglanz von Glück. Die Abschaffung der Bosheit, Gewalt, Ausbeutung und Korruption wird somit umgewandelt in Konformismus, in Standardisierung, in Reglementierung durch totale Institutionen. Auch der Moralist Rousseau erliegt vielleicht dieser Gefahr.

4.2 Hypothesen und Tatsachen (Vorwort)

Um seine These zu bekräftigen, Rousseau habe unter anderem die Ethnologie begründet, stützte sich Claude Lévi-Strauss gerade und vor allem auf den *Diskurs über die Ungleichheit*. Indem er diesen *Diskurs* mit dem *Versuch über den Ursprung der Sprachen* in Verbindung bringt, erklärt er:

> „Rousseau hat sich nicht darauf beschränkt, die Ethnologie vorherzusehen: er hat sie begründet. Praktisch zunächst dadurch, daß er den *Diskurs über den Ursprung und die Grundlagen der Ungleichheit unter den Menschen* schrieb, der das Problem der Beziehungen zwischen Natur und Kultur stellt und den man als den ersten Traktat der allgemeinen Ethnologie ansehen darf. Auf theoretischer Ebene hat er sodann mit bewundernswerter Klarheit und Bündigkeit den eigentlichen Gegenstand des Ethnologen von dem des Moralisten und des Historikers unterschieden" (Lévi-Strauss, 46 f.).

Lévi-Strauss stellte Rousseau beinahe antithetisch Descartes gegenüber, was er damit erklärt, dass letzterer „glaubt, unmittelbar vom Inneren eines Menschen zum Äußeren der Welt übergehen zu können, ohne zu sehen, daß zwischen diesen beiden Extremen Gesellschaften, Zivilisationen, d. h. Menschenwelten liegen" (Lévi-Strauss, 48), während Rousseau den Anderen für sich als primäres Erkenntnisproblem betrachte. Bei Descartes sei das vorrangige Verhältnis also das zwischen Ich und Welt, bei Rousseau das zwischen Anderem und Ich.

Seit dem 16. Jahrhundert zehrten die europäischen Philosophen von den Berichten der Missionare und Händler, die Amerika, Afrika und Asien bereisten. Doch erst im 18. Jahrhundert setzte sich die komparative Methode durch, die bestimmend für die Kenntnis der fremden Völker war. Bahnbrechend war das Werk des Jesuiten Joseph-François Lafitau *Die Sitten der amerikanischen Wilden im Vergleich zu den Sitten der Frühzeit* (1724), der einige Jahre in Kanada bei den Irokesen und Huronen gelebt hatte. Er bereitete dem Kulturvergleich zwischen zeitlich und örtlich weit entfernten Völkern und ihren Mythen methodisch den Weg.

Als Rousseau den *Diskurs über die Ungleichheit* schreibt, hat sich die komparative Methode bereits verbreitet. Er hat also nicht nur die Aufgabe, den Blickwinkel des Anderen zu berücksichtigen und dafür eine wissenschaftliche Methode zu finden; darüber hinaus hat er das sittliche Problem, die Genese ungleicher Lebensbedingungen der Menschen zu erforschen. Hinter der Erkenntnissuche verbirgt sich ein moralisches Anliegen, das zum einen aus der historischen und sozialen Situation Europas und zum anderen aus den Erfahrungen mit nichteuropäischen Völkern herrührt. Um zu verstehen, wie der Zustand der Ungleichheit entstehen konnte, ist es notwendig, die Geschichte der Völker zu thematisieren:

„Denn wie soll man die Quelle der Ungleichheit unter den Menschen kennen, wenn man nicht zunächst die Menschen selbst kennt? Und wie wird der Mensch dahin gelangen, sich so zu sehen, wie ihn die Natur geformt hat – durch all die Veränderungen hindurch welche die Folge der Zeiten und der Dinge in seiner ursprünglichen Verfassung hat hervorbringen müssen – und das, was er aus seinem eigenen Grundbestand hat, von dem zu unterscheiden, was die Umstände und seine Fortschritte seinem anfänglichen Zustand hinzugefügt oder an diesem verändert haben?" (D2, 43).

Rousseau behauptet, dass die Kenntnis des Menschen zwar die nützlichste, aber die am wenigsten fortgeschrittene sei, da sich die Unterscheidung zwischen Natur und Kultur problematisch gestalte. Infolgedessen sei es auch problematisch, die Natur des Menschen zu erfassen angesichts der geschichtlichen Umbrüche, die zur Entstehung der Zivilisation und der Kultur geführt haben. Rousseau hat hier nicht die Suche nach dem ursprünglichen Zustand des Menschen vor Augen, sondern die Bedingungen für das Fortbestehen menschlicher Eigenschaften trotz historischer und kultureller Umbrüche. Aus diesem Grund beruft er sich auf das berühmte Orakel von Delphi mit seiner nicht weniger berühmten Inschrift „Erkenne dich selbst", die er den „dicken Bücher[n] der Moralisten" (D2, 43) entgegensetzt.

Rousseau vergleicht den Menschen mit Glaukos aus dem Mythos von Platon: Nachdem Glaukos gesehen hatte, dass einige Fische durch ein Kraut wieder lebendig wurden, aß auch er davon und sprang ins Meer, wo er sich in einen Meeresgott verwandelte. Genau diese Verwandlung, auf die Platon (Politeia, X, 611c ff.) und Ovid (Metamorphosen, XIII, 906 f.) hinweisen, hebt Rousseau hervor. Glaukos sah am Ende mehr wie ein wildes Tier als ein Gott aus und erinnert damit an den Zustand der entstellten menschlichen Seele, die „im Schoße der Gesellschaft durch tausend unablässig neu entstehende Ursachen, durch den Erwerb einer Menge von Kenntnissen und Irrtümern, durch die Veränderungen, die in der Verfassung der Körper auftraten, und durch den ständigen Anprall der Leidenschaften entstellt – sozusagen ihr Aussehen so sehr verändert [hat], daß sie beinahe nicht wiederzuerkennen ist; und an Stelle eines stets nach sicheren und unwandelbaren Prinzipien handelnden Wesens, an Stelle jener himmlischen und majestätischen Einfachheit, die ihm sein Urheber eingeprägt hatte, findet man nur mehr den unförmigen Kontrast der Leidenschaft, die vernünftig zu urteilen glaubt, und des Verstandes im Delirium wieder" (D2, 43/45).

Die Leidenschaft verfälscht den Verstand und beraubt ihn auch seiner Klarheit. Vor allem sind es die historischen Ereignisse, insbesondere die Anhäufung von Wissen, welche die menschliche Natur verändern. Der Verweis auf „Kenntnis und Irrtum" verdeutlicht, welcher Umbruch seit dem *Exkurs über die Alten und die Modernen* von Bernard de Fontenelle stattgefunden hat. Bei Fontenelle galten die Irrtümer als Beweis für die Überlegenheit der modernen gegenüber den antiken Autoren, da erstere den Vorteil hätten, gerade von den Irrtümern letzterer lernen zu können und sie nicht selbst zu begehen. Deshalb beruht seine Erklärung des Fortschritts vom antiken zum modernen Menschen im Wesentlichen auf der Vorstellung der Akkumulation von Wissen. Er geht aber von der grundsätzlichen Unveränderlichkeit der menschlichen Natur aus (vgl. Iacono 1996). Zwar erkennt Rousseau die Akkumulation von Wissen ebenfalls als Faktor geschichtlichen Fortschritts an, aber sein Augenmerk ist mehr auf die entstellenden Veränderungen gerichtet, welche die Zeit und die Gesellschaft auf die menschliche Natur bewirken. Die größte Entstellung der menschlichen Natur im Zivilisationsprozess besteht darin, dass die Menschen, von Natur aus gleich, im Laufe der Geschichte zu Ungleichen werden.

Mit der Setzung, dass die Menschen von Natur aus gleich sind, stellt Rousseau Natur und Kultur gegenüber und ordnet die Ungleichheit der Kultur zu, die sich von der Natur entferne. Doch was berechtigt Rousseau dazu, die Gleichheit der Natur zuzuordnen? Oder allgemeiner formuliert, inwieweit ist die Natur eine Norm für die richtigen moralischen Werte? Offensichtlich orientiert er sich hier an der Tradition des Naturrechts, demzufolge die Menschen „von Natur aus" gleich sind.

Gegen diese naturrechtliche Konzeption wurden schon zu Rousseaus Zeiten Einwände erhoben, etwa von Montesquieu in *Vom Geist der Gesetze* (1748). Demnach ist das Konzept der Gleichheit ebenso kulturell bedingt wie die Ungleichheit. Die Natur kann keine Norm für moralische Werte sein. Dieser Schwierigkeit ist sich Rousseau wohl selbst bewusst, wenn er feststellt:

> „Meine Leser mögen daher nicht glauben, daß ich mir zu schmeicheln wage gesehen zu haben, was zu sehen mir so schwer erscheint. Ich habe einige Schlußfolgerungen begonnen; ich habe einige Vermutungen gewagt – weniger in der Hoffnung, die Frage zu lösen, als in der Absicht, sie zu erhellen und sie auf ihren wahrhaften Stand zurückzuführen" (D2, 47).

Es ist also schwer zu bestimmen, wann der Prozess, der zur Ungleichheit führte, stattfand, und insbesondere, welche Ursachen dazu geführt haben. Diese grundsätzliche Schwierigkeit versucht Rousseau mit Hilfe von „Vermutungen" (conjectures) zu umgehen, indem er eine „hypothetische Geschichte" (histoire hypothétique; D2, 61) konzipiert.

Später bezeichnet Dugald Stewart dieses Verfahren als „theoretische oder konjekturale Geschichte" (theoretical or conjectural history; Stewart, 293 f.). Sein Anliegen ist es, den Gebrauch von Hypothesen zu rechtfertigen, die auf allgemeinen Prinzipien des menschlichen Verhaltens basieren, falls keine Fakten beschafft werden können, welche die allgemeinen Prinzipien untermauern und bestätigen könnten. Dies betrifft die Urzeit der Gesellschaft sowohl in Bezug auf den Ursprung der Sprache als auch auf den Ursprung der Institutionen. Stewart weist darauf hin, dass die Anwendung dieser Methode nur dort sinnvoll ist, wo keine Tatsachen bekannt sind. Zudem sei sie nur dann epistemologisch korrekt, wenn sie in Beziehung zu allgemeingültigen Prinzipien gesetzt wird, die das menschliche Verhalten unter bestimmten Bedingungen erklären.

Stewart beruft sich dabei nicht auf Rousseau, sondern auf d'Alembert und Montesquieu. Insbesondere in der Vorrede zur *Encyclopédie* stellt d'Alembert die Frage, wie die allgemeinen Prinzipien des menschlichen Verhaltens in bestimmten Situationen angewendet werden können. Und Montesquieu ist nach Stewart der erste Autor, der „davon ausging, dass die Gesetze vorrangig in den gesellschaftlichen Umständen begründet sind, und versuchte, anhand der Veränderungen in den menschlichen Lebensbedingungen, die in den unterschiedlichen Entwicklungsstadien erfolgen, den entsprechenden Umbau ihrer Institutionen zu erklären" (Stewart, 294; vgl. Iacono 1998).

Man sollte sich jedoch dadurch nicht dazu verleiten lassen, die Rolle Rousseaus bei der Konstruktion der „theoretischen oder hypothetischen Geschichte" zu unterschätzen (Meek). So darf nicht außer Acht gelassen werden, dass Rousseau im *Zweiten Diskurs* nicht nur von Hypothesen spricht, sondern auch betont, dass alle Tatsachen beiseitegelassen werden müssen. Hierbei handelt es sich nicht mehr nur darum, Hypothesen in Ermangelung von Tatsachen anzustellen, sondern bei Rousseau ist es Methode, die Tatsachen zu verwerfen, um Hypothesen über die Natur der Dinge anstellen zu können.

Und dennoch stellt sich die Frage: Genügt es trotz der methodischen Vorsicht, Hypothesen als solche zu deklarieren und sie nicht mit der empirischen Wirklichkeit zu vermengen, trotz des Vorbehalts, Hypothesen dort zu verwenden, wo die Tatsachen nicht beschafft werden können oder sie scheinbar hoffnungslos verwickelt und verdreht überliefert wurden, zwischen Hypothese und Tatsache zu unterscheiden, um die grundsätzlichere Unterscheidung zwischen Interpretationsmodell und Wirklichkeit sicher zu treffen? Inwieweit hängen „hypothetische Geschichte" und „tatsächliche Geschichte" vom Modell ab, oder von den „allgemeinen Prinzipien" der menschlichen Natur?

Bei Rousseau ist der Naturzustand eine bloße Fiktion. Gleichwohl versucht er den Zustand des Menschen zu bestimmen, so wie er vor den Umbrüchen, die der Mensch im Laufe der Geschichte erfahren hat, und vor der Bildung der Gesellschaft war. Er ist sich der Schwierigkeit des Unternehmens durchaus bewusst, denn er ist sich nicht sicher, wie dieser Naturzustand aussehen könnte, ob er je existiert habe und ob er je existieren werde: „Denn es ist kein geringes Unterfangen zu unterscheiden, was in der aktuellen Natur des Menschen ursprünglich und was künstlich ist, und einen Zustand richtig zu erkennen, der nicht mehr existiert, der vielleicht nie existiert hat, der wahrscheinlich niemals existieren wird und von dem zutreffende Begriffe zu haben dennoch notwendig ist, um über unseren gegenwärtigen Zustand richtig zu urteilen" (D2, 47/49).

Rousseau sucht nach den anthropologischen Prinzipien, die das Wesen des Menschen ausmachen. In seiner Vorstellung ist dabei eine Abstraktion von der Zivilisationsgeschichte nötig, da sie jene Prinzipien verschleiert und entstellt habe. Zudem sind alle wissenschaftlichen Bücher, die sich mit dem Thema befasst haben, für ihn nicht verlässlich, da sie im Wesentlichen den historischen Menschen in den Blick genommen haben

Trotz der erklärten Schwierigkeiten stellt Rousseau zwei Prinzipien auf, die zur Charakterisierung des natürlichen Menschen in Erwägung gezogen werden können: Das, was wir den Selbsterhaltungstrieb nennen, und das, was als Mitleid bezeichnet werden kann, d. h. die Abneigung, seine Mitmenschen leiden zu sehen.

> „Wenn ich daher alle wissenschaftlichen Bücher beiseite lasse, die uns die Menschen nur so zu sehen lehren, wie sie sich selbst gemacht haben, und ich über die ersten und einfachsten Operationen der menschlichen Seele nachdenke, glaube ich zwei Prinzipien in ihr wahrzunehmen, die der Vernunft vorausliegen, von denen das eine uns brennend an unserem Wohlbefinden und unserer Selbsterhaltung interessiert sein läßt und das andere uns einen natürlichen Widerwillen einflößt, irgendein empfindendes Wesen, und hauptsächlich unsere Mitmenschen, umkommen oder leiden zu sehen. Aus dem Zusammenwirken und aus der Verbindung, die unser Geist aus diesen beiden Prinzipien herzustellen vermag, scheinen mir – ohne daß es notwendig wäre, das Prinzip der Soziabilität einzuführen – alle Regeln des Naturrechts zu fließen: Regeln, welche die Vernunft später auf anderen Grundlagen wiederzuerrichten gezwungen ist, wenn sie es durch ihre sukzessiven Entwicklungen fertig gebracht hat, die Natur zu ersticken" (D2, 57).

Nach Rousseau gehen diese beiden Prinzipien der Soziabilität voraus. Es ist die Vernunft selbst, die sie schließlich verhüllt, weil sie sich den gesellschaftlichen Gegebenheiten anpasst. Nüchtern betrachtet, zeigt uns die menschliche Gesellschaft nur die Gewalttätigkeit der Mächtigen und die Unterdrückung der Schwachen. Dies ist die Geschichte, hinter der sich die anthropologischen Prinzipien verbergen, die es zu erforschen gilt. Denn nur durch ihre Kenntnis besteht Hoffnung auf eine gerechte Gesellschaft, die fähig ist, die Ungleichheit zu überwinden. So erklärt sich die „hypothetische Geschichte", die Stewart „konjekturale Geschichte" nennt. Diese muss die nicht vorhandenen Tatsachen wettmachen – nicht, weil es sie nicht gäbe, sondern weil sie nach Rousseau verhindern, sich die Geschichte zukünftiger Gesellschaften ausgehend von den anthropologischen Grundlagen des Menschen vorstellen zu können.

4.3 Die Anthropologie (Einleitung/Exordium)

Die Einleitung des *Diskurses über die Ungleichheit* beginnt mit dem Satz: „Vom Menschen habe ich zu sprechen, und die Frage, die ich untersuche, lehrt mich, daß ich zu Menschen sprechen werde, denn man stellt derartige Fragen nicht, wenn man sich fürchtet, der Wahrheit die Ehre zu geben." (D2, 67)

Beim Menschen unterscheidet Rousseau zwei Arten von Ungleichheit: eine natürliche oder physische und eine moralische oder politische. Nach dem Ursprung der ersten zu fragen, ergibt keinen Sinn, da sie von der Natur abhängt. Doch was die moralische und politische Ungleichheit angeht, so wäre es ein Fehler, sie auf die Natur zurückzuführen. Dies wäre, als ob man fragte,

> „ob jene, die befehlen, notwendigerweise mehr wert sind als jene, die gehorchen, und ob die Kraft des Körpers und des Geistes, die Weisheit oder die Tugend sich immer in denselben Individuen im entsprechenden Verhältnis zur Macht oder zum Reichtum befinden: Eine Frage, die vielleicht dazu gut ist, unter Sklaven erörtert zu werden, wenn ihnen ihre Herren zuhören, die sich aber nicht für vernünftige und freie Menschen schickt, welche die Wahrheit suchen" (D2, 69).

Der *Zweite Diskurs* verfolgt die Absicht, jenen Moment aufzuzeigen, in dem das Gesetz an die Stelle der Natur trat, wodurch das Recht die Gewalt ersetzte. Rousseau will also nicht zum Naturzustand als dem ursprünglichen historischen Zustand der Gesellschaft zurückgehen, sondern vom Naturzustand als einer Hypothese ausgehen, um somit die grundlegenden Prinzipien der Anthropologie aufzudecken, von denen aus sich die Gesellschaften entwickelt haben.

Rousseau wirft den bisherigen Philosophen vor, dass es ihnen nicht gelungen sei, beim Naturzustand anzugelangen. Vor allem hätten sie den Fehler begangen, Vorstellungen der Gesellschaft, in der sie lebten, auf den Naturzustand zu projizieren. „Alle schließlich haben unablässig von Bedürfnis, von Habsucht, von Unterdrückung, von Begehren und von Stolz gesprochen und damit auf den Naturzustand Vorstellungen übertragen, die sie der Gesellschaft entnommen hatten. Sie sprachen vom wilden Menschen und beschrieben den bürgerlichen Menschen" (D2, 69/71). Insbesondere dadurch, dass Rousseau explizit den Prozess der Übertragung der Beobachterkultur auf fremde – zeitgenössische oder vergangene – Kulturen reflektiert, hat er sich zu Recht den Ruf als einer der Begründer der Anthropologie erworben (Lévi-Strauss). In diesem Kontext gibt Rousseau die folgende Erklärung ab:

> „Beginnen wir also damit, daß wir alle Tatsachen beiseitelassen, denn sie berühren die Frage nicht. Man darf die Untersuchungen, in die man über diesen Gegenstand eintreten kann, nicht für historische Wahrheiten nehmen, sondern nur für hypothetische und bedingungsweise geltende Schlußfolgerungen, mehr dazu geeignet, die Natur der Dinge

zu erhellen, als deren wahrhaften Ursprung zu zeigen, und jenen vergleichbar, welche unsere Naturwissenschaftler alle Tage über die Entstehung der Welt machen. Die Religion befiehlt uns zu glauben, daß, da Gott selbst die Menschen unmittelbar nach der Erschaffung aus dem Naturzustand herausgenommen hat, sie ungleich sind, weil er gewollt hat, daß sie es seien; aber sie verbietet uns nicht, Vermutungen, die allein aus der Natur des Menschen und der Wesen, die ihn umgeben, hergeleitet sind, darüber anzustellen, was aus dem Menschengeschlecht hätte werden können, wenn es sich selbst überlassen geblieben wäre. Das ist es, was man mich fragt und was ich mir in diesem Diskurs zu untersuchen vornehme" (D2, 71/73).

Wenn auch die Notwendigkeit, Hypothesen in Ermangelung von Tatsachen anzustellen, vordergründig dem Bedürfnis nach theoretischer und begrifflicher Autonomie gegenüber der religiösen Überlieferung und der biblischen Darstellung entspringt, so zeigt sich darüber hinaus darin auch immer eine grundsätzliche Relativierung von historischen Ereignissen. Während früher Hobbes in *Vom Menschen* (Hobbes I, 10, 2) und später Kant in *Mutmaßlicher Anfang der Menschengeschichte* (Kant XI, 86; vgl. Iacono 1998) den biblischem Text zu Grunde gelegt haben, radikalisiert Rousseau den Umgang mit der Bibel, indem er in der Einleitung des *Zweiten Diskurses* rigoros erklärt, dass er die biblischen „Tatsachen beiseite lassen" werde (D2, 71), obwohl seine Hypothesen über die Entstehung der menschlichen Gesellschaft mit einer alternativen Interpretation des Alten Testamentes durchaus vereinbar gewesen wären.

Die Notwendigkeit, die „Tatsachen beiseite zu lassen" und Hypothesen über die Natur des Menschen anzustellen, ist auch bei Rousseau das ausschlaggebende Moment, die historischen Prozesse der Gesellschaftsbildung zu untersuchen. Gerade dort, wo es keine empirischen „Tatsachen" gibt und wo die Bücher außer Acht gelassen werden, ist es möglich, hypothetische, von der Religion völlig unabhängige Überlegungen anzustellen, um die Natur der Dinge mit derselben Methode zu erklären, mit der die Physiker die Entstehung der Welt zu erhellen versuchen. Gerade durch die Anwendung der Methode der Physiker kann die Ungleichheit – statt sie als natürlichen Zustand zu akzeptieren – in der Zivilisationsgeschichte als Ergebnis eines missverstandenen Naturrechts und folglich als Ergebnis von Unrecht eingestuft werden. Die Gegenüberstellung der anthropologischen Prinzipien einerseits, die zu moralischen Prinzipien werden, und den sozialen Beziehungen in ihrer historischen Ausprägung andererseits, ermöglicht es Rousseau, das Privateigentum als einen künstlichen und historischen Akt der Gewalt zu erklären, der, einmal Gesetz geworden, das Unrecht in den auf Ungleichheit basierenden menschlichen Beziehungen besiegelt. Er glaubt ganz und gar nicht an einen Naturzustand, dem man in romantischer Manier nachtrauern kann. Vielmehr wendet er eine theoretisch-hypothetische Methode an, die, indem sie die möglichen Zustände der Menschheit ungeachtet ihrer tatsächlichen historischen

Realisierung simuliert, verdeutlicht, was verwirklicht werden könnte und was noch nicht verwirklicht worden ist.

Aus dem Italienischen übersetzt von Gesine Seymer

Literatur

Aristoteles 2009: Politik, übers. von F. Susemihl, hrsg. von U. Wolf, Reinbek bei Hamburg.
Fontenelle, B. de 1989: Exkurs über die Alten und die Modernen [1688], in: Bernard Le Bovier de Fontenelle – Philosophische Neuigkeiten für Leute von Welt und für Gelehrte, hrsg. von H. Bergmann, Leipzig.
Franzini, E. 2002: Il teatro, la festa e la rivoluzione. Su Rousseau e gli enciclopedisti, Palermo.
Hobbes, Th. 1966: Vom Menschen (I). Vom Bürger (II), hrsg. von G. Gawlick, Hamburg.
Iacono, A. M. 1996: Introduzione a Fontenelle, Digressione sugli antichi e sui moderni, Roma.
Iacono, A. M. 1998: Paura e meraviglia. Storie filosofiche del XVIII secolo, Catanzaro.
Iacono, A. M. 2000: Autonomia, potere, minorità, Milano.
Kant, I. 1964: Werke in zwölf Bänden, hrsg. von W. Weischedel, Frankfurt a.M.
Landucci, S. 2014: I filosofi e i selvaggi, Torino.
Lévi-Strauss, C. 1999: Jean-Jaques Rousseau. Begründer der Wissenschaften vom Menschen, in: ders.: Strukturale Anthropologie II, Frankfurt a.M., 45–56.
Meek, R.L. 1976: Social Science and the Ignoble Savage, Cambridge.
Mumford, L. 1963: Die Stadt. Geschichte und Ausblick, Köln.
Ovid 2010: Metamorphosen, übers. von M. von Albrecht, Stuttgart.
Platon 2008: Sämtliche Werke, übers. von F. Schleiermacher, hrsg. von B. König, Reinbek bei Hamburg.
Rousseau, J.-J. 1978: Brief an Herrn d'Alembert, in: Schriften, hrsg. von H. Ritter. Bd. I, Gütersloh, 333–474.
Smith, A. 1980: Essays in Philosophical Subjects, Oxford.
Starobinski, J. 1988: Rousseau: eine Welt von Widerständen, München.
Stewart, D. 1980: Account of Life and Writings of Adam Smith, in: W. D. Wightman/J. C. Bryce/I. S. Ross (Hrsg.): Adam Smith. Essays on Philosophical Subjects, Oxford.
Titus Livius 2009: Römische Geschichte. Von der Gründung der Stadt an, übers. von O. Güthling, hrsg. von E. Möller, Wiesbaden.

Susanne Lettow

5 Naturgeschichte und Geschichte der Menschheit
Zweiter Diskurs, erster Teil

Für Rousseaus Konzeption des Naturzustandes im *Zweiten Diskurs* spielen die wissenschaftlichen Debatten des 18. Jahrhunderts, in denen neue Klassifikations- und Ordnungsmuster für die Welt der Natur entworfen wurden, eine zentrale Rolle. Wissenschafts- und Philosophiegeschichte haben zwar Rousseaus Auseinandersetzung mit den wissenschaftlichen Entwicklungen des 18. Jahrhunderts – neben der Naturforschung auch mit der zeitgenössischen Chemie – bisher relativ wenig Beachtung geschenkt. Doch Rousseau hebt gleich zu Beginn der Einleitung (Exordium) hervor, dass seine Untersuchung mit denen vergleichbar ist, „welche unsere Naturwissenschaftler alle Tage über die Entstehung der Welt machen" (D2, 71). Damit grenzt er sein theoretisches Projekt vom Gebiet theologischer Spekulationen ab – und zwar so, dass es mit der Autorität der Religion nicht direkt in Konflikt gerät.

Die Religion, schreibt Rousseau, befehle uns, an die Schöpfungsgeschichte, die Vertreibung aus dem Paradies und die natürliche Ungleichheit zu glauben. Aber, fährt er fort, „sie verbietet uns nicht, Vermutungen, die allein aus der Natur des Menschen und der Wesen, die ihn umgeben, hergeleitet sind, [...] anzustellen" (D2, 73). Mit Blick auf solche „Vermutungen" bezeichnet Rousseau seinen Entwurf des Naturzustands als „hypothetisch" (D2, 73). Nicht „historische Wahrheiten" stünden zur Debatte, sondern „hypothetische und bedingungsweise Schlussfolgerungen" (D2, 71). Denn die Untersuchung des Naturzustands wirft für Rousseau grundsätzliche erkenntnistheoretische Probleme auf, handelt es sich doch um einen Zustand, „der nicht mehr existiert, der vielleicht nie existiert hat, der wahrscheinlich niemals existieren wird" (D2, 47).

Damit ist keineswegs gemeint, dass es sich um eine reine Fiktion handelt. Diesen Vorwurf erhebt Rousseau vielmehr gegenüber den naturrechtlichen Entwürfen eines Naturzustands bei Thomas Hobbes und John Locke. Diese, so heißt es, haben „auf den Naturzustand Vorstellungen übertragen, die sie der Gesellschaft entnommen hatten", d. h. der Naturzustand ist bei diesen Autoren nur eine Projektionsfläche für „den bürgerlichen Menschen" (D2, 69). Rousseau aber ist, wie es Arthur Lovejoy formuliert hat, „brennend daran interessiert", wirkliche Entwicklungen zu rekonstruieren (Lovejoy, 494), auch wenn er in Bezug auf seine Darstellung gerade nicht von „Tatsachen" spricht. Die Forderung, „alle Tatsachen beiseite" (D2, 71) zu lassen, richtet sich vielmehr gegen die (vermeintlichen) Evidenzen, die sich aus der Lektüre der Bibel ergeben, nicht gegen die Naturgeschichte. Ebenso verhält es sich mit Rousseaus Aufforderung, „alle wissenschaftlichen Bücher beiseite" zu lassen (D2, 57). Hier geht es um die Bücher von Autoren des Naturrechts wie Grotius, Hobbes, Locke oder Pufendorf, die zwar Rechte und Regeln des Zusammenlebens konstruieren, aber den „natürlichen Menschen nicht kennen" (D2, 55).

Wenn Rousseau mit Blick auf seine Konzeption des Naturzustandes von „Vermutungen" spricht, so verbindet er damit eine Reflexion über den epistemischen Status der von ihm im *Zweiten Diskurs* dargelegten Entwicklung. Für „bewiesen" hält er die weitgehende Abwesenheit von Ungleichheit im Naturzustand (D2, 167). Doch über die „Ereignisse", die dann einsetzten, gibt es kein gesichertes Wissen, so dass sie nur „aufgrund von Vermutungen" rekonstruiert werden können, die allerdings dadurch Evidenz erhalten, dass sie „die wahrscheinlichsten sind, die man aus der Natur der Dinge herleiten kann" (D2, 167). Sie sind zudem „die einzigen Mittel, die man haben kann, um die Wahrheit zu entdecken" (D2, 167). Rousseau formuliert hier also keineswegs eine Absage an das zeitgenössische wissenschaftliche Wissen, sondern ein Wissenschaftsverständnis, dass der Grenzen der Erkennbarkeit eingedenk ist.

Dieser skeptischen Haltung entspricht, dass Rousseau über seine eigenen Erkenntnisansprüche Auskunft gibt. Dabei geht es nicht um die Frage, ob es sich bei den Vermutungen um „Tatsachen" handelt sondern in erster Linie um die Plausibilität und Evidenz der „Folgerungen" (D2, 168), die sich aus den Vermutungen ableiten lassen. Diese Folgerungen haben einen anderen epistemischen Status. Es sind keineswegs nur Mutmaßungen, denn sie stimmen, so Rousseau, mit den „Prinzipien, die ich aufgestellt habe" überein (D2, 169). Obwohl das Wissen der Naturgeschichte also an vielen Stellen in die Konzeption des Naturzustandes eingeht, stellt diese selbst keinen Beitrag zur Naturgeschichte dar, wie zum Beispiel Mark Hulliung meint (Hulliung, 172). Das naturgeschichtliche Wissen wird zum einen durch vorgängige, qua Reflexion gewonnene „Prinzipien" strukturiert und ist zum anderen auf Überlegungen, die über die Naturgeschichte hinausgehen, ausgerichtet. Von früheren, naturrechtlichen Entwürfen des Naturzustandes unterscheidet sich Rousseaus Konzeption also, weil sein Naturbegriff kein rein moralisch-juridischer Begriff ist, sondern mit dem wissenschaftlichen Diskurs der Naturgeschichte des 18. Jahrhunderts vermittelt ist. Die Entwicklungen innerhalb des Naturzustandes, die Rousseau schildert, sind – bei aller epistemischen Vorsicht – wirkliche Entwicklungen, aus denen Schlussfolgerungen sozial- und geschichtsphilosophischer Art gezogen werden können.

Rousseaus hauptsächliche Quelle für die Rezeption der Naturgeschichte sind die ersten Bände der *Naturgeschichte* (Histoire naturelle) von Georges Louis Leclerc de Buffon. Zwar führt Rousseau an einigen Stellen auch andere Naturforscher wie Pierre-Louis Moreau de Maupertuis, einen gewissen Charles Georges Le Roy, die Zeitschrift *Beobachtungen zur Naturgeschichte, Physik und Malerei* und Diderots naturtheoretische Betrachtungen an. Doch Buffon ist für Rousseau von überragender Bedeutung. Gleich in Anmerkung II, mit der Rousseau den Gegenstand des *Zweiten Diskurses*, nämlich die „Kenntnis des Menschen" erläutert, verweist er durch ein langes Zitat aus der *Naturgeschichte* auf Buffon. Dieser wird adressiert als „eine jener Autoritäten, die für den Philosophen respektabel [sind], weil sie von einer soliden und erhabenen Vernunft herrühren" (D2, 277). Vom „ersten Schritt an" (D2, 277) habe er sich daher auf Buffon gestützt; und wir wissen, dass Rousseau die Publikation der verschiedenen Bände von Buffons *Naturgeschichte*, die ab 1749 erschienen, intensiv verfolgte und zeitlebens eine große Bewunderung für Buffon hegte (vgl. Fellows).

Nicht nur für Rousseau, auch für die Naturgeschichte des 18. Jahrhunderts insgesamt war Buffon von entscheidender Bedeutung. Denn mit seiner Version der Naturgeschichte stand ein gewichtiger Gegenentwurf zur klassifikatorisch angelegten Naturgeschichte von Carl von Linné im Raum. Linné hatte in seinem erstmals 1735 veröffentlichten *System der Natur* ein begriffliches Klassifikationsschema eingeführt, mit dem sich das im Kontext der kolonialen Expansion Europas sprunghaft anwachsende Wissen über die weltweite Pflanzen- und Tierwelt ordnen ließ. Den Menschen hatte Linné dabei zu den Tieren gerechnet und mit dem Gattungsnamen „homo sapiens" belegt. Aus der Perspektive der Naturgeschichte konnte der Mensch – einschließlich der verschiedenen „Varietäten" – nun als Naturwesen wie die Pflanzen und Tiere studiert werden. Buffon knüpft daran an, auch wenn er Linnés rein klassifikatorische Perspektive, die er als „künstlich" bezeichnet, ablehnt.

Gegen Linné beansprucht Buffon, die „physische Wahrheit" der Lebewesen darzustellen, indem er dichte Beschreibungen ihrer physiologischen Beschaffenheit, ihres Vorkommens und ihrer Lebensweise liefert. Dieses Vorgehen findet sich auch in Rousseaus Darstellung des natürlichen Menschen und zum Beispiel in der ausführlichen Beschreibung des Orang-Utan. Rousseau beschreibt Entwicklungen, Zustände und physiologische Beschaffenheiten und knüpft dabei in vielen Punkten an Buffon an. Trotzdem steht seine Anthropologie in „radikaler Opposition" zu der Buffons (Duchet, 330). Denn für Rousseau ist der Mensch im Naturzustand grundsätzlich ein Solitär, ein Einzelner ohne jede gesellschaftliche Bindung. Buffon aber hält in Übereinstimmung mit einer langen Tradition politischen Denkens den Menschen für ein gesellschaftliches Tier – ein *zoon politikon* –, das wie andere Tiere auch natürlicherweise in Gemeinschaft lebt.

Vier Aspekte von Rousseaus Rezeption der Naturgeschichte im *Zweiten Diskurs* sind besonders hervorzuheben. Dabei handelt es sich erstens um die Konstitution einer genetisch-temporalen Perspektive, die in der Naturgeschichte im Kontext epigenetischer Auffassungen über Zeugung und Fortpflanzung von Autoren wie Maupertuis und Buffon formuliert wird und die bei Rousseau eine gesellschaftstheoretische Bedeutung erhält. Die „Temporalisierung" der Natur, wie die Formierung eines neuen Verständnisses von Zeitlichkeit in der Naturforschung des 18. Jahrhunderts oft genannt wird, geht bei Rousseau in eine „Temporalisierung" von Gesellschaft, also in die Konstitution einer Geschichtsphilosophie über.

Zweitens ist für Rousseaus Konzeption des Naturzustandes das Projekt einer Naturgeschichte des Menschen, die diesen grundsätzlich als Naturwesen begreift, von konstitutiver Bedeutung. Natur wird hier nicht durch den Gesellschaftszustand überwunden, sondern modifiziert. Im Zentrum der Aufmerksamkeit stehen daher die zeitlichen Entwicklungen und Transformationen der menschlichen Natur.

Eine Folge dieser Naturalisierung des Menschen ist, dass die Unterscheidung zwischen Mensch und Tier auf neue Weise fraglich wird. Davon zeugen die Debatten um das Verhältnis von Menschen und Affen, in die Rousseau mit eigenen Überlegungen zum Status anthropoformer Lebewesen eingreift. In Anschluss an Buffons Auffassung, der zufolge eine Art sich dadurch auszeichnet, dass ihre Angehören miteinander fruchtbare Junge zeugen, vertritt auch Rousseau eine monogenetische Position, der zufolge es nur eine Menschengattung, nicht aber viele an verschiedenen Orten entstandene Gattungen gibt. Die Einheit des Menschengeschlechts wird somit naturgeschichtlich und nicht theologisch, im Rückgang auf den biblischen Schöpfungsmythos erklärt.

Dies wirft allerdings die Frage auf, wie die physische Diversität der Menschen zu erklären ist. Rousseaus Theorie der menschlichen Varietäten und der Entwicklungsprozesse, durch die sie entstanden sind, ist Gegenstand des vierten Abschnitts. Auch in dieser Hinsicht zeigt sich, dass Rousseaus geschichtsphilosophische Perspektive und die Naturgeschichte des Menschen in einem engen Zusammenhang stehen. Die Alternative von Stillstand und Entwicklung sowie – mit Bezug auf die Entwicklung – die Alternative von Degeneration und Perfektionierung werden nämlich im Kontext der Auseinandersetzung mit der Variabilität der menschlichen Natur eingeführt.

5.1 Die Zeitlichkeit der Natur

Im Kontext der Naturgeschichte verweist der Ausdruck „Geschichte" zunächst nicht auf einen zeitlichen Prozess, sondern auf eine Sammlung von Wissen oder „Geschichten" über die Natur und auf die Versuche, dieses Wissen zu systematisieren. Bei Naturforschern wie Maupertuis und Buffon zeichnet sich jedoch eine folgenreiche Verschiebung ab. Während Linné an einer möglichst vollständigen

Taxonomie der Lebewesen arbeitet, indem er sie in Klassen, Ordnungen, Gattungen, Arten einteilt und ein Tableau synchroner Differenzen erstellt, rückt bei den genannten Autoren das Problem der Entstehung und der Genealogie von Lebewesen in den Vordergrund. Den Kontext stellen die Auseinandersetzungen zwischen Anhängern der verschiedenen Spielarten der Präformationstheorien und Anhängern epigenetischer Auffassungen dar.

Erstere gingen davon aus, dass bei der Zeugung keine neuen Lebewesen entstehen, sondern präformierte Keime „ausgewickelt" werden. Maupertuis und Buffon, die zu letzteren gehören, verstehen Fortpflanzung dagegen als Entstehung von etwas Neuem, das aus dem Zusammentreffen und der Weitergabe elterlicher Substanzen resultiert. Damit gewinnt die Zeitlichkeit der Reproduktion und der Lebewesen, ihrer Genese und supra-generationellen Sukzession eine enorme Bedeutung. Diese Orientierung kommt besonders deutlich in Buffons Definition der Art zum Ausdruck. Denn eine Art ist Buffon zufolge „nicht eine Ansammlung ähnlicher Individuen, sondern die konstante Aufeinanderfolge und ununterbrochene Erneuerung solcher Individuen" (Buffon IV, 384). Auch wenn Buffon die Art als ewiges, überzeitliches Kontinuum denkt, werden die Lebewesen in gewisser Weise „verzeitlicht", sofern sie als Individuen je spezifische Prozesse der Entstehung, des Werdens und Vergehens durchlaufen. Durch den Prozess der Reproduktion sind sie dabei auf die Vergangenheit früherer und die zukünftige Existenz späterer Generationen verwiesen.

Eine solche Vorstellung von Zeitlichkeit, die von einem Entwicklungsgeschehen ausgeht, das sich zwischen Vergangenheit und Zukunft erstreckt, findet sich auch bei Rousseau. Er gibt der „Temporalisierung" der Natur eine geschichtsphilosophische Wendung, indem er sie auf die Genese und die Transformationen des Menschen und der Gesellschaft bezieht. Bereits im Vorwort spricht Rousseau davon, dass „alle Fortschritte der menschlichen Art diese unablässig von ihrem anfänglichen Zustand entfernen" (D2, 45), also von einem historischen Prozess, in dem die „menschliche Art" selbst modifiziert wird. Deutlich zeigt sich dieser zentrale Status der Zeitlichkeit auch am Ende der Einleitung, wo Rousseau sein Projekt als Geschichte der Art (espèce) einführt, die in eine unvordenkliche Vergangenheit zurückreicht. „Die Zeiten, von denen ich sprechen werde", so Rousseau, „liegen in weiter Ferne. Wie hast du dich verändert gegenüber dem, was du warst!" (D2, 75) Angesprochen wird der Mensch der Gegenwart und zwar als Exemplar der Art, das in der Vergangenheit einen Zustand erblickt, von dem es wünscht, die „Art wäre bei ihm stehen geblieben" (D2, 75). Doch nicht nur Gegenwart und Vergangenheit sind hier aufeinander bezogen; der Vergangenheitsbezug resultiert sowohl aus der Unzufriedenheit mit dem „gegenwärtigen Zustand" als auch aus einer Antizipation von Zukunft, die der „unglücklichen Nachkommenschaft noch größere Unzufriedenheit" verheißt (D2, 75).

Konstitutiv für eine derart umfassende zeitliche Perspektive auf die Geschichte der Art ist die Entgrenzung des biblischen, durch die Schöpfungsgeschichte festgelegten Zeithorizonts, die sich in den zeitgenössischen wissenschaftlichen Debatten über die Erdgeschichte vollzog. Auch hierbei spielen Buffons Schriften, nämlich seine *Theorie der Erde* (1749), die den ersten Band der *Naturgeschichte* darstellt, eine wichtige Rolle. Buffon führt dort die erdgeschichtlichen Forschungen und Debatten zusammen, die seit dem späten 17. Jahrhundert um eine wissenschaftliche Erforschung des Schöpfungsgeschehens und der Sintflut bemüht waren. Die Untersuchung von Fossilien, später auch die Rekonstruktion von vulkanischen Aktivitäten der Erde anhand von Flözschichten und Erdgebirgen, trug dazu bei, dass die biblischen Zeitangaben – etwa die Festlegung der Schöpfung auf sieben Tage – immer stärker problematisiert wurden und sich die Zeithorizonte der Erdgeschichte und der Menschheitsgeschichte ausweiteten.

Rousseaus Verweis auf Prozesse, in denen „der Zeitraum die geringe Wahrscheinlichkeit der Ereignisse aufwiegt" und auf „die überraschende Macht sehr geringfügiger Ursachen, wenn sie ohne Unterlaß wirken" (D2, 169), macht deutlich, dass auch er von zeitlichen Entwicklungen in sehr großem Ausmaß ausgeht, auch wenn diese nicht näher bestimmt werden und er sich explizit weigert, darüber seine „Reflexionen auszubreiten" (D2, 169).

Im zweiten Teil, also jenem Teil, welcher der Entwicklungsgeschichte des gesellschaftlichen Menschen gewidmet ist, kommt Rousseau allerdings ein weiteres Mal auf die lange Geschichte der Erde und die „Revolutionen des Erdballs", die sie einschloss, zu sprechen. „Große Überschwemmungen oder Erdbeben umgaben bewohnte Landstriche mit Wasser oder mit Abgründen; Revolutionen des Erdballs lösten Teile des Kontinents ab und zerschnitten sie in Inseln" (D2, 185/187). Für Rousseau geht es im Kontext um die Genese erster Formen von Sozialität und Sprache, denn die erdgeschichtlichen Umwälzungen bringen die Menschen näher zusammen, so dass sie „gezwungen waren zusammen zu leben" (D2, 187). Bei Rousseau wird hier die Geschichte der Erde zum Grund eines gesellschaftshistorischen Wandlungsprozesses. Die sozial- und geschichtsphilosophische Wendung, die Rousseau der Naturgeschichte gibt, ist dabei anhand seiner Verwendung des Ausdrucks „Revolution" besonders deutlich. Denn während sich dieser Ausdruck bei Buffon auf Naturprozesse bezieht, sind für Rousseau „Revolutionen" in erster Linie gesellschaftliche Umbrüche (Duchet, 257). So stellt der Hüttenbau, der zur Gründung von Familien und „einer Art von Eigentum" führt, eine „erste Revolution" (D2, 181) dar, die Erfindung von Metallurgie und Ackerbau bringen die „große Revolution" (D2, 197) hervor.

Rousseaus Zeitvorstellungen weisen also eine große Nähe zur Naturgeschichte auf. Er erweitert dabei die genetisch-temporale Perspektive, indem er sie auf die gesellschaftliche Entwicklung bezieht und so eine geschichtsphilosophische Perspektive konstituiert. Dabei bleiben gesellschaftliche und natürlich-physiologische Prozesse eng aufeinander bezogen. Schließlich ist und bleibt der Mensch ein Naturwesen – ein Tier, das sich allerdings von anderen Tieren unterscheidet. Rousseau bestimmt diese Differenz durch eine spezifische, vorteilhafte organische Verfassung und mangelnde Instinktgebundenheit des Menschen, also weder theologisch noch durch das cartesianische Cogito. „Wenn ich dieses so verfaßte Wesen [...] so betrachte, wie es aus den Händen der Natur hat hervorgehen müssen", heißt es, „so sehe ich ein Tier, das weniger stark als die einen, weniger flink als die anderen, aber alles in allem am vorteilhaftesten von allen organisiert" ist (D2, 79). Die Menschen beobachten und imitieren die Fertigkeiten der Tiere und „erheben sich so bis zum Instinkt der Tiere, mit dem Vorteil, daß, während jede Art nur den ihr eigenen Instinkt hat, der Mensch, welcher vielleicht keinen hat, der ihm eigen ist, sie sich alle aneignet" (D2, 79/81). Diese physiologisch verankerte Lern- und Anpassungsfähigkeit der Menschen begründet ihre Freiheit, die Möglichkeit von Entwicklung und Veränderung, die auch die körperliche Beschaffenheit mit einschließt. In diesem Sinn ist die Natur des Menschen für Rousseau transformierbar und grundsätzlich historisch. Die Differenz zwischen Mensch und Tier aber ist für Rousseau unüberbrückbar.

Auf Grund der genetisch-temporalen Ausrichtung von Rousseaus Naturbegriff haben allerdings einige Autoren, allen voran Lovejoy, Rousseau als „Vorläufer" von Darwin betrachtet. Seine Rekonstruktion der verschiedenen Stadien innerhalb des Naturzustandes sei „gewissermaßen in Darwinschen Begriffen formuliert, hundert Jahre vor Darwin" (Lovejoy, 498). Dieser Lesart steht entgegen, dass Rousseaus Gegenstand die Transformation des wilden Menschen in den zivilisierten Menschen, nicht der Übergang vom Tier zum Menschen ist. Explizit betont Rousseau, er gehe davon aus, der Mensch „sei von jeher so beschaffen gewesen, wie ich ihn heute sehe: er sei auf zwei Füßen gegangen, er habe sich seiner Hände so bedient, wie wir es mit den unsrigen tun, er habe seinen Blick auf die ganze Natur gerichtet und mit den Augen die weite Ausdehnung des Himmels gemessen" (D2, 77/79). Die Gattung „Mensch" wird also in ihrer grundlegenden körperlichen Organisation als gegeben vorausgesetzt, nicht entwicklungshistorisch rekonstruiert.

Dennoch zeichnet sich gerade in Rousseaus Abwehr, von der seine Klarstellung zeugt, sowie in einer Reihe von Verneinungen die Frage nach der gattungsgeschichtlichen Gewordenheit des Menschen am Horizont ab. „Wie wichtig es auch sein mag", beginnt Rousseau den ersten Teil, den Menschen „sozusagen im ersten Embryo der Art zu untersuchen, ich werde seine Organisation nicht durch ihre sukzessiven Entwicklungen verfolgen. Ich werde mich nicht dabei aufhalten im Tiersystem nachzuforschen, was er zu Beginn gewesen sein konnte, um schließlich zu werden, was er ist" (D2, 77). Nur „vage und nahezu imaginäre

Vermutungen" könne er über diesen Gegenstand anstellen; die vergleichende Anatomie habe „noch zu wenig Fortschritte gemacht, die Beobachtungen der Naturforscher sind noch zu unsicher" (D2, 77) – so lauten die Begründungen, die Rousseau anführt, um die Frage nach der Entstehungsgeschichte der menschlichen Art nicht zu stellen. Offensichtlich aber hält er sie nicht für unmöglich. Auch das, was für uns zu den grundlegenden physiologischen Charakteristika der menschlichen Gattung gehört, etwa der aufrechte Gang, könnte – hypothetisch – das Resultat von zeitlichen Veränderungsprozessen sein.

5.2 Die Naturgeschichte des Menschen

Die Naturalisierung des Menschen, seine Betrachtung als Naturwesen, macht im 18. Jahrhundert die Frage nach seinem spezifischen Status auf neue Weise brisant. Buffon macht in seiner *Naturgeschichte des Menschen* (1749) deutlich, dass der Mensch für ihn eine herausragende Stellung unter den Lebewesen einnimmt. Er ist ein „oberstes Prinzip" (principe supérieur; zit. n. Duchet, 234) und dadurch ausgezeichnet, dass ihm sein Geist einen unendlichen Spielraum an Handlungsmöglichkeiten eröffnet und dass er, im Gegensatz zum Tier, über eine körperliche Plastizität verfügt, die es ihm ermöglicht, unter unterschiedlichen klimatischen Bedingungen zu leben.

Bei Rousseau wird diese Vorstellung von der Formbarkeit der menschlichen Natur zu einem zentralen Element der Theoriebildung. Denn die Entwicklungsgeschichte des Menschen durch die verschiedenen Stadien des Naturzustandes hindurch ist zugleich eine Geschichte der Modifikationen des menschlichen Körpers. So ist die physische Beschaffenheit des wilden Menschen deutlich unterschieden von der des zivilisierten. Dieser wird vor allem durch den Technikgebrauch weichlich und schwächlich, während jener kräftig, schnell und geschickt ist. „Würde sein Handgelenk so starke Äste brechen, wenn er ein Beil gehabt hätte? Würde er einen Stein mit der Hand so weit werfen, wenn er eine Schleuder gehabt hätte? Wäre er so schnell im Lauf, wenn er ein Pferd gehabt hätte?" (D2, 83) Rousseau erklärt die Veränderungen der menschlichen Natur praxeologisch. Sie werden hervorgerufen durch veränderte Techniken und durch spezifische Lebensweisen. Die „innere und äußere Beschaffenheit des Menschen" ändert sich, wie Rousseau schreibt, dadurch dass der Mensch „seine Glieder zu neuen Verwendungen gebrauchte und er sich von neuen Nahrungsmitteln ernährte" (D2, 77). Der körperliche Zustand des wilden Menschen, der dem „tierischen Zustand im allgemeinen" (D2, 97) entspricht, ist dabei keineswegs nur vorteilhaft. Die Organe bleiben nämlich „in einem Zustand der Rohigkeit, der jede Art von Feinheit [...] ausschließt". Der Tast- und Geschmackssinn sind von einer „extremen Grobheit", während dagegen der Gesichts-, Gehör- und Geruchssinn „von der größten Subtilität sind" (D2, 97).

Angesichts von Rousseaus Historisierung des menschlichen Körpers lässt sich bei ihm nicht von einem „Cartesianismus" (Starobinski, 485), das heißt von einem dualistischen Gegensatz von Natur und Kultur, sprechen. Dennoch ist für Rousseau die Differenz zwischen dem Physischen und dem Moralischen zentral. So unterscheidet er zu Beginn der Einleitung „zwei Arten von Ungleichheit", nämlich die „natürliche" bzw. „physische" und die „moralische" Ungleichheit (D2, 67). Seine Darstellung des „natürlichen Zustands des Menschen" im ersten Teil legt zunächst den Schwerpunkt auf eine Darstellung des körperlichen Zustandes, inklusive der „natürlichen Schwachheiten" des Menschen, nämlich Kindheit, Alter und Krankheit (D2, 87).

Dann aber markiert Rousseau sehr deutlich einen Perspektivwechsel: „Ich habe bisher nur den physischen Menschen betrachtet, versuchen wir, ihn jetzt von der metaphysischen und moralischen Seite her anzusehen" (D2, 99). Im folgenden Absatz beginnt er mit der Feststellung, in jedem Tier sehe er „nur eine kunstvolle Maschine" (D2, 99). Diese Anspielung auf Descartes' Auffassung des Körpers als Maschine und der Gegensatz von „physisch" und „metaphysisch" bzw. „moralisch" können zwar auf den ersten Blick die Vermutung nahe legen, dass Rousseau hier dem cartesianischen Dualismus folgt, doch steht dem die genetisch-temporale Konzeption des Naturzustands, der gerade kein Zustand, sondern ein Prozess ist, grundsätzlich entgegen. Die Differenz physisch/moralisch ist daher nicht synonym mit der von Körper und Geist, sondern stellt eine wichtige Bedeutungsverschiebung dar (Wokler, 35), die den Gegensatz in ein Wechselverhältnis überführt.

Übernommen hat Rousseau diese Terminologie wiederum von Buffon. Dieser vertritt aber selbst zu unterschiedlichen Zeiten seines Schaffens verschiedene Positionen in Bezug auf das Verhältnis des Physischen und Moralischen. „Von der Freilegung einer Dialektik der zwei homogenen Begriffe des ‚physique' und des ‚morale' kehrte Buffon weitgehend zum traditionellen, unversöhnlichen Leib-Seele-Dualismus, zum Dualismus zweier ontologisch verschiedener Wesen zurück" (Moravia, 34). Jedenfalls hatte Buffon einerseits, nämlich in der *Naturgeschichte des Menschen* mit Blick auf den wilden Menschen festgestellt, dass kaum zu unterscheiden sei, „was allein die Natur uns gegeben, was die Erziehung, was Kunst und Beispiel uns mitgeteilt haben" (zit. n. Starobinski, 482). Natur und Kultur sind hier aufs Engste miteinander verbunden. An anderer Stelle spricht Buffon jedoch von der „geistigen Substanz", und von einem „inneren materiellen Sinn", der den Menschen als höchstes Wesen auszeichne.

Rousseau übernimmt die dualistische Redeweise Buffons nicht, sondern knüpft an dessen anti-dualistische Formulierungen an. Auch für ihn sind die Einflüsse der Natur und der Kultur kaum auseinander zu halten. Es ist, wie es im Vorwort heißt, „kein geringes Unterfangen zu unterscheiden, was in der aktuellen Natur des Menschen ursprünglich und was künstlich ist" (D2, 47). Das Gegensatzpaar künstlich/natürlich ist somit nicht geeignet, um die Unterschiede, um die es Rousseau geht, zur Sprache zu bringen. Die Differenz physisch/moralisch aber setzt sich vom cartesianischen Dualismus ebenso ab wie vom Naturalismus Diderots, demzufolge der Mensch ganz von der natürlichen „Notwendigkeit" bestimmt ist (Duchet, 330 ff.). Obwohl Diderot kaum genannt wird, ist er im *Zweiten Diskurs* durchaus präsent. Der Einleitungssatz zum ersten Teil, in dem Rousseau betont, dass er *nicht* die Entwicklung der menschlichen Gattung rekonstruieren will und dass er sich *nicht* für den Menschen „im ersten Embryo der Art" interessiert, ist eine Absage an Diderot. Schließlich hatte dieser in den *Gedanken über die Interpretation der Natur* (1754), überlegt, ob nicht der „erste Embryo" der menschlichen Art möglicherweise eine unendliche Reihe von Transformationen durchgemacht habe und die Gattung selbst sich in einem kontinuierlichen Entwicklungsprozess befinde (Duchet, 330). Rousseau, der seine Geschichte des Naturzustands und der Gesellschaft auch als Geschichte der Art versteht, hält der natürlichen Notwendigkeit, mit der Diderot argumentiert, die Freiheit des Menschen entgegen, und behauptet ähnlich wie Buffon einen Sonderstatus des Tieres „Mensch".

Gerade wegen ihrer Brüchigkeit ist die Grenze zwischen Mensch und Tier im *Zweiten Diskurs* immer wieder Gegenstand theoretischer Problematisierung. Die Tiere, versichert Rousseau, sind „der Einsicht und der Freiheit bar" (D2, 59), besitzen aber „durch die Empfindungsfähigkeit, mit der sie begabt sind, etwas von unserer Natur" (D2, 59), so dass der Mensch den Tieren gegenüber durchaus Pflichten hat. Umgekehrt haben auch die Menschen an der tierischen Natur teil. Rousseau teilt sie in die Klasse der frugivoren, also Pflanzen fressenden, Tiere ein. Er führt als Begründung für seine Einteilung an, dass der Mensch „Zähne und Eingeweide hat, wie sie die frugivoren Tiere haben" (D2, Anm. V, 289). Überlieferungen aus dem Altertum und Reiseberichte, so Rousseau, stützen diese Vermutung.

Auch Buffon hatte im Abschnitt über „Das Rind" ursprünglich die Auffassung vertreten, der Mensch könnte von Pflanzen leben. In der Vorrede zum Abschnitt über die *Fleischfressenden Tiere* (1758) des siebenten Bandes der *Naturgeschichte* aber weist er Rousseaus Überlegungen entschieden zurück. Nicht um einen „idealen", sondern um den „realen" Zustand der Natur gehe es, was Rousseau – der Philosoph und „stolzeste Richter unserer Menschheit" – verkenne (Buffon VII, 27). Auf dem Spiel steht bei der scheinbaren Detailfrage einer ursprünglich frugivoren Lebensweise der Menschen der zwischen Rousseau und Buffon strittige Punkt der natürlichen Sozialität des Menschen.

Wenn der Mensch, wie Rousseau behauptet, von Natur kein Fleischfresser ist, dann bestand für den natürlichen Menschen auch keine Notwendigkeit, mit anderen Tieren zu kämpfen und sich mit Seinesgleichen im Kampf gegen sie zusammenzuschließen (Duchet, 332). Als Pflanzenfresser kann er friedlich und als Solitär leben, wie Rousseau es behauptet: Er wird „niemals einem anderen Menschen noch selbst irgendeinem empfindenden Wesen etwas zuleide tun, ausgenommen in dem legitimen Fall, in dem seine Erhaltung betroffen ist" (D2, 57). Selbstgenügsam lebt der Mensch als Einzelner, er schweift umher ohne Bindungen an Andere. Mit dieser Auffassung stellt sich Rousseau Buffons Annahme entgegen, dass „der Mensch nur Mensch ist, weil er sich dem Menschen zugesellen konnte" (zit. n. Starobinski, 493).

Insbesondere kritisiert Rousseau die Überzeugung, dass die Familie eine natürliche, das gesamte Tierreich charakterisierende Gegebenheit sei. Denn für ihn ist die Familie nicht natürlich, ebenso wenig wie es die Geschlechterdifferenz ist, auf der sie basiert. In Beidem, in der Entstehung der Familie und in der Ausdifferenzierung von kontinuierlichen Geschlechtscharakteren, sieht er das Resultat der „Epoche einer ersten Revolution" (D2, 181). Im ersten Stadium des Naturzustandes aber sind sexuelle Begierde und Fortpflanzung instinktgebunden, „bar jedes Gefühls des Herzens" (D2, 175). „War das Bedürfnis befriedigt, erkannten sich die beiden Geschlechter nicht mehr wieder, und selbst das Kind bedeutete der Mutter nichts mehr, sobald sie es entbehren konnte" (D2, 175).

Was hier als defizitärer Zustand erscheint, rückt in ein etwas anderes Licht, wenn man die Passage im Zusammenhang mit Rousseaus Unterscheidung des Physischen und des „Geistig-Seelischen" der Liebe liest. Im Anschluss an Buffon, der behauptet, dass „allein das Physische in dieser Leidenschaft gut ist" (zit. n. Meier, D2, 154), während das „Geistig-Seelische" nur Elend hervorbringe, wovon die Tiere glücklicherweise frei seien, geht nämlich auch Rousseau davon aus, dass „das Geistig-Seelische in der Liebe ein künstliches Gefühl ist, aus der Gewohnheit der Gesellschaft entstanden" (D2, 155). Er fügt hinzu, dass dieses Gefühl „von den Frauen mit viel Geschick und Sorgfalt gepriesen [wird], um ihre Herrschaft zu begründen und das Geschlecht dominant zu machen, das gehorchen sollte" (D2, 155).

Die Invektive gegen das weibliche Geschlecht findet sich in der entsprechenden Passage bei Buffon nicht, doch für beide – Buffon und Rousseau – ist das „allgemeine Verlangen, das ein Geschlecht dazu antreibt, sich mit dem anderen zu vereinigen" (D2, 155), zunächst rein physisch und promisk. Erst durch das „Geistig-Seelische" wird dieses Verlangen ausschließlich „auf einen einzigen Gegenstand [...] fixiert [...] was ihm zumindest einen höheren Energiegrad für diesen bevorzugten Gegenstand verleiht" (D2, 155). Monogame Beziehungen resultieren also aus einer sozialen und emotionalen Transformation und Regulation des natürlich-promisken Begehrens durch die Frauen. Für den Wilden aber ist das Gefühl, das diese Beziehungen konstituiert, „nahezu null" (D2, 155). Der Wilde – der hier eindeutig als Mann auftritt – „folgt einzig und allein dem Temperament, das er von der Natur erhalten hat [...] und jede Frau ist gut für ihn" (D2, 155).

5.3 Menschen, Affen und anthropoforme Lebewesen. Das Problem der Mensch-Tier-Differenz

Das Verhältnis von Affen und Menschen ist im 18. Jahrhundert ein zentraler Gegenstand wissenschaftlicher und philosophischer Debatten. Die Situierung des Menschen im Tierreich macht, wie oben ausgeführt, neuartige Bestimmungen der Mensch-Tier-Differenz erforderlich. Zudem nehmen im Rahmen der kolonialen Expansion Europas und der damit verbundenen Forschungsexpeditionen in bislang unbekannte Weltregionen die Berichte über fremde Menschen und menschenähnliche Wesen enorm zu. Auf dieses Wissen stützen sich die naturgeschichtlichen Versuche, Differenzen und Hierarchien zwischen Menschen und Tieren sowie zwischen verschiedenen Menschen zu bestimmen.

Seit dem späten 17. Jahrhundert sind vor allem Affen ein bevorzugter Gegenstand der Debatte, da diese Tiere als besonders menschenähnlich gelten. Edward Tysons Publikation *Orang-outang, sive Homos sylvestris: Or the Anatomy of a Pygmie Compared with That of a Monkey, an Ape and a Man* (1699) rückt ein neu entdecktes Lebewesen, den „Waldmenschen" – so die Übersetzung des Namens „Orang-Utan" – ins Zentrum der Aufmerksamkeit. Für Tyson stellt der Orang-Utan in der Stufenordnung der Lebewesen das bisher unbekannte Glied zwischen Menschen und Tieren dar. In Linnés Taxonomie von 1758 wird das betreffende Lebewesen als „homo nocturnus" bzw. „homo sylvestris" bezeichnet. Es findet sich zusammen mit dem „homo sapiens" und seinen Varietäten in der Gattung (genus) „homo", die wiederum zusammen mit der Gattung der Affen (simia) zur Ordnung der „Anthropomorpha", also der Menschenähnlichen, gehört. In der Ausgabe von 1735 hatte Linné im *System der Natur* innerhalb der „Anthropomorpha" neben den Gattungen „homo" – zu der hier nur die einzige Art des „homo sapiens" gehörte – und „simia" noch die Gattung der „bradypus" angeführt. Die Verschiebungen und Vervielfältigungen der Benennungen, die Linné in den verschiedenen Auflagen seines *Systems der Natur* vornimmt, zeigen jedoch in erster Linie, wie instabil die Grenzziehungen zwischen Menschen und Affen und innerhalb dieser Kategorien sind. Seine Ordnungsversuche zeugen von einer anhaltenden Beunruhigung über die Grenzen und Kriterien der Zugehörigkeit zum Menschengeschlecht.

Dies gilt auch für Maupertuis' Bemerkung zu den Reiseberichten über „wilde Menschen, behaarte Menschen, Schwanztragende [...] in der Mitte zwischen Affen und uns" (Maupertuis, 18). In einer zivilisationskritischen Perspektive, die der von Rousseau durchaus ähnlich ist, schreibt er im *Brief über den Fortschritt der Wissenschaften* (1752), er würde, „eine Stunde Konversation" mit jenen Wesen der Konversation „mit dem größten Geist Europas" vorziehen (Maupertuis, 18).

Rousseaus Überlegungen zum Status des Orang-Utang in Anmerkung X, die die längste Anmerkung des *Zweiten Diskurses* ist, stehen im Kontext dieser Debatten und Positionen. Er bezweifelt all jene Reiseberichte, die „ohne lange Prüfung" behaupten, dass es sich bei den verschiedenen „den Menschen ähnliche[n] Lebewesen" um Tiere handele (D2, 325). „In Wirklichkeit", so Rousseau, könne es sich auch um „wahrhaft wilde Menschen" handeln, die „sich noch im anfänglichen Naturzustand" befinden (D2, 327). Diese „Rasse", die seit „alten Zeiten in den Wäldern zerstreut" lebt, habe möglicherweise „keine Gelegenheit gehabt [...], irgendeine ihrer virtuellen Fähigkeiten zu entwickeln" (D2, 327).

Dazu gehört für Rousseau auch die Fähigkeit der Sprache. Diese ist zwar, wie er an anderer Stelle ausführt, als organische Fähigkeit „dem Menschen natürlich" (D2, 333), doch das Sprechen selbst ist „nicht natürlich" (D2, 333), sondern entwickelt sich erst durch den Umgang der Menschen miteinander. Die Tatsache, dass die in Frage stehenden Lebewesen nicht sprechen, dürfe also keineswegs als Begründung dafür genommen werden, ihnen „die Bezeichnung ‚Wilde Menschen' zu verweigern" (D2, 333).

Ein Beispiel für eine solche Fehleinschätzung sind Rousseau zufolge „jene großen Tiere, die man in Ostindien *Orang-Utan* nennt", und die im afrikanischen Königreich Loango „Pongos" genannt werden (D2, Anm. X, 327). Sie haben, so Rousseau, „eine exakte Ähnlichkeit mit dem Menschen" (D2, Anm. X, 327), so dass er auch von „anthropoformen Tierarten" spricht (D2, 331). Die Ähnlichkeit mit dem Menschen in Hinblick auf Körperbau und Lebensweise – dazu zählen der aufrechte Gang, das Beerdigen von Toten und das Bauen von Dächern (D2, 327; 335) – beschreibt Rousseau ausführlich auf mehreren Seiten und unterzieht dabei jene Reiseberichte, die er vermittelt über die *Allgemeine Geschichte der Reisen* (1746–1791) von Antoine-François Prévost kennt, einer kritischen Evaluation: „Die wenigen Zeilen, die diese Beschreibungen enthalten, können uns beurteilen lassen, wie schlecht diese Tiere beobachtet worden sind, und mit welchen Vorurteilen man sie gesehen hat" (D2, 333).

Für Rousseau ist die Frage der Menschlichkeit der „anthropoformen" Lebewesen von systematischer Bedeutung. Denn wenn sich – durch richtige, vorurteilsfreie Beobachtung – zeigen lässt, dass es sich nicht um Tiere, sondern in Wirklichkeit um „wahrhaft wilde Menschen" im Naturzustand handelt, stützt dies die Kernidee eines ursprünglichen Naturzustandes, in dem die Menschen einzeln, zerstreut und frugivor leben und aus dem heraus sich jegliche Form von Sozialität erst entwickelt hat. Diese Idee wäre somit, wie Michèle Duchet betont, keine rein philosophische, sondern eine wissenschaftliche, durch die Naturgeschichte gestützte Annahme (Duchet, 241).

Buffon hat Rousseaus Einschätzung des Orang-Utan als menschliches Lebewesen denn auch in dem Artikel *Fleischfressende Tiere* (1758) vehement widersprochen. Für Buffon ist die Tatsache, dass die Orang-Utans nicht sprechen, ein eindeutiges Indiz für ihren Tierstatus. Denn alle Menschen, die wilden wie die zivilisierten, sprechen von Natur aus. Mit der Sprache aber ist zugleich die Sozialität gegeben; beides stellt für Buffon eine klare, unverrückbare Differenz zwischen Mensch und Tier dar.

Dass die anthropologischen Grundannahmen von Buffon und Rousseau einander diametral entgegengesetzt sind, darf jedoch nicht überschätzt werden. In Hinblick auf die Möglichkeit, überhaupt Spezies von einander zu unterscheiden, stützt sich Rousseau eindeutig auf Buffons Begriff der Art. Wie erwähnt, definiert Buffon eine Art (species) dadurch, dass die ihr zugehörigen Individuen sich miteinander fortpflanzen und fruchtbare Nachkommen zeugen können. Grundlegend dafür ist seine epigenetische Auffassung der Zeugung, der zufolge in der Fortpflanzung aus der Mischung der elterlichen Substanzen ein neues Lebewesen entsteht, das Merkmale beider Elternteile besitzt. Eine Reihe von Kreuzungsexperimenten, die Buffon mit Hunden durchführte, hatte diese Auffassung bestätigt. Esel und Pferd, stellt er fest, können zwar gemeinsam Nachkommen zeugen, doch das Maultier ist in der Regel unfruchtbar. Mit Blick auf die menschliche Fortpflanzung und die Unterschiede zwischen Weißen und Schwarzen argumentiert Buffon, dass diese, da sie fruchtbare Nachkommen zeugen können, eindeutig Angehörige der gleichen Art, also der Menschheit, sind. Zugleich spekuliert er, im späteren Abschnitt über die *Degeneration der Tiere* (1766) auch über Züchtungsexperimente, durch die der Einfluss des Klimas auf die Hautfarbe überprüft werden könne – nämlich indem man Schwarze in ein nördliches Land deportiert und dort über mehrere Generationen hinweg dazu bringt, sich nur untereinander fortzupflanzen. Rousseau verweist indirekt auf Buffons Artbegriff und das Kriterium der fruchtbaren Zeugung, aber auch auf die spekulative Experimentalisierung der menschlichen Zeugung, die sich im Übrigen auch schon bei Maupertuis findet, der in *Die physische Venus* (1745) die Möglichkeit erwägt, gänzlich neue „Rassen" oder „Arten" von Menschen zu züchten.

Rousseau hingegen denkt darüber nach, wie die Zugehörigkeit der anthropoformen Lebewesen zur Spezies Mensch bewiesen werden könnte. In einer etwas umständlichen Formulierung deutet er die Möglichkeit eines Kreuzungsversuchs zwischen Mensch und Orang-Utan an. „Es gäbe jedoch ein Mittel, durch das sich, falls der Orang-Utan oder andere der menschlichen Art zugehörten, die krudesten Beobachter sogar anhand eines augenfälligen Nachweises hierüber Gewissheit verschaffen könnten" (D2, 337). Doch dieses „Experiment", für das „eine einzige Generation [...] nicht ausreiche" – denn die Fruchtbarkeit von Nachkommen zeigt sich ja erst ab der zweiten Generation – gilt als „undurchführbar" (D2, 337). In erster Linie ist es moralisch undurchfhrbar, „weil das, was nur eine Annahme ist" – die Menschlichkeit der „anthropoformen" Lebewesen – als wahr nachgewiesen sein müßte, bevor der Versuch, der die Tatsache bestätigen sollte, frei von Schuld gewagt werden könnte" (D2, 337).

Da die Möglichkeit einer experimentellen Überprüfung der Mensch-Tier-Grenze auf diese Weise verschlossen ist, bleibt nur eine Verbesserung der Beobachtung, Beschreibung und Reflexion des Beobachteten durch anerkannte Wissenschaftler und Philosophen. Die Forschungsexpeditionen von La Condamine und Maupertuis, die diese nach Südamerika bzw. Lappland geführt hatten, die Reiseberichte Jean Chardins und Engelbert Kaempfers führt Rousseau als gelungene Projekte in Hinblick auf die Generierung von zuverlässigem Wissen an. Montesquieu, Buffon, Diderot, Duclos, d'Alembert und Condillac wären in Rousseaus Augen weitere ideale Teilnehmer zukünftiger globaler Forschungsreisen. „Wir selbst", schreibt er, „würden eine neue Welt unter ihrer Feder entstehen sehen und so die unsere kennenlernen. Ich sage, wenn solche Beobachter von einem bestimmten Lebewesen versichern werden, daß es ein Mensch ist, und von einem anderen, daß es ein Tier ist, dann wird man ihnen glauben müssen" (D2, 349).

Die zentrale, für den Gesamtzusammenhang des *Zweiten Diskurses* wichtige Frage, ob es „wahrhaft wilde Menschen" im ursprünglichen Naturzustand wirklich gibt, wird hier gleichermaßen an Naturforschung und Philosophie verwiesen. Das Beobachtungswissen der Naturforschung geht in die philosophisch-intellektuellen Betrachtungen mit ein, ersetzt sie aber nicht. Denn „von diesen denkwürdigen Expeditionen zurückgekehrt", würden die Genannten „in aller Muße die natürliche, moralische und politische Geschichte dessen, was sie gesehen hätten" schreiben (D2, 349).

5.4 Die Variabilität der menschlichen Natur. Degeneration und Perfektibilität

> „Unter den Menschen, die wir kennen, ob aus eigener Erfahrung, durch die Geschichtsschreiber oder durch die Reisenden, sind die einen schwarz, die anderen weiß, wieder andere rot; die einen tragen langes Haar, die anderen haben nur gekräuselte Wolle; die einen sind fast ganz behaart, die anderen haben nicht einmal einen Bart" (D2, 323).

Rousseau geht an verschiedenen Stellen des *Zweiten Diskurses*, wie hier zu Beginn der Anmerkung X, auf die physische Diversität der Menschen ein, die er mit dem im 18. Jahrhundert verbreiteten Ausdruck „Varietäten" belegt.

Auch Buffon hatte in der *Naturgeschichte des Menschen*, im Anschluss an die Entstehung und Entwicklung des menschlichen Individuums von der Kindheit bis in Alter, die *Varietäten der menschlichen Art* beschrieben. Die Frage nach einer Erklärung physiologischer Unterschiede, die sich am augenfälligsten in Hautfarbe, Haarfarbe und Statur manifestieren, verlangte insbesondere im Kontext der monogenetischen Position, die Buffon und Rousseau teilen, eine Antwort. Dem Artbegriff Buffons entsprechend gibt es nur eine Spezies Mensch, doch behaupteten Theoretiker der Polygenese wie Voltaire, dass unterschiedliche Arten von Menschen an unterschiedlichen Orten und zu unterschiedlichen Zeiten unabhängig voneinander entstanden seien. Physiologische Unterschiede galten dementsprechend als Unterschiede von Arten, nicht als Unterschiede zwischen „Varietäten" einer Art.

Die Idee eines polygenetischen Ursprungs der Menschheit war dabei zuerst von Isaac de la Preyère formuliert worden, um die Existenz jener Menschen zu erklären, die – wie die Bewohner Amerikas – in der Bibel keine Erwähnung finden. De la Preyère stellte die These auf, es handele sich um „Prä-Adamiten", also Menschen, die vor Adam entstanden seien und daher eine besondere, nicht von Adam und Eva abstammende Menschenart darstellen. Wie Duchet argumentiert, wurde die Theorie der Polygenese durch die Entdeckung der Beringstraße 1747 eigentlich anachronistisch, da sich nun die Vermutung der Monogenetiker, die Bewohner Amerikas seien durch Migration auf diesen Kontinent gelangt, belegen ließ.

Dennoch wurde die These der Polygenese weiterhin diskutiert. Die Theorie der menschlichen Varietäten, die Rousseau in Anschluss an Buffon formuliert, bezieht dagegen Stellung. Der Affe, hält Rousseau fest, „ist keine Varietät des Menschen" (D2, 335), doch innerhalb der Menschengattung gibt es eine ganze Reihe physischer Unterschiede. Wie Buffon – und vor diesem Montesquieu – erklärt Rousseau die Varietäten durch „die mächtigen Wirkungen der Verschiedenheiten der Klimate, der Luft, der Nahrung, der Lebensweise, der Gewohnheiten im allgemeinen", also durch Ursachen, die „eine erstaunliche Kraft" haben, „wenn sie kontinuierlich auf lange Folgen von Generationen einwirken" (D2, 325). Rousseaus These ist, dass die physischen Differenzen im Kontext zunehmender globaler Mobilität abnehmen, dass also „heute, da der Handel, die Reisen und die Eroberungen die verschiedenen Völker stärker zusammenbringen und ihre Lebensweisen sich durch die häufigere Verbindung unablässig annähern", sich bestimmte Unterschiede der Größe, der Haar- und Hautfarbe verringern (D2, 325).

Neben dem Faktor des Klimas spricht Rousseau an dieser Stelle zwar auch die „Beimischung" von „hellen und blonden Franken und Normannen" zu den durch den „Umgang mit den Römern" dunkler gewordenen Franzosen an, doch systematische Überlegungen zur erblichen Übertragung von Merkmalen wie Haut- und Haarfarbe, wie sie etwa Maupertuis mit Blick auf die „Mischung" von unterschiedlichen „Varietäten" oder "Rassen" von Menschen anstellte, finden sich bei Rousseau nicht. Auch im zweiten Teil des *Zweiten Diskurses* werden Klima, Nahrung und Gewohnheit als ausschlaggebende Faktoren genannt, wo physische Differenzen der Menschen thematisiert werden. Mit der Ausbildung erster Formen von Sozialität und der Sesshaftigkeit entsteht, so Rousseau, „schließlich in jedem Land eine besondere Nation [...] aufgrund der gleichen Art des Lebens und der Nahrungsmittel und aufgrund des gemeinsamen Einflusses des Klimas" (D2, 187).

Diese klima- bzw. milieutheoretische Erklärung der menschlichen Varietäten korreliert mit der Annahme einer ursprünglichen, auch körperlichen Gleichheit. „Von Natur aus" sind die Menschen, wie Rousseau im Vorwort schreibt, „untereinander ebenso gleich wie es die Tiere einer jeden Art waren, ehe verschiedene physische Ursachen in einigen Arten die Varietäten einführten, die wir bei ihnen bemerken" (D2, 45). Die Veränderungen, die innerhalb einer Art stattfinden, führt er weiter aus, haben jedoch nicht „alle Individuen der Art auf einmal und auf die gleiche Weise entstellt" (D2, 47). Vielmehr folgt die Entstehung der Varietäten einer doppelten Logik: Entwicklung und Veränderung auf der einen, Stillstand und Nichtentwicklung auf der anderen Seite. So haben Rousseau zufolge „die einen sich vervollkommnet oder verschlechtert und verschiedene, gute oder schlechte Eigenschaften erworben [...], die ihrer Natur nicht inhärent waren", die anderen aber „verblieben [...] länger in ihrem ursprünglichen Zustand; und das war die erste Quelle der Ungleichheit unter den Menschen" (D2, 47). An dieser Stelle zeigt sich zweierlei: Die Differenz zwischen dem natürlichen und dem zivilisierten, bürgerlichen Menschen basiert auf der Unterscheidung von Stillstand und Dynamik; sie manifestiert Rousseaus Projekt der Rekonstruktion der Entwicklungsgeschichte des Menschen selbst als Teil der bürgerlichen Ordnung. Zweitens wird die geschichtsphilosophische Differenz von Dynamik und Stillstand, Entwicklung und Nichtentwicklung, aus der Naturgeschichte der Varietäten abgeleitet, deren zentrale epistemologische Bedeutung hier erneut deutlich wird.

Der Gegensatz von Degeneration und Perfektibilität wiederum bezeichnet entgegengesetzte Möglichkeiten von Entwicklung und ist immer schon mit der Modifikation von Natur, der Herstellung von Eigenschaften, die der Natur „nicht inhärent waren", verbunden. Degeneration ist dabei die Entwicklung zum Schlechteren oder Verfall. Buffon hatte den Begriff der Degeneration im Kontext seiner Überlegungen zur Domestikation der Tiere eingeführt, die für ihn die herausragende Aufgabe des Menschen ist, der so seine besondere Gestaltungsmacht in Hinblick auf die Natur unter Beweis stellt. „Der Mensch", heißt es, „verändert den natürlichen Zustand der Tiere, indem er sie zwingt, ihm zu gehorchen, und ihm zu Nutzen zu sein" (Buffon IV, 169). Dabei ging Buffon zunächst davon aus, dass der Mensch der Degeneration der Tiere durch Züchtung und „Rassenmischung" (mélange des races) entgegen wirken könne.

In dem späteren Artikel über *Die Degeneration der Tiere* (1766), vertritt er jedoch eine Position, die der von Rousseau im *Zweiten Diskurs* näher steht. Domestikation ist demzufolge die Ursache der Degeneration, denn sie hinterlässt bei allen Tieren "Zeichen ihrer Gefangenschaft und Abdrücke ihrer Fußfesseln" (Buffon XIV, 317). Die Rede ist an dieser Stelle nicht mehr von der legitimen Herrschaft des Menschen über die Tiere, sondern von einer „Tyrannei, die die Natur degradieren und defigurieren" kann (Buffon XIV, 317).

Dieser Gedanke findet sich auch bei Rousseau im *Zweiten Diskurs*. „Das Pferd, die Katze, der Stier und selbst der Esel haben in den Wäldern zumeist einen höheren Wuchs, und alle haben eine robustere Verfassung, mehr Kraft, Stärke und Mut als in unseren Häusern; sie büßen die Hälfte dieser Vorzüge ein, indem sie domestiziert werden, und man möchte fast sagen, daß all unsere Sorge, diese Tiere gut zu behandeln und zu ernähren, nur zu ihrer Entartung führt" (D2, 93). Die gleiche Entwicklung vollzieht sich am Menschen, wobei der „Unterschied zwischen dem wilden und dem domestizierten Zustand" bei diesem „noch größer sein muß als beim Tier" (D2, 93). Schließlich sind, so Rousseau, die „Annehmlichkeiten, die der Mensch sich mehr verschafft als den Tieren, die er zähmt, ebenso viele besondere Ursachen, die ihn spürbarer degenerieren (dégénerer) lassen" (D2, 93). Im Effekt schwinden Stärke, Mut und Männlichkeit – denn indem der Mensch sich selbst domestiziert, das heißt „soziabel und Sklave wird, wird er schwach, ängstlich, kriecherisch" und entwickelt eine „weichliche und weibische Lebensweise" (D2, 93).

Der Topos der Domestikation als Degeneration durchzieht die gesamte Darstellung des *Zweiten Diskurses* und wird von Rousseau auf unterschiedliche Art formuliert. Dazu gehören Aussagen wie die, der Mensch, der „nachsinnt", sei ein „depraviertes Tier" (D2, 89), die Rede vom „zahm werden" der Menschen (s' apprivoiser; D2, 189), oder vom „Verfall der Art" (décrépitude de l'espéce; D2, 195). Depravation bzw. Degeneration ist dabei zwar ein Prozess, der schlechte Veränderungen hervorbringt, aber kein Prozess der Destruktion. Die natürlichen Eigenschaften, die zum „Leben deiner Art" gehören – so adressiert Rousseau die Leser – sind durch Erziehung und Gewohnheiten „depraviert", aber nicht „zerstört" worden (D2, 75). Die Möglichkeit, dem Prozess der Degeneration entgegenzuwirken, ist also prinzipiell gegeben und stützt sich auf die Perfektibilität des Menschen.

Mit dem Ausdruck „Perfektibilität", der vermutlich von Turgot eingeführt worden ist, bezeichnet Rousseau die grundlegende „Fähigkeit, sich zu vervollkommnen" (D2, 103). Durch diese Fähigkeit unterscheidet sich der Mensch vom Tier; sie wohnt „sowohl der Art als auch dem Individuum" inne (D2, 103). Sofern mit der Perfektibilität die Möglichkeit gegeben ist, sowohl der Degeneration als auch der Entwicklungslosigkeit, der Tendenz im Naturzustand zu verbleiben, entgegen zu wirken, ist dieser Begriff eng an den der Freiheit gebunden. Beide Begriffe führen dabei einen zeitlichen Index mit. Freiheit und Perfektibilität konstituieren eine spezifische Form von Zeitlichkeit, in der die Ausrichtung auf die Zukunft primär ist.

Während bei Buffon die Zeitlichkeit ein Charakteristikum des Menschen ist, da die Tiere „keine Vorstellung von der Zeit haben, keine Erkenntnis der Vergangenheit, keine Vorstellung von der Zukunft" (zit. n. Starobinski, 489), verläuft für Rousseau die Grenze in diesem Fall zwischen natürlichem und zivilisiertem Menschen. Im Naturzustand kennen die Menschen keine Zeit und vor allem kein Bewusstsein der Zukunft, ihr Leben ist reine Gegenwart: „Voraussicht bedeutet nichts für sie, und weit davon entfernt, sich mit einer fernen Zukunft zu beschäftigen, dachten sie nicht einmal an den nächsten Tag" (D2, 179). Erst im Prozess der Zivilisation beginnen die Menschen „ihre Blicke in die Zukunft zu richten" (D2, 201).

Literatur

Buffon, G.-L. Leclerc, Comte de: Histoire naturelle, hrsg. von Th. Hoquet und P. Corsi, http://www.buffon.cnrs.fr/ (letzter Zugriff 16.5.2014).
Duchet, M. 1971: Anthropologie et histoire au siècle des lumières. Buffon, Voltaire, Rousseau, Helvétius, Diderot, Paris.
Fellows, O. 1960: Buffon and Rousseau. Aspects of a Relationship, in: PMLA 75 (3), 184–196.
Hulliung, M. 1994: The Autocritique of Enlightenment. Rousseau and the Philosophes, Cambridge/Mass, London.
Lovejoy, A. 2012: Der vermeintliche Primitivismus von Rousseaus Abhandlung über die Ungleichheit, in: Deutsche Zeitschrift für Philosophie 60/4, 491–508.

Maupertuis, P.-L. 1752: Lettre sur le progrès des sciences. Paris.
Moravia, S. 1973: Beobachtende Vernunft. Philosophie und Anthropologie in der Aufklärung, München.
Starobinski, J. 2012: Rousseau und Buffon, in: ders.: Rousseau. Eine Welt von Widerständen. Frankfurt a.M., 480–494.
Wokler, R. 1978: Perfectible Apes in Decadent Cultures: Rousseau's Anthropology Revisited, in: Daedalus 107/3, 107–134.

Blaise Bachofen
6 Der erste Naturzustand als *wahrer* Naturzustand. Die Tragweite einer anthropologischen Untersuchung
Zweiter Diskurs, erster Teil

6.1 Das Rätsel des „natürlichen Menschen"

Der *Diskurs über die Ungleichheit* ist zweifellos eines der Werke von Rousseau, die am schwersten zu erfassen sind. Im Verhältnis zum *Gesellschaftsvertrag* kann er aufgrund seines häufig erzählerischen, ja mitunter anekdotischen Charakters den Eindruck von Leichtigkeit erwecken. Verglichen mit den eher literarischen Werken wirkt er irritierend, denn er besitzt nicht klar die Form einer romanesken Fiktion und enthält sehr theoretische, manchmal sogar technische Ausführungen. Das werden wir freilich nicht im Hinblick auf die übrigen Teile des *Diskurses* zeigen, die in den anderen Beiträgen in diesem Band behandelt werden. Was jedoch in diesem Werk für gewöhnlich die größte Ratlosigkeit, die häufigsten Fehldeutungen hervorruft und direkt unseren Gegenstand bildet, ist die Beschreibung des Menschen im „ersten Naturzustand" (D2, 191).

Rousseau ahnte, welche Ratlosigkeit die Beschreibung dieses Menschen, wie er „aus den Händen der Natur hat hervorgehen müssen" (D2, 79), auslösen würde. Der erste Irrtum wäre, darin die Beschreibung eines realen Menschen zu sehen, der in der Gattungsgeschichte der gegenwärtigen Phase der Menschheit vorausgegangen wäre (in etwa das, was man heute den „prähistorischen Menschen" nennen würde, mit all der möglichen Unschärfe dieses Begriffes, der ebenso den homo sapiens vor der neolithischen Revolution wie auch die prähumanen Formen der Hominiden bezeichnen kann). Rousseau stellt klar, dass es nicht sein Ziel sei, „im Tiersystem nachzuforschen, was er [der Mensch] zu Beginn gewesen sein konnte": „Ich werde nicht untersuchen, ob seine langen Nägel nicht [...] zuerst krumme Klauen waren, ob er nicht wie ein Bär behaart war, [...] auf allen Vieren ging", den Blick „zur Erde gerichtet" (D2, 77).

Ein anderer Grund hermeneutischer Unschlüssigkeit ist der, bei Rousseau eine Kritik des gesellschaftlichen Lebens oder der herrschenden Formen menschlicher Existenz zu lesen, ein Plädoyer für die Rückkehr der Menschheit zu einer primitiven, ja prä-humanen oder prä-sozialen Form. Was Victor Goldschmidt den „Mythos" nennt, „der Rousseau den ‚Mythos' vom guten Wilden andichtet" (Goldschmidt, 448), ist so alt wie das Erscheinen des Werkes.

Der Briefwechsel zwischen Rousseau und Voltaire zeugt davon: „Ich habe, mein Herr, Ihr neues Buch gegen das Menschengeschlecht erhalten. [...] Man hat niemals so viel Geist darauf verwendet, uns zu Tieren machen zu wollen. Es kommt einen Lust an, auf allen Vieren zu gehen, wenn man Ihr Werk liest" (Brief von Voltaire an Rousseau vom 30. August 1755; D2, 318). In seiner Antwort weist Rousseau diese Auslegung auf das Deutlichste zurück:

> „Ich trachte nicht danach, uns wieder ins Tierreich zu versetzen. [...] Im Hinblick auf Sie, mein Herr, wäre diese Rückkehr ein Wunder. [...] Versuchen Sie also nicht, wieder auf allen Vieren zu gehen; niemand auf der Welt könnte das weniger als Sie. Sie stellen uns zu gut auf unsere beiden Füße, um damit aufzuhören, sich auf den Ihren zu halten." (Rousseau 1966, III, n° 319, 164)

Übrigens hätte sich Voltaire sein Fehlurteil oder vielmehr seine böswillige Spitze sparen können, wenn er auf das geachtet hätte, was Rousseau im *Zweiten Diskurs* selbst schreibt. In den Anmerkungen nimmt er die Auslegung vorweg:

> „Was denn? Soll man die Gesellschaft zerstören, Dein und Mein vernichten und dazu zurückkehren, in den Wäldern mit den Bären zu leben? Ein Schluss nach der Art meiner Gegner, dem ich lieber zuvorkommen will, als dass ich ihnen die Schande lassen möchte, ihn zu ziehen." (D2, 319)

Man könnte nicht deutlicher sein: Es gibt keinerlei normativen Aspekt, keine Idealisierung in der Beschreibung des „Naturmenschen", kein Plädoyer für ein „Zurück zur Natur" oder zu primitiven Formen der Menschheit.

Die Fehlinterpretationen erklären sich zum Teil daraus, dass Rousseau es seinem Leser nicht leicht macht. In bestimmten Passagen lässt er einer beinah lyrischen Heraufbeschwörung seines natürlichen Menschen freien Lauf. Außer dass er in einem Zustand von Zufriedenheit und Ruhe lebt, der mit der „Ataraxie" des weisen Stoikers (D2, 267) vergleichbar ist, fügt der Naturmensch niemandem Böses zu, abgesehen von dem, was die strikte Selbsterhaltung erfordert. Rousseau ist in der Tat der Ansicht, dass eine Art vor-bewusster moralischer Sinn, den er „Mitleid" (pitié) nennt, „dem Menschen gegeben worden ist, um [...] das Verlangen nach Selbsterhaltung [...] zu mildern" und um „den Eifer, den er für sein Wohlbefinden hegt, durch einen angeborenen Widerwillen" zu mäßigen, „seinen Mitmenschen leiden zu sehen. [...] Ich spreche vom Mitleid", einer so natürlichen Tugend, „dass selbst die Tiere manchmal wahrnehmbare Zeichen davon geben. [...] Dies ist die reine Regung der Natur, die jeder Reflexion vorausliegt" (D2, 141–145).

Einerseits schildert Rousseau den Naturmenschen (l'homme de la nature)[1] als ein, wenn nicht glückliches (was ein Bewusstsein von Glück voraussetzen würde), so doch zumindest zufriedenes und friedliches Wesen, das wenn schon nicht gut, so doch fühlend und unfähig zur Grausamkeit ist.

Andererseits besteht Rousseau auf der Tatsache, dass dem Naturmenschen jegliches Moralbewusstsein fehlt: Tut er Gutes, dann ohne es zu wollen. In der Anmerkung IX schreibt Rousseau: „der Mensch ist von Natur aus gut" (D2, 301), aber im ersten Teil des *Zweiten Diskurses* stellt er klar, dass der natürliche Mensch „keine Vorstellung von der Güte hat" (D2, 137), dass „die Menschen in jenem Zustand – da sie untereinander weder irgendeine Art moralischer Beziehung noch erkannter Pflichten hatten – weder gut noch böse sein konnten und weder Laster noch Tugenden hatten" (D2, 135), dass sie „nicht den mindesten Begriff von Dein und Mein hatten, noch irgendeine wahrhafte Vorstellung von der Gerechtigkeit" (D2, 153). So wenig der Naturmensch ein Gewissen hat, so wenig hat er ein Bewusstsein: „einzig auf den physischen Instinkt beschränkt, ist er eine Null, ein Dummer; ebendies habe ich in meinem Diskurs über die Ungleichheit gezeigt" (Rousseau 1978, I, 509). Er entbehrt „jeglicher Art von Einsicht und Aufgeklärtheit" (D2, 107).

> „Seine Seele, die durch nichts in Unruhe versetzt wird, überlässt sich dem bloßen Gefühl ihrer gegenwärtigen Existenz, ohne irgendeinen Gedanken an die Zukunft, wie nah sie auch sein mag, und seine Pläne, die so beschränkt sind wie seine Ansichten, erstrecken sich kaum bis ans Ende des Tages." (D2, 111)

An anderer Stelle spricht Rousseau von der „Schwerfälligkeit" und „Stupidität" dieses vor-menschlichen Wesens (D2, 115). Im zweiten Teil des *Zweiten Diskurses* beschreibt er das Leben des Naturmenschen als „das Leben eines Tieres, das zunächst auf die reinen Sinnesempfindungen beschränkt war" (D2, 175).

Man versteht, dass es sehr schwierig ist zu verstehen, was Rousseau im Blick hat, als er dieses Bild vom „Naturmenschen" entwirft. Es handelt sich weder um

---

[1] Der Ausdruck „Naturmensch" (homme de la nature) kommt nirgends im *Zweiten Diskurs* vor. Man findet ihn hingegen wiederholt im *Emile*, namentlich im Begriffspaar „Naturmensch" (l'homme de la nature) vs. „Mensch des Menschen" (l'homme de l'homme). Diese Unterscheidung wird im Fortgang unseres Kommentars ihren vollen Sinn erhalten. Im *Zweiten Diskurs* bevorzugt Rousseau den Ausdruck „bürgerlicher Mensch" (l'homme civil) zur Bezeichnung dessen, was er im *Emile* „Mensch des Menschen" (l'homme de l'homme) nennt. Mit „l'homme civil" bezeichnet er jeden Menschen, der aus dem reinen Naturzustand herausgetreten ist, d.h. er meint damit sowohl den Menschen der ersten Gesellschaften (des goldenen Zeitalters) als auch den Bewohner moderner Städte (zur Übersetzung von „civil" siehe auch die Einführung, Anm. 4).

eine historische Beschreibung noch um die Konstruktion eines Modells. Man weiß nicht einmal, ob es sich um eine Fiktion handelt oder nicht, und das ist auch ganz unwichtig: Denn es ist ein Zustand, „der nicht mehr existiert, der vielleicht nie existiert hat, der wahrscheinlich niemals existieren wird und von dem zutreffende Begriffe zu haben dennoch notwendig ist, um über unseren gegenwärtigen Zustand richtig zu urteilen" (D2, 47/49). Kurz und gut, dieses Bild behauptet nicht zu beschreiben, was ist oder war oder sein müsste. Warum ist es dann so wichtig, „zutreffende Begriffe" davon zu haben? Und wodurch könnte es helfen, unseren „gegenwärtigen Zustand" zu erklären?

Einige der besten Kommentatoren hatten Schwierigkeiten, auf das Rätsel eine Antwort zu finden. Vaughan sieht in diesem Bild nur ein „pittoreskes Frontispiz" zur politischen Theorie (Vaughan I, 28). Derathé, der diese unwahrscheinliche These zitiert und kritisiert, bietet keine befriedigendere Lösung an (Derathé 1988, 131). Er verfällt sogar der Fehlinterpretation, es handele sich um die Idealisierung des Zustands des Wilden, verstanden als moralisches Modell für den Gesitteten (Derathé 1984, 117 f.). Und Goldschmidt, der an den Inhalt und die herkömmlichen Funktionen des Begriffs „Naturzustand" in der Naturrechtstradition erinnert und feststellt, dass Rousseaus Beschreibung mit dem, was seine Vorgänger so bezeichneten, keinerlei Ähnlichkeit hat, stellt die gute Frage: „Wenn dieses ‚Bild' seinem traditionellen Zweck enthoben ist, wozu dient es dann?" (Goldschmidt, 370 f.). Freilich muss man erkennen, dass er selbst keine klare und überzeugende Antwort auf diese Frage gibt.

6.2 Die Ansätze einer Beschreibung der Natur des Menschen

Dennoch lässt Rousseau den „aufmerksame[n] Leser" (D2, 265) nicht mittellos. Man kann das scheinbare Rätsel der theoretischen Funktion besagten Bildes durchaus lösen, wenn man einigen methodologischen Hinweisen im Vorwort und in der Einleitung (Exordium) des *Zweiten Diskurses* Aufmerksamkeit schenkt. Die aufschlussreichste Passage jedoch, um zu verstehen, was Rousseau beabsichtigte, findet sich am Ende des ersten Teils:

> „Wenn ich mich über die Voraussetzungen dieses anfänglichen Zustandes so lange verbreitet habe, so deshalb, weil ich alte Irrtümer und eingewurzelte Vorurteile zu zerstören hatte und ich daher geglaubt habe, bis an die Wurzel graben und im Bilde des wahrhaften Naturzustandes zeigen zu müssen, wie weit die Ungleichheit, selbst die natürliche, davon entfernt ist, in jenem Zustand soviel Realität und Einfluss zu besitzen, wie unsere Schriftsteller behaupten" (D2, 161 f.).

Mehrere Stellen dieser kurzen Passage sind sehr aufschlussreich. Da ist zunächst der Hinweis auf den Ansatz des Textes: Wenn man im Studium des Menschen „bis an die Wurzel" gehen musste, dann aus dem Grund, weil sich aus dieser Kenntnis die gesellschaftlichen Institutionen, die seinem Wesen am meisten entsprechen, genauer gesagt: die Legitimität der Ungleichheiten ableiten lassen. Auch wenn Rousseau im *Diskurs* quantitativ wenig darüber spricht (hauptsächlich in einigen Zeilen der Einleitung und am Ende des zweiten Teils), verliert er die Frage nach der Ungleichheit, die die Akademie von Dijon ja gestellt hatte und die seinem Werk den Titel gab, doch nie aus dem Blick. In der zitierten Passage muss man außerdem den Bezug auf „unsere Schriftsteller", wie Rousseau sie nennt, beachten. Wir werden auf die Frage zurückkommen, wer denn diese „Schriftsteller" sind, die er zu widerlegen versucht, indem er die Frage nach der Beschaffenheit des natürlichen Menschen an „der Wurzel" packt. Vor allem aber sagt Rousseau, habe er „bis an die Wurzel graben" müssen, weil es nötig war, „alte Irrtümer und eingewurzelte Vorurteile zu zerstören". Um welche Irrtümer und Vorurteile handelt es sich, und was heißt „bis an die Wurzel graben"?

Vieles klärt sich auf, wenn man die den wesentlichen Gehalt des ersten Teils ausmachende Unterscheidung beachtet, welche die Begriffe „Natur" und „Naturzustand" betrifft. In Wirklichkeit handelt es sich um zwei sich überschneidende Begriffe. Zunächst unterscheidet Rousseau einen „ersten Naturzustand" von einem anderen Zustand der Menschheit, den er weiterhin „Naturzustand" nennt, dabei jedoch zu verstehen gibt, dass es sich um einen anderen Zustand handelt (selbst wenn der Ausdruck „zweiter Naturzustand" im Text nicht explizit auftaucht, kann es keinen „ersten" Naturzustand geben, ohne dass es einen „zweiten" gibt). An anderer Stelle unterscheidet er einen „wahrhaften Naturzustand" (véritable état de la nature; D2, 161, 371) von einem anderen, den man der Einfachheit halber oder üblicherweise so nennen kann, aber streng genommen anders nennen müsste, weil er nicht „wahrhaft" natürlich ist. Beide Unterscheidungen überschneiden sich: Nur der „erste Naturzustand" ist ein „wahrhafter Naturzustand".

Warum aber ist es entscheidend zu wissen, was ein „wahrhaft" natürlicher Zustand der Menschheit ist oder wäre? Und wie versteht Rousseau das Wort „Natur" in diesen Ausdrücken?

Es ist niemals belanglos, wenn das Wort „Natur" verwendet wird, um einen Zustand der Menschheit zu bestimmen. Welchen Sinn man ihm auch gibt, schließt es doch immer die Begriffe der Universalität und Notwendigkeit ein: Die „Natur" ist das, was durch sich existiert, was jeder Intervention des menschlichen Willens vorausgeht und sie umspannt, also gültig und feststellbar für die gesamte menschliche Gattung und die Kreatur im weiteren Sinne ist.

Deswegen verweist zum Beispiel die Idee eines „natürlichen Rechtes" – und dies trifft auf das klassische wie das moderne Naturrecht zu – auf die Annahme eines Rechtes, das auf universeller Grundlage beruht, mithin ein universell gültiges Recht ist. Seit der *Rhetorik* des Aristoteles (1373b) wird der Begriff der Natur dazu verwendet, ein „Gesetz" oder ein „Recht" als universell und objektiv auszuweisen und diese Kriterien für die Bewertung der Legitimität des positiven Rechtes zu nutzen.

Nun hat jedoch der Begriff des „natürlichen Rechtes", wie Rousseau im Vorwort zum *Diskurs* anmerkt, je nach Zeit und Verfasser sehr unterschiedliche Bedeutungen angenommen, so dass sich alle Autoren, besonders die modernen, in den Fallstricken dieses Begriffes verfangen haben (D2, 51–55). „Unsere Philosophen versäumen nicht, das Wort ‚Natur' prahlerisch an den Anfang all ihrer Schriften zu setzen. Aber wenn man ihre Bücher aufschlägt, sieht man, welch metaphysisches Kauderwelsch sie mit diesem schönen Namen verziert haben", schreibt Rousseau in einer Anmerkung in *Rousseau richtet über Jean-Jacques* (Rousseau 1978, II, 608).

Nunmehr kann man das Vorgehen Rousseaus im ersten Teil des *Zweiten Diskurses* verstehen, ein Vorgehen, das Gegenstand von so viel Ratlosigkeit wurde. Leo Strauss hat im fünften Kapitel von *Naturrecht und Geschichte* hervorgehoben, dass in der Moderne – und besonders unter dem Einfluss von Thomas Hobbes – in den Werken, die von menschlichen Angelegenheiten handeln, der Gebrauch des Naturbegriffes eine grundlegende Veränderung im Vergleich zur aristotelischen Tradition erfährt. Hobbes und (widersprüchlicher und zögernder) auch John Locke deuten diesen Begriff neu in einem wesentlich immanenten Sinn: Die Natur ist nicht mehr die kosmische Ordnung der Antike, in der jedes Wesen seinen rechten Platz und sein Ziel findet. Vielmehr unterliegt sie konstanten Gesetzen so wie die Körper, die die „natürliche Philosophie" (also das, was wir heute Physik und Biologie nennen würden) untersucht (Cassirer, 245 ff.). Strauss zufolge hat sich zu der Zeit, in der Rousseau schreibt, offensichtlich Hobbes' und Lockes Version des natürlichen Rechtes durchgesetzt.

Diese Version nennt Strauss den „politischen Hedonismus", weil sie aus der hedonistischen Tradition der Antike eine materialistische Auffassung vom Menschen übernimmt und aus den natürlichen „Leidenschaften", genauer: aus dem Fliehen vor Tod und Leiden und dem Trachten nach physischem Wohlergehen, die grundlegende Motivation macht, aus der sich jegliches menschliches Verhalten ableiten lassen könnte.

Hobbes hebt deutlich die Analogie zwischen der politischen Wissenschaft, wie er sie versteht, und den Naturwissenschaften hervor, wenn er die grundlegende „Neigung" des natürlichen Rechts („wünschen, was uns gut erscheint, meiden, was uns schlecht erscheint, und vor allem das schlimmste aller natürlichen Übel fliehen, das zweifellos der Tod ist") mit der Notwendigkeit vergleicht, kraft derer sich „ein Stein zum [Gravitations] Zentrum hinbewegt, wenn er nicht aufgehalten wird" (Hobbes 1966, II, 1, 7). Wenn es um die Bedingungen menschlicher Existenz geht, ist dasjenige natürlich und universell, ohne dessen Vorhandensein ein Überleben unmöglich wäre oder das Leben keinem anderen Gefühl Raum ließe als dem des Mangels, des Leidens und der Sorge. Wenn auch Hobbes im 17. und 18. Jahrhundert sehr häufig kritisiert wurde, verdankt nicht allein Locke ihm viel, sondern die herrschende Strömung der Aufklärung hat seine Denkweise übernommen und auf alle menschlichen Einrichtungen ausgedehnt (Proust, 386).

Nun kann man den *Zweiten Diskurs* als kritischen Dialog Rousseaus mit dieser Tradition lesen, insbesondere und ausdrücklich mit Hobbes und Locke – selbst wenn Rousseau offenbar auch andere Autoren im Sinn hat und gelegentlich zitiert, wie Morel und Goldschmidt gezeigt haben. Bestrebt, genau zu bestimmen, was sich im Menschen auf die Natur im modernen Verständnis des Begriffes wirklich zurückführen lässt, nimmt Rousseau das methodologische Projekt des politischen Hedonismus beim Wort, nicht um ihm grundsätzlich jede Stichhaltigkeit abzusprechen, sondern um es einzuschätzen und seine Grenzen aufzuzeigen.

Rousseau unterscheidet sich von seinen Vorgängern darin, dass er dort, wo sie glaubten, sich auf die Nähe zwischen Natürlichkeit und Gesellschaftlichkeit berufen zu können und hinter der Beschaffenheit und dem Verhalten des Menschen in der Gesellschaft unschwer die Zeichen und Folgen seiner Zugehörigkeit zum Reich der Natur zu entdecken, im Gegenteil auf die Illusion hinweist, die in diesem Eindruck von Leichtigkeit steckt: „Denn es ist kein geringes Unterfangen zu unterscheiden, was in der aktuellen Natur des Menschen ursprünglich und was künstlich ist." (D2, 47) Die Besonderheit von Rousseaus Genie zeigt sich in der Klarheit, mit der er den „Zwischenraum" (D2, 113), „die unermessliche Spanne" (D2, 121, 265) erblickt, die den Menschen, wie wir ihn kennen, vom Zustand reiner Natürlichkeit trennt. Dort, wo seine Vorgänger sich auf die Natur bezogen, um in ihr die ersten Grundlagen für Verhalten und Bestrebungen des gesellschaftlichen Menschen zu finden, dort, wo sie es für möglich hielten, eine Kontinuität zwischen der Natur und dem gesellschaftlichen Leben zu entdecken, hebt Rousseau zunächst die Illusion hervor, die meistens in solchen Versuchen steckt: „Hüten wir uns [...], den wilden Menschen mit den Menschen durcheinanderzubringen, die wir vor Augen haben" (D2, 93).

Bleibt also zu erfahren, 1.) weshalb es so schwierig ist, den „ersten" oder „wahren" Naturzustand von dem zu unterscheiden, was nicht wahrhaft ein Naturzustand ist; 2.) wie es Rousseau gelingt, nicht selbst in die Irrtümer und Konfusionen seiner Vorgänger zu verfallen und deren „alte Irrtümer und eingewurzelten Vorurteile zu zerstören"; 3.) schließlich, welche Konsequenzen er aus der Unterscheidung zieht zwischen dem, was „wahrhaft" natürlich ist und was nur den illusorischen Anschein davon hat. Damit stellt sich die Frage, welche moralischen und politischen Lehren seine Erneuerung der anthropologischen Reflexion erbringt.

6.3 Die Widerlegung der naturrechtlichen Illusion und die Erneuerung der Anthropologie

Rousseau bemerkt (und diese Idee begleitet das gesamte Werk, wie sein späterer Austausch mit den Physiokraten zeigt), dass nichts so geläufig ist, wie etwas „natürlich" zu nennen, das nicht natürlich ist. Schon in der Einleitung warnt er den Leser vor diesem so häufigen Irrtum, den zu widerlegen der ganze erste Teil des *Zweiten Diskurses* sich bemühen wird: „Alle [...] haben unablässig von Bedürfnis, von Habsucht, von Unterdrückung, von Begehren und von Stolz gesprochen und damit auf den Naturzustand Vorstellungen übertragen, die sie der Gesellschaft entnommen haben" (D2, 69). „Alle": Diese Formulierung knüpft an jene an, mit denen er sehr weitläufig und unbestimmt „unsere Philosophen" oder „unsere Schriftsteller" in Erinnerung ruft. Da er sich als ein Autor präsentiert, der gegen „alle" anderen und namentlich gegen „alle" seine Zeitgenossen schreibt, mag Rousseau anmaßend erscheinen.

In der Tat ist ihm bewusst, dass er innovative Fragen stellt und sogar neue Forschungsfelder für die Philosophie erschließt, also gegen den Zeitgeist schreibt; dass er Teil der Aufklärung ist und zugleich gegen den Strom schwimmt. Das hat Hulliung bemerkenswert formuliert, indem er bei Rousseau „eine Selbstkritik der Aufklärung" ausmachte. Und Lévi-Strauss erblickte in Rousseau einen „Gründer der Wissenschaften vom Menschen":

> „Rousseau hat sich nicht darauf beschränkt, die Ethnologie vorherzusehen: er hat sie begründet. Praktisch zunächst dadurch, dass er den Diskurs über den Ursprung und die Grundlagen der Ungleichheit unter den Menschen schrieb, der das Problem der Beziehung zwischen Natur und Kultur stellt und den man als den ersten Traktat der allgemeinen Ethnologie ansehen darf" (Lévi-Strauss 1975, 47).

Tatsächlich ist das Ergebnis der Untersuchung Rousseaus revolutionär im anthropologischen Sinne des Wortes: muss doch die Vorstellung vom Menschen gründlich revidiert werden, wenn man auf die Annahme verzichtet, die im empiristischen und materialistischen 18. Jahrhundert vorherrscht. Will man den „wirklichen" Menschen, also den Menschen in der Gesellschaft erkennen und die gesellschaftlichen Einrichtungen (darunter die Ungleichheit) beurteilen, dann eben darf man den Menschen nicht als „natürliches Wesen" oder so „wie er aus den Händen der Natur hat hervorgehen müssen" studieren, sondern im Gegenteil als ein Wesen, das sich von seiner natürlichen Gegebenheit losgerissen und die Schwelle zu einer neuen Qualität überschritten hat, wodurch er auf Gedeih und Verderb qualitativ verändert wurde, mithin denaturiert (dénaturé) – wenn man den Ausdruck nicht pejorativ, sondern lediglich als Beschreibung versteht (Proust, 386).

Um mit Lévi-Strauss die Ausdrücke der zeitgenössischen Anthropologie zu verwenden, die von Rousseau noch nicht benutzt werden, weil er ein neues theoretisches Feld erfindet, muss der „Mensch des Menschen" (oder der „bürgerliche Mensch") als ein Kulturwesen betrachtet werden, wobei die Kultur als eine Art Anti-Natur aufzufassen ist.

Rousseaus Methode besteht darin, den bürgerlichen Menschen aller kulturellen Errungenschaften zu „entkleide[n]" (en dépouillant; D2, 79), die so vertraut geworden sind, das man sie wie natürlich erlebt, wo sie es doch nicht sind, und somit die Ignoranz oder die Illusionen des bürgerlichen Menschen über seine wahre Beschaffenheit zu enthüllen. Die Suche nach dem, was im Menschen wahrhaft natürlich ist, führt genau zum umgekehrten Ergebnis von dem, was Hobbes und jene, die sich an ihm inspirieren, die Natur sagen lassen.

Wenn man den Begriff Entkleidung näher untersucht, kann man klarer machen, wie die Figur des Naturmenschen konstruiert ist. In der strikten Logik einer Überprüfung der Thesen von Hobbes und Locke stellt Rousseau die folgende Frage: Was kann der Mensch entbehren, ohne dass sein Leben unannehmbar oder gar unerträglich oder elend wird? Die Erörterungen von Hobbes konzentrieren sich auf die Frage nach den Bedingungen eines annehmbaren – im Sinne eines friedlichen – Lebens, da es ihm vor allem darum ging zu zeigen, wie notwendig politisch-rechtliche Institutionen sind, die uns vor dem „Krieg aller gegen alle" schützen (Hobbes 1966, II Vorwort). Man kann sogar der Auffassung sein, dass der gesamte *Diskurs* mindestens ebenso eine Reflexion über den Ursprung des Krieges wie über den der Ungleichheit ist.

Wiederholt stellt Rousseau die Frage: Sind die Bedingungen für diesen „Krieg aller gegen alle" gegeben, den Hobbes mit dem „natürlichen" Zustand des Menschen verbindet? Die kürzliche Wiederentdeckung der Originalfassung des ersten Teils des Werkes, das Rousseau unter dem Titel *Prinzipien des Kriegsrechtes* veröffentlichen wollte und das er in derselben Schaffensperiode verfasste wie den *Diskurs über die Ungleichheit*, zeigt, wenn man diesen Text und seine zahlreichen Parallelen zum *Diskurs über die Wissenschaften und die Künste* untersucht, auf frappierende Weise, dass sich die Kritik an Hobbes im Kern auf dessen Annahme eines natürlichen Ursprungs des Krieges richtet. Rousseau vertritt die Auffassung, dass der Krieg nicht nur im ersten Naturzustand abwesend ist, sondern dass selbst im zweiten Naturzustand, also während der Mensch schon in Gesellschaft lebt, nur ganz besondere und späte Formen gesellschaftlicher Existenz, vor allem die private wie die öffentliche Aneignung des Bodens und die Einrichtung des Staates, das Aufkommen von Kriegen erklären können (D2, 211/213; siehe dazu Bachofen 2008).

Indes beschränkt sich die Frage nach den Bedingungen für ein annehmbares Leben nicht auf die nach einem Leben ohne Gewalt und Krieg. Auch wenn er Locke weniger offen kritisiert, geht Rousseau doch in Distanz zu ihm, indem er seine Kritik auf andere Punkte konzentriert, hauptsächlich in Bezug auf die ökonomischen Bedingungen eines Lebens ohne Elend.

Man findet in den Untersuchungen von Macpherson zu Lockes Thesen (mehr als in denen zu Hobbes) interessante Übereinstimmungen mit Rousseaus Kritik. Macpherson weist, ebenso wie Rousseau, auf die Grenzen einer Anthropologie hin, die ökonomische Verhaltensweisen zu naturalisieren sucht, die in Wahrheit nichts Natürliches haben. Dies ist der ganze Sinn seiner Kritik an der ideologischen Konstruktion eines Menschenbildes, das er mit der Formulierung „Besitzindividualismus" zusammenfasst.

Rousseau stellt sich zum Beispiel die Frage, welche technischen Errungenschaften und welches Ausmaß der Naturveränderung es dem Menschen erlauben, ohne jeglichen Mangel zu leben. Und er zeigt nicht nur, gegen Locke, dass der Mensch sehr wohl leben kann, ohne den Boden zu bestellen (vgl. Locke II, § 32 ff.), sondern allgemeiner (und gegen § 27 ff. gerichtet), dass fast sämtliche Produkte der Arbeit, selbst der elementarsten, in Wirklichkeit unnütz sind, wenn man sie strikt unter dem Gesichtspunkt dessen betrachtet, was unsere Selbsterhaltung und unser Wohlbefinden erfordern.

Interessant ist, dass die beiden für Rousseaus Kritik an Locke besonders typischen Passagen mit denselben Worten: „der erste, der ..." beginnen: zunächst im ersten Teil des *Zweiten Diskurses* mit dem Einwand, „dass der erste, der sich Kleider machte oder eine Behausung schuf, sich hiermit wenig notwendige Dinge verschaffte, da er bis dahin ohne sie ausgekommen war und man nicht sieht, weshalb er als erwachsener Mann eine Lebensweise nicht hätte ertragen können, die er seit seiner Kindheit ertragen hatte" (D2, 97); dann im berühmten Anfangssatz des zweiten Teils: „Der erste, der ein Stück Land eingezäunt hatte und es sich einfallen ließ zu sagen: dies ist mein und die Leute fand, die einfältig genug waren, ihm zu glauben, war der wahre Gründer der bürgerlichen Gesellschaft." (D2, 173)[2]

---

[2] Der Ausdruck „bürgerliche Gesellschaft" (societé civile) bedeutet allgemein im 18. Jahrhundert und systematisch, wenn man ihm bei Rousseau begegnet, „politische Gesellschaft"; der Ausdruck wird im 19. Jahrhundert seine Bedeutung völlig verändern.

Ohne den Kommentar zu dieser Passage (von Stewart in diesem Band) vorwegzunehmen: Rousseau hebt die enge Verbindung zwischen der politisch-rechtlichen Verfasstheit der Gesellschaft und der Landaneignung hervor, die dazu bestimmt ist, aus dem Boden mithilfe der Landwirtschaft immer größeren Reichtum zu gewinnen, auf die Gefahr hin, dass mit dem vorauseilenden Wunsch nach Reichtum Begierde und Zwist erzeugt werden.

Diese These zeigt auf ihre Weise, dass das, was von einem ursprünglichen Bedürfnis, einer spontanen und natürlichen Bewegung zu zeugen scheint – wie Locke annimmt –, in Wahrheit das zum Teil zufällige und in jedem Fall späte Resultat der Lebensbedingungen des Menschen und seiner Fähigkeiten ist, die nicht nur den Übergang von der Natur zur Zivilisation überhaupt, sondern zu einer ganz bestimmten Zivilisation erfordern (wir kommen am Schluss dieses Abschnittes darauf zurück). Wie Rousseau bei Hobbes die Annahme eines natürlichen Ursprungs des Krieges kritisiert, so kritisiert er bei Locke die Annahme eines natürlichen Ursprungs des Wunsches nach Bereicherung und des Besitzrechtes. Beide Kritiken treffen zusammen, denn für Rousseau tritt der Krieg, wie wir sahen, mit der Institution der politischen Macht auf, die ihrerseits zur ersten Aufgabe hat, mithilfe des positiven Rechts das Recht auf Grundeigentum zu sichern.

Zusammengefasst: Um zu wissen, was der bürgerliche Mensch wirklich ist, muss man zunächst wissen, was er nicht ist, also zeigen, dass von ihm, wird er auf seinen „wahrhaft" natürlichen Zustand reduziert, fast nichts übrig bleibt: keine soziale Beziehung, außer der rein zufälligen Kopulation, eine durch einfache und rohe Nahrung erlangte physische Befriedigung, die „Nacktheit, das Fehlen einer Wohnung und das Entbehren all jener unnützen Dinge, die wir für so notwendig halten" (D2, 95).

Man sollte sich jedoch über die Konsequenzen nicht täuschen, die aus dieser Kritik der naturrechtlichen Vorurteile zu ziehen sind. Indem Rousseau zum Beispiel die Notwendigkeit des Staates de-naturalisiert, will er nicht sagen, dass der Staat nicht nützlich wäre. Im Gegensatz zu Hobbes betont er, dass eine Gesellschaft ohne Staat nicht unvorstellbar sei. Doch wenn sich der Staat als nützlich erweisen sollte, kann dies nur unter bestimmten historischen Umständen und vor allem unter bestimmten Bedingungen der Fall sein: dann nämlich, wenn seine Konstitution ihn nicht zu einem Faktor von Herrschaft und Konflikten im Inneren wie auch nach außen macht.

Ebenso bedeutet die De-naturalisierung von Lockes Modell der Produktionsökonomie nicht, dass die Landwirtschaft und andere Formen der Arbeit schlichtweg verurteilt werden (PÖ, 37 ff.). Vielmehr will Rousseau nachweisen, dass es zumindest möglich ist, andere Formen ökonomischer Subsistenz ins Auge zu fassen (wie die Ökonomie der Jäger und Sammler, die Rousseau im zweiten Teil des *Diskurses* beschreibt). Darüber hinaus kann er sich auch Wirtschaftsformen vorstellen, die gewiss nicht mehr die der „wilden Völker" wären, doch zumindest nicht mit sich brächten, dass eine Gesellschaft die Arbeit und die Erzeugung von Reichtum als wesentliches, ja als ausschließliches Ziel verfolgt.

6.4 Die innere Entkleidung: Meditation als Forschungsmethode

Hier stellt sich zunächst die Frage: Wie vermeidet es Rousseau, den Vorurteilen „aller" Autoren seiner Zeit zu verfallen? Das Problem ist, dass die Kenntnis des Menschen im wahrhaften Naturzustand per definitionem keine empirische Kenntnis sein kann, denn sie bezieht sich auf einen hypothetischen Zustand, „der vielleicht nie existiert hat"(D2, 47). Selbst die sogenannten „wilden" Völker, die in den Berichten der Forschungsreisenden beschrieben werden, sind schon weit „vom ersten Naturzustand entfernt" (D2, 191). Also, selbst wenn die vermeintlichen „Wilden" nicht dieselben kulturellen Gewohnheiten haben wie wir,[3] besitzen sie sehr wohl eine Kultur und befinden sich nicht im „wahrhaften Naturzustand".

Rousseau ist sich nicht nur der Neuheit seiner Fragestellung bewusst, sondern auch der Schwierigkeit der übernommenen Aufgabe. Er behauptet nicht, dass sie für ihn leichter gewesen sei als für seine Vorgänger: „Meine Leser mögen [...] nicht glauben, dass ich mir zu schmeicheln wage gesehen zu haben, was zu sehen mir so schwer erscheint. Ich habe einige Schlussfolgerungen begonnen; ich habe einige Vermutungen gewagt – weniger in der Hoffnung, die Frage zu lösen, als in der Absicht, sie zu erhellen und sie auf ihren wahrhaften Stand zurückzuführen." Wenn andere „auf demselben Weg leicht weiter gelangen können", wird es doch für niemanden „leicht sein [...], das Ziel zu erreichen" (D2, 47).

---

3 Hier taucht eine Schwierigkeit in Rousseaus Text auf: Ebenso wie er der Einfachheit oder Üblichkeit halber den Ausdruck „Naturzustand" gebraucht, um einen Zustand zu bezeichnen (den zweiten Naturzustand), der nicht wahrhaft natürlich ist, gebraucht er auch den Ausdruck „Wilder" mal für den Menschen des ersten Naturzustandes, mal für bereits sozialisierte und zivilisierte Menschen. Ein subtiles, aber erhellendes Zeichen hilft, die Verwechslung zu vermeiden: Rousseau spricht vom „wilden Menschen" oder dem Wilden (im Singular), um den Menschen im reinen Naturzustand – einer durch Entkleidung erstellten Fiktion – zu bezeichnen; er spricht von „wilden Völkern" oder den Wilden (im Plural), um wirkliche, von Reisenden beobachtete Menschen zu bezeichnen, die bereits sozialisiert sind und alle Attribute der Zivilisation besitzen (D2, 97/99).

Weil sich die Untersuchung weder allein auf die Erfahrung noch auf das Denkvermögen stützen kann, nimmt Rousseaus Methode weithin die Form dessen an, was er „Meditation" nennt. Die Unterscheidung zwischen dem, was in unserem Verhalten und in unseren Vorstellungen wirklich von der Natur abhängt oder nur eine tief verwurzelte und verinnerlichte Errungenschaft der Kultur ist, gehört zu der Art Forschung, zu der Rousseau schreibt: „Das Nachdenken (méditation) ersetzte mir dabei die Kenntnisse" (B, 233). Rousseaus Meditation hat, wie Gouhier hervorhebt (55 f.), etwas mit den metaphysischen Meditationen von Descartes Vergleichbares. Doch während die analytische Meditation von Descartes schrittweise das denkende Subjekt all dessen „entkleidet", was ihm genommen werden kann, ohne dass es aufhört, ein „denkendes Wesen" zu sein (Descartes, 27 ff.), ersetzt Rousseau sie durch eine moralische „Entkleidung", eine gedankliche Abtrennung all dessen, was das Subjekt für unentbehrlich hält, um sein Leben annehmbar zu machen.

Die Meditation als eine Art geistiger Askese besteht für den Philosophen darin, seine Vorstellungen zu de-naturalisieren. Diese Methode wird als langsame und schwierige Arbeit präsentiert, als eine Anstrengung, die zunehmend unterscheidet, was bis dahin noch nicht genügend getrennt wurde: „Je mehr man über diesen Gegenstand nachdenkt, desto mehr vergrößert sich der Abstand von den reinen Empfindungen zu den einfachsten Erkenntnissen in unseren Augen" (D2, 113). In den *Bekenntnissen* erzählt Rousseau, wie er sich auf die Arbeit am *Diskurs* vorbereitete:

> „Um über diesen Gegenstand in Ruhe nachzudenken, unternahm ich eine Reise von sieben bis acht Tagen nach Saint-Germain. [...] Den [...] Tag tief im Walde weilend, suchte und fand ich dort das Bild der Urzeit, deren Geschichte ich kühn umriß; ich deckte die kleinen Lügen der Menschen auf; ich wagte ihre Natur bis zur Nacktheit zu enthüllen, dem Fortschritt der Zeit und der Dinge zu folgen, die sie entstellt haben; indem ich den Menschen, wie er durch seine Mitmenschen geworden, mit dem natürlichen Menschen verglich, zeigte ich ihnen in ihrer angeblichen Vervollkommnung die wahre Quelle ihrer Leiden." (B, 383)

Wie vermag das stumme Schauspiel der Natur uns so viele Dinge über uns selbst zu lehren? Dabei ist es gerade dieses Schweigen, das heißt die Einsamkeit, das Löschen des sozialen Lebens – hinter sich gelassen „tief innen im Walde" –, kurz die fortschreitende Lösung von den Sorgen und Dringlichkeiten, mit denen die gesellschaftlichen Verpflichtungen einen für gewöhnlich überhäufen, die dem Philosophen die Vision dessen schenkte, was er suchte. So hat er inmitten von Bäumen Menschen gesehen und Leidenschaften, genauer gesagt, sich dazu verholfen, sie mit anderen Augen zu sehen, mit dem Abstand, der es ermöglicht, den Wert und die Notwendigkeit des Treibens zu beurteilen, das uns normalerweise beschäftigt.

Man kann diese Passage aus den *Bekenntnissen* mit dem vergleichen, was Lévi-Strauss über die Einsamkeit schreibt, die der Arbeit des Ethnologen vorausgeht, sie begleitet und stark beeinflusst. In *Traurige Tropen*, wo „jede Seite", Rousseau „gewidmet sein könnte" (Lévi-Strauss 2008, 460), bezeugt der Autor wiederholt die Notwendigkeit für den Ethnologen, sich für eine Art freiwillige Einsamkeit und Entbehrung zu rüsten, um imstande zu sein, Formen der Menschheit zu begegnen, die sich von der unseren unterscheiden. Lévi-Strauss zeigt, dass Rousseaus Anthropologie, welche die moderne Ethnologie einläutet, auf dem Willen gründet – und dies ist der tiefere Sinn des Umwegs über den reinen Naturzustand –, die Frage der Zivilisation in ihrer Gesamtheit neu aufzurollen, nicht die Frage der Zivilisation als solcher, sondern als stets von Bedingungen abhängiger Formation. Diese Erfahrung von innen ist ein Mittel gegen den Ethnozentrismus, eine Öffnung der begrenzten Vorstellung, die jede Zivilisation von sich selber hat und besonders die westliche als Zivilisation der Beherrschung.

Lévi-Strauss stellt Rousseaus Anthropologie der von anderen Philosophen jener Zeit gegenüber, die eine wenig wahrscheinliche „wilde Menschheit" idealisieren, wie zum Beispiel Diderot in seinem *Nachtrag zu „Bougainvilles Reise"*.

> „Werden wir also dahin gelangen, jedwedem gesellschaftlichen Zustand den Prozess zu machen und einen Naturzustand zu verherrlichen, den erst die soziale Ordnung korrumpiert hat? ‚Misstraut jedem, der Ordnung schaffen will', sagte Diderot, der diesen Standpunkt vertrat. Für ihn ließ sich die ‚abgekürzte Geschichte' der Menschheit auf folgende Formel bringen: ‚Es gab einmal einen natürlichen Menschen; in diesen Menschen hat man einen künstlichen Menschen eingepflanzt; und so brach in der Höhle ein ewiger Krieg aus, der das ganze Leben dauert.' Diese Auffassung ist absurd. Wer Mensch sagt, sagt Sprache. Wer Sprache sagt, sagt Gesellschaft. Auch Bougainvilles Polynesier […] lebten nicht weniger in Gesellschaft als wir. […] Niemals ist Rousseau in den Irrtum Diderots verfallen, den natürlichen Menschen zu idealisieren. Er versucht nicht, den Naturzustand mit dem gesellschaftlichen Zustand zu vermengen; er weiß, dass dieser letztere dem Menschen innewohnt, aber gewisse Übel mit sich bringt: die einzige Frage ist, ob diese Übel dem gesellschaftlichen Zustand inhärent sind." (Lévi-Strauss 2008, 460 f.)

6.5 Die Perfektibilität: Sprache und gesellschaftliche Leidenschaften

Um adäquat zu unterscheiden, was zur Natur und was zur Kultur gehört, verwendet Rousseau, parallel zu der auf innerer „Entkleidung" beruhenden meditativen Arbeit, eine Forschungsmethode, die auf der Erfahrung gründet. Dabei handelt es sich um eine Beobachtung dessen, wovon man Erfahrung haben kann, also um den bürgerlichen Menschen. Rousseau zeigt, was in dessen Verhalten nicht durch den Instinkt erklärbar ist, sondern zur Voraussetzung hat, was er „Perfektibilität" (perfectibilité) nennt. Dies ist ein höchst ambivalenter Begriff, da er nicht bedeutet, dass der Mensch sich vervollkommne im Sinne einer Entwicklung, die notwendigerweise zum Besseren führt. Die Perfektibilität wird definiert als „eine Fähigkeit, die, mit Hilfe der Umstände, sukzessive alle anderen entwickelt" (D2, 103). Jedoch, eine Fähigkeit zu entwickeln, bedeutet offensichtlich nicht, dass man von ihr einen besseren Gebrauch machen wird, sondern lediglich einen effektiveren, was etwas ganz anderes ist (wie schon die Hauptthese im *Ersten Diskurs* besagte).

Zwei wesentliche Analysen im ersten Teil des *Zweiten Diskurses* ermöglichen Rousseau, den Begriff der Perfektibilität zu veranschaulichen: einerseits eine Reflexion über den Ursprung der Sprachen, zum anderen eine Reflexion über die „gesellschaftlichen Leidenschaften", mithin über den Unterschied zwischen einer rein animalischen oder natürlichen Empfindungsfähigkeit und derjenigen des zivilisierten und sozialisierten Menschen.

Die Frage nach dem Ursprung der Sprachen ist für das Thema, das Rousseau im ersten Teil des *Zweiten Diskurses* wie auch in seinem *Versuch über den Ursprung der Sprachen* (1759) behandelt, entscheidend, weil er die Sprache, ganz klassisch, zu einem der typischen Merkmale des wahrhaft menschlichen Menschen macht. Die Frage der Entstehung der Sprache soll das Problem der Kontinuität oder, im Gegenteil, des Abstandes zwischen Natur und Kultur klären.

Auch wenn Rousseau anerkennt, was er den Forschungen von Étienne Bonnot de Condillac verdankt, der den Boden bereitet und den Weg für seine Meditationen geöffnet hat – aber sicherlich denkt er auch an Maupertuis oder Diderot (siehe Morel, 151 ff.) –, stellt er sich doch gegen die in seinem Jahrhundert herrschende Betrachtungsweise des Problems. Eine naturalistische, auf Hobbes und Locke zurückgehende Tradition suchte die Sprache, wie wir sie kennen, aus instinktiven und präsozialen Vorgängen abzuleiten. Nach Hobbes' Auffassung war die Sprachfunktion in der Natur des Individuums noch vor dem Erlernen jeder sprachlichen Konvention gegeben, ging bei ihm doch dem Gebrauch der konventionellen gesellschaftlichen Sprachen die Fähigkeit voraus, Realität auf „private" Art mit Hilfe dessen zu benennen, was er „Namen" nannte (Hobbes 1926, I, V, § 1–2).

Condillac stellte in seinem *Essay über den Ursprung der menschlichen Erkenntnisse* (1746) diese Vermutung an: Die ersten Menschen hätten, „geleitet von ihrem bloßen Instinkt, einander um Hilfe [gebeten] und halfen sich gegenseitig. [...] Nachdem es diesen Menschen zur Gewohnheit geworden war, einige Vorstellungen mit frei gesetzten Zeichen zu verbinden, dienten ihnen die natürlichen Schreie als Modell für eine neue Sprache" (Condillac, 175 f.). Und Maupertuis entwarf in seinem *Brief über die Fortschritte der Wissenschaft* die Vorstellung, dass „zwei oder drei Kinder, vom frühesten Alter an zusammen, aber ohne Verbindung zu anderen Menschen aufwachsen würden", um so die Entstehung von Sprache und Denken im Reinzustand zu beobachten. Nur Mittel, „die so außergewöhnlich sind", könnten, ihm zufolge, zum Fortschritt „unsere[r] metaphysischen Kenntnisse" beitragen (Maupertuis, 56 f.).

Das mindeste was man sagen kann, ist, dass Rousseau am Erfolg solcher Versuche, die Entstehung der menschlichen Sprache zu erklären, seine Zweifel hatte:

> „Es sei mir erlaubt, einen Augenblick die Hindernisse für den Ursprung der Sprachen zu betrachten. Ich könnte mich damit zufriedengeben, hier die Untersuchungen zu zitieren oder zu wiederholen, welche der Abbé de Condillac über diese Materie angestellt hat. [...] Aber da die Art, in der dieser Philosoph die Schwierigkeiten löst, die er sich selbst hinsichtlich des Ursprungs der eingeführten Zeichen macht, zeigt, dass er vorausgesetzt hat, was ich in Frage stelle – nämlich, dass eine Art von Gesellschaft unter den Erfindern der Sprache bereits etabliert war –, glaube ich, indem ich auf seine Reflexionen verweise, die meinigen hinzufügen zu müssen, um dieselben Schwierigkeiten in dem Licht darzustellen, das meinem Thema angemessen ist. [...] wenn die Menschen die Sprache nötig hatten, um denken zu lernen, so hatten sie noch viel nötiger, denken zu können, um die Kunst der Sprache herauszufinden; [...] Was mich betrifft, so überlasse ich, erschreckt von den Schwierigkeiten, die sich vervielfachen, [...] die Diskussion des folgenden schwierigen Problems dem, der sie unternehmen mag: Was ist das Notwendigere gewesen – eine zuvor gebildete Gesellschaft für die Einführung der Sprachen, oder zuvor erfundene Sprachen für die Errichtung der Gesellschaft?" (D2, 117/119, 121, 131).

Jede Hypothese über die Erfindung der Sprache ausgehend von natürlichen Prozessen stößt auf logische Zirkelschlüsse. Zwei von ihnen, die miteinander zusammenhängen, wurden benannt: 1. Um zu sprechen, muss eine Gesellschaft gebildet worden sein; jedoch muss man sprechen, um eine Gesellschaft zu bilden, 2. man muss denken, um zu sprechen; aber um zu sprechen, muss man denken.

Warum impliziert die menschliche Sprache solche Zirkelschlüsse? Gewiss findet man, räumt Rousseau ein, bei Tieren (US, 169), bei Säuglingen (E, 161) und bei den Naturmenschen eine elementare Form von Kommunikation, einen „Schrei der Natur" (D2, 123), der auf unartikulierte Weise einen körperlichen Zustand ausdrückt. Davon jedoch unterscheidet sich die menschliche Sprache qualitativ: Sie ist durch und durch konventionell. Schon die Tatsache, dass ein willkürlich gewähltes Zeichen mit einem Bedeutungsgehalt verbunden wird, ist konventionell. Wie aber sollte man sich über diese Konvention einigen, ohne sich auf die eine oder andere Weise verständlich zu machen? Und wie sich verständigen, ohne zu sprechen? Eben deshalb muss die Bildung einer Gesellschaft (müssen also zuvor schon etablierte Konventionen) vorausgesetzt werden, um die Einrichtung der Sprache denkbar zu machen.

Die Schwierigkeit wird jedoch noch deutlicher, wenn man die Komplexität der menschlichen Sprache näher betrachtet. Das wesentliche Problem besteht in der Verbindung von Sprache und Abstraktion: daher der Zirkel von Sprache und Denken. Die menschliche Sprache ist in erster Linie grammatikalisch gegliedert (deshalb Rousseaus Verweis auf „die Einteilung der Rede in ihre konstitutiven Bestandteile", „die Zeiten der Verben", „die Syntax"; D2, 125, 131). Die Regeln der Grammatik indes verweisen auf Modalitäten des Denkens – die Vorstellung der Vergangenheitsform, des Irrealis, des Konditional (die „Modi" der Rede), der logischen Folgerungen usw., die komplexe symbolische Vorstellungen sind und sich nicht auf einfache Körperzustände reduzieren lassen. Außerdem bezeichnen die Wörter nicht nur konkrete und singuläre Objekte (sonst wären die Sprachen Ansammlungen von Eigennamen), sie verweisen auch auf Objektgruppen, auf Abstraktionen. Also muss man, um zu sprechen, denken können, im wahrsten Sinn des Wortes und nicht – wie der Affe, der „von einer Nuss zur anderen geht" (D2, 127) – mechanisch Sinneseindrücke verbinden, die einander ähneln, sondern eine geistige Vorstellung der Merkmale besitzen, die den Objektgruppen gemeinsam sind. Eben darin besteht die wahrhafte Allgemeinvorstellung, die Rousseau am Bild des Baumes und des Dreiecks (D2, 127, 129) oder an „allgemeinsten Begriffen" wie den Wörtern „Materie, Geist, Substanz, Modus, Gestalt, Bewegung" (D2, 129) illustriert.

Hier sind die auf Empfindungsfähigkeit beruhenden Praktiken (Lautmalerei, mimetische Gebärden, Handzeichen) vollkommen unwirksam: Wie könnten Menschen mit solch natürlichen Mitteln einander die Begriffe verständlich machen, auf welche die erwähnten Wörter verweisen? Kurz, man muss denken und Begriffe handhaben und seinen Verstand gebrauchen, um sprechen zu können. Doch andererseits muss man sprechen, um denken zu können, denn „die Allgemeinvorstellungen [können] nur mit Hilfe der Wörter in den Geist gelangen" (D2, 127). „Man muss daher Sätze aussagen, man muss daher sprechen, um Allgemeinvorstellungen zu haben" (D2, 129). Der doppelt zirkuläre Charakter der Spracheinsetzung macht jede naturalistische Erklärung zur Aporie: Der Verstand steht einem Qualitätssprung gegenüber, der sich den Annahmen eines Kontinuums widersetzt.

Nunmehr erkennt man die Konsequenzen der Rousseauschen Überlegungen zum Ursprung der Sprachen. Erinnern wir uns an die dem gesamten *Zweiten Diskurs* zugrundeliegende Absicht: Das, was der Mensch „aus seinem eigenen Grundbestand hat, von dem zu unterscheiden, was die Umstände und seine Fortschritte seinem anfänglichen Zustand hinzugefügt oder an diesem verändert haben" oder auch „zu unterscheiden, was in der aktuellen Natur des Menschen ursprünglich und was künstlich ist" (D2, 43, 47). Die Betrachtung des Ursprungs der Sprachen erlaubt es Rousseau par excellence, „alte Irrtümer und eingewurzelte Vorurteile zu zerstören" (D2, 161).

Wenn man genau untersucht, was die menschliche Sprache ist, und was die rein natürlichen Prozesse hervorbringen können, muss man zum Schluss gelangen, dass nichts in der Natur die Bildung der menschlichen Sprachen zu erklären vermag. Die Sprache, eine Fähigkeit, die sich mit allen anderen uns bekannten Merkmalen des Menschen verbindet, ist gleichwohl, um mit Rousseaus zu sprechen, nicht „ursprünglich", sie ist „künstlich". Das Ergebnis der Untersuchung bestätigt die vorangegangenen Befunde des *Diskurses*: Man kann sich einen Menschen im „reinen Naturzustand" nur vorstellen, wenn man ihn weitaus entblößter denkt, als zunächst angenommen, und weitaus entfernter von allem, was uns bei der Betrachtung der Menschen, „die wir vor Augen haben" (D2, 93), als notwendig und natürlich erscheint.

Rousseau zeigt uns den „Abstand", der den bürgerlichen Menschen von einem rein natürlichen Wesen trennt, auch auf einem anderen Weg, indem er den Unterschied zwischen einem rein animalischen Verlangen (oder genauer: Bedürfnis) und dem menschlichen Begehren hervorhebt. Die Herausbildung des Geistes, wie Rousseau sie auffasst, besteht gleichzeitig in einer Bildung intellektueller Fähigkeiten und einer Veränderung der Fähigkeit zu begehren. Die Koexistenz des Menschen mit seinesgleichen geht einher mit seiner Verwandlung in einen Spiegel der Vernunft und der Empfindungsfähigkeit. Die Entwicklung und Vervollkommnung seiner Vernunft nähren sich von der Entwicklung der Leidenschaften und der Verwandlung der Selbstliebe, einer Eigenschaft, die an sich weder gut noch böse ist (Rousseau 1978, I, 509), „ein natürliches Gefühl, das jedes Tier dazu veranlasst, über seine eigene Erhaltung zu wachen", in die Eigenliebe, die „nur ein relatives, künstliches und in der Gesellschaft entstandenes Gefühl [ist], das jedes Individuum dazu veranlasst, sich selbst höher zu schätzen als jeden anderen" (D2, 369).

Die Entwicklung der Vernunft begleitet bloß – und ermöglicht zugleich – die Entwicklung der anderen Fähigkeiten des Menschen und die Ausdehnung seiner Herrschaft über die Welt, die mit seiner Sozialisierung einhergehen. In dieser Eigenschaft ist die Vernunft ursprünglich nur instrumentell, sie stärkt paradoxerweise die Leidenschaften und mehrt dabei die menschliche Fähigkeit, diese zu verwirklichen: „Was immer die Moralisten darüber sagen mögen, der menschliche Verstand verdankt den Leidenschaften viel, die ihm – nach einem allgemeinen Urteil – ebenfalls viel verdanken. Durch ihre Aktivität vervollkommnet sich unsere Vernunft. Wir suchen nur zu erkennen, weil wir zu genießen begehren. [...] Die Leidenschaften ihrerseits beziehen ihren Ursprung aus unseren Bedürfnissen und ihren Fortschritt aus unseren Kenntnissen" (D2, 107).

Und an anderer Stelle heißt es: „Die Vernunft erzeugt die Eigenliebe und die Reflexion verstärkt sie" (D2, 149).

Rousseau macht die Aktivität des Vergleichens zum Hebel der komplexen Interaktion von Intelligenz und Empfindungsfähigkeit. Das Vergleichen, das den Verstand und die Vernunft mobilisiert, setzt die Entwicklung eines Systems von Vorstellungen voraus, das ein Wertesystem ist, eine Hierarchisierung, eine symbolische, ja eine imaginäre Ordnung, die der bürgerliche Mensch auf seine Umgebung projiziert und in der er sich einen Platz zuerkennt, der sich nicht mit dem deckt, den ihm seine rein physiologische Konstitution zuweisen würde. Wenn Rousseau so sehr auf der Besonderheit der Liebe als „moralischem" und nicht allein „physischem" Gefühl (D2, 155) besteht, dann, weil diese Form von Liebe, bei der die Einbildungskraft und die Intersubjektivität an erster Stelle stehen, par excellence im Prozess der Denaturierung wurzelt und sich parallel zur Vergleichsfähigkeit entwickelt. „Es ist [...] unbestreitbar, dass die Liebe selbst, wie alle anderen Leidenschaften, erst in der Gesellschaft jene ungestüme Hitze erworben hat, die sie für die Menschen so oft unheilvoll macht" (D2, 157). Die auf „Vorlieben" (D2, 157) beruhende Liebe ist nicht zu trennen von der Logik der Eigenliebe, von der Entwicklung der „gesellschaftlichen Leidenschaften" und, allgemeiner, der gesellschaftlichen Beziehungen.

Man darf jedoch das Vergleichen nicht als ausschließlich negative und schädliche Handlung begreifen. Rousseau betont die Ambivalenz der „denaturierten" Empfindungsfähigkeit. Sie gleicht übrigens der Ambivalenz der Perfektibilität, wird diese doch hauptsächlich durch das Begehren von Genuss, das komplexe Spiel der gesellschaftlichen Leidenschaften, also auch durch das Vergleichen angetrieben. Die gesellschaftlichen Leidenschaften lösen das Individuum aus seiner Abkapselung und seinem Gefangensein in sich selbst. Ihre Entwicklung, schreibt Rousseau, fördert den Fortschritt der Einsichten (US, 186) und verwandelt die Empfindungsfähigkeit in Tugenden (OC I, 804 f.). Die Eigenliebe ist „die wahrhafte Quelle der Ehre" (D2, 369), und die Vorzugs-Liebe, eine Form „gesellschaftlicher Leidenschaft", ist „auf bestimmte Begriffe des Verdienstes oder der Schönheit gegründet, die ein Wilder nicht zu haben vermag" (D2, 155). Sind auch das Vergleichen und die Eigenliebe meistens eine Quelle von Illusionen und Rivalität, stecken sie doch im Innersten der Kultur (jeder Kultur, selbst der der „wilden Völker"), weshalb es weder möglich noch wünschenswert ist, ihnen zu entrinnen. Dies ist besonders in Rousseaus „praktischen" politischen Schriften (Brief an d'Alembert, Texte über Korsika und Polen) zu sehen, wo über einen guten Gebrauch der Eigenliebe als politischem Instrument des Wettstreites und der Erbauung theoretisiert wird.

6.6 Die metaphysische Kontingenz: die Geschichte der Menschheit als Freiheitsgeschichte

Will man Rousseaus Studie über den Menschen, die hauptsächlich als Widerlegung vereinfachender anthropologischer Konzepte aufgebaut ist, die allgemeinsten Aspekte entnehmen, kann man sich an den Ausblick halten, mit dem der erste Teil des *Zweiten Diskurses* endet:

> „[...] wenn die Natur bei der Verteilung ihrer Gaben so viele Präferenzen zuweisen würde, wie man behauptet, welchen Vorteil zögen die am meisten Begünstigten zum Nachteil der anderen daraus, in einem Zustand der Dinge, der beinah keine Art von Beziehung unter ihnen zuließe? [...] Ich höre stets wiederholen, dass die Stärkeren die Schwachen unterdrücken werden; aber man möge mir erklären, was man mit dem Wort ‚Unterdrückung' sagen will. Die einen werden mit Gewalt herrschen, die anderen werden, all ihren Launen verknechtet, wehklagen. Das ist präzise das, was ich unter uns beobachte, aber ich sehe nicht, wie man dies von den wilden Menschen sagen könnte, denen man sogar große Mühe hätte, verständlich zu machen, was Knechtschaft und Herrschaft sind. Ein Mensch wird sich wohl der Früchte, die ein anderer gesammelt hat, des Wildes, das er erlegt hat, der Höhle, die ihm als Zuflucht diente, bemächtigen können; aber wie wird er jemals dahin gelangen, sich Gehorsam zu verschaffen, und welches werden die Ketten der Abhängigkeit unter Menschen sein können, die nichts besitzen? Wenn man mich von einem Baum verjagt, steht es mir frei, zu einem anderen zu gehen; wenn man mich an einem Ort peinigt, wer soll mich daran hindern, woanders hinzugehen? Und findet sich ein Mensch, dessen Stärke der meinen genügend überlegen und der außerdem depraviert genug, faul genug und grimmig genug ist, um mich zu zwingen, für seinen Lebensunterhalt zu sorgen, während er müßig bleibt? Er muss sich entschließen, mich keinen einzigen Augenblick aus den Augen zu lassen, mich während seines Schlafes mit sehr großer Sorgfalt gebunden zu halten [...] lässt ihn ein unvorhergesehenes Geräusch den Kopf zur Seite wenden – ich laufe zwanzig Schritte in den Wald, meine Ketten sind gesprengt, und er sieht mich sein Leben lang nicht wieder" (D2, 163/165).

Viele Thesen, die man im zweiten Teil des *Zweiten Diskurses* und später im *Gesellschaftsvertrag* wiederfindet, sind hier schon kurz formuliert. Zuerst: Die Ungleichheit ist keine natürliche Tatsache, sondern im Wesentlichen eine konventionelle, ganz besonders, wenn nicht von den geringfügigen Ungleichheiten die Rede ist, die die Menschen physisch unterscheiden, sondern von den Herrschaftsverhältnissen, die die Gesellschaften strukturieren.

Sodann: Wenn diese Herrschaftsverhältnisse nicht mit natürlichen Unterschieden zusammenhängen, sondern das Ergebnis gesellschaftlicher Konventionen sind, dann aus zwei Gründen, die wir dank der eben zitierten Passage wie auch durch die vorangegangenen Untersuchungen verstehen können. Was Rousseau in dieser Passage unvollständig, aber bereits klar anschneidet, ist die sozialgeschichtliche Veränderung, die aus der Sesshaftigkeit, der Aneignung von Land, kurz aus all dem hervorgeht, was rechtliche und politische Verhältnisse fixieren wird, die noch nicht vorhanden, da nicht zu festigen waren in einem Universum, in dem „die Erde allen gehört" und die „Ketten der Abhängigkeit" nicht bestehen, weil jeder, den man knechten oder peinigen will, jederzeit auch anderswo Unterkunft und Nahrung finden kann.

Aber man kann bereits andere Folgerungen aus dieser anthropologischen Meditation vorwegnehmen. „[...] die Physik erklärt in gewisser Weise den Mechanismus der Sinne und die Bildung der Vorstellungen, aber in dem Vermögen zu wollen, oder vielmehr zu wählen, und im Gefühl dieses Vermögens stößt man nur auf rein geistige Akte, bei denen man mit den Gesetzen der Mechanik nichts erklärt" (D2, 101/103): Rousseau bindet das Entstehen von Kultur und Perfektibilität an die metaphysische Freiheit, die den Menschen zum Schöpfer seiner eigenen Welt macht. Was die Geschichte des „Mensch des Menschen" kennzeichnet, schreibt Henri Gouhier, ist die „metaphysische Kontingenz". Deshalb ist „die Frage, die sich stellt, [...] nicht: Naturzustand oder Geschichte?, sondern: diese Geschichte oder eine andere?" (Gouhier, 23 f.). Der Mensch ist der Urheber seiner eigenen Geschichte und dies – eben darin besteht der ganze Sinn des Konzepts der Perfektibilität – im Guten wie im Schlechten.

Wenn jede Form gesellschaftlicher Existenz kontingent, wenn keine „von Natur aus" notwendig ist, dann können die Menschen, wenn sie Gesellschaften bilden, eine Art moralischer Unabhängigkeit bewahren, während sie die Vorteile eines von Beziehungen und Symbolen geprägten Lebens erlangt haben. Dies ist dann die Zeit von Gesellschaften, die „durch Sitten und Charaktere, nicht durch Vorschriften und Gesetze" geeint sind, durch das also, was Anthropologen wie Marshall Sahlins und Pierre Clastres „Gesellschaften ohne Staat" nennen und was Rousseau als „die glücklichste und dauerhafteste Epoche" in der Geschichte der Menschheit beschreibt (D2, 193). Da jedoch die menschliche Geschichte kontingent ist, kann auch das Schlechte geschehen, mit dem Auftauchen von Herrschaft und Krieg, die für Rousseau die Begleiterscheinungen einer sesshaften und politischen Existenzweise sind. Schließlich kann die politische Existenz selber ein ganz offenes Erfahrungsfeld darstellen, sei es für Resignation und freiwillige Knechtschaft, sei es, indem die Menschen ihre Freiheit in neuer Form wiedererlangen – als politische Freiheit: eine Hypothese, die im *Gesellschaftsvertrag* eingehend untersucht wird (siehe dazu Bachofen 2012).

„Alles, was der Mensch geschaffen hat", schreibt Rousseau im *Emile* mit Blick auf die von ihm erwarteten Revolutionen in den europäischen Staaten, „kann auch der Mensch zerstören" (E, 409). Die Erweiterung des Feldes der Möglichkeiten ist nicht nur eine Erfahrungstatsache für den Historiker oder den Gesellschaftstheoretiker, sie ist auch eine wichtige Bedingung der politischen

Reflexion. Die Politik findet in der anthropologischen Beobachtung sicher nicht die Lösungen, die die Naturrechtstheoretiker dort zu finden hoffen, aber sie entdeckt, welch herausragende Rolle der Freiheit – im Sinne moralischer, gesellschaftlicher und politischer Freiheit – in der menschlichen Geschichte zukommt, eben weil diese Geschichte keiner Vorherbestimmung unterliegt. Was bislang als untrennbar von der *conditio humana* galt, erweist sich als künstlich und kontingent, in der Geschichte geschehen und daher eventuell in der Geschichte zu verändern.

Deshalb ist übrigens die Arbeit des Vorstellungsvermögens eine unerlässliche Dimension der politischen Theorie. Die soziale Ordnung ist immer in gewisser Weise eine imaginäre oder symbolische Ordnung, das Produkt menschlicher Vorstellungen, jedenfalls eine Ordnung der Konvention, also auch der Freiheit, weswegen es nicht verrückt oder unrealistisch ist, diese Ordnung in Gedanken neu zu erfinden, die Gesellschaft mit Vernunft und Fantasie zu rekonstruieren oder gar zu de-konstruieren. Das Nachdenken über die Kultur und den Ethnozentrismus hat es Rousseau ermöglicht – weitaus mehr, als es die naturrechtlichen Thesen zuließen –, der Utopie einen Weg im politischen Denken und Handeln zu öffnen. Um die vorhin zitierte Formulierung Rousseaus abzuwandeln und weiterzuführen: Was die Vorstellungskraft geschaffen hat, kann die Vorstellungskraft abschaffen oder neu schaffen. Dass Rousseau nicht nur ein politischer Denker, sondern zugleich Schriftsteller war, bekommt hierin seine volle Bedeutung: Seine außergewöhnliche Sensibilität und, um einen Ausdruck von Paul Ricœur aufzugreifen, seine Begabung für das Fabulieren, haben ihn zweifellos in die privilegierte Lage versetzt, sich vom politischen Konservatismus frei zu machen und zu entdecken, dass die „Grenzen des Möglichen [...] im Moralischen weniger eng, [sind], als wir meinen" (GV, III, 12).

Aus dem Französischen übersetzt von Brigitte Burmeister

Literatur

Aristoteles 2002: Rhetorik, übers. von Ch. Rapp, Berlin.
Bachofen, B. 2008: Les raisons de la guerre, la raison dans la guerre, in: Principes du droit de la guerre et Écrits sur la paix perpétuelle de J.-J. Rousseau, textes établis et commentés par B. Bachofen, B. Bernardi, C. Spector et G. Silvestrini, Paris.
Bachofen, B. 2012: Logische Genesen, geschichtliche Anfänge, Begründung im Recht: Figuren des Ursprungs und der Grundlegung bei Rousseau, in: P. Delhom/A. Hirsch (Hrsg.), Rousseaus Ursprungserzählungen, München.
Cassirer, E. 1932: Die Philosophie der Aufklärung, Tübingen.
Clastres, P. 1974: La société contre l'État, Paris.

Condillac, E. B. de 2006: Versuch über den Ursprung der menschlichen Erkenntnis. Würzburg.
Derathé, R. 1984: L'Homme selon Rousseau, in: G. Genette et T. Todorov (Hrsg.), Pensée de Rousseau, Paris.
Derathé, R. 1988: J.-J. Rousseau et la science politique de son temps, Paris.
Descartes, R. 2009: Meditationen über die erste Philosophie, übers. und hrsg. von C. Wohlers, Hamburg.
Goldschmidt, V. 1983: Anthropologie et politique. Les principes du système de Rousseau, Paris.
Gouhier, H. 1984: Les méditations métaphysiques de J.-J. Rousseau, Paris.
Hobbes, Th. 1926: Naturrecht und allgemeines Staatsrecht in den Anfangsgründen, Berlin.
Hobbes, Th. 1966: Vom Menschen (I). Vom Bürger (II), hrsg. von G. Gawlick, Hamburg.
Hulliung, M. 1994: The Autocritique of Enlightenment, Rousseau and the Philosophers, Cambridge, London.
Lévi-Strauss, C. 1975, J.-J. Rousseau, Begründer der Wissenschaften vom Menschen, in Strukturale Anthropologie II, Frankfurt a. M., 45–56.
Lévi-Strauss, C. 2008: Traurige Tropen, Frankfurt a.M.
Locke, J. 1967: Zwei Abhandlungen über die Regierung, übers. von H. J. Hoffmann, hrsg. und eingeleitet von W. Euchner, Frankfurt a.M.
Macpherson, C. B., 1967: Die politische Theorie des Besitzindividualismus. Von Hobbes bis Locke, Frankfurt a.M.
Maupertuis, P. L. M. de: 1988, Sprachphilosophische Schriften, Hamburg.
Morel, J. 1909: Recherches sur les sources du Discours sur l'inégalité, Annales de la Société J.-J. Rousseau, Bd. 5, Genf.
Proust, J. 1995: Diderot et l'Encyclopédie, Paris.
Ricœur, P. 1997: L'Idéologie et l'utopie, Paris.
Rousseau, J-J. 1966: Correspondance Complète de Jean Jacques Rousseau, hrsg. von R. A. Leigh, Genf.
Rousseau, J.-J. 1978: Brief an Christophe de Beaumont, in: Schriften, hrsg. von H. Ritter, Bd. I, Frankfurt, 500–589.
Rousseau, J.-J. 1978: Rousseau richtet über Jean-Jacques, in: ders., Schriften, hrsg. von H. Ritter, Bd. II, Frankfurt, 253–636.
Sahlins, M. 1972: Stone Age Economics, New York.
Strauss, L. 1956: Naturrecht und Geschichte, Stuttgart.
Vaughan, C. E. 1939: Studies in the History of Political Philosophy, 2. Bde., Manchester.

Philip Stewart
7 Der zweite Naturzustand des „goldenen Zeitalters"
Zweiter Diskurs, zweiter Teil (D2, 172–195)

7.1 Der Gründungsmythos

Rousseau ist ein Meister prägnanter Formulierungen, besonders in den Einleitungspassagen. Der erste Satz im zweiten Teil des *Zweiten Diskurses* ist eines der besten Beispiele dafür und verdient eine nähere Betrachtung. Vier Satzteile reihen sich aneinander, die in vier Schritten von annähernd gleicher Länge die Richtung des Grundgedankens verdeutlichen.

„Der erste, der ein Stück Land eingezäunt hatte [...]" (D2, 173 [im Französischen] 11 Silben): Man sieht sogleich, dass das Verb „einzäunen", im gegebenen Kontext, eine widernatürliche Handlung bezeichnet, dass folglich dieser Augenblick durch seine Aggression die Außengrenze des Naturzustandes markiert. Der Satz beginnt, wie üblich, mit dem Subjekt, wobei „der erste, der" als Kennzeichnung einer menschlichen Handlung von ganz anderer Schlagkraft ist als „das erste Gefühl" im nächsten Absatz, wo dem Menschen etwas widerfährt und sein Wollen keine Rolle spielt. „Der erste" stellt in dieser Konstruktion keineswegs eine Person dar, eher einen symbolischen Willen, wie es auch in diesem *Diskurs* keinen ersten Menschen gibt (wie ein Adam es wäre), sondern einen ersten Zustand des Menschen: den Naturzustand. Das Bild von seinem Gründungsakt suggeriert buchstäblich eine Einzäunung mit Pfählen oder mit einem Graben.

„[...] und es sich einfallen ließ zu sagen: *dies ist mein*" ([im Französischen] 11 Silben): Man ist verblüfft von der Kühnheit des Ausdrucks „ist mein", der ebensowenig wie die Einzäunung einen Platz in der Natur hat („Die Erde gehört niemandem"), der eine neue Vorstellung einführt (das Jahrhundert hindurch wird das Meine ein Sinnbild des Eigentums bleiben) und dadurch die Aufmerksamkeit des Lesers anzieht, der zunächst die Schärfe des Ausdrucks „sich einfallen ließ" gar nicht wahrnimmt. Sich einfallen lassen zu sagen, heißt ohne Autorität zu sprechen, heißt sich ein Recht anzumaßen, das weder von einer Person noch von der Natur verliehen wurde. So weit ist das Eigentum schlicht und einfach eine Erfindung jenes Individuums.

„Dies ist mein", der Ursprungsakt, bezieht sich auf kein einziges bis dahin von den Menschen allgemein anerkanntes Kriterium. Der Satz – ist er propositional (die Bekräftigung einer Tatsache) oder illokutionär (ein performativer Sprechakt)? – konstituiert gleichzeitig den Sachverhalt und die Sache. Der springende Punkt dabei ist, dass dieser Akt gerade auf nichts gründet.

Auf diese Weise verwirft Rousseau zwei Legitimationsversuche, die zu seiner Zeit Geltung beanspruchten. Zum einen kritisiert er die Position von Thomas Hobbes, dass die ursprüngliche Besitznahme ein Recht auf Eigentum begründe. Zum andern distanziert er sich von der Sozialphilosophie John Lockes, der zufolge aus der Bearbeitung des Bodens ein Rechtsanspruch auf Grundeigentum erwachse (Locke II, § 27 ff.; vgl. Soubbotnik, 464). Demgegenüber hält Rousseau diese Art Aneignung für nichts anderes als eine Usurpation, die Gewalt und Willkür bedeutet. Für ihn kann aus Stärke niemals Recht entstehen.

„[…] und der Leute fand, die einfältig genug waren, ihm zu glauben" ([im Französischen] 12 Silben): Die besagte Usurpation bliebe freilich wirkungslos, wenn nicht die anderen darauf hereinfielen, was – implizit – absolut gegen ihr Interesse verstößt. Zustimmung ist etwas Passives (was ein anderer sagt, geschieht, wenn man es nicht zurückweist), und das ist in diesem Fall dumm. Denn so geht der Vorteil an den, der am meisten wagt, sind doch die Menschen von Natur aus keine Widerständler. Dass die anderen ihm glauben, ist die Legitimation für die performative (obgleich substanzlose) Sprachhandlung des ersten Okkupanten.

„[…] war der wahre Gründer der bürgerlichen Gesellschaft" ([im Französischen] 14 Silben). Dieser Akt begründet eine Institution, die hinreicht, die Natur des Menschen grundlegend zu verändern, indem sie ihn fortan zu einem gesellschaftlichen Wesen macht. Den Übergang beschreibt Rousseau stets als ein Übel, wie schon der nächste Satz zeigt.

Hier hat man es mit dem zu tun, was Jean Starobinski die „nostalgische" Eloquenz Rousseaus genannt hat, eine, die „darauf abzielt, allem, was nicht das Übel ist, die Kraft der Evidenz zu verleihen: der Menschheit so wie sie vor dem Eindringen des gesellschaftlichen Übels gewesen ist." (Starobinski 2012, 101). Für die Gesamtwirkung des Satzes ist sein regelmäßiger Rhythmus ebenso unerlässlich wie der Bau selbst. Man erkennt leicht, dass der Satz weitaus weniger einprägsam wäre, wenn er zum Beispiel diese Form hätte: „Die bürgerliche Gesellschaft wurde in Wirklichkeit von dem ersten Menschen gegründet, dem es gelang, ein Stück Land einzuzäunen und es für sich allein zu beanspruchen."

Ist aber der „Gründer" der Zivilgesellschaft auch deren Ursache? Man muss sehen, dass Wörter wie der erste und Ursache hier keine buchstäbliche Bedeutung haben; ein symbolischer Gründer, Teil eines weiterreichenden Prozesses, ist etwas anderes als ein ursächliches und in der Geschichte einzigartiges Element. Es bleibt (einige Seiten weiter) eine zivile Autorität zu gründen, die wirklich berechtigt ist zu sprechen und zwar in jemandes Namen: Auch das wird, sieben Jahre nach dem *Zweiten Diskurs*, ein Thema des *Gesellschaftsvertrages* sein.

Der erste Diebstahl hat, früher oder später, endlose Folgen: Verbrechen, Kriege, Morde, Elend und eine Menge anderer Schrecken. Sie werden, rhetorisch höchst wirkungsvoll, in der Verneinung beschrieben, also als Dinge, die nicht stattgefunden hätten, wäre ein Widerstand da gewesen. Die gesamte Abstammung der Gesellschaft gründet somit auf einem Betrug, gegen den sich zu wehren in der Tat niemand zur Stelle war.

Das heißt, es gibt zwar einen Gründungsakt dergestalt, dass er ein Phänomen und einen Begriff hervorgebracht hat, die zuvor nicht existierten, jedoch ohne wirklich ein singulärer erster Akt zu sein: Er konnte sich an verschiedenen autonomen und isolierten Orten unabhängig voneinander jeweils als Ursprungsakt ereignen. Erinnern wir uns, dass es, wie Rousseau zu Beginn schon vermerkt (D2, 71), nutzlos ist, eine im eigentlichen Sinn historische Untersuchung der „Tatsachen" anzustrengen, weil es keinen Zugang dazu gibt. Zudem ist vom Wesen und nicht von direkt beobachtbaren Erscheinungen die Rede. So gesehen müssen die Dinge notwendigerweise stattgefunden haben, auch wenn man nicht weiß, welche konkrete Erscheinungsform sie wohl besaßen und erst recht nicht, zu welchem Zeitpunkt unserer Vorgeschichte. Ihr fiktionaler Status hindert sie nicht daran, Trägerin von Wahrheit zu sein. „Aus der Natur der Dinge, wie sie sich bei einer systematischen Untersuchung enthüllt", bemerkt Jean Starobinski, „gehen nach Rousseaus Überzeugung die Ursachen hervor, die notwendigerweise gewirkt haben mussten. Rousseau bedient sich der Fakten, um Hypothesen zu stützen." (Starobinski 1989, 273)

Erst am Ende des ersten Absatzes versteht man, dass er im Ganzen eine Vorwegnahme ist: ein Sprung nach vorn, um einen Vorgeschmack vom Ende des Weges zu bekommen. Denn vom ersten Wort an war vorausgesetzt, dass die Sprache bereits existierte („Der erste, der [...] es sich einfallen ließ zu sagen"). Das Eigentum ist zwar die Schwelle zu einer neuen Verteilung, aber es hat eine Vorgeschichte, die noch nicht beendet ist. Anstatt direkt an die Ausführung anzuknüpfen, die den ersten Teil des *Zweiten Diskurses* abschließen, wurden mehrere Etappen übersprungen, um dann die Haupterzählung im nächsten Teil wieder aufzunehmen und zwar so, als beginne er eigentlich in einem anderen Modus: Der erste, der ... es sich hätte einfallen lassen zu sagen, dies ist mein, muss der wahre Gründer der bürgerlichen Gesellschaft gewesen sein. Die Behauptung in der Mitte des Absatzes, dass „die Dinge bereits an dem Punkt angelangt [waren], an dem sie nicht mehr bleiben konnten, wie sie waren" (D2, 173), zeigt an, dass der Augenblick schon vorbei war, der die Ungleichheit unter den Menschen hergestellt hat, weswegen man nun zu den „vorausliegenden Vorstellungen" zurückgehen muss. Nachdem der *Diskurs* „bei diesem letzten Stadium des Naturzustandes" (D2, 173) angelangt ist, geht er darauf ein, wie die Etappen davor sich abgespielt haben müssen. In der Tat handelt es sich nicht um einen Augenblick, noch weniger um ein Ereignis, das im ersten Absatz beschrieben wird, sondern um ein Prinzip. Die Darlegung muss noch weiter zurückgehen, um fehlende Bestandteile zu liefern, und wird erst einige Seiten später (D2, 193, auch 201) wieder auf etwa die gleiche Stelle treffen.

All dies soll unterstreichen, dass es um eine Entwicklung geht, die rückwirkend beschrieben wird, in einer nicht messbaren Zeit, die jedenfalls viel weiter zurückreicht als die Vorstellung, die man damals von der Geschichte der menschlichen Gattung besaß. Der Mensch wird beträchtliche Kenntnisse über seine Welt und auch das Mittel erwerben, sie „von Generation zu Generation" weiterzugeben. Erst damit erhält er die Möglichkeit zum Sprung aus dem Naturzustand, dessen Zeitpunkt ungewiss, theoretisch aber klar ist und sehr genau im Schock des ersten Satzes (D2, 173) zur Sprache kommt.

7.2 Die Vorgeschichte

Der zweite Absatz vollzieht dann einen rasanten Rückgang in Urzeiten, in denen der Mensch nur Empfindungen und Triebe hat, die so schnell wie möglich befriedigt, dann folgenlos vergessen werden, außer in dem einzigen, doch auch temporären Fall, in dem die Mutter sich für unbestimmte Zeit um ihr Junges kümmert. Diesen Punkt fertigt Rousseau allerdings kurz ab, denn von welchem Alter an konnte „es sie entbehren" (D2, 175)? Heute lässt sich schwerlich behaupten, dass die Phase dieser Abhängigkeit weniger als sechs Jahre beanspruchen würde – lang genug, sollte man meinen, um eine dauerhafte Bindung zu stiften. Aber nein, für Rousseau konnte es am Anfang keine dauerhafte Bindung geben, jedenfalls keine affektive, da die Bedingungen für die Existenz von Gefühlen ihrerseits noch nicht geschaffen waren.

Der „entstehende Mensch", wie Rousseau ihn sieht, war so eng mit seiner Welt verbunden, dass die Natur, dieses wahre Füllhorn, weit über seine Bedürfnisse hinausreichte, so dass er „sich kaum die Gaben zunutze machte, die ihm die Natur anbot, weit davon entfernt, daran zu denken, ihr irgend etwas abzuringen" (D2, 175). Zwar stimmt dieses Bild mehr oder weniger mit dem des Sammlers überein, das die Anthropologie uns beschreibt, aber Vorsicht: Während die Sprache des Anthropologen neutral ist, meint die von Rousseau, stets aufgeladen, weit mehr als einen bloßen Zeitraum. Bei ihm bietet die Natur Gaben an – Sinnbild einer überschwänglichen, fast märchenhaften Harmonie mit der Erde –, während die Vorwegnahme einer Zukunft, in der der Mensch ihr seine Nahrung durch den Ackerbau „abringen" wird, in einer Terminologie von Wildheit und Raub erscheint.

„Aber bald traten Schwierigkeiten auf" (D2, 175), die Menschen mussten stark und wendig werden, um besser an die Nahrungsquellen heranzukommen oder sich gegen Raubtiere zu verteidigen, auch gegen konkurrierende Lebewesen in Gestalt menschlicher Rivalen. Im Grunde bleiben sie Tiere. In einem Prozess der Anpassung an die unterschiedlichen Gebiete, in denen es ihnen gelingt sich niederzulassen, entdecken jene frühen Rassen – oder Urmenschen –, dass die Fülle der Natur ihre Bedürfnisse nicht mehr befriedigen kann. Unmerklich verwandeln sie sich von Sammlern, die sie waren, in Jäger, machen „sich Bogen und Pfeile" (D2, 177) und werden so selbst zu Raubtieren. Dabei lernen sie Kräfte- und Größenverhältnisse einzuschätzen, die das sprachlose Vorbewusstsein in eine „mechanische Klugheit" einbaut, die der Sicherheit des Individuums dient. In einem einzigen Satz wie nebensächlich, jedenfalls wie ein zufälliges Ereignis schnell abgefertigt, ist die Entdeckung des Feuers und der Mittel, es zu unterhalten, in erster Linie dazu da, Wärme zu spenden und dient daneben auch zum Garen von Fleisch. Während die domestizierte Wärme in bestimmten Fällen zum Überleben verhelfen kann, bemerkt Rousseau indes keinen besonderen Vorteil im Verzehr von gegartem statt von rohem Fleisch.

Die Beschreibung der Entwicklungsstufen war gewiss logisch unentbehrlich. Nicht so jedoch die Annahme vom Menschen als einem isolierten Wesen, dessen Fortschritte keinem anderen mitteilbar waren, weil es keine Gesellschaft, jedenfalls keine Sprache gab. Von Anfang an wurde diese offenkundig unbeweisbare Hypothese dem Leser aufoktroyiert als Ausgangspunkt des gedanklichen Experiments, das der *Diskurs* darstellt.

Diese Strategie zielte sicherlich darauf ab, dass weder die biblische Mythologie noch die anthropologische Forschung Einfluss auf die Argumentation nehmen konnten. Denn man konnte sich schon zu Rousseaus Zeit nicht vorstellen, dass der Mensch ursprünglich kein Tier gewesen sei, und zwar ein geselliges. Die abstrakten Modelle, die für Rousseau besonders in diesem *Diskurs*, aber auch im *Emile* und im *Gesellschaftsvertrag* wesentliche Quellen sind, lassen sich nicht verifizieren und sind auf die Dauer eine potentielle Schwachstelle, wenigstens für die Leser, die sich weigern, ihnen Glauben zu schenken.

Eines sollte allerdings klar sein: Das Interesse, das Rousseaus Theorien stets hervorgerufen haben, hängt – hier ebenso wie in seinen anderen politischen Schriften – nicht davon ab, in welchem Maße sie von späteren Forschungen „bestätigt" oder „widerlegt" zu sein scheinen. Und was die im Dunst der Zeiten verschwundene Vergangenheit betrifft, wußte man von ihr im 18. Jahrhundert noch nicht viel, in einer Zeit, die weder die Galaxien, noch die Dinosaurier oder den Homo Sapiens kannte. Dass sich Rousseau aus unserer Sicht mit dieser oder jener Hypothese „geirrt" hat, macht deren Struktur und logische Kraft nicht weniger interessant für künftige Generationen.

Ähnliches gilt für die Konsequenzen seines Denkens. Von der französischen Revolution bis zu den Totalitarismen des 20. Jahrhunderts werden Rousseau seit zweihundert Jahren mehr oder weniger alle möglichen politischen Ideen zugeschrieben. Je nach den Zufällen der Geschichte wird er zum Ahnherren von Robespierre oder von Big Brother erklärt. Kein Denker aber kann die Einflüsse antizipieren oder vollständig verantworten, die man ihm lange nach seinem Tod unterstellt, ebensowenig wie er den künftigen Verlauf der Geschichte vorherzusagen vermag.

7.3 Die Entstehung von Sprache, Familie und Gemeinschaft

Kommen wir zurück auf den *Diskurs*. Dass Rousseau den Menschen ursprünglich als isoliertes Wesen konzipiert, hängt damit zusammen, dass dies ihm die Gelegenheit gibt zu ausgedehnten und recht verschlungenen Untersuchungen über die Herausbildung der Sprache und erster kollektiver Institutionen, Untersuchungen, die im *Versuch über den Ursprung der Sprachen* fortgesetzt werden. Die Entwicklung der Sprache ist bis heute eine keineswegs geklärte Angelegenheit, wobei der aktuelle Forschungsansatz die biologische Herausbildung der Stimmorgane berücksichtigt, die damals offenbar nicht in Betracht kamen, wenngleich geologische Veränderungen unter Umständen einbezogen werden (D2, 185–187). Zudem hat das Niveau des vorsprachlichen Wissens, das Rousseau dem Naturmenschen zugesteht, den Nachteil, nicht formulierbar, ein bloßes „Vorgefühl" zu sein.

Zwar setzt Rousseau, der sich nicht in einen religiösen Streit über die Erschaffung des Menschen verwickeln lassen will, die menschliche Gattung als bereits fertig ausgebildet voraus, verzichtet aber darauf darzulegen, auf welche Weise sie dazu gekommen sein mag. Schon indem er „unzählige Jahrhunderte" (D2, 181) allein für den eigentlichen Sozialisationsprozess veranschlagt, verschmäht er die allgemein akzeptierte (und theologisch einzig sanktionierte) Theorie, nach der die Erschaffung der Welt vor ungefähr sechstausend Jahren stattgefunden habe. Zu Rousseaus Zeit ist die Auffassung von der Unveränderlichkeit der Arten bereits deutlich geschwächt. Einige Autoren, namentlich Buffon und Diderot, reden gern von einem fortwährend in Veränderung begriffenen Tierreich. Für Rousseau jedoch ist das Auftauchen der menschlichen Gattung nicht nur ein unlösbares Problem, sondern eines, das nicht zu seinem Thema gehört.

Dem „entstehenden Menschen" hätte es jedenfalls nichts genützt, Gedanken zu formulieren, solange die Begegnungen – verursacht durch gemeinsame, wenn auch flüchtige Interessen – „seltene Gelegenheiten" blieben, die „niemanden verpflichteten" (D2, 179). Für das wenige, das man einander mitteilen musste, genügten einige Gesten, einige „unartikulierte Schreie" wie bei Krähen oder Affen. Allmählich, im Lauf einer – wie Rousseau einräumt – schwer zu rekonstruierenden Entwicklung, zu der er auch die Lautmalereien („einige nachahmende Geräusche") zählt (D2, 181), gelangen die verschiedenen Menschenansammlungen zu rohen, unvollkommenen Sprachen, „ungefähr solche, wie verschiedene wilde Nationen sie heute noch haben." (D2, 181) So also trifft man – im Handumdrehen, denn Rousseaus Erzählung können nicht als eine veritable Anthropologie gelten– heutzutage bei den „Naturvölkern" die lebenden Abkömmlinge eines Zeitalters an, das von der fortgeschrittenen Welt weit in die Vergangenheit verwiesen wird. An bestimmten Orten treffen die Gegensätze „zivilisiert" und „prähistorisch" aufeinander. Freilich muss man hinzufügen, dass der Ausdruck „rohe", „unvollkommene" Sprache in der Begrifflichkeit der modernen Linguistik unzulässig ist.

Seine Überlegungen, beeinflusst von einer aus dem vorherigen Jahrhundert überkommenen Denkströmung, wie sie auch der Abbé Du Bois und vor allem Condillac in seinem *Essay über den Ursprung der menschlichen Erkenntnisse* (1746) vertreten haben, wird Rousseau im *Versuch über den Ursprung der Sprachen* (1759) dann weiter entwickeln. Dieser Essay war ursprünglich ein Anhang des *Zweiten Diskurses*, den er dann aber, weil er „den Rahmen sprengte" zu einer gesonderten Schrift ausarbeitete (siehe dazu das Vorwort von 1763, OC V, 373).

Rasch durcheilt Rousseau die Entwicklung einfacher Werkzeuge und ihres Gebrauchs zum Bau von Wohnstätten (D2, 181), die deren Besitzer sofort zu verteidigen imstande sein müssen. Prompt hat diese „erste Revolution" „die Gründung und die Unterscheidung von Familien" zur Folge. Die kausalen Zusammenhänge sind hier verschwommen. Waren es nicht bereits Familien, die sich zunächst in Höhlen zurückgezogen und gemeinsam gejagt hatten? Die Einbuße der ursprünglichen Einsamkeit ist entscheidend, aber im Grunde nicht nachweisbar; die Familie existiert, jedoch können wir Rousseau zufolge nicht wirklich wissen, wie sie sich notwendigerweise herausgebildet hat.

Ein weiteres Beispiel für das geschickte Ausweichen einer möglichen Präzisierung ist der folgende Satz: „Die ersten Entwicklungen des Herzens waren das Ergebnis einer neuen Situation, [...] die Gewohnheit zusammen zu leben, ließ die süßesten Gefühle, welche die Menschen kennen, entstehen." (D2, 183) Betrachtet man diesen Satz über die Entstehung gefühlsmäßiger Bindungen genauer, sieht man, dass er sich nach dem Schema: B war die Wirkung von A; A verursachte B, paraphrasieren lässt. Die Eleganz des Chiasmus lässt unbemerkt durchgehen, dass die beiden Satzglieder denselben Inhalt haben, wodurch A ohne Erklärung und sozusagen ohne Grund bleibt.

Das Auftauchen der Familie wie der Liebe erscheint somit als Zufall, aber der Text geht weiter, als hätte die Argumentationskette keine Unterbrechung erfahren. Dies ist eine Folge der von Rousseau angewandten Methode. Über Ursachen lässt sich nur dann wirklich reden, wenn man historisch vorgeht. In einer reinen Gedankenkonstruktion stellt man höchstens eine gewisse logische Verknüpfung her, die unbeweisbar und zugleich unwiderlegbar ist. Nun ist aber das Thema des *Diskurses* der Ursprung von etwas, das bedeutet, dass Rousseau irgendwann für den Punkt, auf den es vor allem ankommt, eine Kausalbeziehung festlegen muss, sonst ist der Titel nicht gerechtfertigt und die Abhandlung hängt in der Luft.

Man versteht also, dass für Rousseau die Herausforderung, sich am Wettbewerb der Akademie von Dijon zu beteiligen, beträchtlich war: Wie lässt sich eine gewisse innere Stringenz durchhalten, wenn in der Darlegung nichts beweisbar ist? Man ist genötigt, mitunter fadenscheinige Argumente zuzulassen und in einem Handstreich rasch durchzubringen. Und man verankert den Bericht in Etappen, die, obgleich unbeobachtet, stattgefunden haben müssen, da sich ihre Realität aus der Gegenwart deduzieren lässt: Es gibt Werkzeuge, also mussten die Menschen Werkzeuge erfunden haben; es gibt Sprachen, also mussten sie zu einem bestimmten Zeitpunkt entstanden sein, usw. So beweist man immerhin eine ganze Reihe im Grunde unleugbarer Dinge, die einem Diskurs über Ursprünge als Gerüst dienen können.

Wäre der Platz, den Rousseau seit drei Jahrhunderten in der Geistesgeschichte einnimmt, von der Glaubwürdigkeit seiner Theorie über die Ursprünge des Menschen abhängig, hätte man ihn längst vergessen. Die Ableitung der Phasen der Zivilisation, ausgehend von isolierten und autonomen Menschen, ist schlicht unhaltbar. Aber sie ist auch nicht das Wesentliche. Im Wettbewerb von Dijon ging es nicht um die Anfänge der Menschheit, sondern um das Fortbestehen der Ungleichheit bis heute. Was zählt, ist die Gegenwart. Anders gesagt: Wie kommt es, dass noch immer so viele Ungleichheiten in den Gesellschaften bestehen? Rousseau geht davon aus, dass die die gegenwärtige Ungleichheit aus einer früheren Ungleichheit herrühren muss. Diese ist, das ist seine tiefste Überzeugung, und darin ist er ganz Aufklärer, gesellschaftlich bedingt, wie all die Übel, die die Menschen plagen. Unter diesen Prämissen wird seine Methode plausibel, auf eine historisch und logische Vorstufe zurückzugehen.

Aber zurück zum Text. Wir befinden uns nun in einer Welt, die von Familien bevölkert wird. Sie wohnen in Behausungen, die bereits „eine Art von Eigentum" (D2, 181) darstellen und als solches unweigerlich Streit um Land nach sich ziehen. Ziemlich rasch ist man so wieder beim Anfang des zweiten Teils, als der Mensch endgültig aus seiner solitären Existenz heraustrat und eine Quelle der Streitigkeiten mit anderen seiner Art entdeckte, die bis zu „einem sehr heftigen Kampf" gehen konnten. Es fällt einem hier wie überall im *Zweiten Diskurs* das Vorherrschen des Wortes erster auf: „Der erste, der", „das erste Gefühl", „der erste Schritt", „die ersten Bedürfnisse" usw. Dabei handelt es sich gewiss nicht um eine Chronologie im strengen Sinne, vielmehr um eine logische Abfolge: Aus bestimmten Veränderungen erwachsen notwendig bestimmte Folgen.

Fortan ist alles gemeinsam. Die Familie, auch wenn sie relativ autonom und isoliert bleibt, ist eine Gesellschaft in sich (D2, 183). Die Häuslichkeit führt nicht nur zu einem gefühlsmäßigen Zusammenhalt, sondern auch zu einer Ausdifferenzierung der Geschlechterrollen. Einmal mehr werden die Gründe dafür nicht explizit benannt, vielmehr einer eminent natürlichen Unterschiedlichkeit zugerechnet, wie Rousseau sie später im fünften Buch des *Emile* beschreiben wird. Allein dadurch, dass sie das Kind nährt und eine Zeit lang bei sich behält, was eine Art „Sesshaftigkeit" begründet, unterscheidet sich die Frau vom Mann.

Die Organisation in Familien, deren Dasein immer noch sehr einfach, aber weniger hart ist, erlaubt eine gewisse Annehmlichkeit oder ein, wie Rousseau sagt, „wenig weichlicheres Leben" (D2, 183); die Sitten werden milder, die Wildheit nimmt ab, die die Männer zur Verteidigung ihrer selbst oder der Gruppe befähigte. Das Wort „bequem" ist hier höchst aufschlussreich. Es ist die „Bequemlichkeit" – ein Mangel an muskulärer und moralischer Spannkraft –, die bei Rousseau die Menschheit kennzeichnet, die den virilen Naturzustand eingebüßt hat, und die noch die Dekadenz unserer modernen Welt ausmacht. Zwar kann man, wenn „jeder für sich weniger geeignet wurde, mit den wilden Tieren zu kämpfen" (D2, 183), auf der Ebene der Gattung dieses individuelle Defizit kompensieren durch die gemeinsame Bewältigung der Aufgaben. Das heißt, dass eine gewisse Bequemlichkeit nicht unbedingt gleich von Übel ist, kann sie doch durch kollektive Stärke ausgeglichen werden. Doch in einem späteren Stadium wird jene „Bequemlichkeit" zum Verhängnis, nicht für das Individuum, wohl aber für die menschliche Gattung.

Hier besteht ein Zusammenhang, der direkt kausal und, wie es scheint, auch zeitlich eng ist: der Punkt nämlich, an dem die Menschen „fortfuhren, den Körper und den Geist zu verweichlichen", indem sie Muße und „Bequemlichkeiten entdeckten. Bei zwar immer noch „sehr begrenzten" Bedürfnissen haben sie dennoch reichlich Muße, die sie mit neu erfundenen Aktivitäten füllen. Das ist eine Falle, denn der Luxus, an den man sich gewöhnt, wandelt sich zum Bedürfnis. Der Mensch ist gewissermaßen eine Stufe höher gestiegen und gleich zum Gefangenen geworden, daher spricht Rousseau vom „ersten Joch", das sich der Mensch selbst auferlegt hat (D2, 183–185).

Rousseau führt ferner aus, dass wahrscheinlich die Abtrennung von Inseln, auf denen bislang verstreute Gruppen zusammenrückten, die Herausbildung verschiedener Sprachen begünstigt hat (D2, 185/187); vielleicht seien Idiolekte, die sich lokal am schnellsten entwickeln, dann auch regional zu einem gemeinsamen Idiom verschmolzen. Damit bringt er zwei Gedanken ins Spiel, die traditionellen Auffassungen klar widersprechen und zeigen, dass er in diesem Punkt ins

Lager der Modernen gehört. Zum einen besaß nach biblischer Überlieferung die Sprache nur einen Ursprung, den göttlichen, da ja Gott im Garten Eden mit Adam und Eva gesprochen hat und unterschiedliche Sprachen erst nach der Zerstörung des Turms von Babel entstanden sind. Dies erwähnt Rousseau mit keinem Wort, zudem besitzt sein frei durch die Wälder streifender Mensch keinerlei Ähnlichkeit mit Adam. Zum zweiten nimmt Rousseau an, dass starke geologische Veränderungen schon in der Anfangszeit der menschlichen Gattung stattgefunden haben (D2, 185). Hier stimmt er mit Buffon überein, dessen *Historie und Theorie der Erde* 1749 erschienen war. Die Entstehung der Inseln durch Loslösung vom Festland ist für Rousseau ein Phänomen, das die durch Trennung begünstigte Entwicklung bestimmter Sprachen erklären hilft. So waren es wohl die Bewohner solch verstreut liegender Orte, die später bei ihren Seefahrten zum Festland Sprachen mitbrachten, die bis dahin unbekannt oder wenigstens weniger entwickelt waren. Im *Versuch über den Ursprung der Sprachen*, den Rousseau um die Zeit begann, als er den *Zweiten Diskurs* verfasste und der zu seinen Lebzeiten unveröffentlicht blieb, werden einige dieser Fragen ausführlicher erörtert.

Da sich bei einer an Überraschungen und Zufällen derart reichen Geschichte nicht alle Aspekte gleichzeitig behandeln lassen, ist Rousseau – wie jeder Historiker – häufig zu Rückgriffen genötigt, um einen Parallelvorgang zu erklären. Daher ist ein Satz, der mit „Die Menschen, die bis dahin in den Wäldern umhergeschweift waren," (D2, 187) beginnt, obwohl sie die doch seit langem verlassen haben mussten, weder ein Widerspruch noch ein Zeichen von Konfusion. Es ist auch nicht so, dass Rousseau sich wiederholt oder seine Chronologie durcheinanderbringt, vielmehr braucht man solche Anschlüsse in jedem nicht einfach fortlaufenden Bericht. Unser Gesichtspunkt hat sich verlagert, denn wir befinden uns inzwischen in einer relativ konzentrierten Welt, die man vorläufig schon eine „Nation" nennen kann, definiert nicht nur durch gleiche Umweltbedingungen, sondern auch durch die Einheit der „Sitten und Charaktere".

Man hat gesehen, wie die ersten Hütten den Neid der Nachbarn und damit den Konflikt mit ihnen provozierten (D2, 181–183). Ein analoger Vorgang spielt sich bei den sexuellen Trieben ab. Man stellt Vergleiche an, man spürt seine Vorlieben, man fängt an zu lieben. Man wähnt sich in einer Idylle, aber weit gefehlt, um ein Haar kann die Liebe „zu einer heftigen Raserei", kann „beim geringsten Widerstand" das Sanfte schrecklich werden, führt ein „zärtliches und süßes Gefühl" (D2, 187–189) rasch zum Tode. Je mehr sich die Gemeinschaft festigt (namentlich durch Gesang und Tanz, die Vorläufer des Festes), desto stärker tritt bei manchen eine Überlegenheit (an Schönheit, Kraft, Geschick, Beredsamkeit) hervor und desto mehr vergleicht man sich untereinander, wobei einige „geachtet", das heißt von den anderen abgehoben werden; „und das war der erste Schritt hin zur Ungleichheit und gleichzeitig zum Laster" (D2, 189). Damit sind wir wieder beim eingangs untersuchten ersten Satz des zweiten Teils dieses *Diskurses*.

7.4 Ungleichheit und Laster

Die Ungleichheit ist, zumindest in der Terminologie der Preisfrage der Akademie zu Dijon, nicht zwangsläufig ein Übel, aber sie geht einher mit der Tendenz zum Laster. Rousseau nennt vier Laster: Eitelkeit und Geringschätzung auf Seiten der vermeintlich Überlegenen, Scham und Neid bei den weniger Begünstigten. Diese Laster entspringen direkt dem Prinzip der Ungleichheit. Zur Bezeichnung von Ursache und Wirkung bedient Rousseau sich hier der Sprache der Chemie: „und die Gärung, die durch diese neuen Gärstoffe verursacht wurde, brachte schließlich Zusammensetzungen hervor, die für das Glück und die Unschuld unheilvoll waren" (D2, 189). Eine materialistische Argumentation? Nun war Rousseau, was manchen Leser erstaunen mag, bis zu einem gewissen Grad Materialist und hatte, wie es im neunten Buch der *Bekenntnisse* heißt, den Plan zu einem – nicht vollendeten – Werk mit dem Titel: „Die Moral der Empfindung oder der Materialismus des Weisen" (B, 404).

Die genannten Laster sind jedenfalls weder willkürlich entstanden noch rückgängig zu machen. In der Symmetrie der Wirkungen ist das Gegenstück des Ansehens die Missachtung. Beide beruhen auf subjektiven Wahrnehmungen. Ebendieser Mechanismus ist zutiefst unheilvoll. Der Mensch, der einst die Natur und die anderen Geschöpfe beobachtete, beobachtet nun sich selbst und sieht sich beobachtet. Das Scheinen, den ersten Menschen unbekannt, schleicht sich weit in das Verhalten ein und verdrängt das Sein. Schließlich ist das Ansehen nicht mehr von den wahren Qualitäten zu unterscheiden. Nunmehr will jeder geachtet werden, und die „Pflichten des geselligen Betragens" (D2, 191), die zu annähernd gleicher Rücksicht auf alle führen, ebnen die Unterschiede im Verhalten ein. Diese Höflichkeit ist im Grunde eine Lüge, aber sie zu verletzen wäre noch schlimmer. Im Ergebnis achten die Menschen dann sehr auf jede noch so geringfügige Kränkung, die sie erfahren, und sind sofort bereit, sie zu rächen.

Mit dem Aufkommen des Scheinens befindet man sich, wie Rousseau hervorhebt, „präzise" zwischen „den meisten wilden Völkern, die uns bekannt sind" (D2, 191) und den modernen Europäern, in gleichem Abstand zum instinkt- und zum vernunftgeleiteten Menschen. In diesem Stadium ist der Mensch nicht mehr ganz der eine und noch nicht der andere. Rousseau bleibt sehr zurückhaltend, eine Bestimmung oder gar Bestätigung der von ihm beschriebenen Merkmale aus den Berichten von Reisenden zu beziehen. Er misstraut ihnen. „Ich habe mein Leben damit verbracht, Reiseberichte zu lesen, aber niemals zwei gefunden, die mir von dem gleichen Volk die gleiche Vorstellung vermittelt hätten", heißt es später im fünften Buch des *Emile* (E, 899).

Rousseau bedient sich starker Ausdrücke. Obwohl er keine Bewunderung für die Menschen auf dieser Stufe hegt, denen er die „Stupidität des Viehs" (D2, 191) attestiert, und die er auch nicht als wirklich glücklich ansieht, graut ihm dennoch vor der künftigen Bedrohung durch das „unheilvolle" Licht der Vernunft. Rousseau ist der einzige Philosoph seiner Zeit, der ein solches Oxymoron außerhalb eines theologischen Rahmens (die falsche Vernunft, die sich gegen den Glauben richtet) ausspricht. Dabei stellt er sich nicht generell gegen die Vernunft (sein Diskurs ist schließlich eine gut durchdachte Abhandlung), jedoch habe sie alles in allem der Menschheit mehr Schlechtes als Gutes gebracht, so das Fazit des *Diskurses über die Wissenschaften und Künste*.

Ein weiterer wichtiger Gesichtspunkt ist die Rolle, die das natürliche Mitleid spielt, eine Art Begleiterscheinung der ursprünglichen Unschuld, wie er schon im ersten Teil des *Diskurses* (D2, 143–145, 149–151) darlegt, sowie das Fehlen jeglicher Vergeltungssucht, bevor das Privateigentum institutionalisiert wurde.

Der zweite Teil des *Diskurses* nimmt am Schluss die Überlegungen des ersten im Wesentlichen wieder auf und endet mit etwa derselben Schlussfolgerung. Da die Menschen im Naturzustand autonom lebten, ist der Übergang zum gemeinschaftlichen Leben ein Punkt, an dem es kein Zurück mehr gibt. In Gestalt der „Repressalie" (D2, 203) entsteht ein neues System zwingender Beziehungen, das Rousseau an eine gleichsam natürliche Moral bindet. Auch wenn es noch keine Justiz gibt, wirkt implizit bereits die Furcht vor Strafe, die die Unterwerfung unter das Gesetz, sogar präsumtiv, sichert. Obgleich Rousseau den zivilen Gehorsam hier nicht auf den Gottesglauben gründet – die Religion war noch nicht erfunden –, wie er es am Schluss des vierten Kapitels im *Gesellschaftsvertrag* tun wird, handelt es sich sehr wohl um die Annahme eines mit Strafe drohenden Rechts, um die dem Menschen innewohnende Gewalttätigkeit zu zähmen.

An diesem zutiefst christliche Thema der gesellschaftlichen Funktion von Urteil und Strafe (besonders im Jenseits), des Zügels, ohne den nur Chaos herrschen würde, hält fast die Gesamtheit der damaligen Philosophen fest, mit Ausnahme eingefleischter Materialisten wie d'Holbach, der andere Grundlagen für die Moral in den durch Zivilstrafen ausgeübten Kräften der Überzeugung und Abschreckung sucht. Mochte auch Bayle geltend machen, dass die Existenz Gottes nichts mit Moral zu tun hat, trug doch Locke den Sieg davon, der in seinem *Brief über Toleranz* (1689) bestreitet, dass man selbst denjenigen Toleranz gewähren könne, die unfähig zu moralischer Verpflichtung seien, weil sie nicht an Gott glauben. Sogar so wenig religiöse Denker wie Voltaire und Rousseau halten daran fest, dass wenigstens die Massen nicht zuverlässig zu zügeln seien ohne jenes Mittel metaphysischer Kontrolle, das Marx dann Opium des Volkes nennt.

Zwischen dem Anfang und dem Ziel ihres Weges gelangt die Menschheit in einen Zustand des Gleichgewichts, den Rousseau in verschiedenen Ausdrücken als „rechte Mitte" (D2, 193) beschreibt, und der aufgrund seiner strukturellen Stabilität lange Zeit gedauert haben muss. Dies ist der Entwicklungsstand der sogenannte „Wilden", etwas ganz anderes als der Naturzustand, über den sie schon hinaus sind. Den Weg dorthin zurück gibt es für die Gattung nicht mehr, aber auch nichts treibt sie weiter voran. Die Endzeit jener virtuellen Alternative weist indes schon die Schräglage auf, die den Diskurs zu seiner letztlich fatalen Schlussfolgerung führt: Die „Indolenz des anfänglichen Zustandes" kann es im Negativen nicht mit „der ungestümen Aktivität unserer Eigenliebe" (D2, 193) aufnehmen, die auf den künftigen Weg verweist; nur aufgrund eines „unheilvollen Zufalls" konnte der Mensch den „anfänglichen Zustand" verlassen haben. In gewisser Hinsicht ist der ganze Diskurs auf den Punkt hin geschrieben, an dem Zukunft möglich wird – wenn auch im Grunde bedauerlicherweise. Nach dem Eintreten jenes „Zufalls" steht die Zukunft des Menschen unter einem doppelten Zeichen: dem falschen Glanz von Fortschritt und Freiheit in der „Vollendung des Individuums", die trügerisch ist, weil sie mit einer tatsächlichen Verschlechterung einhergeht und dem im gesamten übrigen *Diskurs* dargestellten „Verfall der Art" (D2, 195). Die Menschheit habe, bemerkt Michel Delon, „von der Einführung des Privateigentums an die [Vervollkommnung] auf negative Weise verwirklicht. Sie hat sich in fortschreitender Negation der Natur entwickelt" (Delon, 646).

Hinzu kommt, dass der Zustand des Gleichgewichts eine Gesellschaft praktisch unabhängiger Individuen voraussetzt, in dem Maße, dass ein jeder sämtliche für das Überleben wichtigen Tätigkeiten beherrsche und notfalls kraft seiner Hände Arbeit überleben konnte. Was bedeutet, dass einer dem anderen so gut wie gleich war. Erst die Differenzierung der Aufgaben, zweifellos entscheidend, um die Urgesellschaft zu dem zu befördern, was Zivilisation heißen kann, hat die Gleichheit endgültig untergraben.

Aus dem Französischen übersetzt von Brigitte Burmeister

Literatur

Delon, M. 1996: État de nature, in: R. Trousson/F. Eigeldinger (Hrsg.): Dictionnaire de Jean-Jacques Rousseau, Paris, 645–647.
Locke, J. 1967: Zwei Abhandlungen über die Regierung, übers, von H. J. Hoffmann, hrsg. und eingeleitet von W. Euchner, Frankfurt a.M.

Soubbotnik, M. 1992: Ceci est à moi, in: Révue de synthèse, 113/3–4, 459–480.
Starobinski, J. 1989: Vorwort zu Jean-Jacques Rousseau: Essai sur l'origine des langues. in: R. A. Leigh (Hrsg.): Rousseau after Two Hundred Years, Cambridge University Press, 263–297.
Starobinski, J. 2012: Rousseau et l'éloquence, in: ders., Accuser et séduire, Paris, 100–115.
Taine, H. 1863: Histoire de la littérature anglaise, Paris.

Antonio Gomez Ramos
8 Der Übergang zur bürgerlichen Gesellschaft
Zweiter Diskurs, zweiter Teil (D2, 195–215)

Wäre der *Zweite Diskurs* eine Untersuchung über den Ursprung des Bösen, wie manche Autoren es interpretieren (Neuhouser 2012, 11), so hätte der Leser Schwierigkeiten zu sagen, zu welchem genauen Zeitpunkt dieses Böse und somit das Unglück unter den Menschen seinen Anfang genommen hat. Rousseau verfährt mit der Geschichte der Menschheit ähnlich, wie er mit der eigenen Lebensgeschichte umgeht. Jean Starobinski hat darauf aufmerksam gemacht, wie Rousseau in seine politischen und sozialen Schriften die Komplexität der eigenen Persönlichkeit projiziert hat. Irgendwie erzählt er auch sein eigenes Leben, wenn er die Genese der Gesellschaft darstellt. Im *Zweiten Diskurs* „benutzt er seine persönliche Erfahrung, überwindet sie und bringt sie auf das Allgemeine" (Starobinski 1964, XLVIII).

So wird in den *Bekenntnissen* die kommende Katastrophe seines Lebens vorhergesagt, ohne dass dem Leser ganz klar wird, ob diese schon eingetreten ist, wenn er sich einen Schritt weiter aus dem gesellschaftlichen Leben zurückzieht, bis dann endgültig der Haftbefehl vom Pariser Parlament erlassen wird und Rousseau in die Verbannung geht. Auf ähnliche Weise wird im *Diskurs über die Ungleichheit* der verhängnisvolle Ausgang aus dem Naturzustand wiederholt angekündigt, bevor die Katastrophe der Menschheitsgeschichte später im Text folgt. Nicht so sehr deswegen, weil die Katastrophe nur allmählich aufkeimt, sondern auch und vor allem, weil sie rückblickend die Menschen jederzeit zu bedrohen schien.

Nach der ersten Zeile des zweiten Teils des *Diskurses* beginnt das menschliche Unheil in dem Moment, wo jemand „ein Stück Land eingezäunt hatte und es sich einfallen ließ zu sagen: *dies ist mein* und der Leute fand, die einfältig genug waren, ihm zu glauben" (D2, 173). Aber sofort danach erklärt Rousseau, dass eine Vorstellung des Eigentums „von vielen vorausliegenden Vorstellungen abhängt." Das heißt also, die erzählerische Kunst Rousseaus hat etwas vorweggenommen, was noch nicht stattgefunden hat.

Denn diejenigen Vorstellungen, die das Privateigentum voraussetzt, sind bereits im zweiten Naturzustand des „goldenen Zeitalters" nach und nach entstanden. Eine wesentliche Voraussetzung ist dabei die „Eigenliebe" (amour propre). In der aus der kollektiven Arbeit und dem Zusammenleben resultierenden Muße, wo sich Männer und Frauen zum Tanzen und Singen zusammentrafen, begann jeder, „die anderen zu beachten und selbst beachtet zu werden, und die öffentliche Wertschätzung hatte einen Wert" (D2, 189). So haben sich Scham und Neid, Eitelkeit und Geringschätzung gebildet, und damit die Gärstoffe, aus denen das spätere Unglück der Menschen hervorging. In dem Zustand, den Rousseau selbst „die wahrhafte Jugend der Welt" (D2, 195) nennt, war schon im Keim vorhanden, was den Menschen später das größte Leid zufügte. Das Menschengeschlecht, so Rousseau, war für dieses frühere Stadium geschaffen; es hätte darin für immer verbleiben können. Erst danach hat die „große Revolution" (D2, 197) stattgefunden. An dieser Stelle ist derjenige Punkt überschritten, an dem die Menschen unwiderruflich in die soziale Ungleichheit und damit in die gegenseitige Abhängigkeit und Sklaverei geraten. Dies ist der Übergang in die bürgerliche Gesellschaft.

Das Entscheidende dieser Umwälzung ist jedoch weder das Einzäunen eines Landstücks, also die zufällige Handlung eines Einzelnen, noch die komplexe Psychologie der Eigenliebe, sondern die Arbeitsteilung. Die Menschen widmen sich nicht mehr Arbeiten, die ein einzelner bewältigen kann. Der eine benötigt die Hilfe eines anderen, und „sobald man bemerkte, dass es für einen einzelnen nützlich war, Vorräte für zwei zu haben, verschwand die Gleichheit, das Eigentum kam auf, die Arbeit wurde notwendig und die weiten Wälder verwandelten sich in lachende Felder, die mit dem Schweiß der Menschen getränkt werden mussten und in denen man bald die Sklaverei und das Elend sprießen und mit den Ernten wachsen sah" (D2, 195/197).

Mitten in den zweiten Teil des *Zweiten Diskurses* fällt also diejenige Zäsur, an der sich die Menschheit von der Natur endgültig trennt. Vielleicht spiegelt sich hier nochmals der Lebenslauf Rousseaus in der Geschichte der Menschheit wider, wenn auch diesmal spiegelverkehrt. Für das Individuum Rousseau bedeutete die biographische Katastrophe eine Verbannung in die Einsamkeit und den Ausschluss aus der Gesellschaft. Die menschliche Gattung hat mit der katastrophalen Wende die Gegenrichtung eingeschlagen. Zwar werden die Menschen durch die Eigenliebe individualisiert, aber sie werden trotzdem unfähig, einsam zu leben, und bleiben an die eisernen Ketten der Gesellschaft gebunden. Jeder von ihnen wird am eigenen Körper und an der eigenen Seele unter den Übeln leiden, die Rousseau selbst bei seiner Gesellschaftsflucht vermeiden wollte. Der gesellschaftliche Mensch mag der verdorbene Naturmensch sein; er ist aber auch der Mensch, der Rousseau nicht sein will, auf welchen er sein eigenes Leiden projiziert.

Diese Parallelen und Kreuzungen von Rousseaus Leben und der Geschichte der Menschheit sind insofern interessant, weil in der „Revolution", die den Abschied vom Naturzustand und den Anfang der bürgerlichen Gesellschaft markiert, sowohl naturalistische als auch moralpsychologische Faktoren ins Spiel kommen. Werden die naturalistischen Faktoren mehr oder weniger kausal erklärt, sind die moralpsychologischen Faktoren aus der Kritik der gegenwärtigen Gesellschaft und aus den eigenen Lebenserfahrungen Rousseaus zusammengesetzt. Das alles muss man in Betracht ziehen, wenn man Rousseaus Darstellung des katastrophalen Ausgangs aus dem Naturzustand analysieren will.

Die Zäsur in der Menschheitsgeschichte, wie oben erwähnt, wurde unmittelbar von der Arbeitsteilung verursacht, die weder psychologisch noch moralisch zu erklären oder zu beurteilen ist. Sie verband sich aber mit der Eigenliebe, die die Menschen schon im zweiten Naturzustand entwickelt haben und die sie vom Tierreich unterscheidet. Diese Eigenliebe aber, die so wesentlich zum Menschen gehört und das gesellschaftliche Leben so negativ beeinflusst, kennt Rousseau aus der Erfahrung im Umgang mit seinen Zeitgenossen und mit sich selbst. Mit dem Blick auf beide Seiten gerichtet, können wir jetzt die Erzählung vom Ende des goldenen Zeitalters über die Entstehung der sozialen Ungleichheit bis zur Schaffung der widerrechtlichen Institutionen verfolgen.

8.1 Der unheilvolle Zufall

Wenn Rousseau die Menschheitsgeschichte mit dem Bösen anfangen lässt, bedeutet das für ihn jedoch nicht, dass der Mensch von Natur aus schlecht sei. Wie Starobinski feststellt, ringt Rousseau dabei mit einem Widerspruch: Einerseits behauptet er, dass der Mensch gut sei. Andererseits wiederholt er immer wieder, dass in den Händen des Menschen alles verderben könne (Starobinski 1983, 31). Sofern man den Widerspruch, wenn nicht lösen, so doch wenigstens handhaben kann, ist in den ersten Sätzen die Erklärung für die Entstehung der Ungleichheit zu finden.

Aufschlussreich ist, wie Rousseau die Entstehung der gesellschaftlichen Arbeitsteilung erklärt, aus der er das Privateigentum hervorgehen lässt. Die beiden Seiten Ackerbau und Metallbearbeitung hängen wechselseitig voneinander ab: Der Ackerbau konnte sich nur dank der Metallbearbeitung entwickeln, indem der Bauer seine Produkte gegen die Geräte des Handwerkers austauschte. Und die Metallbearbeitung diente am Anfang nicht etwa der Herstellung von Waffen, sondern von Ackergeräten. Rousseau verrät jedoch nicht, welche der beiden Techniken zuerst erfunden wurde. Wohl aber macht er deutlich, dass beide Entdeckungen auf sehr unterschiedliche Weise zustande kamen.

Der Ackerbau ist nach Rousseau auf eine natürliche Weise entstanden. Er wurde nach Prinzipien betrieben, die schon seit langem bekannt waren. Die Menschen mussten nur den Weisungen der Natur folgen. So war es kaum vermeidlich, dass die Menschen „nicht ziemlich rasch eine Vorstellung von den Wegen hatten, welche die Natur zur Erzeugung der Pflanzen einschlägt" (D2, 199).

Die Metallurgie hingegen wurde infolge eines „unheilvollen Zufalls" (D2, 193) entdeckt. Das Eisen kennenzulernen und zu gebrauchen, folgte nicht aus der alltäglichen Erfahrung; man sollte eher vermuten, dass ein neugieriger Beobachter eines Vulkans auf die Idee kam, auf ähnliche Art metallische Stoffe zu schmelzen. Anders als beim Ackerbau lag diese Erfindung nicht im Sinne der Natur. Im Gegenteil, Rousseau behauptet sogar, „dass die Natur Vorkehrungen getroffen hatte, um uns dieses verhängnisvolle Geheimnis zu verbergen" (D2, 199). Der Zufall machte sich also zuerst in der Metallurgie bemerkbar; dank der Eisengeräte war der Mensch fortan imstande, nicht nur Früchte von den Bäumen und von der Erde zu sammeln, sondern Getreide und Gemüse anzubauen. Auf diese Weise entstand ein Überschuss an Lebensmitteln, der die Arbeitsteilung dauerhaft ermöglichte.

Nicht Gold und Silber, sondern Eisen und Getreide haben die Menschen zivilisiert und das Menschengeschlecht ins Verderben geführt – das ist der Ausgangpunkt, den Rousseau dem Dichter Lukrez entgegenstellt. Wie wir heute wissen, widerspricht diese spekulative Rekonstruktion dem tatsächlichen Verlauf der Dinge. Merkwürdigerweise hat Rousseau die Weidetierhaltung unberücksichtigt gelassen, während die neolithische Revolution, die den Ackerbau und die Sesshaftigkeit einführte, der Bronzezeit mehrere tausend Jahre vorausging. Entscheidend ist aber, wenn man die Kausalkette rekonstruiert, in der sich die objektiven Lebensbedingungen der Menschheit grundsätzlich geändert haben, dass eine komplexe Kombination von Faktoren im Spiel ist. Dies wird im Folgenden gezeigt.

Wenn jeder für sich allein arbeitet, seine Hütten baut und seine Kleider aus „Häuten mit Dornen oder Gräten" näht und seine Bogen und Pfeile vervollkommnet, lebt er zwar „frei, gesund und glücklich", aber bescheiden; außerdem genießt er „die Süße eines unabhängigen Verkehrs" (D2, 195). Wie man dann unabhängig in einer Gesellschaft zusammen mit anderen Menschen lebt, von denen man zumindest affektiv, aber auch materiell abhängt, ist vielleicht das größte Problem, das sich Rousseau stellt (Neuhouser 2012, 487). Diese Unabhängigkeit geht dem Menschen in den ersten Stadien der großen Umwälzung verloren. Doch sobald mehrere miteinander kooperieren, wird die landwirtschaftliche Arbeit produktiver. Die durch die kollektive Arbeit erfolgten Produktionsüberschüsse führen zur Arbeitsteilung.

Rousseau lässt hier offen, wieso jemand „Vorräte für zwei" hat. Auf jeden Fall setzt der Ackerbau einen Sinn für „Vorsorge" (précaution) voraus, die dem wilden Menschen, der direkt die Früchte von der Erde aufliest, fern liegt. Wie aber diese Geistesverfassung, die imstande ist, „erst einmal etwas zu verlieren, um in der Folge viel zu gewinnen", entstanden ist, kann man wohl nur schwer erklären (D2, 201). Rousseau lässt vermuten, dass eine gewisse Knappheit an Früchten der Erde diesen Sinn für Vorsorge erweckte. Wer aber vorgesorgt hat, kann andere

Menschen zwingen oder zumindest überzeugen, für ihn zu arbeiten, und setzt dadurch der ursprünglichen Gleichheit ein Ende.

Im Unterschied zur Landwirtschaft erfordert, wie Rousseau anmerkt, die Metallurgie noch mehr „Mut und Voraussicht", um „eine so mühsame Arbeit zu beginnen, und so weit im vornhinein die Vorteile ins Auge zu fassen, die sie daraus ziehen konnten – was wohl nur Geistern entspricht, die schon geübter sind, als jene es gewesen sein müssen" (D2, 199). Bei allen anderen Techniken, die ebenfalls für den Ackerbau nötig waren, kann man sich etwas Ähnliches denken. Aus dieser Vorsorge, die ein Vorausblicken in die Zukunft ist, ergibt sich also die Kausalkette von Arbeitsteilung, Privateigentum, Ungleichheit, Kriegszustand und naturrechtswidriger bürgerlicher Gesellschaft.

Rousseau ist sehr daran gelegen zu betonen, dass für den „Ursprung" dieses Prozesses keine Notwendigkeit bestand. Es hätte auch anders geschehen können. In der Tat waren es doch freie Menschen, die den Naturzustand verlassen haben. Insofern war dieser Austritt nicht zwangsläufig. Ebenso wenig wurde er etwa vom bösen Willen des Menschen, schon gar nicht vom Willen Gottes ausgelöst. Der ganze Prozess resultierte vielmehr aus verschiedenen materiellen Bedingungen im Umgang der Menschen mit der Natur und mit sich selbst. Daher ist es weder eine Frage persönlicher Schuld noch ein Sündenfall im theologischen Sinne.

In einem Brief an Voltaire erklärt Rousseau, er habe im *Zweiten Diskurs* die Menschen so zeigen wollen, „wie sie ihr eigenes Unglück schufen, und folglich auch, wie sie es vermeiden können" (OC IV, 1061). Das eigene Unglück war, wie man sieht, eher die ungewollte Folge von freien individuellen Handlungen, die keineswegs von bösen Absichten geleitet wurden.

Die Einzelnen, die als erste Pflanzen und sogar Getreide vorsorglich angebaut haben, wurden vermutlich nicht von Gier oder Grausamkeit dazu angetrieben. Auch den Ersten, die das Eisen geschmiedet haben, schreibt Rousseau eher Neugier und Beobachtungsvermögen als Bösartigkeit zu. Eigentum, Ungleichheit und Knechtschaft sind erst danach als kumulatives, unvorhergesehenes Resultat einer Reihe von individuellen Entscheidungen entstanden. Die Unkenntnis der Folgen einer Entscheidung, die weiter reicht, als jeder einzelne Mensch voraussehen konnte, war das Verhängnisvolle, mit dem die Kultur begonnen hat. Am Ende ist der Mensch böse geworden, ohne dass er das Böse gewollt hat (Starobinski 1964, LIX).

Schon das Aufkommen des Privateigentums, das am Anfang des zweiten Teils mit übertriebenem Pathos als der Ursprung allen Übels eingeführt wurde, wird jetzt von Rousseau wie ein weiterer Schritt auf dem Weg der Verderbnis behandelt: „Aus der Bebauung des Grund und Bodens folgte notwendigerweise seine Aufteilung; und aus dem Eigentum, war es einmal anerkannt, die ersten Regeln der Gerechtigkeit." (D2, 201) Wenn kein Ackerbau ohne Eigentumsrecht möglich ist, so ist es für Rousseau – wie schon für John Locke – plausibel, dass „die Vorstellung des Eigentums" nur aus der „Handarbeit entstehen könnte; denn man vermag nicht zu sehen, was der Mensch beisteuern kann, um sich Dinge anzueignen, die er nicht geschaffen hat, außer seine Arbeit". So hat der Bauer ein Recht auf das Produkt des Feldes, das er angebaut hat, „zumindest bis zur Ernte", was sich dann aber „von Jahr zu Jahr – [...], da es einen ununterbrochenen Besitz schafft, sich leicht in Eigentum verwandelt" (D2, 203). Wie man sieht, geschieht hier ein fast unmerklicher Übergang vom natürlichen Recht auf die Produkte der eigenen Arbeit zum gesellschaftlichen Recht auf das selbst bebaute Stück Boden.

Rousseau ist sich im Klaren darüber, dass die Aneignung durch Arbeit ein legitimes Recht begründet; genau so wird er auch im *Gesellschaftsvertrag* argumentieren (GV, I, 9). Wenn man ein unbewohntes Grundstück als erster besetzt und selbst bearbeitet, dann erwirbt man das Eigentumsrecht darauf. Dieses Recht muss jedoch letztlich gesellschaftlich anerkannt werden; damit ist es „von dem Recht, welches aus dem natürlichen Gesetz resultiert, verschieden" (D2, 203). Dieses nicht mehr natürliche Eigentumsrecht, das die Aufteilung von Grund und Boden regelt, ist auch der Anfang von allem anderen Recht. Nicht umsonst, sagt Rousseau, Hugo Grotius zitierend, galt Ceres, die römische Göttin des Ackerbaus, als die Gesetzgeberin überhaupt.

Warum aber verblieben die Dinge nicht in diesem Zustand? Der Grund dafür liegt darin, dass die natürliche Ungleichheit der Talente, die im ersten Naturzustand kaum Folgen hatte, unter den Bedingungen des Eigentumsrechts und der Arbeitsteilung die Unterschiede zwischen den Menschen fühlbarer macht. Der Stärkere, der Gewandtere, der Erfindungsreichere gewinnt mehr als die anderen. Die Menschen fangen an, bei gleicher Arbeit sehr verschieden zu gewinnen. Der eine bekommt viel, der andere hat kaum etwas zum Leben. Das Schicksal jedes Einzelnen ist von den neuen Unterschieden direkt betroffen. Dabei zieht der Bauer immer weniger Profit aus seiner mühsamen Tätigkeit als andere Berufe.

Das Übrige, so schlussfolgert Rousseau, kann man sich leicht vorstellen. Die Erfindung aller Künste, die „Erprobung und die Verwendung der Talente, die Ungleichheit der Vermögen, der Gebrauch und Missbrauch der Reichtümer" (D2, 205/207) gehören schon der Geschichte an. Eine Anhäufung natürlicher Unterschiede hat eine naturfremde, ja naturwidrige Gesellschaft hervorgebracht.

Später versucht Kant in *Mutmaßlicher Anfang der Menschengeschichte* (1786) diesem verkehrten Gang der Dinge doch noch einen Sinn zu verleihen, indem er Rousseau entgegenhält, dass zwar die Veränderung von der Natur zur Kultur für das Individuum einen Verlust bedeutet, aber für die Natur, die „ihren Zweck mit den Menschen auf die Gattung richtet", ein Gewinn war (Kant XI, 93). Rousseau vermeidet eine solche Versöhnung. Nicht nur das Individuum habe verloren, auch „das Menschengeschlecht, das in diese neue Ordnung der Dinge hineingestellt ist" (D2, 207), sei nicht besser geworden. Diese Auffassung vertritt Rousseau in expliziter und impliziter Auseinandersetzung mit denjenigen Denkern, die vor ihm über die Genese der Gesellschaft nachgedacht haben.

8.2 Der Charakter des zivilisierten Menschen

Was Rousseau mit Blick auf die menschliche Gattung darlegt, soll nun genauer untersucht werden. Den Naturmenschen gibt es nach der „großen Revolution" nicht mehr. Im Vergleich zu ihm hat man jetzt beinahe eine neue Spezies. Es ist ein neues Menschengeschlecht, das schon Sprache, Liebes- und Hassgefühle hat und Familien bilden kann, das Ackerbau und Metallurgie wie auch alle anderen dafür nützlichen Techniken entwickelt hat.

Es handelt sich um diejenige Stufe, die für andere kontraktualistische Denker dem ursprünglichen Naturzustand entspricht. Thomas Hobbes beginnt gerade hier, wenn er die Anfangsstadien des „Krieges aller gegen alle" beschreibt. Auch John Locke setzt hier an, wenn er die Vielzahl der Menschen darstellt, die für die Sicherheit ihres Lebens sowie ihres Eigentums einen Vertrag schließen. Was aber Hobbes und Locke als Naturmenschen bezeichnen, ist für Rousseau schon weit vom Naturzustand entfernt, den er im ersten Teil des *Zweiten Diskurses* gezeichnet hat. Die Psychologie und Verhaltensweise dieses Menschen ist nicht mehr von Instinkten und Naturtrieben bestimmt, sondern sie wird von den künstlich geschaffenen Beziehungen zwischen den Menschen geprägt. Alle Fähigkeiten sind bereits entwickelt, „Gedächtnis und Einbildungskraft" sind schon im Spiel, „die Eigenliebe interessiert, die Vernunft aktiviert und der Geist an der Grenze der Vollkommenheit angelangt, deren er fähig ist" (D2, 207). Das sind nicht mehr nur natürliche Eigenschaften.

Man kann sich fragen, ob dieser Gesellschaftsmensch, den Rousseau beschreibt, einem wirklichen, historischen Menschen entspricht, oder ob jeder mögliche menschliche Typ diese Züge trägt, sobald er in die ungleiche Gesellschaft hineingeboren wird. Denn viele Kritiker sehen in Rousseaus Entwurf mit gewissem Recht den Menschen des europäischen, genauer gesagt, des französischen 18. Jahrhunderts. Rousseau spreche zwar von einem Menschen am Anfang der Geschichte, was er jedoch vor Augen habe, seien seine Zeitgenossen mit all ihren Lastern, unter denen er zu leiden glaubt. Demgegenüber behauptet Rousseau selbst, die Menschen verhielten sich so, wie er es darstellt, in jeder Gesellschaft, wo Reichtum und Macht ungleich verteilt sind. In gewisser Hinsicht bleibt er hier spekulativ – kein historischer Mensch war oder ist so, aber diese Verhaltensweise ist die notwendige Folge von einem Zustand, in dem „der Rang und das Schicksal eines jeden Menschen festgelegt [ist], nicht nur in Bezug auf die Menge der Güter und die Macht, zu nützen oder zu schaden, sondern auch in Bezug auf den Geist, die Schönheit, die Stärke oder die Gewandtheit, in Bezug auf das Verdienst oder die Talente" (D2, 207).

Wie man sieht, sind die Eigenschaften, die Rousseau hier aufzählt, zum Teil natürlicher Art wie Stärke, Gewandtheit, vielleicht auch Schönheit; teilweise sind sie aber auch erst infolge des ökonomischen und sozialen System entstanden. Wichtig jedoch ist, dass diese Eigenschaften, ob natürlich oder künstlich, die „einzigen waren, die einem Achtung verschaffen konnten" (D2, 207). Was am Ende das gesellschaftliche Leben ausmacht, ist das Bedürfnis, die Achtung der anderen zu gewinnen. Aus diesem Bedürfnis leitet Rousseau dann die drei gravierendsten Laster ab, die jeder Gesellschaft anhaften, nämlich die Heuchelei, die Unfreiheit und die Bosheit (D2, 209).

Die Aufmerksamkeit der anderen auf sich ziehen zu wollen und dadurch eine höhere Wertschätzung zu gewinnen, ist es, was Rousseau als „Eigenliebe" (amour propre) bezeichnet. Ohne sie ist kein gesellschaftliches Leben denkbar; mit der Eigenliebe hört der Mensch auf, ein Naturmensch zu sein. Der Mensch im ursprünglichen Naturzustand wird gleich den Tieren ausschließlich von natürlichen Instinkten geleitet, d. h. von der „Selbstliebe" (amour de soi; D2, 151), um sich selbst zu erhalten, und vom „Mitleid" (pitié; D2, 147–151) anderen Lebewesen gegenüber. Der Naturmensch kennt in seiner Einfalt nicht die Sorge darum, wie die anderen Menschen über ihn denken – eine Sorge, die für den gesellschaftlichen Mensch als Hauptantrieb im Leben erscheint.

Diese Sorge, die als Verlangen nach Anerkennung eine lange Karriere in der späteren Philosophie machen wird, hat bei Rousseau eine zentrale Bedeutung (Neuhouser 2012, 9 ff.). Die Eigenliebe ist die Bedingung für fast alles, was die menschliche Existenz ausmacht. Diesem „Eifer, von sich reden zu machen, dieser Raserei, sich zu unterscheiden, die uns beinahe immer außerhalb unserer selbst hält, verdanken [wir], was es an Bestem und was es an Schlechtestem unter den Menschen gibt" (D2, 257). Der soziale Mensch gewinnt gerade in dieser Anerkennung durch die Anderen das Gefühl von sich selbst. Die Eigenliebe ist deshalb nicht nur schlecht: Gerade weil sie uns mit den anderen verbindet, indem sie uns von ihrem Urteil abhängig macht, kann sie den Menschen aus seiner tierischen Isolation im Naturzustand herausholen und die Bindungen zwischen den Menschen herstellen. In der Theodizee Rousseaus fungiert die Eigenliebe deshalb, so Neuhouser, als der Kern, der den Ursprung des Bösen und zugleich die Verheißung der Erlösung birgt.

Rousseau hat die Eigenliebe bereits ins „goldene Zeitalter" verlegt, wo jeder begann, „die anderen zu beachten und beachtet werden zu wollen", und zwar nicht nur in Fertigkeiten, die für das Überleben nötig sind, sondern auch im Tanzen und Singen, in Eloquenz und Schönheit (D2, 189). Damals hatte der

Mensch die „rechte Mitte zwischen der Indolenz des anfänglichen Zustandes und der ungestümen Aktivität unserer Eigenliebe" gefunden; aus diesem Grund war es „die glücklichste und dauerhafteste Epoche gewesen" (D2, 193). Doch danach hat im Laufe der „großen Revolution" die Eigenliebe die Oberhand gewonnen; Eitelkeit und Geringschätzung, Scham und Neid sind geboren. Das war „für das Glück und die Unschuld unheilvoll", denn sie hat die irreversible Differenzierung unter den Menschen eingeführt – umso mehr, als diese Art Ungleichheit von der Eigenliebe unbedingt verlangt wird. Der soziale Mensch will als der Beste anerkannt werden und zerstört damit jede Gleichheit.

Das heißt nicht, dass Rousseau eine egalitäre Lösung oder gar die Beseitigung der Eigenliebe vorschlägt, wie manchmal behauptet wird. Letztlich zielen sowohl der *Gesellschaftsvertrag* wie auch der *Emile* darauf, die Eigenliebe so zu modellieren, dass das Individuum mit den anderen vereint bleibt und gleichzeitig frei, unabhängig und es selbst sein kann. Gleichwohl hat die Eigenliebe, als sie am Anfang der Geschichte die Menschen zivilisiert hat, gerade das Gegenteil erzeugt.

Zuerst hat das Bedürfnis nach Achtung und Wertschätzung solche Eigenschaften wie Macht, Vermögen, Schönheit und Stärke hervorgerufen, nach denen die Individuen gemessen werden; man musste sich um seines Vorteiles willen anders zeigen, als man tatsächlich war" (D2, 207).

Heuchelei ist für Rousseau das schwerste Laster des gesellschaftlichen Lebens. Für viele Interpreten, insbesondere für Starobinski (1983), besteht darin auch das Leitmotiv der Zivilisationskritik. Seit der traumatischen Kindheitserfahrung in Bossey, als Rousseau ungerechterweise geprügelt und gestraft wurde, weil er seine Unschuld nicht beweisen konnte, hat er gelernt, dass es zwischen den Herzen keine transparente Kommunikation geben kann. Die Opazität ist in der ungleichen Gesellschaft unüberwindbar. Jeder Mensch muss dasjenige zum Vorschein bringen, was ihm Anerkennung verschafft und der Eigenliebe nützt. Niemals darf oder kann er so scheinen, wie er in Wirklichkeit ist. „Sein und Scheinen wurden zwei völlig verschieden Dinge, und aus diesem Unterschied gingen der aufsehenerheischende Pomp, die betrügerische List und alle Laster hervor, die zu ihrem Gefolge gehören" (D2, 207).

Der Naturmensch war hingegen mit seinem Herzen identisch. Er war nicht außer sich, weil er nicht täuschen musste, und dadurch war er in seiner einfältigen Weise frei. Die Intimität, die Unmittelbarkeit des Gefühls, für die Rousseau plädiert, kann allein diesen Verlust des Naturzustandes ersetzen, vielleicht sogar etwas von der ursprüngliche Freiheit wiedererlangen.

Man wird lange über die genaue Rolle von Rousseaus Kritik an der Heuchelei streiten können. Selbstverständlich ist sie ein zentrales Anliegen seiner Zivilisationskritik. Gerade hier ist der Punkt, wo sein Gesellschaftsbild eindeutig von der zu seiner Zeit existierenden Gesellschaft bestimmt wird. Denn das 18. Jahrhundert war wie kein anderes die Epoche des künstlichen Scheins und des theatralischen Auftretens in der Öffentlichkeit. Zugleich war es eine Epoche, welche die Vervielfältigung der Lebensweisen gefeiert hat. So begrüßte Diderot die sprudelnde Verschiedenheit der sozialen Rollen und Lebensstile, welche die Moderne mit sich brachte; denn sie bedeutete eine Quelle für neue Möglichkeiten, sich selbst auszudrücken und zu verwirklichen.

Rousseau hingegen empfand eine innere Fragmentierung des Individuums, die zur Entfremdung führt (Ferrara, 45). Gerade das 18. Jahrhundert hat bewusst das entwickelt, was Helmuth Plessner in seiner Kritik der Gemeinschaft und der Intimität als eine gesellschaftliche Lebensordnung charakterisiert, die alles pflegt, „was aus der Intimität zur Distanz, aus der Rückhaltlosigkeit zur Verhaltenheit, aus der individuellen Konkretheit zur allgemeinen Abstraktheit führt", denn „zum Grundcharakter des Gesellschaftsethos gehört [...] die Sehnsucht nach den Masken, hinter denen die Unmittelbarkeit verschwindet." (Plessner, 41). Gerade seine scharfe Kritik im Namen der Authentizität an der Distanz, die mit den Masken und dem Schein verbunden ist, hat Rousseau zuerst unter den Romantikern, später unter den Radikalen aller Art so beliebt gemacht. Es ist jedoch eine Beliebtheit, die auch für viele Kritiker zu einer Schwäche wird. So warnt Plessner vor den Gefahren, die eine übertriebene Intimität für das öffentliche Leben mit sich bringt.

Die Kritik am sozialen Schein ist dasjenige, was bei Rousseau am attraktivsten und zugleich suspekt wirkt. Deswegen ist es wichtig, diese Kritik in ihrem ursprünglichen Kontext zu betrachten. Im Verlust von Transparenz und Ehrlichkeit bestand eine Urerfahrung von Rousseau. Seit seiner Kindheit war er sich darüber im Klaren, dass Schein, Maske und Heuchelei zu den Nebenwirkungen der Eigenliebe gehören. Nur um der Anerkennung willen versucht man, alle möglichen Eigenschaften vorzutäuschen, und wird dadurch zu einem Anderen, als man ist. Man wird zu einem sich selbst Fremden, der nicht mehr frei und unabhängig ist, sondern „durch eine Vielzahl neuer Bedürfnisse sozusagen der ganzen Natur untertan und vor allem seinen Mitmenschen, zu deren Sklave er in gewissen Sinne wird, selbst wenn er zu ihrem Herrn wird" (D2, 207). Das ist die zweite Eigenschaft des Gesellschaftsmenschen: Er verliert seine Selbstbestimmung.

Die nächsten Zeilen enthalten eine kritische Analyse der sozialen Unfreiheit, die im Kern Rousseaus Begriff der menschlichen Autonomie und Selbstverwirklichung erkennen lässt. Es wäre verfehlt, diese Kritik als Nostalgie angesichts der verlorenen Freiheit des Naturmenschen zu interpretieren. Die ersten Menschen waren insofern frei, als sie voneinander unabhängig waren. Die Unabhängigkeit aber basierte auf der gegenseitigen Gleichgültigkeit und den fehlenden Bindungen der Menschen.

Ansonsten waren die Menschen im ursprünglichen Naturzustand ihren natürlichen Trieben unterworfen und trachteten ähnlich den Tieren darauf, ihre Bedürfnisse zu befriedigen. Während ihre Begierde dort noch naturbedingt und roh war, wird sie in der Gesellschaft künstlich produziert. Schließlich vervielfältigt sie sich so weit, bis sie nicht mehr zu befriedigen ist. Wegen der Vielzahl neuer Bedürfnisse, welche die Verfeinerung der Lebensweise und die Eigenliebe mit sich bringt, wird der Mensch der Natur und vor allem seinen Mitmenschen untertan. Die ursprüngliche Naturfreiheit war unbefangen und unreflektiert, während in der sozialen Unfreiheit viel mehr Potenzial steckt. Man könnte sogar behaupten, in der Kritik der sozialen Unfreiheit ist die ganze Konzeption der Rousseauschen Freiheit enthalten. Es lohnt sich deshalb, die Kritik, die Rousseau an dieser Stelle ausführt, näher zu betrachten.

Auch im gesellschaftlichen Zustand bleibt die Abhängigkeit von der Natur erst einmal prinzipiell bestehen; der Mensch als natürliches Lebewesen bleibt dem Hunger, der Kälte, den sexuellen Trieben und der Krankheit ausgesetzt. Freilich ist beim Naturmenschen diese Abhängigkeit nicht so stark, weil er noch nicht durch die Bequemlichkeit des gesellschaftlichen Lebens geschwächt ist; er lebt genügsam, er braucht kein Bett, keine Küche, kann jedes Unwetter ertragen. Demgegenüber sind die natürlichen Bedürfnisse für den zivilisierten Menschen schwerer zu befriedigen.

In der darauf folgenden Kritik kommt Rousseaus wahrer Begriff der Freiheit zum Vorschein. Denn er vertritt die paradoxe These, dass auch der Herr unfrei bleibt, solange er in einer ungleichen Gesellschaft lebt (Neuhouser 2011, 482). Durch die aus der Eigenliebe entstandenen Bedürfnisse wird das Individuum „in einem gewissen Sinne Sklave, selbst wenn er zu ihrem [seiner Mitmenschen] Herrn wird" (D2, 207). Zum einen ist der Herr Sklave seiner natürlichen und künstlichen Bedürfnisse. Zum andern ist der Herr auch Sklave seiner Untertanen, denn er braucht ihre Dienste und vor allem ihre Achtung und Wertschätzung. Der Herr mag frei erscheinen, insoweit die anderen ihm gehorchen und er scheinbar niemandem gehorcht; er ist aber nicht autonom, weil er trotzdem fremdbestimmt bleibt. Im Grunde genommen ist er wie alle anderen Menschen in einem einzigen Netz von Abhängigkeiten und Knechtschaften verstrickt.

Rousseau bietet hier eine sozialpsychologische Analyse des zivilisierten Menschen an. Ob reich oder arm, er kann nicht ohne die anderen auskommen. „Er muss daher danach trachten, sie für sein Schicksal zu interessieren und sie ihren Profit tatsächlich oder scheinbar darin finden zu lassen, daß sie für den seinen arbeiten." (D2, 209) Das Problem besteht nicht nur darin, dass das gemeinsame Leben als Austausch von partikularen Interessen konzipiert wird, denen das Individuum blindlings gehorcht. Es liegt vor allem darin, dass diese Individuen so deformiert sind, dass sie „betrügerisch und hinterlistig gegen die einen", „herrisch und hart gegen die anderen" (D2, 209) werden. Sie müssen entweder das Maskenspiel des Scheinens und der Unehrlichkeit spielen, die eben die Gesellschaft als solche ausmacht, oder sie müssen bereit sein, die anderen zu missbrauchen und sich fürchten zu lassen. Das führt zur dritten Folge der Eigenliebe, nämlich zu jenem „finsteren Hang" aller Menschen, „sich wechselseitig zu schaden" (D2, 209). Unfreiheit als gegenseitige Abhängigkeit ist so im Keim der Gesellschaft angelegt; sie bildet auch den Angelpunkt zwischen der Heuchelei, welche die ungleiche Gesellschaft zusammenhält, und der Bosheit, die dem sozialen Menschen inhärent ist.

„Der verzehrende Ehrgeiz, der Eifer, sein relatives Vermögen zu erhöhen – weniger aus einem wahrhaften Bedürfnis heraus, als um sich selber über die anderen zu setzen" (D2, 209), treiben im Menschen eine Aggressivität hervor, die in den Vorstadien unbekannt war. Jetzt wird der Mensch so böse, wie ihn viele Autoren in den Anfangsstadien gemalt haben. Auf diese Weise setzt Rousseau seine Analyse tiefer an als seine Widersacher. So haben die Menschen bei Hobbes zwar den „Willen, sich gegenseitig Schaden zuzufügen" (Hobbes II, 1, 3), aber Bösartigkeit ist durch Furcht verursacht. Bei Rousseau hingegen ist es nicht diese Angst um das eigene Leben, die den zivilisierten Menschen plagt, sondern ein verzehrendes Verlangen nach Achtung, welche die Menschen dazu bringt, sich gegenseitig Schaden zuzufügen. Dadurch werden sie umso verletzlicher und unglücklicher.

Rousseau hat eingesehen, dass die Beziehungen mit den Mitmenschen ein Geflecht aus Abhängigkeit, Eigenliebe, Verlangen nach Achtung, Ehrgeiz und Vortäuschung sind. In diesem Geflecht bleibt der zivilisierte Mensch verstrickt; hier wird er verletzt und hier kann er auch die anderen verletzen. Hinzu kommt der Versuch, die „Maske des Wohlwollens" anzunehmen, um größere Sicherheit zu erlangen. Dadurch verbindet sich die Aggression mit der Heuchelei; beide Grundübel der Gesellschaft können sich wechselseitig verstärken.

Rousseau kann so sein Porträt des Menschengeschlechts unter den neuen Verhältnissen abschließen: „Mit einem Wort: Konkurrenz und Rivalität auf der einen Seite, Gegensatz der Interessen auf der anderen und stets das versteckte Verlangen, seinen Profit auf Kosten anderer zu machen; alle diese Übel sind die erste Wirkung des Eigentums und das untrennbare Gefolge der entstehenden Ungleichheit." (D2, 209)

8.3 Der durchdachteste Plan

Im Stadium der bürgerlichen Gesellschaft stellt sich für den zivilisierten Menschen die Aufgabe, sowohl das materielle als auch das geistige Leben miteinander zu ordnen. Die natürlichen Gesetze und Normen, von denen selbst Rousseau nicht behauptet, dass sie jemals explizit gemacht worden wären, haben ihre Gültigkeit verloren. Doch das neue Recht auf Privateigentum ist noch keineswegs geklärt. Es kann sich auf Besitznahme und Arbeit gründen, es kann aber auch auf dem Recht des Stärkeren beruhen. In beiden Fällen handelt es sich um Gründe, die unausweichlich miteinander kollidieren.

Nur am Rande sei bemerkt, dass Rousseau in seiner Darstellung keinen Platz für Religion lässt. Schon anthropologisch gesehen, scheint diese Lücke verfehlt zu sein: nicht nur aus dem Grunde, dass alle historischen Gesellschaftsformen sich von Anfang an mit einer mythischen Erklärung über die Ursprünge der Welt, des Menschen und der Gesellschaft selber konstituiert und dadurch zum Teil auch jede Ungleichheit gerechtfertigt haben; auch deswegen, und vor allem, weil zum ursprünglichen sozialisierten Menschen, der sich vom tierischen Naturmenschen absetzt, der schon tanzen, singen und sprechen kann, irgendein religiöser Aberglaube gehören musste. Rousseau geht darauf jedoch nicht ein, sei es, um die Zensur zu umgehen (Meier, XLII ff.), sei es, weil er eigene Vorstellungen über die Religion hatte, die er hier nicht erwähnen wollte, oder sei es, weil er in seiner Beschreibung des Menschen eher seine heuchlerischen, eitlen, schadenfrohen Zeitgenossen im Sinne hatte als die noch einfältigen Menschen der frühen Zeit. Wie dem auch sei, die Religionsfrage wird hier von Rousseau ausgeklammert; vielmehr interessiert ihn, wie aus der durch Arbeitsteilung und Privateigentum resultierenden Wirtschaft ein neues, die Ungleichheit legitimierendes Recht entstanden ist.

Eigentum ist für Rousseau vor allem Grundeigentum und was dazu gehört. Geld, oder wie er es nennt, die „den Reichtum repräsentierenden Zeichen" (D2, 209), spielt hier offenbar keine Rolle. Denn Gold oder Silber haben für ihn ohnehin keinen Wert, wie er in seiner gleichzeitig entstandenen *Abhandlung über die Politische Ökonomie* darlegt (PÖ, 37 ff.). Wichtiger ist ihm die Erkenntnis, dass sich das System der bürgerlichen Gesellschaft derart ausdehnt, dass es für viele Menschen destruktive Kräfte freisetzt.

> „Als nun die Erbteile an Zahl und Ausdehnung bis zu dem Punkt angewachsen waren, an dem sie den ganzen Boden abdeckten und sie alle aneinandergrenzten, konnten sich die einen nur mehr auf Kosten der anderen vergrößern; und die Überzähligen, die Schwäche oder Indolenz davon abgehalten hatte, ihrerseits ein Erbteil zu erwerben, die arm geworden waren, ohne etwas verloren zu haben, [...] waren alle gezwungen, ihren Lebensunterhalt aus der Hand der Reichen entweder zu empfangen oder zu rauben" (D2, 211).

In einer Anmerkung erklärt Rousseau, dass sich die Menschen bei so einer Unheil bringenden Unordnung weiter zerstreut hätten, wenn es dafür nicht unüberwindbare Grenzen gegeben hätte. Doch die Erde ist nun einmal begrenzt. Angesichts der „exzessiven Bevölkerung" hätte die Erde „nicht lange gebraucht, um von

Menschen bedeckt zu sein, die somit gezwungen gewesen waren, beisammenzubleiben" (D2, 379). Offenbar denkt Rousseau hier an die europäischen Verhältnisse und nicht etwa an die unermesslichen Gebiete Nordamerikas, die nicht von Bauern, sondern von Jägern und Sammlern bevölkert waren. In der Geschichte der Kolonisation bot dieses Land noch Platz für diejenigen, die dorthin auswanderten, um ein Grundstück in Besitz zu nehmen – allerdings ganz tragisch auf Kosten der indianischen Urbewohner. Aus diesem Grund gaben sich die amerikanischen Kolonien egalitärer als die europäischen Königreiche. Das Bild aber, das Rousseau hier so prägnant ausmalt, ist das einer überbevölkerten Gesellschaft, die keinen Raum nach außen findet und die Menschen nach innen presst und verzehrt.

Angesichts dieser Situation kommt man nicht umhin, an die gegenwärtige, globalisierte Moderne zu denken, die in ihrem unaufhaltsamen Wachstum die Menschen zwingt, sich anzupassen, und in der immer mehr Menschen keinen Platz finden können – die Überzähligen oder die „wasted lives", wie Zygmunt Baumann sie in den letzten Entwicklungen der Globalisierung charakterisiert. In Rousseaus Beschreibung sind die Verlierer arm geworden, „ohne etwas verloren zu haben – weil, während sich um sie herum alles veränderte, sie allein sich nicht verändert haben" (D2, 209). Wiederum trifft dieses Bild der anfänglichen Gesellschaft auch für die fortgeschrittene Moderne zu. Wer dem gegenwärtigen Innovationszwang widersteht oder ihm einfach folgt, gehört zu den Verlierern, und zwar in dem Sinn, dass kein anderer Ausweg bleibt als die Marginalisierung – eine Realität für ganze Bevölkerungen der sogenannten Dritten Welt, aber auch eine anhaltende Bedrohung für viele Menschen in den entwickelten Ländern.

Es ist überhaupt merkwürdig, wie viele Elemente aus Rousseaus Charakterisierung des Übergangs zur Zivilgesellschaft auch in den klassischen Formen der Kritik der Moderne wieder auftauchen. Sandro Ferrara bemerkt, dass Rousseau, wenn er die für das Individuum verheerenden Folgen der freien Konkurrenz anzeigt, über Probleme wie politische Unfreiheit oder ungerechte Verteilung des Reichtums, die seinen Zeitgenossen bekannt waren, bereits hinausweist (Ferrara, 48). Eigentlich antizipiert er die gleiche Sorge, die Karl Marx unter dem Begriff der „Entfremdung", Emil Durkheim unter dem der „Anomie" und Max Weber unter dem des „Eisernen Käfigs" teilen werden. Bei allen Unterschieden zwischen ihnen argwöhnen sie gemeinsam, dass eine auf die instrumentelle Vernunft reduzierte Gesellschaft ihre eigene kulturelle, soziale und psychologische Basis zerstört.

Selbstverständlich hat Rousseau, anders als die Urväter der modernen Soziologie, die kapitalistische, industrielle Gesellschaft noch nicht vor Augen. Aber bei deren Vorzeichen bezieht er die entgegengesetzte Position zu Adam Smith oder Bernard de Mandeville. Beide Autoren trauen den sich im freien Raum bewegenden Handlungen eine Art prästabilierte Harmonie zu, so dass aus den „privaten Lastern" das „allgemeine Wohl" hervorgehen kann. Rousseau wendet dagegen ein, dass zwar die Verfolgung der eigenen Interessen für die gesellschaftliche Entwicklung effektiv sein mag, aber für den sozialen Zusammenhalt und für die Bildung einer echten, individuellen Identität sehr verhängnisvoll ist.

Bereits in Rousseaus Darstellung des *Zweiten Diskurses* gibt es nach dem Übergang zur bürgerlichen Gesellschaft sowohl Gewinner als auch Verlierer des sozialen Wandels. Die Verlierer sind gezwungen, „ihren Lebensunterhalt aus der Hand der Reichen zu empfangen oder zu rauben" (D2, 211). Rousseau lässt den „Krieg aller gegen alle", den Hobbes an den Anfang gesetzt hat, nicht nur aus dem Prozess der Zivilisation folgen. Darüber hinaus konzentriert er sich noch mehr als Hobbes auf die menschliche Psyche. Er beschränkt sich nicht auf den Affekt der Furcht, in der Hobbes das wesentliche Motiv sah. Vielmehr fügt er die „Lust zu herrschen" hinzu, die er vor allem bei den Reichen diagnostiziert. Die zu Sklaven gewordenen Armen werden dabei in den Dienst genommen, „um neue zu unterjochen und zu knechten" (D2, 211).

Rousseau hat offenbar den *Diskurs über die freiwillige Gehorsamkeit* von La Boëtie im Sinne. Er ist sich dessen bewusst, dass es ohne den Gehorsam der Schwachen keine ungleiche und ungerechte Gesellschaft geben könnte. Doch versucht er nicht, die Gründe für dieses rätselhafte Verhalten der Menschen zu erschließen. Es kann wiederum die Eigenliebe sein. Es kann aber auch sein, dass die Menschen in diesem Zustand schon als natürlich annehmen, was für die unabhängigen, für sich lebenden Menschen im Naturzustand unvorstellbar war. Auf jeden Fall haben die zivilisierten Menschen den Naturzustand vergessen. Ebenso wenig können sie – wie Rousseau in der Anmerkung XVII diskutiert (D2, 379) – die Gesellschaft verlassen, in der sie so viel schlechter als ihre Ahnen leben. Geschwächt durch die Annehmlichkeiten der Zivilisation, sind sie nicht imstande, wieder in der Natur zu leben. Außerdem können sie sich, da sie schon „unter dem Joch geboren sind", auch nicht mehr vorstellen, außerhalb der Gesellschaft zu leben. Herabgewürdigt und niedergeschlagen ist das Menschengeschlecht „nicht mehr in der Lage, auf seinem Weg umzukehren oder auf die unglückseligen Errungenschaften, die es gemacht hatte, zu verzichten" (D2, 213).

In diesem Kriegszustand ist das Menschengeschlecht endgültig verdorben. Durch die Usurpationen der Reichen und die Räubereien der Armen ist das „natürliche Mitleid und die noch schwache Stimme der Gerechtigkeit" erstickt. Nun freuen sich die Menschen über den Schaden der Anderen und versuchen nur, sich über die Anderen durch Macht und Vermögen zu setzen. Dieser entsetzliche Zustand, in dem sich die Menschheit „an den Rand seines Ruins" gebracht hat, ist der Anfang der Geschichte. Es ist auch der Moment, wo die Menschen „Reflexionen angestellt haben" (D2, 213).

Die Geschichte der Menschheit beginnt also nicht allein mit der sozialen Ungleichheit, sondern auch mit einem Selbstbewusstsein darüber. Für Rousseau erscheinen die ersten Reflexionen wie ein konditionierter Reflex auf die katastrophale Lage der Menschen, die sich dazu durchringen, einen allgemeinen Standpunkt einzunehmen. Die Reichen haben nicht weniger zu fürchten als die Armen. Das Recht der Stärkeren tritt gegen das Recht der Besitzer an. Die individuelle Arbeit, durch die vielleicht einer reich geworden ist, bildet zugleich einen Teil des gesellschaftlichen Reichtum. Die Mauer etwa, die einer allein gebaut hat, wäre ohne die Abmessungen eines anderen nicht zustande gekommen. Kunstfleiß ist nichts ohne die Arbeit anderer, die Reichen sind reich auf Kosten der Armen. In diesem Sinn stellt sich die rhetorische Frage: „Wißt Ihr nicht [...], daß ihr einer ausdrücklichen und einmütigen Zustimmung des Menschengeschlechtes bedurftet, um euch irgend etwas vom gemeinsamen Lebensunterhalt an zu eignen, das über euren eigenen hinausging?" (D2, 215).

Rousseau sagt nichts Näheres zu dieser Spekulation, obwohl sie implizit so Vieles enthält. Wir wissen nicht, wer sie anstellt, ob ein Reicher oder ein Armer. Es bleibt auch offen, ob die Reichen durch eigenen Fleiß reich und die Armen durch Schwäche arm geworden sind. Für Rousseau ist dies alles ohne Belang. Wichtig ist allein, dass in diesem Kriegszustand jeder allein gegen alle kämpft, wobei er „weder die ausreichende Kraft, um sich zu verteidigen, noch die stichhaltigen Gründe, um sich zu rechtfertigen" (D2, 215) hat. Vor allem aber ist es „wegen der wechselseitigen Eifersüchte" unmöglich, eine Gemeinschaft gegen die Feinde zu schließen. Aus dieser gegenseitigen Isolation, aus Misstrauen und Konkurrenz haben schließlich die Reichen ein staatlich sanktioniertes Recht etabliert.

Indem sich Rousseau der direkten Rede bedient, will er die Entstehung der ersten politischen Vereinigung beinahe dramatisch darstellen. Das heißt aber nicht, dass er behauptet, sie habe tatsächlich so stattgefunden. Denn Rousseau ist weniger an der historischen Wahrheit gelegen als an der theoretischen Erklärung der Ungleichheit und Ungerechtigkeit in allen bisherigen Gesellschaften. Zu dieser Erklärung gehören auf alle Fälle zwei Aspekte. Zum einen ist die neue Ordnung von den Reichen zu ihren Gunsten erfunden worden, und zwar durch einen Betrug. Zum anderen muss diese Ordnung ein vorausgegangenes Naturrecht ersetzen, welches die Reichen bzw. die Gewinner verachten.

Das Letztere ist vielleicht nicht so bedeutend, wie es erscheinen könnte. Zwar hat das Naturrecht auch zu Rousseaus Zeit die argumentative Grundlage gegen die bestehende Ordnung geliefert. Aber Rousseau ist sich auch darüber im Klaren, dass das Naturrecht in der schon bestehenden Gesellschaft seine Gültigkeit verloren hat. Die gerade beschriebenen, verhängnisvollen, aber natürlichen Prozesse, die zum unumkehrbaren Ausgang des Menschen aus dem Naturzustand führten, haben ein System zustande gebracht, in dem die naturrechtlichen Prinzipien null und nichtig sind (Strauss, 252 ff.).

Das neue Recht wurde nun von den Reichen auf betrügerische Weise durchgesetzt, um das historische Unglück der Menschheit zu besiegeln. Dieser Betrug war der „durchdachteste Plan, der dem menschlichen Geist jemals eingefallen ist". Er bestand darin, „die Kräfte selbst jener, die ihn [den Reichen] angriffen, zu seinen Gunsten einzuspannen, aus seinen Widersachern seine Verteidiger zu machen, ihnen andere Maximen einzuflößen und ihnen andere Institutionen zu geben, die für ihn ebenso günstig wären, wie das Naturrecht ihm widrig war" (D2, 215).

Rousseau bleibt in diesem entscheidenden Passus sehr allgemein, beinahe plakativ. Seine spekulative Rekonstruktion des ersten Vertrags will er nicht im Detail ausführen. Wichtig ist nicht, wie es tatsächlich geschehen ist, sondern dass jede soziale Institution durch den Betrug der Reichen und durch die Akzeptanz der Unterworfenen gestiftet wurde. Verlogenheit und eine durch sie herbeigebrachte freiwillige Unterwerfung sind die Bausteine der politischen Herrschaft.

Es wäre jetzt nur noch ein Schritt bis zu dem Punkt, den Marx als Ideologie bezeichnet hat. Rousseau hat im ähnlichen Sinne geahnt, dass ein falsches Bewusstsein die Grundlage für die strukturelle Ungleichheit der Gesellschaft bildet. Aber er geht nicht so weit wie Marx, von einem allgemeinen Selbstbetrug zu sprechen. Ausdrücklich argumentiert er, dass die Armen, die eigentlich die Reichen angreifen sollten, sich andere Maximen einflößen und sich einer Moral anschließen, die ihren Interessen zuwiderläuft. Diejenigen aber, die den betrügerischen Plan ausgedacht haben, die Reichen also, scheinen für Rousseau ganz bewusst zu handeln. Sie wissen, was sie tun, wenn sie die große Lüge der ungleichen Gesellschaft inszenieren. Da argumentiert Rousseau ganz im Sinne einer in ihrer Sozialkritik naiven Aufklärung.

Ein derartiger Betrug ist jedoch nur deshalb möglich, weil der sozialisierte Mensch selbst schon in der Lüge lebte. Unter Naturmenschen wäre dies nicht denkbar gewesen. Wenn aber „Sein und Schein völlig verschiedene Dinge sind" und der Schein die Oberhand gewinnt, wird das Betrügen so geläufig, bis man es ohne weiteres akzeptiert. Außerdem werden die Menschen, wenn sie voneinander abhängig geworden sind, wie es Rousseau beschreibt, immer bereit sein, sich zu unterwerfen und die dafür notwendigen Lügen in Kauf zu nehmen. Die Heuchelei und der Hang, dem anderen zu schaden, bilden, wie wir sahen, die Zäsur zwischen dem Naturmenschen und dem zivilisierten Menschen. Dadurch ist der Kriegszustand entstanden, der zu einer politischen Lösung drängt.

Literatur

Baumann, Z. 2005: Verworfenes Leben. Die Ausgegrenzten der Moderne, Hamburg.
Ferrara, A. 1993: Modernity and Authenticity. A Study of the Social and Ethical Thought of Jean-Jacques Rousseau, Albany.
Freud, S. 1950: Das Unbehagen in der Kultur, Frankfurt a.M.
Hobbes, Th. 1966: Vom Menschen (I). Vom Bürger (II), hrsg. von G. Gawlick, Hamburg.
Kant, I.: 1965: Werke in zwölf Bänden, hrsg. von W. Weischedel, Frankfurt a.M.
Meier, H. 2008: Ein einführender Essay über die Rhetorik und die Intention des Werkes, in: J.-J. Rousseau. Diskurs über die Ungleichheit. Discours sur l'inégalité, hrsg. und übers. von H. Meier, Paderborn u. a., XXI–LXXXV.
Neuhouser, F. 2011: Jean-Jacques Rousseau and the Origins of Autonomy, in: Inquiry, 54, 5, 478–493.
Neuhouser, F. 2012: Pathologien der Selbstliebe. Freiheit und Anerkennung bei Rousseau, Frankfurt a.M.
Plessner, H. 1927: Grenzen der Gemeinschaft, Frankfurt a.M.
Starobinski, J. 1964: Introduction au Discours sur l'origine et les fondaments de l'inegalité, in: J.-J. Rousseau, Œuvres Complètes, Bd. III, Paris, XVLII–LXX.
Starobinski, J. 1988: Rousseau: eine Welt von Widerständen, München.
Strauss, L. 1956: Naturrecht und Geschichte, Stuttgart.

Karlfriedrich Herb

9 Zwischen Narrativ und Norm. Rousseaus Erzählungen über den Ursprung der Gesellschaft
Zweiter Diskurs, zweiter Teil (D2, 215–273)

9.1 Die ambivalente Vorgeschichte des Vertrags

Mit der Frage nach dem Ursprung der Gesellschaft und der Gesetze schlägt Rousseau das letzte Kapitel im *Diskurs über die Ungleichheit* auf. Er wird – um es vorwegzunehmen – kein versöhnliches Ende der Geschichte erzählen. Dass diese Thematik zur Sprache kommen würde, ist für die Leserinnen und Leser des *Diskurses* keineswegs überraschend: Schon im Vorwort macht Rousseau deutlich, dass sich die Frage der Akademie von Dijon nach dem „Ursprung der Ungleichheit unter den Menschen" ohne eine solche Rekonstruktion nicht abschließend beantworten lasse. Vielmehr zwinge diese Ursprungsgeschichte dazu, sich zunächst der „wahren Grundlagen des Politischen Körpers" (D2, 59) zu versichern. Im Vorwort gibt Rousseau diesem Unternehmen bereits einen Namen: Er wird die „hypothetische Geschichte der Regierungen" (D2, 61) entwerfen. Diese Erzählung ist für Rousseau allerdings erst möglich, nachdem die anthropologische Grundproblematik des Diskurses entfaltet ist: das „Studium des ursprünglichen Menschen" (D2, 59). Programmatisch skizziert Rousseau den eigentümlichen Begründungsaufbau seiner Genealogie bereits auf den ersten Seiten des *Diskurses*.

> „Eben dieses Studium des ursprünglichen Menschen, seiner wahren Bedürfnisse und der grundlegenden Prinzipien seiner Pflichten ist auch das einzig gute Mittel, das man anwenden könnte, um jene Unmengen von Schwierigkeiten zu beheben, die sich hinsichtlich des Ursprungs der moralischen Ungleichheit, der wahren Grundlagen des Politischen Körpers, der gegenseitigen Rechte seiner Glieder und tausend anderer ähnlicher Fragen ergeben, die ebenso wichtig wie schlecht geklärt sind." (D2, 59)

Erzählt also Rousseau „die Geschichte des Menschen, um jene staatliche Ordnung zu entdecken, die mit dem Naturrecht übereinstimmt" (Strauss, 276)? Im Verlauf des *Zweiten Diskurses* zeigt sich, dass Rousseau mit seiner Geschichte des Naturmenschen (homme naturel) eine fundamentale Kritik der anthropologischen Prämissen verbindet, die der neuzeitliche Kontraktualismus seinen Begriffen von Naturzustand und Staat zugrunde legt. Im ersten Teil des *Diskurses* liest Rousseau die juridischen Naturzustandskonzeptionen als anthropologische Fehldeutungen. Dieser „Fehler" (D2, 147) in den vertragstheoretischen Prämissen ziehe schwerwiegende Konsequenzen nach sich:

> „Die Philosophen, welche die Grundlagen der Gesellschaft untersucht haben, haben alle die Notwendigkeit gefühlt, bis zum Naturzustand zurückzugehen, aber keiner von ihnen ist bei ihm angelangt. [...] Alle schließlich haben [...] auf den Naturzustand Vorstellungen übertragen, die sie der Gesellschaft entnommen hatten. Sie sprachen vom wilden Menschen und beschrieben den bürgerlichen Menschen." (D2, 69/71)

An die Stelle des traditionellen Naturzustandssubjekts setzt Rousseau den Archetypus des Naturmenschen, der der politischen Anthropologie von Antike und Moderne grundlegend widerspricht. Vernunft und Sozialität – die Wesensmerkmale des „zoon politikon" – werden im *Diskurs* als kontingente Momente der geschichtlichen Existenz des Menschen entdeckt. Wie immer man die polemische Umdeutung der juridischen Naturzustandsidee verstehen mag: Mit ihr setzt Rousseau dem naturrechtlichen Essenzialismus eine konstruktivistische Anthropologie entgegen, die im Verlauf seiner skeptischen Sozialisationsgeschichte zunehmend Gestalt annimmt.

Folgt man Rousseaus methodischem Selbstverständnis, so will er mit der anthropologischen Grundlegung nicht allein den modernen Begriff des Naturzustands und des Naturrechts revidieren. Er sucht zugleich eine neue Basis für die Ursprungserzählung der politischen Gesellschaft. Auch in dieser neuen Erzählung dominiert Rousseaus kritisches Interesse. Das genealogische Narrativ tritt an die Stelle der ahistorischen Darstellung des neuzeitlichen Vertragsrechts.

Die Kritik findet damit auf zwei Ebenen statt. Zuerst lässt Rousseau seine modernen Vorgänger Hobbes, Grotius, Pufendorf und Locke an einem unterkomplexen Begriff des natürlichen Menschen scheitern. Die „hypothetische Geschichte" im zweiten Teil des *Diskurses* dient dann dazu, die traditionellen juridischen Ursprungserzählungen zu sezieren. Auf diese Weise verschweißt Rousseau genealogische und normative Narrative. Daraus ergibt sich die eigentümliche Provokation des *Diskurses*, die am Ende auch die Frage nach seiner systematischen Einheit unabweisbar erscheinen lässt.

Doch wenden wir uns zunächst der Situation zu, die dem Entstehen der politischen Gesellschaft unmittelbar vorausgeht. Hier wird schnell deutlich, welche Distanz mittlerweile zwischen der heilen Welt des Naturmenschen und den Menschen in der Endphase der naturwüchsigen Sozialisation herrscht. Offensichtlich nimmt die vorstaatliche Vergesellschaftung des Menschen für Rousseau kein gutes Ende, sie führt in den Krieg. Um dem drohenden Ruin des Menschengeschlechts zu begegnen, erweist sich die Institution des Rechts für alle als zwangsläufig. Damit endet Rousseaus Geschichte der naturwüchsigen Vergesellschaftung dort, wo Thomas Hobbes' Narrativ beginnt: Mit dem Befund eines allgemeinen Konflikts, der sich allein durch die Stiftung eines politischen Körpers überwinden lässt.

> „Zwischen dem Recht des Stärkeren und dem Recht des ersten Besitznehmers erhob sich ein fortwährender Konflikt, der nur mit Kämpfen und Mord und Totschlag endete. Die entstehende Gesellschaft machte dem entsetzlichsten Kriegszustand Platz: Das Menschengeschlecht, herabgewürdigt und niedergeschlagen, nicht mehr in der Lage, auf seinem Weg umzukehren oder auf die unglückseligen Errungenschaften, die es gemacht hatte, zu verzichten, und durch den Missbrauch der Fähigkeiten, die es ehren, nur an seiner Schande arbeitend, brachte sich selbst an den Rand seines Ruins." (D2, 211/213)

Letztendlich ist nun die klassische Situation eingetreten, die die modernen Vertragstheoretiker zum Anlass und Ausgangspunkt für die Errichtung des bürgerlichen Zustands nehmen. Was bei Hobbes als „natürliche Bedingung der Menschheit" (natural condition of mankind; Hobbes, I, 13) erschien, erweist sich bei Rousseau jedoch als gesellschaftlich Bedingtes. Aus dem strukturellen Notstand ist die kontingente Krise geworden. Jetzt wird auch für Rousseau die Rede von Konflikt und Krieg unausweichlich. Die „politische Einrichtung" (D2, 217) wird zur vitalen Notwendigkeit.

Wie sehr sich Rousseau mit seiner Untersuchung der „wahren Grundlagen des Politischen Körpers" (D2, 59) im Einzelnen auch vom juridischen Narrativ des modernen Vertragsrechts unterscheidet, so folgt er in einem entscheidenden Punkt doch der Entwicklungslogik seiner Vorgänger. Der Notstand der „entstehende[n] Gesellschaft" (D2, 193) kann nicht durch Rückkehr in friedlichere Zeiten des Naturzustands überwunden werden. An diesem Punkt der Naturgeschichte angelangt, lassen sich die Defekte der vorstaatlichen Gemeinschaft einzig und allein mit einer Vergesellschaftung durch das Recht aufheben. Hobbes' und Kants kategorischer Imperativ des Vertragsrechts wird nun auch bei Rousseau zum Gebot der Stunde: Der Gesellschaftsvertrag muss geschlossen werden!

Welche Modi sich für diesen Akt der Verrechtlichung finden und begründen lassen, wird Rousseau im Lauf seiner Geschichte der Regierungen im Einzelnen klären. Welche Gesichtspunkte aber sind dafür maßgeblich? Bildet das genealogische Programm des *Diskurses*, das „Studium des ursprünglichen Menschen" (D2, 59), weiterhin die Grundlage der Ursprungserzählung? Oder bringt Rousseau neue, systematisch andere Argumente ins Spiel? In welche Ordnung also stellt er Naturrecht und Geschichte?

Deutlich wird von Anfang an, dass die Gründung der politischen Gesellschaft nicht mehr jene fraglose Dynamik besitzt, die sie im vertragstheoretischen Narrativ entfaltet. Erinnern wir uns: Bei Hobbes und Locke erscheint der Übergang in den bürgerlichen Zustand prinzipiell als affirmativer Akt. Allen Unzuträglichkeiten bei der Ausführung zum Trotz initiiert der Vertrag eine grundsätzlich positive

Entwicklung. So erlauben selbst die „größten Einwände aus der Praxis" (Hobbes, II, 20) für Hobbes keinen Zweifel an der prinzipiellen Leistung des *Leviathan*: Er ist die stabile Ordnung *par excellence*. „Denn wenn auch überall auf der Welt die Menschen die Fundamente ihrer Häuser auf Sand bauten, könnte man nicht daraus schließen, dass es so sein müsste." (Hobbes, II, 20)

Eine derart affirmative Haltung zum Vertrag ist dem *Diskurs* fremd. Wer sie sucht, wird nicht hier, sondern erst in Rousseaus *Prinzipien des Staatsrechts* fündig. Im *Gesellschaftsvertrag* glorifiziert er den Vertragsschluss als „glücklichen Augenblick" (GV, I, 8), der Willkür in Recht und natürliche Heteronomie in bürgerliche Autonomie verwandelt. Von einer solch gelungenen Vergesellschaftung durch das Recht kann Rousseau im *Diskurs* allerdings noch nicht erzählen. Hier zeigt sich der Vertrag unter ganz anderen Vorzeichen. Rousseau rekonstruiert den Übergang von Gewalt- zu Rechtsverhältnissen so, dass Gewinne und Verluste der Verrechtlichung für alle Beteiligten penibel verrechnet werden. Durch die Entzauberung der vordergründigen Erfolgsgeschichte verliert das vertragstheoretische Narrativ seine Unschuld.

Der Missbrauch ist der politischen Einrichtung bereits eingeschrieben. Auch angesichts der Errungenschaften der Verrechtlichung lässt er sich nicht relativieren. So ist es keineswegs zufällig, dass Rousseau gleich anfangs „die Errichtung und den Mißbrauch der politischen Gesellschaften" (D2, 271) in einem Atemzug nennt. Beide lassen sich nicht trennen. Jedenfalls steht der Ursprung der bürgerlichen Gesellschaft unter keinem guten Stern. Die zwiespältige Vorgeschichte der werdenden Gesellschaft lastet schwer auf dem Vertrag, und zusehends wird deutlich, dass die Verrechtlichung der Gesellschaft die in sie gesetzten Erwartungen enttäuschen muss.

Reiht sich die Konstitution des bürgerlichen Zustands damit bruchlos in die Verfallsgeschichte des Naturmenschen ein? Lässt sich der Ruin des Menschengeschlechts noch abwenden? Oder vermag der Übergang in die bürgerliche Gesellschaft, die Unterwerfung der Natur durch das Gesetz (D2, 68), letztendlich doch einen positiven Neuanfang zu setzen?

9.2 Der Vertrag des Reichen – Vergesellschaftung als Betrug?

Das Szenario, in dem Rousseau die politische Einrichtung situiert, lässt kaum Gutes erwarten. Hier verbirgt kein Schleier des Nichtwissens die Positionen, die die Vertragspartner in der künftigen Gesellschaft einnehmen werden. Im Gegenteil: Gewinner und Verlierer der vertraglichen Einigung sind leicht auszumachen.

Obwohl der Wortlaut des Vertrages es vorgibt, stehen nicht die Interessen aller, also das Wohl der ganzen Gesellschaft im Vordergrund. Vielmehr diktiert das partikulare Interesse des Reichen das Geschehen. Es sind seine Initiative und seine List, die der bürgerlichen Gesellschaft letztendlich zur Geburt verhelfen, mit dem

> „durchdachtesten Plan, der dem menschlichen Geist jemals eingefallen ist. Er bestand darin, die Kräfte selbst jener, die ihn angriffen, zu seinen Gunsten einzuspannen, aus seinen Widersachern seine Verteidiger zu machen, ihnen andere Maximen einzuflößen und ihnen andere Institutionen zu geben, die für ihn ebenso günstig wären, wie das Naturrecht ihm widrig war." (D2, 215).

Rousseau gibt dem Reichen mit einer Rede die Gelegenheit, seine Scheingründe in einer motivierenden Ansprache an alle zu präsentieren.

> „‚Vereinigen wir uns', sagt er zu ihnen, ‚um die Schwachen vor der Unterdrückung zu schützen, die Ehrgeizigen in Schranken zu halten und einem jeden den Besitz dessen zu sichern, was ihm gehört: Laßt uns die Vorschriften der Gerechtigkeit und des Friedens aufstellen, denen nachzukommen alle verpflichtet sind, die kein Ansehen der Person gelten lassen und die in gewisser Weise die Launen des Glücks wiedergutmachen, indem sie den Mächtigen und den Schwachen gleichermaßen wechselseitigen Pflichten unterwerfen. Mit einem Wort: laßt uns unsere Kräfte, statt sie gegen uns selbst zu richten, zu einer höheren Gewalt zusammenfassen, die uns nach weisen Gesetzen regiert, alle Mitglieder der Assoziation beschützt und verteidigt, die gemeinsamen Feinde abwehrt und uns in einer ewigen Eintracht erhält'." (D2, 215/217)

In seinen inhaltlichen Bestimmungen erscheint der Vertrag zunächst unverdächtig. Mit der Betonung von Gerechtigkeit und Friedenssicherung, von gesetzlicher Gleichbehandlung, mit dem Versprechen der Stiftung einer souveränen Gewalt und Sicherheit nach innen und nach außen lässt sich im Vertragsdiskurs des Reichen gleichsam die Matrix eines liberalen Vertragsmodells erkennen. So hätte sich der Reiche bei der Formulierung des Vertragstextes von John Lockes *Zweiter Abhandlung über die Regierung* (Locke II, § 124) oder gar von Rousseaus eigenen Worten im Enzyklopädie-Artikel *Ökonomie* (1755) inspirieren lassen können. Was also macht den Vertrag in der Version des Reichen so verdächtig? Schließlich kommt der Vertrag ohne jede Gewalt aus und markiert damit einen entscheidenden Schritt in der Vergesellschaftung: die Verwandlung von Gewaltverhältnissen in Rechtsverhältnisse.

Diesem Umstand trägt ein prominenter Interpret (Goldschmidt, 579) des *Diskurses* Rechnung: Er bestimmt den Vertrag des Betrügers als vollkommen gültig und schreibt ihm dieselben juridischen Effekte wie dem Vertrag im *Gesellschaftsvertrag* zu. Tatsächlich ist die Frage nach der Rechtsgeltung des Vertrags der Reichen bis heute kontrovers. Handelt es sich beim Vertrag des Reichen um einen rechtlich fragwürdigen Gründungsakt der bürgerlichen Gesellschaft, von dem sich der wahre Vertrag des *Gesellschaftsvertrags* markant abheben wird (Halbwachs, 131; Master, 83)? Oder begegnen wir in Rousseaus Geschichte der Regierung einem legitimen gemeinschaftlichen Akt, der Usurpation in unwiderrufliches Recht verwandelt, Legitimität stiftet und damit bereits die Konturen des *Gesellschaftsvertrags* zeichnet (Vincenti, 103 ff.)?

Rousseaus dichter Text bietet Anhaltspunkte für beide Deutungen. Die eigentümliche Ambivalenz des Vertrags zeigt sich bereits in der Rede des Reichen. Schließlich verleiht Rousseau dem Vertrag nicht den unproblematischen Charakter, den die allgemeinheitsfähigen Inhalte vermuten lassen. Vielmehr entlarvt er die ideologische Funktion des liberalen Gesellschaftsvertrags, indem er dessen normative Konstruktion in seine Erzählung vom Ursprung der Gesellschaft integriert. Diese Verortung macht auf ihre Weise die mangelnde Kontextsensibilität des liberalen Vertragsmodells eines Hobbes und Locke deutlich. Rousseau deckt damit die eminente Bedeutung des *status quo* für die Rechtsgenese auf. Er zeigt, dass die unverdächtige Stiftung der Rechtsordnung unter den spezifischen Bedingungen der „werdenden Gesellschaft" kontraproduktiv wirkt. Auch wenn diese Ordnung durch den freiwilligen Konsens aller gestiftet und durch das Prinzip formaler Rechtsgleichheit bestimmt ist: Faktisch schreibt sie die materiale gesellschaftliche Ungleichheit fort, die im Augenblick des Vertragsabschlusses herrscht (vgl. Forschner, 46 ff.).

Rousseau weigert sich damit, die kontraktualistische Vergesellschaftung durch das Recht als simple Erfolgsgeschichte zu lesen. Die Geschichte belehrt die Protagonisten des liberalen Vertragsrechts eines Schlechteren. Sie erzählt den Übergang von Gewalt- in Rechtsverhältnisse als unheilvolle Verlustgeschichte. Auf der Strecke bleibt das, was der Vertrag zu sichern vorgibt: die natürliche Freiheit der Individuen. An dieser Fatalität des Vertragsschlusses lässt Rousseau nicht den geringsten Zweifel: „Alle liefen auf ihre Ketten zu, im Glauben ihre Freiheit zu sichern". (D2, 217)

Offensichtlich hält der Vertrag also nicht, was die Rede des Reichen allen verspricht. Die Sicherung allgemeiner Freiheit durch die Herrschaft der Gesetze misslingt bereits im Moment der Konstitution. Im Horizont der „Geschichte der Regierungen" lässt sich das Verhältnis von Freiheit und Ketten nur als Widerspruch denken. Hier sind die Ketten, die mit dem Eintritt in den bürgerlichen Zustand untrennbar einhergehen, das Sinnbild für Sklaverei, Knechtschaft und Unterdrückung. Sie stehen für die Heteronomie des Einzelnen in der Gesellschaft.

Ein weiteres Mal widerspricht Rousseau damit der Logik der modernen Vertragstheorie. Bei Hobbes und Locke signalisiert die Rede von den Ketten des bürgerlichen Zustands den positiven Zusammenhang zwischen Freiheit und Zwang. Hobbes' künstliche Ketten sind gleichermaßen Symbol staatlicher Gewalt und Ausdruck der Selbstbestimmung der Vertragspartner (Hobbes, II, 20). Auch

Lockes Regierung kann ihren liberalen Auftrag nur auf der Grundlage des Zwangs allgemeiner Gesetze erfüllen (Locke II, § 95). Kant geht noch einen Schritt weiter, indem der Zwang der Ketten nicht allein zum Begriff des Staates, sondern zum Begriff des Rechts überhaupt zählt. Auf diese Weise werden die Ketten zum legitimen „Hindernis eines Hindernisses der Freiheit" (Kant VIII, 5 f.).

Kein Zweifel: Von einem solchen Lob der gesellschaftlichen Ketten ist Rousseau in seinen kulturkritischen Schriften denkbar weit entfernt. Bereits der *Erste Diskurs* thematisiert die Ketten des Staates unter gänzlich negativen Vorzeichen. Die Last der gesellschaftlichen Ketten, so Rousseaus kritischer Befund, werde durch Wissenschaft und Kunst nicht aufgehoben, sondern lediglich kaschiert.

> „Während Regierung und Gesetze für Sicherheit und Wohlergehen der versammelten Menschen sorgen, bereiten Wissenschaften, Literatur und Künste, weniger despotisch, vielleicht aber mächtiger, ihre Blumenkränze über die ehernen Ketten (chaînes de fer), an die diese gelegt sind, und ersticken in ihnen jedwedes Gespür für die ursprüngliche Freiheit, für die sie geboren zu sein schienen." (D1, 19)

Dieses zivilisationskritische Ressentiment wirkt im *Zweiten Diskurs* fort. Hier gelten die Ketten nach wie vor als Hindernis der Freiheit und Signum einer Gesellschaft, die zu wechselseitiger Abhängigkeit und allgemeiner Unfreiheit führt. Die Ketten stehen nicht für selbstbeherrschte Freiheit, sondern für den unerträglichen Zwang der Gesellschaft. Rechtfertigen lassen sie sich unter keinerlei Umständen. Der Gedanke, Freiheit und Ketten in einer anderen Ordnung miteinander zu versöhnen, liegt in weiter Ferne.

Ihn wird Rousseau erst im *Gesellschaftsvertrag* wagen, freilich unter anderen gattungsgeschichtlichen Vorzeichen und mit einem anderen methodischen Anspruch an die Erzählung vom Ursprung der Gesellschaft. „Der Mensch ist frei geboren, und überall liegt er in Ketten" (GV, I, 1) lautet der bekannte und paradoxe Auftakt der Rousseauschen *Prinzipien des Staatsrechts*. Er bringt das systematische Anliegen des Staatsrechts prägnant auf den Begriff: die Legitimation staatlicher Herrschaft im Namen der Freiheit.

Nach Hinweisen auf einen Vertrag, der Freiheit und Ketten, Autonomie und Herrschaft des Rechts versöhnt, sucht man im *Diskurs* vergeblich. Ganz im Gegenteil: Hier wird der Widerspruch zwischen Freiheit und Ketten manifest. Die Ketten des bürgerlichen Zustands dokumentieren geradezu das Scheitern, allgemeine Freiheit vertraglich zu sichern. In Rousseaus Erzählung vom Ursprung der Regierung nimmt die neuzeitliche Vertragsfigur also keinen guten Anfang. Die vertragliche Konstitution der bürgerlichen Gesellschaft wird als weiteres Datum einer Verfallsgeschichte erkennbar. Entsprechend nüchtern klingt das Resümee der Auseinandersetzung mit dem Vertrag des Reichen:

> „Dies war, oder muß der Ursprung der Gesellschaft und der Gesetze gewesen sein, die dem Schwachen neue Fesseln und dem Reichen neue Kräfte gaben, die natürliche Freiheit unwiederbringlich zerstörten, das Gesetz des Eigentums und der Ungleichheit für immer fixierten, aus einer geschickten Usurpation ein unwiderrufliches Recht und um des Profits einiger Ehrgeiziger willen fortan das ganze Menschengeschlecht der Arbeit, der Knechtschaft und dem Elend unterwarfen." (D2, 219)

Der vernichtende Befund straft die Versprechungen des liberalen Vertragsrechts doppelt Lügen. Die Verrechtlichung der Gesellschaft zeitigt sowohl für den einzelnen Staat als auch für das zwischenstaatliche Pluriversum fatale Folgen. Hier wie dort misslingt die Befriedung. Mit einem entzauberten Blick auf die zwischenstaatlichen Verhältnisse zerstört Rousseau die kosmopolitischen Träumereien der Aufklärer.

> „Da die Politischen Körper so untereinander im Naturzustand verblieben, bekamen sie bald die Unzuträglichkeiten zu spüren, welche die Einzelnen gezwungen haben, aus ihm herauszutreten; [...] Hieraus gingen die Kriege zwischen den Nationen, die Schlachten, die Mordtaten, die Repressalien hervor, welche die Natur erschaudern lassen und die Vernunft schockieren." (D2, 221)

Wenn Rousseau hier vom Naturzustand und von der gemeinsamen Empörung von Natur und Vernunft spricht, so bewegt er sich mittlerweile in einem anderen gedanklichen Universum. Atmosphärisch und argumentativ hat er sich längst vom „Studium des ursprünglichen Menschen" (D2, 59) und vom „Bilde des wahrhaften Naturzustandes" (D2, 161) verabschiedet. Ungeniert bewegt er sich in den Spuren des Hobbesschen Staatsrechts. An dieser Stelle versteht auch Rousseau den Naturzustand als negativen juridischen Grenzbegriff und nicht mehr, wie im ersten Teil des *Diskurses*, als Kampfbegriff gegen den Prozess der Zivilisation. So ist Rousseau ganz auf Seiten von Hobbes, wenn er jede Möglichkeit bestreitet, Vernunft in die Verhältnisse zwischen den Staaten zu bringen. Der Traum von einem globalen Rechtszustand erweist sich als Farce. Droht den Staaten bei Hobbes in weiter Ferne die Gefahr eines Krieges, so verdüstern sich die Aussichten des *Diskurses* schon mit Blick in die nahe Zukunft: „und es wurden mehr Mordtaten an einem einzigen Gefechtstag begangen und mehr Gräuel bei der Einnahme einer einzigen Stadt, als im Naturzustand während ganzer Jahrhunderte auf der gesamten Erdoberfläche begangen worden waren" (D2, 223).

9.3 Andere Ursprünge der politischen Gesellschaften – Kritik des Kontraktualismus

Mit dieser Genesis des bürgerlichen Zustandes wendet sich Rousseau kritisch gegen jene Autoren, die „den politischen Gesellschaften andere Ursprünge" zuschreiben (D2, 223). Damit tritt seine Auseinandersetzung mit der neuzeitlichen Vertragstheorie in eine neue Phase. Ging es im ersten Teil darum, die genealogische Unwahrheit des kontraktualistischen Naturzustands zu beweisen, stehen jetzt die verschiedenen kontraktualistischen Narrative vom Ursprung der Gesellschaft in der Kritik. Rousseaus Interesse richtet sich hier nicht auf die Leistung dieser Geschichte als genealogisches Erklärungsmodell, sondern gilt seiner prinzipientheoretischen Qualität. Juridische Begründungsqualität und legitimitätsstiftende Kraft stehen auf dem Prüfstand. Damit beginnt im *Diskurs* ein rechtsphilosophisches Intermezzo, das Rousseaus genealogisches Unternehmen in Parenthese setzt. Die anthropologische Matrix des *Diskurses* ist für die folgende Auseinandersetzung nicht mehr bestimmend. Anders als im Vorwort des *Diskurses* angekündigt, nimmt die Suche nach den „wahren Grundlagen des Politischen Körpers" (D2, 59) nicht mehr am Naturzustand Maß, sondern orientiert sich an anderen kritischen Maßstäben.

Rousseau kommentiert diese Neuorientierung mit dem schlichten Hinweis, nun die Tatsachen „anhand des Rechts" zu prüfen (D2, 235). Tatsächlich vollzieht er einen bemerkenswerten Paradigmenwechsel und schafft damit Raum für eine rechtsphilosophische Auseinandersetzung mit der modernen Vertragstheorie. Vieles von dem, was hier zur Sprache kommt, wird Rousseau in seinem staatsphilosophischen Hauptwerk, dem *Gesellschaftsvertrag*, wiederholen, vertiefen und präzisieren – allerdings befreit aus dem genealogischen Kontext einer Geschichte der Regierungen. Dort wird dann auch vollends deutlich, dass es sich bei den Ursprungserzählungen anderer Autoren (D2, 223) schlichtweg um die „falschen Begriffe vom gesellschaftlichen Band" handelt (OC III, 297).

Man kann die Bedeutung des Perspektivenwechsels im *Diskurs* kaum unterschätzen. Welches systematische Gewicht er tatsächlich besitzt, erschließt sich aus Rousseaus Reflexionen auf die methodische Eigenart dieser „Untersuchung anhand des Rechts" (D2, 235). Eine solche geltungstheoretische Untersuchung bildet nämlich den wesentlichen Gegenstand der *Prinzipien des Staatsrechts* (Brand/Herb, 5 ff). Und diese Untersuchung ist es, mit der Rousseau beansprucht, der eigentliche Begründer der modernen Politischen Wissenschaft zu sein (OC IV, 836). Im *Gesellschaftsvertrag* vollzieht Rousseau den Wechsel von den geschichtlichen Tatsachen zum geltenden Recht mit allem Nachdruck. Hier ist er um methodische Klarheit bemüht, indem er die Frage nach der Historie der bürgerlichen Gesellschaft zurückweist. Von ihr will er ausdrücklich nichts wissen.

Eine solche Genese müsse er sogar ignorieren, so ein entschiedener Interpret (Bachofen, 238). Im *Gesellschaftsvertrag* geht es nicht um die Faktizität, sondern allein um die Geltung des Staatsrechts. In diesem Sinne äußert sich Rousseau in den Fragmenten: „Der Leser möge nur daran denken, dass es sich hier weniger um Geschichte und Tatsache handelt als um Recht und Gerechtigkeit. [...] Ich werde mich, wie ich es immer getan habe, darauf beschränken, die menschlichen Einrichtungen mit Blick auf ihre Prinzipien zu untersuchen (examiner les établissemens humains par leurs principes)" (OC III, 603, 609).

Man mag bedauern, dass Rousseau weder im *Zweiten Diskurs* noch im *Gesellschaftsvertrag* seiner methodischen Programmatik treu bleibt. Tatsache ist, dass die systematische Neuorientierung innerhalb des *Diskurses* zu einer prinzipientheoretischen Auseinandersetzung mit kontraktualistischen Narrativen der Staatsgründung führt. Hier scheint die Grundspannung, die der *Diskurs* ansonsten zwischen Natur und Vernunft walten sieht, vorübergehend aufgehoben. Sie tritt erst in der Schlusspassage des *Diskurses* wieder auf (D2, 265 ff.) – in der bekannten Intensität und Härte.

Grob vereinfacht lassen sich im rechtsphilosophischen Zwischenspiel des *Diskurses* fünf kritische Befunde ausmachen, entlang derer Rousseau die Grundlinien seines kritischen Staatsrechts zeichnet.

9.3.1 Gegen die Eroberung des Mächtigsten

Zunächst bestreitet Rousseau die Gültigkeit der immer wieder bemühten Hypothese, die die Konstitution des bürgerlichen Zustands auf die „Eroberungen des Mächtigsten" zurückführt (D2, 223). Der Akt einer solchen Eroberung stifte als solcher kein Recht und sei folglich nicht in der Lage, die Fundierung der aus ihm abgeleiteten Rechte zu leisten. Mehr noch, ein solches Eroberungsrecht aus bloßer Gewalt halte den Kriegszustand zwischen Eroberern und Eroberten aufrecht und bliebe folglich für Letztere ohne jede Rechtsverbindlichkeit.

9.3.2 Gegen den absolutistischen Herrschaftsvertrag

Im selben Atemzug räumt Rousseau mit der absolutistischen Ursprungserzählung auf, nach der die freiwillige Unterwerfung des Volkes unter einen absoluten Herrscher den bürgerlichen Zustand begründe. An dieser Stelle wird Rousseau grundsätzlich und deutet dabei bereits die spätere Kritik aus dem *Gesellschaftsvertrag* an. Stellt die Unabhängigkeit vom bloßen Belieben eines anderen das Schlimmste dar, was einem Menschen im Verhältnis zu anderen widerfahren kann, so handelt derjenige „wider den gesunden Menschenverstand" (D2, 229), welcher sich um seiner Freiheit willen der Gewalt eines anderen bedingungslos unterwirft. Es ist ein Widerspruch in sich, seine Freiheit unter der Bedingung des vollständigen Verzichts auf sie sichern zu wollen. Rousseau wagt sich dabei zu einer Definition des Staatszwecks vor, die sich ohne weiteres in die Tradition des liberalen Vertragsrechts einordnen lässt (vgl. Locke II, § 123). In der Nachfolge Lockes definiert Rousseau die allgemeine Sicherheit, den Schutz vor Unterdrückung und die Sicherung von Gütern, Freiheit und Leben des Einzelnen als Ziel des Staates. Solche Zwecke ließen sich auf der Basis bedingungsloser Rechtsabtretung nicht realisieren. Folglich gilt ein derartiger Vertrag als unvereinbar mit den Zielen des bürgerlichen Zustands.

9.3.3 Gegen die Politisierung der väterlichen Gewalt

Auf die Autorität Lockes kann sich Rousseau auch dort berufen, wo er die Ableitung eines monarchischen Herrschaftsrechts aus der väterlichen Gewalt Adams ablehnt. Hier sieht er sich mit dem Hinweis auf die „Gegenbeweise Lockes und Sidneys" (D2, 233) von einer ausführlichen Auseinandersetzung mit den Apologeten Filmer, Bossuet und Ramsay entbunden. Dass sich aus „väterlicher Autorität" (autorité paternelle; D2, 233) kein staatlicher Herrschaftsanspruch ableiten lässt, hatte Rousseau zuvor im Artikel *Ökonomie* ausführlich gezeigt (PÖ, 9 ff.). Auch im *Gesellschaftsvertrag* wird er die prinzipielle Differenz der Rechtsqualität väterlicher und staatlicher Herrschaft deutlich herausstellen (GV, I, 2).

9.3.4 Gegen den bedingungslosen Freiheitsverzicht

In den Spuren des modernen Vertragsrechts Lockescher und Barbeyracscher Provenienz bewegt sich Rousseau auch dort, wo er die Illegitimität einseitig verpflichtender Vertragsverhältnisse betont. Im Rahmen eines Vertrages vorbehaltlos auf die eigene Freiheit zu verzichten, bedeutet für Rousseau eine rechtliche Unmöglichkeit. Es fällt auf, dass Rousseaus genealogische Kritik des neuzeitlichen Naturrechts ganz in den Hintergrund tritt. So beruft er sich nun auf den geschichtsinvarianten Begriff des modernen Naturrechts, das er zuvor so heftig kritisiert. Wer in einen absolutistischen Herrschaftsvertrag einwillige, würdige seine Natur als Mensch herab und stelle sich auf das Niveau der Tiere. Niemand besitze schließlich ein vertraglich beliebig disponierbares Recht auf das eigene Leben: „Denn [...] das hieße, sein eigenes Leben zu verkaufen, über das man nicht Herr ist." (D2, 239) All dies konnte er mühelos Lockes *Zweiter Abhandlung über die Regierung* entnehmen.

9.3.5 Gegen die Gleichsetzung von Freiheits- und Eigentumsrechten

Aus diesem liberalen Fundus schöpft Rousseau auch in seiner Auseinandersetzung mit Pufendorf. Im Fokus der Kritik steht dessen Vorstellung, dass ein Einzelner, in Analogie zur vertraglichen Veräußerung von Eigentum, das Recht besäße, einem anderen die eigene Freiheit vertraglich zu übertragen. Rousseau stößt sich an der Logik des Vergleichs. Durch den Missbrauch eines veräußerten Gutes werde der ursprüngliche Besitzer nicht in Mitleidenschaft gezogen. Anders der Missbrauch der eigenen Freiheit durch andere: Hier mache sich das Freiheitssubjekt selbst moralisch schuldig. Rousseau dringt daher auf die kategoriale Unterscheidung von Eigentums- und Freiheitsrechten. Steht das Eigentumsrecht als genuin staatliches Recht zu beliebiger Verfügung, so ist die eigene Freiheit unverfügbar. Leben und Freiheit, so Rousseau ganz in Lockescher Diktion, sind in ihrer Geltung vom Staat gänzlich unabhängig, gehören sie doch zu den „essentiellen Gaben der Natur" (D2, 241). Sie zu veräußern, liegt gar nicht in der Befugnis des einzelnen Subjekts. Ganz entspannt verknüpft Rousseau diesen Essentialismus des modernen Naturrechts mit Lockes theologischer Pointe. Freiheit und Leben sind als Werke göttlicher Schöpfung von vornherein vertraglich unverfügbar. In Rousseaus Begründung fällt auf, dass Natur und Vernunft nun, ganz anders als im ersten Teil des *Zweiten Diskurses*, nicht mehr als Gegensatz verstanden werden.

> „Außerdem: da das Eigentumsrecht nur auf Konvention und menschlicher Einrichtung beruht, kann jeder Mensch über das, was er besitzt, nach seinem Belieben verfügen; dasselbe gilt jedoch nicht für die essentiellen Gaben der Natur, wie das Leben und die Freiheit, die zu genießen einem jedem gestattet ist und bei denen es zumindest zweifelhaft ist, ob man das Recht hat, sich ihrer zu entäußern: Beraubt man sich der einen, so erniedrigt man sein Sein; beraubt man sich des anderen, so vernichtet man es, soweit dies bei einem steht; und da kein zeitliches Gut für die Freiheit oder das Leben entschädigen kann, würde man die Natur und die Vernunft zugleich beleidigen, wenn man auf sie verzichtete, um welchen Preis es auch sei." (D2, 239/241)

Als Wesensmoment der menschlichen Natur verstanden, verbiete die Freiheit auch jede naturrechtliche Verfügung über die eigenen Kinder. Niemand habe das Recht, so Rousseau gegen Pufendorf, die eigenen Kinder um deren Lebenserhalt willen vertraglich zu Sklaven zu machen. Die „Rechtsgelehrten, die feierlich ausgesprochen haben, das Kind einer Sklavin werde als Sklave geboren, haben mit anderen Worten entschieden, daß ein Mensch nicht als Mensch geboren werde." (D2, 241)

Man sieht: Rousseaus Rede von der Eigenschaft, ein Mensch zu sein, bildet das Herzstück seiner eigenwilligen Naturrechtskonzeption: Aus der „Eigenschaft als Menschen" (qualité d'hommes; D2, 241) im *Diskurs* wird im *Gesellschaftsver-*

trag die „Eigenschaft als Mensch" (qualité d'homme), die sich mit der Idee der „Menschenrechte" (droits de l'humanité; GV, I, 4) verbindet. „Wer auf seine Freiheit verzichtet, der verzichtet auf seine Eigenschaft als Mensch, auf die Rechte der Menschheit, ja selbst auf seine Pflichten. Es gibt keine mögliche Entschädigung für denjenigen, der auf alles verzichtet. Ein solcher Verzicht ist unvereinbar mit der Natur des Menschen." (D2, 241).

Eine ideengeschichtliche Spurensuche nach der Rede von der „Eigenschaft als Mensch" findet hier Anklänge an Vorstellungen bei Montesquieu und Diderot. In seinem Hauptwerk *Vom Geist der Gesetze* (1748) spricht Montesquieu bereits von einer „Eigenschaft als Staatsbürger" (qualité de citoyen; Montesquieu, XV, 2). Allerdings meint er damit Bürgerrechte, die für Rousseau allererst durch Menschenrechte begründet werden müssen. Diderot spricht zwar auch von der „Eigenschaft als Mensch" (qualité d'homme), macht aber in der Vernunft und nicht in der Freiheit das spezifisch Menschliche aus. Rousseau geht damit neue Wege.

9.4 Kritik und Krise. Reflexionen zur Natur des Grundvertrages

Nachdem Rousseau die naturrechtlichen Prolegomena des künftigen Staatsrechts formuliert hat, wendet er sich nun dem spezifischen Charakter des Vertrages zu. Damit tritt die Frage nach der „Natur des Grundvertrages jeder Regierung (nature du pacte fondamental de tout gouvernement; D2, 243) auf den Plan. Hier scheint Rousseau gewillt, landläufigen Vorstellungen zu folgen.

> „Ohne heute in die Untersuchungen einzutreten, die über die Natur des Grundvertrages jeder Regierung noch anzustellen sind, beschränke ich mich, indem ich der allgemeinen Meinung folge, darauf, hier die Errichtung des Politischen Körpers als einen wahren Vertrag zwischen dem Volk und den Oberhäuptern zu betrachten, die es sich wählt; ein Vertrag, durch den sich die beiden Parteien zur Befolgung der Gesetze verpflichten, die in ihm stipuliert sind und die die Bande ihrer Vereinigung bilden." (D2, 243)

Mit der vordergründigen Parteinahme zugunsten der *opinio communis* verknüpft Rousseau tatsächliche und vermeintliche Nachfolge, kritische Distanzierung und produktives Missverständnis auf konstruktive Weise. Diese Verschränkung hat zu einer Vielzahl konträrer Interpretationen geführt, die sich wesentlich in zwei Lager teilen lassen. Während die einen im Regierungsvertrag bereits die spätere Version des *Gesellschaftsvertrags* erkennen, sehen die anderen Rousseau hier noch in einer vorkritischen Position befangen, von der er sich in seinem späteren Werk distanzieren wird.

Weitgehende Übereinstimmung besteht dagegen hinsichtlich der ideengeschichtlichen Referenz. Rousseau orientiert sich bei der Vorstellung der öffentlichen Meinung vor allem an Samuel Pufendorfs *Über die Pflicht des Menschen und des Bürgers nach dem Gesetz der Natur* (1673). Dieser entwirft eine dualistische Vertragskonstruktion. Durch einen Einigungsvertrag (pactum unionis) konstituiert sich das Volk als politische Einheit. Im anschließenden Unterwerfungsvertrag (pactum subjectionis) definieren Volk und Herrscher ihre wechselseitigen Rechte und Pflichten mit Blick auf das Gemeinwohl. Erst mit Abschluss beider Verträge ist der bürgerliche Zustand (civitas perfectas) voll etabliert (Pufendorf, I, 9; vgl. Derathé).

Wie wenig Rousseau bereit ist, der allgemeinen Meinung zu folgen, macht er in der unmittelbar folgenden Passage deutlich. Sie bricht mit der dualistischen Logik des Regierungsvertrags:

> „Da das Volk, was die gesellschaftlichen Beziehungen betrifft, alle seine [Einzel-] Willen zu einem einzigen vereinigt hat, werden alle Artikel, über die dieser Wille sich erklärt, zu ebenso vielen Grundgesetzen, die alle Mitglieder des Staates ohne Ausnahme verpflichten, und eines dieser Gesetze regelt die Wahl und die Gewalt der Magistrate, die damit beauftragt sind, über die Ausführung der anderen zu wachen." (D2, 243)

Unter dem Mantel des Regierungsvertrags präsentiert Rousseau bereits Versatzstücke seiner späteren Vertragstheorie: zunächst die Idee eines aus der gleichberechtigten Vereinigung aller hervorgehenden Willens, der als oberster Gesetzgebungswille innerhalb des Staates fungiert; des Weiteren die Konzeption einer von allen ausgehenden und für alle gleichermaßen geltenden Gesetzgebung (le droit de législation [...] commun à tous les citoyens; D2, 16); und schließlich die kategorische Unterordnung des Magistrats unter den souveränen Willen des Volkes. Vor allem in diesem letzten Punkt ist die Distanzierung von der allgemeinen Meinung unübersehbar. Für Rousseau sind die Magistrate weder souveräne Oberhäupter noch stehen sie in einem vertraglichen Verhältnis mit dem Volk, wie dies noch Pufendorfs Unterwerfungsvertrag vorsieht. Die Magistrate sind vollständig den Gesetzen unterworfen, den „Grundgesetze[n]" (loix fondamentales), die aus dem Willen des Volkes hervorgehen. Legitim sind sie nur als Mandatsträger der öffentlichen Autorität. Rousseau zeichnet hier bereits die Matrix demokratischer Volkssouveränität. Die Gesetzgebung des Volkes erweist sich als das „Wesen des Staates" (essence de l'etat; D2, 245). Nichts also wäre naheliegender, als an dieser Stelle den Begriff einzuführen, mit dem Rousseau bereits im Enzyklopädie-Artikel die Zauberformel seines Staatsrechts aufstellt: den „allgemeinen Willen" (volonté générale; PÖ, 11). Rätselhafterweise verschweigt er das Naheliegende.

Rousseaus subversive Kritik zeigt nicht nur das Demokratiedefizit auf, sondern offenbart auch die souveränitätstheoretische Fragilität des traditionellen

Regierungsvertrags. Mit seiner Hilfe lässt sich keine stabile bürgerliche Ordnung errichten. Deutlich wird auch hier, wie selbstverständlich sich Rousseau auf den Spuren von Hobbes bewegt. Auch der *Zweite Diskurs* stellt die Kardinalfrage „Wer wird urteilen?" und pocht auf die Letztinstanzlichkeit des Souveräns. Rousseau zeigt, dass Regierung und Volk durch den bilateralen Regierungsvertrag im Konfliktfall die alleinigen Richter in ihrer eigenen Sache bleiben und damit im rechtlichen Naturzustand verharren (D2, 245). Die juridische Konstruktion des Regierungsvertrages muss damit als gescheitert gelten. Aus

> „der Natur des Vertrages würde man ersehen, daß er nicht unwiderruflich sein könnte: Denn wenn es keine höhere Gewalt gäbe, welche die Treue der Vertragsschließenden garantieren noch sie zwingen könnte, ihre gegenseitigen Verbindlichkeiten zu erfüllen, würden die Parteien alleinige Richter in ihrer eigenen Sache bleiben und jede von ihnen hätte stets das Recht, sich vom Vertrag loszusagen, sobald diese aufhörten, ihr zu gefallen." (D2, 245)

Im *Gesellschaftsvertrag* vollzieht sich die Dekonstruktion des Vertrages zwischen Volk und Oberhäuptern in aller Deutlichkeit: „Man sieht, dass die vertragsschließenden Teile untereinander nur unter dem Gesetz der Natur stünden und keinen Bürgen für die gegenseitigen Verpflichtungen hätten, was dem bürgerlichen Zustand in jeder Weise zuwiderläuft." (OC III, 432; vgl. IV, 839)

Der Fortgang dieser Geschichte zeigt, dass das nicht-eliminierbare Gewaltmoment in der Konstitution des bürgerlichen Zustands unvermeidlich zum Missbrauch führt. Aus der Konkurrenz zwischen Volk und Regierung gehen fürchterliche Zwiste hervor; sie

> „zeigen mehr als alles andere, wie sehr die menschlichen Regierungen eine solide Basis benötigten als die bloße Vernunft und wie notwendig es für die öffentliche Ruhe war, daß der göttliche Wille eingriff, um der souveränen Autorität einen heiligen und unverletzlichen Charakter zu geben" (D2, 247).

Diese Wendung bringt es an den Tag: Wenn man von göttlicher Fügung absieht, d. h. wenn man den Regierungsvertrag als bloß menschliche Einrichtung betrachtet, erweist er sich als unzulängliches Konstruktionsprinzip für den bürgerlichen Zustand. Aus rein rechtsimmanenter Perspektive ist er diskreditiert – und auf göttlichen Beistand kann und will Rousseau keinesfalls setzen. Was mit List und Betrug beginnt, endet in einem neuen Naturzustand. Die traurige Rückkehr in den Naturzustand markiert eine fundamentale Zäsur in der Vergesellschaftung, da hier wiederum Gewalt an die Stelle des Rechts tritt (D2, 263). Das Projekt der Verrechtlichung scheint von Grund auf zu scheitern. Spätestens hier wird die Pervertierung staatlicher Herrschaft manifest. Der Staat nimmt die Übel, die seine Gründung am Ende einer naturwüchsigen Vergesellschaftung erzwingen, in sich auf. Sie erweisen sich als zwangsläufige Folge der Konstitution des bürgerlichen Zustands.

„Um die Notwendigkeit dieses Fortschritts zu begreifen, muß man weniger die Beweggründe für die Errichtung des Politischen Körpers betrachten als die Form, die er bei seiner Ausführung annimmt, und die Unzuträglichkeiten, die er nach sich zieht: Denn die Laster, welche die gesellschaftlichen Institutionen notwendig machen sind ebendieselben, welche ihren Mißbrauch unvermeidlich machen." (D2, 251/253)

9.5 Der Despotismus und die Renaissance der Ungleichheit

Bei diesem Stand der Dinge verleiht Rousseau seiner Titelgeschichte über die *Ungleichheit unter den Menschen* eine prägnante Kapiteleinteilung. Es sind drei „Revolutionen", die den „Fortschritt der Ungleichheit" im Takt halten: Es zeigt sich, „daß die Etablierung des Gesetzes und des Eigentumsrechts sein erstes Stadium, die Einrichtung der Magistratur das zweite und die Verwandlung der legitimen Gewalt in willkürliche Gewalt das dritte und letzte war" (D2, 251).

Dabei treten nun sozialpsychologische Aspekte der zunehmenden Ungleichheit in den Vordergrund. Zunehmend entfernt sich Rousseaus Erzählung von ihrer rechtsphilosophischen Fokussierung, um erneut die anthropologische Fragestellung seiner Genealogie aufzunehmen. Rousseau zeigt, dass in der Spätphase der bürgerlichen Gesellschaft ein heftiger Kampf um Anerkennung entbrennt, der die gesellschaftliche Ungleichheit verschärft und die Teilnehmer in Herren und Sklaven scheidet.

Die Logik einer solchen Dialektik ist offensichtlich. Nachdem das ursprüngliche „Gefühl seiner eigenen Existenz" (sentiment de sa propre éxistence; D2, 269; vgl. 110, 172) unweigerlich verloren ist und Identität nur noch durch den Vergleich mit den Anderen gefunden werden kann, bindet die Gesellschaft ihre Bürger noch enger zusammen. Die „wechselseitige Abhängigkeit" (dépendance mutuelle; D2, 165/167), die bereits in der naturwüchsigen Vergesellschaftung durch das Aufkommen künstlicher Bedürfnisse angelegt war, verstärkt sich nochmals beträchtlich: Die „Bande der Knechtschaft" (liens de la servitude; D2, 165/167) werden noch enger geknüpft.

Rousseau zerstört damit die Hoffnungen republikanischer Anerkennungstheorien. Erkennt John Adams in der republikanischen „passion for distinction" den positiven Antrieb für den Kampf um Anerkennung, so macht Rousseau diese Leidenschaft zu etwas Pathologischem: Das Bemühen um Anerkennung durch Distinktion verkommt zur „Raserei, sich zu unterscheiden" (fureur de se distinguer; D2, 257/259). Die bürgerliche Identitätssuche wird somit bereits im Ansatz vereitelt. Mit der zeitgenössischen komparativen Existenz kann, so Rousseaus Überzeugung, niemand glücklich werden. Unter solchen Umständen ist geglücktes Leben offenbar nur noch in Erinnerung an Vergangenes zugänglich.

Rousseau verfolgt diesen Verlust durch den geschichtlichen Prozess hindurch. Von der gleichförmigen Existenz des natürlichen Menschen ist dieses „äußerste[n] Stadium der Korruption" (D2, 257), das die Menschheit jetzt erreicht hat, durch viele Tausende von Jahrhunderten getrennt (D2, 117). So notwendig sich die Institutionen von Gesetz und Regierung erweisen: Nun versagen sie in ihrer eigentlichen Bestimmung, indem sie den gesellschaftlichen Antagonismus forcieren. Inmitten der bürgerlichen Gesellschaft bahnt sich ein neuer Krieg aller gegen alle an.

> „Ich würde darauf aufmerksam machen, wie sehr jenes universelle Verlangen nach Reputation, Ehren und Auszeichnungen, das uns alle verzehrt, die Talente und die Kräfte übt und vergleicht; wie sehr es die Leidenschaften anstachelt und vervielfacht; und – da es alle Menschen zu Konkurrenten, Rivalen, oder vielmehr Feinden macht – wie viele Schicksalsschläge, Erfolge und Katastrophen aller Art es täglich dadurch verursacht, da es so viele Bewerber dasselbe Rennen laufen läßt." (D2, 257)

Wohlgemerkt: Rousseau besteht angesichts der äußersten Krise gleichermaßen auf den destruktiven und den produktiven Effekten der Vergesellschaftung. Gleichwohl gewinnt die negative Dynamik am Ende der Rousseauschen Erzählung die Oberhand:

> „Aus dem Schoße dieser Unordnung und dieser Revolutionen würde der Despotismus nach und nach sein abscheuliches Haupt erheben, alles verschlingen, was er an Gutem und Gesundem in allen Teilen des Staates wahrgenommen hätte, und es schließlich dahin bringen, die Gesetze und das Volk mit Füßen zu treten und sich auf den Ruinen der Republik einzurichten." (D2, 261)

Mit dem Erscheinen des Despotismus ist „das letzte Stadium der Ungleichheit" (D2, 263) erreicht. Wir sind wieder am Ausgangspunkt angelangt. Auf fatale Weise wird der Naturzustand wiederhergestellt, freilich nicht in seiner ursprünglichen Reinheit, sondern als „Frucht eines Exzesses an Korruption" (D2, 263). Friedrich Engels hat dieses Ende der Geschichte auf seine Weise gedeutet: als Negation der Negation. Dadurch verleiht er Rousseaus skeptischer Geschichtsphilosophie neuen Glanz. „Und so schlägt die Ungleichheit wieder um in Gleichheit, aber nicht in die alte naturwüchsige Gleichheit der sprachlosen Urmenschen, sondern in die höhere des Gesellschaftsvertrags. Die Unterdrücker werden unterdrückt." (Engels, 129)

Vom rettenden Gesellschaftsvertrag, auf den Engels hier setzt, ist im endzeitlichen Szenario des *Zweiten Diskurses* freilich nichts zu entdecken. Es kommt Rousseau nicht in den Sinn, dem Ende im Despotismus eine positive Wendung zu verleihen, er wagt kein Abenteuer der Dialektik. In dieser letzten Phase der Ungleichheit kommt dem Menschengeschlecht weder die List der Natur noch die List der Vernunft zur Hilfe. So bietet der *Diskurs* keine tröstlichen Aussichten. Rousseau weigert sich, die Geschichte als langsame, aber sichere Annäherung der Wirklichkeit an die Idee des Rechts zu verstehen. Einer republikanischen Parousieverzögerung, wie sie Kant im Vorgriff auf den globalen Rechtsfrieden walten sieht, hätte Rousseau kaum Glauben geschenkt. Noch weniger wäre er bereit gewesen, Hegels geschichtsphilosophische Gewissheiten zu teilen. So wie die Dinge am Ende des *Diskurses* stehen, hat die Wirklichkeit des Rechts nichts Vernünftiges an sich. Das herrschende Recht lässt sich streng genommen nicht einmal als Recht bezeichnen.

Die Rückkehr zum Naturzustand nimmt an diesem äußersten Punkt, „der den Kreis schließt" (D2, 263), ihre denkbar schlechteste Gestalt an. Sie führt den Prozess der Verrechtlichung als solchen ad absurdum. Im Fortschritt der Dinge ist, wenn wir uns an den Beginn des *Diskurses* erinnern (D2, 69), nun endgültig der Augenblick gekommen, in dem die Gewalt die Stelle des Rechts einnimmt und das Gesetz der Natur unterworfen wird (D2, 262). Wer und was auch immer herrschen mag: Es fehlt ihm jegliche politische Legitimation. Wie vor der Einrichtung der politischen Gesellschaft ist nur noch die naturwüchsige Gewalt am Werk, das Recht des Stärkeren.

Fragt man nach den ideengeschichtlichen Spuren, die Rousseau am Ende des *Diskurses* aufnimmt, lassen sich antike und moderne Inspirationen ausmachen (Goldschmidt, 749 ff.). Die Rede vom sich schließenden Kreis erinnert an Platon, mehr noch an Polybios. Dessen zyklische Geschichtsauffassung ist Rousseau jedoch fremd: Bei ihm hat der Gedanke an die Rückkehr zur besten Regierung keinen Platz. Wo sich bei Rousseau der Kreis schließt, ist nicht Wiederherstellung am Werk, sondern Zerstörung.

9.6 Zurück zur Anthropologie?

Auf den letzten Seiten des *Zweiten Diskurses* ist Rousseau wieder ganz in seinem genealogischen Element. Mensch, Naturrecht und Gesellschaft haben sich im Verlauf der Gattungsgeschichte als historische Konstruktionen erwiesen. Der „aufmerksame Leser" weiß nun zur Genüge, dass „das Menschengeschlecht eines Zeitalters nicht das Menschengeschlecht eines anderen Zeitalters ist" (D2, 265). Rousseau erinnert damit nochmals an die anthropologische Differenz zwischen dem „Naturmenschen" und dem „Menschen des Menschen". Am Ende des *Diskurses* zeigt sich diese Differenz in Gestalt des wilden und zivilisierten Menschen.

„Der wilde Mensch (homme sauvage) und der zivilisierte Mensch (homme policé) sind im Grunde ihres Herzens und in ihren Neigungen derart verschieden, daß das, was das höchste Glück des einen ausmacht, den anderen zur Verzweiflung treiben würde. Der erstere atmet nur Ruhe und Freiheit; er will nur leben und müßig bleiben; und selbst die Ataraxie des Stoikers reicht nicht an seine tiefe Gleichgültigkeit jedem anderen Objekt gegenüber heran. Der Bürger (le citoyen) dagegen, immer aktiv, schwitzt, hetzt und quält sich unablässig, um sich noch mühsamere Beschäftigungen zu suchen; er arbeitet bis zum Tode, er läuft ihm sogar entgegen, um zu leben sich in den Stand zu setzen, oder er entsagt dem Leben, um die Unsterblichkeit zu erlangen." (D2, 267/269)

Wer an die Trennschärfe denkt, die Rousseau im *Emile* zwischen Mensch (homme), Staatsbürger (citoyen) und Bürger (bourgeois) walten lässt, mag sich an dieser Stelle über Rousseaus Terminologie wundern. Hier firmiert der bemitleidenswerte „zivilisierte Mensch" (homme policé) unter dem Ehrentitel „Staatsbürger" (citoyen). Offensichtlich hat der Gegensatz von Bürger und Staatsbürger im *Diskurs* noch nicht das systematische Gewicht, das ihm später zukommen wird. Staatsphilosophisch ist Rousseau hier noch nicht ganz bei sich. Offensichtlich ist: Im Trauerspiel der bürgerlichen Gesellschaft ist für den Staatsbürger keine Titelrolle vorgesehen. Er könnte gut als Antipode des Naturmenschen agieren, ist jedoch nicht einmal in Umrissen erkennbar. Erst der *Gesellschaftsvertrag* wird ihm seinen großen Auftritt verschaffen. Dort rehabilitiert Rousseau die Figur des republikanischen Staatsbürgers aus antiken Quellen. Sucht man nach Spuren dieses späteren Projekts, so finden sie sich allenfalls im *Ersten Diskurs*. Zumindest benennt die frühe Kulturkritik bereits die Gestalt des antiken Bürgers als Kontrapunkt zur allgemeinen Entfremdung: „Wir haben Naturkundler, Landvermesser, Chemiker, Sternkundige, Dichter, Musiker, Maler, aber keine [Staats] Bürger (citoyens) mehr." (D1, 67)

Das Unbehagen an der Kultur, das sich aus Rousseaus früher Klage speist, ist im *Zweiten Diskurs* ganz anderer Natur. Von republikanischer Sehnsucht ist hier äußerst wenig zu spüren. Im Fokus stehen die Archäologie der bürgerlichen Gesellschaft und die Dekadenz des natürlichen Menschen. Die Kritik der Gesellschaft erfolgt im Namen des Naturmenschen. Wie sich natürliche Identität unter Bedingungen der bürgerlichen Gesellschaft wiederherstellen lässt, ist im Horizont des *Diskurses* noch nicht erkennbar.

In seinen späteren Hauptwerken wird Rousseau neue Wege gehen. Der *Emile* und der *Gesellschaftsvertrag* antworten auf die Krisendiagnose im *Zweiten Diskurs*: Sie zeigen zwei unterschiedliche Wege auf, der Entfremdung des modernen Menschen zu begegnen: Mensch oder Staatsbürger, natürliche Erziehung oder politische Emanzipation – so lautet die Alternative. Sie könnte gegensätzlicher nicht sein. Es bleibt abzuwägen, wie schwer die Hypothek wiegt, die die skeptische Geschichtsphilosophie des *Diskurses* seinem pädagogischen und politischen Werk vermacht. Ist das Scheitern des politischen Projekts bereits im *Zweiten*

Diskurs besiegelt oder verspricht der *Gesellschaftsvertrag* einen neuen Anfang? Markiert das pädagogische Projekt bereits das Ende des Politischen (Herb 1999)? Kennt die Moderne keinen Bürger mehr? Wie immer man Rousseau deutet und damit die Gewichte in und zwischen seinen Schriften verteilt: Zwangsläufig wird man auch mit Rousseau gegen Rousseau denken müssen. Darauf verpflichtet uns der *Diskurs über die Ungleichheit* auf seine Weise.

Literatur

Bachofen, B. 2002: La condition de la liberté. Rousseau, critique des raisons politiques, Paris.
Brandt, R./Herb, K. 2012: Klassiker auslegen. Jean-Jacques Rousseau. Vom Gesellschaftsvertrag, Berlin.
Derathé, R. 1950: Jean-Jacques Rousseau et la science politique de son temps, Paris.
Engels, F. 1975: Herrn Eugen Dührings Umwälzung der Wissenschaft, Marx Engels Werke, Bd. 10, Berlin.
Fetscher, I. 1975: Rousseaus politische Philosophie. Zur Geschichte des demokratischen Freiheitsbegriffs, Frankfurt a. M.
Forschner, M. 1977: Rousseau, Freiburg i. Br./München.
Goldschmidt, V. 1974: Anthropologie et Politique. Les Principes du Système de Rousseau, Paris.
Halbwachs, M. 1943: Du Contrat social, Paris.
Herb, K. 1988: Rousseaus Theorie legitimer Herrschaft. Voraussetzungen und Begründungen, Würzburg.
Herb, K. 1999: Bürgerliche Freiheit. Politische Philosophie von Hobbes bis Constant, München/Freiburg.
Hobbes, Th. 1984: Leviathan oder Stoff, Form und Gewalt eines kirchlichen und bürgerlichen Staates, hrsg. und eingel. von I. Fetscher, übers. von W. Euchner, Frankfurt a.M.
Kant, I. 1964: Werke in zwölf Bänden, hrsg. von W. Weischedel, Frankfurt a.M.
Locke, J. 1967: Zwei Abhandlungen über die Regierung, übers. von H. J. Hoffmann, hrsg. und eingeleitet von W. Euchner, Frankfurt a.M.
Meier, H. 1984: Ein Einführender Essay über die Rhetorik und die Intention des Werkes, in: J.-J. Rousseau. Diskurs über die Ungleichheit. Discours sur l'inégalité, hrsg. von H. Meier, Paderborn u. a., XXI–LXXXV.
Master, R. D. 1968: The Political Philosophy of Rousseau, Princeton/New York.
Montesquieu, C.-L. de Secondat, Baron de 1951: Vom Geist der Gesetze, übers. von E. Forsthoff, Tübingen.
Plattner, M.F. 1979: Rousseau's State of Nature, DeKalb.
Pufendorf, S. 1994: Über die Pflicht des Menschen und des Bürgers nach dem Gesetz der Natur, Frankfurt a.M.
Strauss, L. 1977: Naturrecht und Geschichte, Frankfurt a.M.
Vincenti, L. 2001: Rousseau – L'individu et la république, Paris.
Wokler, R. 1995: Rousseau, Oxford.

Günther Mensching
10 Das Verhältnis des *Zweiten Diskurses* zu den Schriften *Vom Gesellschaftsvertrag* und *Emile*

Seit langem besteht Uneinigkeit über die Einheitlichkeit der philosophischen Intention in Rousseaus kulturkritischen Abhandlungen und dem *Gesellschaftsvertrag*. Überhaupt hat man bereits zu Lebzeiten von Rousseau die vielen Widersprüche in seinen Argumentationen festgestellt. So hat etwa Helvétius die fünfte Sektion seines Werkes *Vom Menschen* darauf verwandt, die Widersprüche in den Werken *Emile* und *Die neue Héloïse* aufzudecken. Ihm ist neben anderen Ungereimtheiten aufgefallen, dass Rousseau in der *Neuen Héloïse* die Erziehung einerseits als Behinderung der Natur auffasst, andererseits aber die praktischgesellschaftliche Notwendigkeit als Erziehungsmittel anführt, mit der sich das Verhalten der Kinder beeinflussen lässt und damit eben der Natur Schranken setzt (Helvétius, 263–297). Es ist dies ein ähnlicher Widerspruch wie der zwischen den kulturkritischen Diskursen und dem *Gesellschaftsvertrag* (Brandt/Herb, 11 ff.). Ist die Kulturkritik Rousseaus Hauptintention, dann fällt zunächst auf, dass er im *Gesellschaftsvertrag* eine rechtliche Form der bürgerlichen Gesellschaft entwirft, die doch in den beiden Diskursen als Quelle aller die Menschheit bedrängenden Übel angesehen wird. Demnach ist zu untersuchen, ob diese Schwankungen Zeugnisse eines unsteten Geistes sind oder ob sich in ihnen dennoch eine bestimmte Folgerichtigkeit, eine konstante Grundüberzeugung erkennen lässt. Diese im Folgenden anzustellende Untersuchung erfolgt nicht im Sinne geistesgeschichtlicher und quellenkundlicher Spurensuche, sondern als gedankliche Rekonstruktion, die der systematischen Position Rousseaus immanent bis an die Punkte folgt, an denen die Aporien hervortreten, welche die Interpreten immer wieder verwirrt haben (Mensching 2003).

10.1 Geschichte ohne Rückkehr

Programmatisch will Rousseau eine Erziehung entwerfen, in der die Natur, die ursprüngliche und unverdorbene Verfassung des Individuums, so weit wie möglich bewahrt wird, ohne dass der Gesellschaftszustand, in dem die Menschen allenthalben, wenn auch gegen ihre primäre solitäre Natur, existieren, rückgängig gemacht werden kann. Die Parole „Zurück zur Natur" hat Rousseau nicht geprägt; sie wurde ihm untergeschoben, obwohl er den Naturzustand, zumindest in den entwickelten Kulturnationen, für unwiederbringlich verloren hielt. In seiner späten Rechtfertigungsschrift *Rousseau richtet über Jean-Jacques* hat er seine Intention klargestellt. Danach ist für ihn fast so eindeutig wie etwa für Condorcet ein Rückschritt des menschlichen Geistes undenkbar. Die Vergangenheit, mag sie auch das verlorene Ideal menschlichen Daseins enthalten, ist doch nicht wieder zur Realität zu bringen:

> „Aber die menschliche Natur geht nicht rückwärts, und nie kommt man in die Zeiten der Unschuld und der Gleichheit zurück, wenn man sich einmal von ihnen entfernt hat. Sein Zweck konnte also nicht sein, die zahlreichen Völker und die großen Staaten zu ihrer ersten Einfachheit zurückzubringen, sondern nur, wenn es möglich wäre, die Fortschritte derer aufzuhalten, deren Kleinheit und Lage sie vor einem so schnellen Lauf zur Vollkommenheit des gesellschaftlichen Lebens und zum Verfall der Gattung bewahrt hat." (Rousseau, Bd. II, 570)

Ist dies vordergründig als eine Empfehlung zu lesen, gleichsam Kulturschutzparks in den vom allgemeinen Verkehr abgeschnittenen Gegenden zu errichten, so soll es doch vornehmlich den entwickelten Gesellschaften einen kritischen Maßstab für die moralischen Folgen des Fortschritts liefern: Rousseau

> „hatte für sein Vaterland und für die kleinen Staaten, die so verfasst sind wie dieses, geschrieben. Konnten seine Lehren für andere von einigem Nutzen sein, so dadurch, daß sie die Gegenstände ihrer Hochachtung veränderten und dadurch ihren Verfall verzögerten, den sie durch ihre falsche Wertschätzung beschleunigten." (Rousseau, Bd. II, 570)

Rousseau ist also hier, wie auch in anderen Punkten, den von ihm so scharf bekämpften Zeitgenossen gar nicht fern. Geschichte ist für ihn wie für Voltaire und Condorcet ein genereller, wenn auch zeitweilig unterbrochener Fortschritt. Eine hohe Bewertung der Antike und eine fast vollständige Verachtung des Mittelalters sind ihm mit seinen Gegnern gemeinsam. Seine Differenz zu ihnen liegt in der Beurteilung der moralischen Folgen dieses geschichtlichen Fortschritts überhaupt.

Dennoch bleibt nach Rousseau ein fundamentaler Widerspruch bestehen: „Gezwungen, gegen die Natur oder die gesellschaftlichen Institutionen zu kämpfen, muß man sich für den Menschen oder den Staatsbürger entscheiden, denn beide in einer Person kann man nicht schaffen."(E, 111) Dies ist bei Rousseau eben nicht eine trennscharfe Disjunktion, sondern die Antinomie zwischen einer idealen Norm und einer Faktizität, die ihrem scheinbar fatalen Lauf nicht überlassen werden soll. Der Kulturpessimismus, den man vor allem seinem *Diskurs über die Wissenschaften und die Künste* entnehmen kann, hat nach Rousseaus Intention ein Korrektiv, denn Rousseau hatte keine Vision vom unabwendbaren Untergang der durch Kultur und Gesellschaft verdorbenen Menschheit. Finstere Endvisionen liegen ihm ebenso fern wie Erlösungsvorstellungen. Wie die Balance von Natur und Zivilisation im Einzelnen zu denken ist und wie sie praktisch wirksam werden kann, darüber geben der *Gesellschaftsvertrag* und der *Emile* allerdings auf verschiedene Weise Auskunft; aber auch die beiden übrigen Verfassungsschriften für Polen und Korsika gehen von ähnlichen Voraussetzungen wie der *Gesellschaftsvertrag* aus.

In diesem Sinne hat Rousseau im Gegensatz zu vielen seiner Kritiker sein Werk in seinem Grundimpuls als durchaus einheitlich angesehen. So schreibt er in dem Brief an den Erzbischof Christophe de Beaumont:

> „Ich habe über verschiedene Materien geschrieben, aber immer nach denselben Prinzipien: immer dieselbe Moral, derselbe Glaube, dieselben Grundsätze und, wenn man will, dieselben Meinungen. Man hat jedoch meine Schriften sehr verschieden beurteilt, oder vielmehr den Verfasser meiner Schriften, denn man beurteilte mich mehr nach den Materien, die ich abhandelte, als nach meinen Gesinnungen. Nach meiner ersten *Abhandlung* war ich ein Paradoxienjäger, der sich ein Vergnügen daraus macht, etwas zu beweisen, was er selbst nicht glaubte; nach meinem *Brief über die französische Musik* war ich ein erklärter Feind der Nation; [...] nach meiner *Abhandlung über die Ungleichheit* war ich ein Atheist und ein Menschenfeind; nach meinem *Brief an Herrn d'Alembert* war ich ein Verteidiger der christlichen Moral; nach der *Héloïse* war ich zärtlich und sanft; jetzt bin ich ein Gottloser und vielleicht werde ich bald ein Frömmler sein." (Rousseau, Bd. II, 500)

Diese Stelle verweist auf einen bis in die Gegenwart präsenten Sachverhalt in der Interpretation des Rousseauschen Werkes: Es lässt sehr verschiedene Deutungen zu. Rousseau wurde deshalb zum Propheten der modernen Volkssouveränität und des liberalen Rechtsstaates ebenso wie zum Vorläufer von Ideologien, die den Einzelnen der Tyrannei der Totalität unterwerfen wollen. Liberale Garantie des Eigentums in der Gesellschaft und Kritik der hieraus entstehenden Verhältnisse sind Extreme, die sich besonders im *Zweiten Diskurs* finden. Kommentatoren sehr gegensätzlicher politischer Orientierung haben sich deshalb auf Rousseau berufen.

10.2 Die Entwicklung zur Zivilisation

In dem gesamten politischen und erziehungstheoretischen Werk Rousseaus ist die Natur die Norm, an der Gut und Schlecht gemessen werden sollen. Dies gilt auf unterschiedliche Weise für die kulturkritischen Diskurse einerseits und den *Gesellschaftsvertrag* andererseits. Die Diskurse nehmen die Perspektive einer wie immer konstruierten Entwicklungsgeschichte der menschlichen Spezies ein, während der *Gesellschaftsvertrag* von deren Resultat ausgeht und gleichsam rekursiv die Bedingungen politischer Freiheit innerhalb des Gesellschaftszustandes zu bestimmen sucht. Der erste *Diskurs über die Wissenschaften und die*

Künste klagt im Namen der normativen Natur die Sittenverderbnis an, die durch den Fortschritt der Wissenschaften erzeugt worden sei:

> „So sind Luxus, Sittenverfall und Versklavung zu allen Zeiten die Strafe für die hochmütigen Versuche gewesen, die wir angestrengt haben, um aus der ach so glücklichen Unwissenheit herauszukommen, in die uns die ewige Weisheit gebettet hatte. [...] Ihr Völker, lasst Euch gesagt sein: Die Natur wollte Euch vor der Wissenschaft bewahren, ebenso wie eine Mutter ihrem Kind eine gefährliche Waffe aus den Händen reißt. All die Geheimnisse, die sie vor Euch verbirgt, sind ebenso viele Übel, vor denen sie Euch schützt, [...] Die Menschen sind widernatürlich; sie wären noch schlimmer, wäre ihnen das Unglück widerfahren, gelehrt auf die Welt zu kommen." (D 1, 41/43)

Diese Norm ist allerdings insofern nicht die Richtschnur politischen Handelns, das zu einem einstweilen noch idealen Ziel führen soll, als sie nach Rousseaus eigener Einsicht im Grunde geschichtlich überholt ist. Seit der Urzeit hat die Menschheit fraglos einen zivilisatorischen Fortschritt erzielt, der sie von der unmittelbaren Natur distanziert. Der Preis hierfür ist allerdings die Korruption der Sitten. Der Naturzustand ist nicht mehr wiederherzustellen, nachdem die Menschheit den Schritt vollzogen hat, Eigentum, Herrschaft und damit fundamentale Ungleichheit zu begründen. Der zweite *Diskurs über die Ungleichheit* legt ausführlich dar, wie die Menschen zur Zivilisation gekommen sein sollen. Der anfängliche Naturzustand ist dabei trotz seiner überaus positiven Bewertung, logisch gesehen, gänzlich negativ bestimmt, als Privation aller späteren durch die Gesellschaft bedingten Eigenschaften und Fähigkeiten. Der Mensch ist demnach primär ein ungeselliges Lebewesen, das alle seine vermeintlich spezifischen Eigenschaften erst geschichtlich erwerben musste. Weder die elementare Naturbeherrschung, die ein gewisses Maß an Kooperation voraussetzt, noch überhaupt die Sprache sind von Anfang an menschliche Fähigkeiten, denn sie sind erst nach der Begründung des Gesellschaftszustandes erworben. Der Gesellschaftszustand, der von anderen Autoren der Aufklärung in Übereinstimmung mit der philosophischen Tradition seit Aristoteles als Gattungsmerkmal des Menschen angenommen wird, ist nach Rousseau selbst erst historisch entstanden. Damit setzt er eine denkerische Linie fort, die ebenfalls in der Aufklärung seit Vico und Voltaire begründet wurde: die historische Betrachtung der menschlichen Verhältnisse. Besonders die Sprache ist nach Rousseau das Produkt einer langen Entwicklung:

> „Unartikulierte Schreie, viele Gebärden verbunden und einige nachahmende Geräusche mußten lange Zeit hindurch die universelle Sprache ausmachen; fügte man in jedem Land einige artikulierte und konventionelle Laute hinzu – deren Einführung [...] nicht allzu leicht zu erklären ist –, so hatte man besondere Sprachen, aber rohe, unvollkommene, ungefähr solche, wie verschiedene wilde Nationen sie heute noch haben." (D 2, 181)

Die Frage, warum dieser Zustand verlassen wurde, kann Rousseau nur mit vagen Mutmaßungen beantworten. Zwar will er nicht im Einzelnen nachzeichnen, wie aus der unzivilisierten Barbarei der differenzierte Gesellschaftszustand erwachsen ist, aber der *Zweite Diskurs* verfolgt dennoch die Linie einer konstruierten Entwicklungsgeschichte, die indessen nicht bei den biologischen Vorfahren der heutigen Menschen ansetzt. Die Erklärungsweise folgt der sensualistisch-empiristischen Denkweise, die Rousseau mit manchen seiner Zeitgenossen verbindet, so besonders mit Condillac, aber auch mit Helvétius (Meyer, 142). Eine allmähliche Differenzierung im Umgang mit der materiellen Natur soll zur Akkumulation sinnlich vermittelter Erfahrungen und dadurch zu wirkungsvollen Werkzeugen geführt haben. Die ursprünglich solitären Wesen haben sich zu Familien zusammengefunden, die bereits früh über eine „Art von Eigentum" (D2, 181) in Streit gerieten. Der Anfang der Zivilisation aber ist die ausdrückliche Usurpation des ersten Eigentums. Die gewaltsame Aneignung von Grund und Boden erforderte nach dieser Konstruktion die Etablierung von Regeln. Dies ist zwar nicht auf einmal geschehen, sondern durch die Vereinigung „von vielen vorausliegenden Vorstellungen [...], die nur nach und nach haben entstehen können" (D2, 173), aber es stellt im Ergebnis dennoch einen qualitativen Sprung in der Geschichte der Menschheit dar. Rousseau hat, wiederum ähnlich wie andere Autoren der Aufklärung, eine Vorstellung von dem epochalen Bruch, der überhaupt erst die Menschheit in die Bahn der Geschichte geführt hat. Er selbst hat in seinem *Versuch über den Ursprung der Sprachen* (1759) Naturkatastrophen als Auslöser der Gesellschaftsbildung bezeichnet:

> „Die Gesellschaftsbildungen der Menschen sind zum großen Teil ein Werk von Zufällen der Natur, besonders von starken Überschwemmungen, über die Ufer tretenden Meeren, Vulkanausbrüchen, großen Erdbeben, durch Blitzschlag veranlassten Waldbränden; alles, was die wilden Bewohner eines Landes erschrecken und zerstreuen musste, musste sie anschließend auch wieder zusammenführen, um gemeinsam die gemeinsamen Schäden zu reparieren. Die Überlieferungen der Unglücksfälle der Erde, die in alten Zeiten so häufig waren, zeigen, welcher Mittel sich die Vorsehung bediente, um die Menschen zu zwingen, sich einander zu nähern." (US, 193)

Diese Vorstellung findet sich ganz ähnlich bei Rousseaus Zeitgenossen Nicolas Antoine Boulanger, der den Ursprung der Gesellschaft auf Flutkatastrophen zurückführt (Mensching 2003, 51 ff.). Der Mythos von der Sintflut wird als geschichtliches Zeugnis des katastrophalen Anfangs der Menschheitsgeschichte interpretiert, aus dem der Gesellschaftszustand wie ein naturwüchsiger Pakt erwachsen ist:

> „Dies waren die ersten, und wir können sagen glücklichen Auswirkungen der Weltkatastrophen. Sie haben die Menschen gezwungen sich zu vereinigen: in solcher Not, arm und unglücklich durch die schon geschehenen Katastrophen, lebten sie in Furcht und Erwar-

tung neuer Missgeschicke, von denen sie sich noch lange bedroht fühlten. So vereinigten die Religion und die Notwendigkeit die traurigen Reste der Menschheit und brachten sie dazu, unverbrüchlich einig zu sein, um die Wirksamkeit von Aktivität und Arbeit zu erhöhen. Alle großen Triebkräfte, über die das menschliche Gemüt nur in der Not ständig verfügt, mussten in Dienst gestellt werden." (Boulanger, 13; Übers. G.M.)

Nach dieser Vorstellung ist es die Natur selbst, die den Menschen genötigt hat, seinen Naturzustand zu verlassen. Dass der Anfang der Geschichte und der Kultur eine Folge der Nöte sei, in denen sich die Menschen in ihrer Urzeit befanden, ist im 18. Jahrhundert besonders bei den materialistischen Autoren ein verbreiteter Gedanke. So schreibt etwa d'Holbach über ein hypothetisches goldenes Zeitalter, in dem die Menschen mit der Natur vollkommen harmonierten:

„Wenn es in der Welt kein Übel gäbe, so hätte der Mensch niemals an die Gottheit gedacht. Wenn die Natur es ihm ermöglicht hätte, alle seine immer wiederkehrenden Bedürfnisse mühelos zu befriedigen oder nur angenehme Empfindungen zu haben, so wären seine Tage in ständiger Einförmigkeit dahingeflossen, und er hätte keine Beweggründe gehabt, nach den unbekannten Ursachen der Dinge zu forschen. Nachdenken ist eine Strapaze; der stets zufriedene Mensch wäre nur darauf bedacht, seine Bedürfnisse zu befriedigen, die Gegenwart zu genießen und solche Gegenstände zu empfinden, die seine Existenz ständig auf eine notwendigerweise zu billigende Art und Weise berühren." (d'Holbach, 275)

D'Holbach hat die Übel der Natur geradezu für die notwendige Bedingung des Fortschritts der menschlichen Gattung gehalten. Es sei offensichtlich,

„daß das Übel für den Menschen notwendig ist; ohne Übel könnte er das, was ihm schadet, weder erkennen, noch es vermeiden, noch könnte er auf sein Wohlergehen bedacht sein. Er unterschiede sich überhaupt nicht von den empfindungslosen und nicht organisch gebauten Wesen, wenn das gegenwärtige Übel, das wir Bedürfnis nennen, ihn nicht zwingen würde, seine Fähigkeiten spielen zu lassen." (d'Holbach, 274)

Ganz ähnlich denkt Rousseau über die materiellen Ursachen der Gesellschaft, obwohl er sich von den Materialisten seiner Zeit scharf absetzt. Gesellschaft wäre auch ihm zufolge ohne Nöte nicht zustande gekommen.

„Das erste Gefühl des Menschen war das seiner Existenz, seine erste Sorge die um seine Erhaltung. [...] Dies war der Zustand des entstehenden Menschen; dies war das Leben eines Tieres, das zunächst auf die reinen Sinnesempfindungen beschränkt war und sich kaum die Gaben zunutze machte, die ihm die Natur anbot, weit davon entfernt, daran zu denken, ihr irgendetwas abzuringen." (D2, 173/175)

Die physische Notwendigkeit entlockte den Menschen die spezifisch geistigen Fähigkeiten. Die elementare Bedrängnis durch Naturkatastrophen und ungünstige Klimata führten nach dem *Zweiten Diskurs* zu einem gleichsam naturwüchsigen Gesellschaftsvertrag. Die Beziehungen der Menschen wurden zunehmend verrechtlicht. Diese Verhältnisse sind jedoch nicht die Folge eines Plans, wie ihn der *Gesellschaftsvertrag* vorstellt. Die materielle Notwendigkeit, eine Gesellschaft zu begründen, hat auch d'Holbach ähnlich wie Rousseau bestimmt:

> „Als die Menschen sich zusammenschlossen, um in Gesellschaft zu leben, haben sie entweder ausdrücklich oder stillschweigend einen *Pakt* geschlossen, durch den sie sich verpflichtet haben, sich gegenseitig Dienste zu leisten und sich nicht zu schaden. Aber da die Natur jedes Menschen ihn jederzeit dazu verleitet, sein Wohlergehen in der Befriedigung seiner Leidenschaften oder seiner flüchtigen Launen zu suchen, ohne Rücksicht zu nehmen auf seinesgleichen, bedurfte es einer Kraft, die ihn zu seiner Pflicht zurückführte, ihn zwang, sich ihr unterzuordnen. [...] Diese Kraft ist das *Gesetz*; es ist die Summe der Einzelwillen der Gesellschaft. Sie werden zusammengefaßt, um das Verhalten der Mitglieder der Gesellschaft festzulegen und um ihre Handlungen in einer Weise zu lenken, die dem Zweck der Vereinigung entspricht." (d'Holbach, 108 f.)

Diese Stelle verdeutlicht die Gemeinsamkeit Rousseaus mit anderen Aufklärern, die der wie immer stilisierten Geschichte der menschlichen Gesellschaft nachgegangen sind. Hier zeigt sich besonders auch die Verwandtschaft des *Zweiten Diskurses* mit den Überlegungen mancher Vertreter der Schottischen Schule. Adam Ferguson in *Versuch über die Geschichte der bürgerlichen Gesellschaft* (1767) und John Millar in *Vom Ursprung des Unterschieds in den Rangordnungen und Ständen der Gesellschaft* (1771) versuchen die Evolution der Menschheit hin zur bürgerlichen Gesellschaft darzustellen. Sie berufen sich dabei vor allem auf Erfahrungen und empirisches Material, verfolgen also eine empiristische Methode, die freilich mit Spekulationen über die Geschichte verbunden sind. Die für die Epoche charakteristische Faszination des Empirismus hat sich auch auf Rousseau ausgewirkt, sein Einfluss ist aber auf die beiden Diskurse und auf den *Versuch über den Ursprung der Sprachen* beschränkt.

Der *Zweite Diskurs* folgt dieser Linie, bescheinigt dem Fortschritt in der Entwicklung aber negative moralische Folgen, während die meisten aufklärerischen Zeitgenossen den moralischen Fortschritt für ebenso unabweisbar hielten wie den naturwissenschaftlich-technischen. Die wissenschaftliche Erkenntnis sollte sogar der Grund für die moralische Vervollkommnung der Menschheit sein. Skeptisch im Einzelnen, aber doch zuversichtlich im Ganzen ist Voltaire in seiner *Philosophie der Geschichte* (1765) wie auch im materialreichen *Essay über die Sitten und den Geist der Nationen* (1756). Emphatisch ist die Fortschrittsidee bei Condorcet, der in seinem *Entwurf einer historischen Darstellung der Fortschritte des menschlichen Geistes* (1795) die Vervollkommnungsfähigkeit des Menschen für unbegrenzt hielt und die Linie der Fortschritte für unumkehrbar (Condorcet, 28).

10.3 Historische Voraussetzungen des Gesellschaftsvertrag

Rousseau hat im *Gesellschaftsvertrag* diese entwicklungsgeschichtliche Linie der Argumentation verlassen. Zwar gibt es in den ersten Kapiteln dieser Schrift auch Überlegungen zu den ersten menschlichen Gemeinschaften und zum Übergang vom Naturzustand zum Gesellschaftszustand, aber diese Kapitel stellen kritische Auseinandersetzungen mit Autoren aus der Tradition der politischen Philosophie dar. Anders als die Versuche einer genealogischen Herleitung des Gesellschaftszustandes und der Herrschaft stellt er im ersten Kapitel der Schrift vielmehr mit großem Nachdruck fest, dass deren Thema die Vereinigung kollektiver und individueller Freiheit ist. Das Werk ist im Grunde nichts als die Entfaltung der berühmten Anfangssätze:

> „Der Mensch ist frei geboren, und überall liegt er in Ketten. Einer hält sich für den Herrn des anderen und bleibt doch mehr Sklave als sie. Wie ist dieser Wandel zustande gekommen? Ich weiß es nicht. Was kann ihm Rechtmäßigkeit verleihen? Diese Frage glaube ich beantworten zu können." (GV, I, 1)

Die Feststellung, er wisse nicht, wie es zu der Einrichtung der Herrschaft gekommen ist, hat manche Kommentatoren irritiert. Sie markiert indessen die gegenüber dem *Zweiten Diskurs* geänderte Argumentationsweise. Der Akzent liegt zudem auf den beiden folgenden Sätzen. Es geht um die Frage, wie bei der ursprünglichen und demnach natürlichen Freiheit des Menschen Herrschaft möglich und legitim ist. Das Problem ist ein charakteristisch neuzeitliches, und Rousseaus Antwort ist ein dialektisches Lehrstück von hoher Konsequenz, sowohl immanent als auch im Zusammenhang der Tradition der politischen Theorien seit dem späten Mittelalter.

Seit dem Zerfall der traditionellen Korporationen, die im 18. Jahrhundert freilich als Stände noch ihre anachronistische Bedeutung hatten, war für klarsichtige Denker offenkundig, dass die Gesellschaft aus dem Willen der Einzelnen hervorgehen und auf ihm beruhen müsse. Wilhelm von Ockham und mehr noch Marsilius von Padua sind die frühen philosophischen Vorläufer des Gedankens der Volkssouveränität, der in ihrer Zeit, dem 14. Jahrhundert, noch fern von jeglicher Realisierung war. Das Problem ist aber der Sache nach das gleiche wie die Frage, die Rousseau beantworten zu können verspricht: Wie kann aus einer Menge von fundamental Einzelnen eine verbindliche, die Einzelnen zwingend umgreifende Allgemeinheit entstehen? Anders formuliert: Wie kann die ursprüngliche Freiheit der Individuen gewahrt werden, wenn sie in eine Gemeinschaft mit bindenden Regeln eintreten und sich damit einer Herrschaft unterordnen?

Die Frage ist deshalb neuzeitlich, weil das Individuum in der Antike und im größeren Teil des Mittelalters durch allgemeine Institutionen wie Familie, Stand und Korporation bestimmt war, die ontologisch den Vorrang gegenüber dem Einzelnen hatten. Diese bis zum Zeitalter Ockhams fast selbstverständlich geltende Struktur hatte sich seither unter zahlreichen Konflikten gewendet. Nicht der Einzelne muss sich in die als substantiell unveränderlich geltende Gesellschaftsordnung einfügen, sondern umgekehrt muss eine solche gefunden werden, die den Individuen gegenüber nicht heteronom ist, wenn nicht ein absolutistisches, auf bloße Macht gegründetes System an die Stelle der alten Bindungen treten soll. Schon Ockham war der Ansicht, dass die umfassenden Gemeinschaften Kirche und Staat nicht eine höhere metaphysische Dignität besäßen, sondern aus dem Willen aller ihnen zugehörigen Individuen hervorgehen. Damit stellte sich sogleich das Problem des einheitlichen kollektiven Willens, der aus der Vereinigung der Vielen hervorgehen sollte (Mensching 2011, 183–193). Hier steht bereits die Idee einer die Gesamtheit aller Einzelnen umfassenden direkten legislativen Gewalt im Hintergrund. Für Ockham setzten sich indessen die universalen Institutionen zusammen aus den prinzipiell gleichen Individuen, die die Macht dann widerruflich auf die Herrscher übertragen. Entscheidungsbefugt ist letzthin nur die Gesamtheit der Mitglieder. Deren Wille kann, recht verstanden, nur die Ausübung des unbedingten göttlichen Willens sein. Der kollektive Wille der Gemeinschaft in Kirche und weltlichem Staat ist deshalb zwar von der traditionellen Hierarchie befreit, erhält seine Norm jedoch letztlich von der transzendenten göttlichen Macht. Hier ist die Theorie des Marsilius von Padua deutlich weiter, denn in weltlichen Dingen entscheidet allein der diesseitige Wille der Bürger eines Staates. Der Wille Gottes kommt hier gar nicht vor, denn die Einrichtung des weltlichen Staates ist allein Sache der Gesamtheit der Bürger selbst (Marsilius von Padua, 69–78).

Hätte Rousseau, der fraglos in dieser das neuzeitliche Denken begründenden Linie steht, die Theorien Ockhams und Marsilius' gekannt, so hätte er wohl eingewendet, dass sich der von ihm gemeinte kollektive Wille nicht durch die Übereinstimmung der Mehrheit der Gesellschaftsmitglieder ergibt, sondern einen anderen Charakter von Allgemeinheit haben muss.

„Es gibt oft einen beträchtlichen Unterschied zwischen dem Gesamtwillen und dem Gemeinwillen; dieser sieht nur auf das Gemeininteresse, jener auf das Privatinteresse und ist nichts anderes als eine Summe von Sonderwillen: aber nimm von ebendiesen das Mehr oder das Weniger weg, das sich gegenseitig aufhebt, so bleibt als Summe der Unterschiede der Gemeinwille." (GV, II, 3)

Die durch Abstimmung resultierende Allgemeinheit ist nur ein Kompromiss aus den Privatinteressen, selbst wenn der „Wille aller" (volonté de tous), der zufällig einstimmige Wille aller sein sollte. In der Regel ist nur eine komparative Allgemeinheit herzustellen. Der „Gemeinwille" (volonté générale), der Schlüsselbegriff des *Gesellschaftsvertrags*, ist ein spekulativer Begriff, der mit einer empirischen Gegebenheit nicht verifiziert werden kann. Insofern enthält diese Schrift eine anders geartete Theorie als der *Zweite Diskurs*, der sich gibt, als wäre die aufgezeigte Entwicklung der menschlichen Gesellschaft historisch tatsächlich so verlaufen, wie sie die Abhandlung darstellt.

Der *Gesellschaftsvertrag* ist im Grunde ein großes Gedankenexperiment, in dem die Bedingungen untersucht werden, unter denen individuelle Freiheit und verbindliche Regel nicht auf mittlerer Ebene vereinbart werden, sondern das eine die Voraussetzung des anderen darstellt. Dies gelingt nach Rousseau nur, wenn nicht eine Gesellschaft sich freiwillig einem unumschränkten Herrscher überantwortet hat, denn dieses

> „Hergeben selbst ist ein bürgerlicher Akt, es setzt einen öffentlichen Beschluss voraus. Es wäre deshalb gut, bevor man den Akt untersucht, durch den ein Volk einen König erwählt, denjenigen zu untersuchen, durch welchen ein Volk zum Volk wird. Denn da dieser Akt dem anderen notwendigerweise vorausgeht, ist der die wahre Grundlage der Gesellschaft." (GV, I, 5)

Diese Überlegung ist nicht als Schilderung einer strikt chronologischen Abfolge, sondern als eine Bestimmung aufzufassen, die den primären Gesellschaftsvertrag als eine bei jeder historisch erfolgten Vereinigung immer schon wirksame Übereinkunft darstellt. Auf diese Weise ist die Natur, wie auch in den kulturkritischen Schriften Rousseaus, die implizit oder explizit geltende Norm, an der alle menschlichen Verhältnisse zu messen sind. Zwar gibt es dem *Gesellschaftsvertrag* zufolge eine natürliche, d. h. vorvertragliche Freiheit, die mit dem einzelgängerischen Dasein des Urmenschen im *Zweiten Diskurs* identisch sein dürfte, aber der Gesellschaftszustand sichert dem Einzelnen eine Freiheit, die insofern der Natur entspricht, als der Gesellschaftszustand dem Einzelnen überhaupt erst eine konsistente Beziehung zu sich selbst ermöglicht. Dies begründet, wie zu zeigen ist, einen gegenüber dem *Zweiten Diskurs* gewandelten Naturbegriff. Der Einzelne ist nach diesem Gedanken im strikten Sinne autonom gerade durch „die völlige Entäußerung jedes Mitglieds mit allen seinen Rechten an das Gemeinwesen als Ganzes" (GV, I, 6). Dies ist die „totale Entfremdung" (aliénation totale), die nur scheinbar völlige Heteronomie ist, denn es

> „gibt sich jeder, da er sich allen gibt, niemandem, und da kein Mitglied existiert, über das man nicht das gleiche Recht erwirbt, das man ihm über sich einräumt, gewinnt man den Gegenwert für alles, was man aufgibt, und mehr Kraft, um zu bewahren, was man hat." (GV, I, 6)

Bleibt es bei dieser uneingeschränkten Gegenseitigkeit aller Gesellschaftsmitglieder, so ist nach Rousseau der gerechte Staat etabliert.

Dies ist nur zu einem Teil als demokratische Utopie im zu Ende gehenden absolutistischen Zeitalter zu verstehen, sondern eine implizit auch früheren Gemeinwesen unerkannt innewohnende Struktur, die in der antiken Polis und in den späteren Republiken noch präsent war, in anderen monarchischen und despotischen Staatsformen aber pervertiert wurde, ohne deshalb an sich zu verschwinden. Der „Gemeinwille" (volonté générale) ist gleichsam eine metaphysische Naturbedingung der Freiheit, denn sie ist das Ergebnis einer Entfremdung, die ebenfalls nicht als ein zeitlich und räumlich bestimmter empirischer Akt aufzufassen ist. Sie ist vielmehr die Struktur, durch die eine Form der Souveränität garantiert ist, die jegliche Willkürherrschaft verhindert, denn hier gehorcht der Einzelne seinem eigenen Willen, der wie der aller anderen Einzelnen, im Gemeinwillen aufgehoben ist. Der Gemeinwille ist der „unveränderliche Wille aller Glieder des Staates".

> „Damit nun aber der Gesellschaftsvertrag keine Leerformel sei, schließt er stillschweigend jene Übereinkunft ein, die allein die anderen ermächtigt, daß, wer immer sich weigert, dem Gemeinwillen zu folgen, von der gesamten Körperschaft dazu gezwungen wird, was nichts anderes heißt, als daß man ihn zwingt, frei zu sein; denn dies ist die Bedingung, die den einzelnen Bürger von jeder persönlichen Abhängigkeit schützt, indem sie ihn dem Vaterland übergibt"(GV, I, 7).

Hier zeigt sich der Unterschied in der Argumentationsweise zwischen dem *Zweiten Diskurs* und dem *Gesellschaftsvertrag* besonders deutlich. Die Beschlüsse über konkrete Gesetze treffen die Gesellschaftsmitglieder nicht als Wahrung ihrer Interessen, notfalls im Kompromiss, sondern als Prüfung der Vorlagen allein im Hinblick auf die Frage, ob der jeweilige Entwurf dem unveränderlichen Gemeinwillen entspricht, welcher zugleich substantiell der ihre ist.

> „Wenn man in der Volksversammlung ein Gesetz einbringt, fragt man genaugenommen nicht danach, ob die Bürger die Vorlage annehmen oder ablehnen, sondern ob diese ihrem Gemeinwillen entspricht oder nicht; jeder gibt mit seiner Stimme seine Meinung darüber ab, und aus der Auszählung der Stimmen geht die Kundgebung des Gemeinwillens hervor." (GV, IV, 2)

Rousseau schreibt im *Gesellschaftsvertrag* nicht über empirische, historisch reale Staaten, sondern über eine der Zeit und den wandelbaren antagonistischen Interessen enthobene Struktur, die die politische Freiheit erst möglich macht. Diese Freiheit ist unausdrücklich bereits ein reiner Vernunftbegriff, als den ihn später Kant behandelte.

Dies ist im Werk von Rousseau nicht gänzlich deutlich, hat er doch in seinem Encyclopédie-Artikel *Ökonomie* versucht, die spekulative, gleichsam apriorische Bestimmung des *Gesellschaftsvertrages*, die in der entsprechenden Schrift scharf herausgearbeitet wird, gleichsam praktikabel zu machen (PÖ, 18 ff.). Dieses kleine Werk stellt argumentativ einen Übergang von der Argumentationsweise des *Zweiten Diskurses* zum *Gesellschaftsvertrag* dar.

Rousseau hat bereits im *Zweiten Diskurs* die Unmöglichkeit einer Rückkehr zur ungeselligen Natur erkannt. Im *Gesellschaftsvertrag* untersucht er den Gesellschaftszustand gerade auch im Hinblick darauf, wie das Privateigentum, das nach dem *Zweiten Diskurs* der Ursprung des Übels sein sollte, als Bedingung individueller Freiheit zu sichern ist:

> „Das Recht eines ersten Besitznehmers wird, obgleich mit mehr Inhalt gefüllt als das des Stärkeren, erst nach Einführung des Eigentumsrechts ein wirkliches Recht. Jeder Mensch hat natürlicherweise ein Recht auf alles, was er braucht; der ausdrückliche Akt jedoch, der ihn zum Eigentümer irgendeines Besitztums macht, schließt ihn von allem übrigen aus. Wenn sein Anteil feststeht, muss er sich darauf beschränken und hat keinen weiteren Anspruch an die Gemeinschaft. Deshalb wird das Recht eines ersten Besitznehmers, das im Naturzustand so schwach ist, von jedem gesitteten Menschen geachtet. In diesem Recht achtet man weniger, was einem anderen gehört, als das, was nicht einem selbst gehört." (GV, I, 9)

Hierin ist indirekt ausgedrückt, dass der Gesellschaftszustand mit dem Privateigentum erst das Selbstbewusstsein der Mitglieder schafft, das den Vertragsabschluss ermöglicht – ein Gedanke, der bei Kant und Hegel Theoriegeschichte gemacht hat. Im sprachlosen Naturzustand des *Zweiten Diskurses* ist ein Vertragsabschluss nicht möglich. Es kann dies schon deshalb nicht ein Stadium der Menschheit sein, nach dem sie sich zurücksehnen könnte.

Die Natur, die im *Gesellschaftsvertrag* als Norm gilt, ist nicht die des solitären, allenfalls durch kreatürliches Mitleid rudimentär geselligen Wesens, wie es in den ersten Kapiteln des *Zweiten Diskurses* gezeichnet wird, sondern gleichsam eine zweite gesellschaftlich bestimmte Natur, in der Freiheit und Recht einander bedingen. Diesen hält Rousseau für erhaltenswert, wo er denn noch authentisch zu finden ist. Dafür kamen zu seinen Zeiten nur die Schweizer Kantone in Betracht, in denen die direkte Demokratie üblich war. Schon im *Diskurs über die Ungleichheit* ist Rousseau dieser Vorstellung gar nicht fern, wie seine Widmung an die Stadt Genf und mehr noch die Vorrede zeigen. Hier, wie auch in anderen kleinen Gemeinwesen sieht er eine Form der politischen Organisation, die dem „natürlichen Gesetz" am nächsten kommt, das er, ähnlich wie die naturrechtliche Tradition überhaupt, vom historischen Wandel ausnimmt, auch wenn die empirischen Gesellschaften von ihm abweichen und das Recht des Stärkeren an seine Stelle setzen.

Es war erst Kant, der die Unmöglichkeit erkannt hat, den Vernunftbegriff der Freiheit mit empirischen Beispielen zu belegen. In der Einleitung zur *Metaphysik der Sitten* schreibt er:

> „Der Begriff der Freiheit ist ein reiner Vernunftbegriff, der eben darum für die theoretische Philosophie transzendent, d. i. ein solcher ist, dem kein angemessenes Beispiel in irgend einer möglichen Erfahrung gegeben werden kann […] im praktischen Gebrauch derselben aber seine Realität durch praktische Grundsätze beweiset, die als Gesetze einer Kausalität der reinen Vernunft, unabhängig von allen empirischen Bedingungen (dem Sinnlichen überhaupt) die Willkür bestimmen und einen reinen Willen in uns beweisen, in welchem die sittlichen Begriffe und Gesetze ihren Ursprung haben." (Kant VIII, 326 f.)

Hier und auch in der *Kritik der praktischen Vernunft* weist der Begriff der Autonomie zu Rousseaus Konstruktion des Gemeinwillens starke Analogien auf. Man könnte gleichsam rückwirkend den *Gesellschaftsvertrag* auf diesem Hintergrund erschließen.

10.4 Ausweg in die Erziehung

Rousseaus Denken ist indessen von inneren Widersprüchen durchaus nicht frei, und seine Schriften lassen zwar, wie gezeigt, eine gemeinsame Linie erkennen, aber die Argumentationsweise des *Gesellschaftsvertrags* ist im gleichzeitig veröffentlichten *Emile* nicht dieselbe. Die Schrift ist zwar ebenfalls, im Ganzen gesehen, eine gedankliche Konstruktion des Gegenstandes der Erziehung, und die Norm, an der sich das pädagogische Handeln orientieren soll, ist auch hier die Natur, aber deren Begriff ist dem der bürgerlichen Gesellschaft entgegengesetzt:

> „Der natürliche Mensch ist in sich selbst alles. Er ist die ungebrochene Einheit, das absolute Ganze, das nur zu sich selbst oder seinesgleichen eine Beziehung hat. Der bürgerliche Mensch ist nur eine Bruchzahl, die von ihrem Nenner abhängig ist und deren Wert in ihrer Beziehung zum Ganzen besteht, das heißt dem gesellschaftlichen Ganzen." (E, 112)

Das Erziehungsziel kann daher nicht darin bestehen, den Zögling zu einem Staatsbürger zu machen, der, wie der *Gesellschaftsvertrag* es vorsieht, frei vom egoistischen Privatinteresse den Gemeinwillen und das gemeine Wohl im Auge hat. Vielmehr soll die Erziehung so weit wie möglich die ursprüngliche Natur des Menschen bewahren, die durch die Gesellschaft nicht bestimmt, d. h. korrumpiert ist. Darin folgt Rousseau wieder mehr der Argumentation des *Zweiten Diskurses*, in dem die bürgerliche Gesellschaft und ihre Kultur kritisiert werden.

> „Wer in der bürgerlichen Ordnung die Ursprünglichkeit der natürlichen Gefühle bewahren will, der weiß nicht, was er will. In fortwährendem Widerspruch zu sich selbst, immer schwankend zwischen Neigung und Pflicht, wird er niemals weder Mensch noch Staatsbürger sein; weder für sich selbst noch für die Umwelt wird er je etwas taugen. Er wird ein Mensch von heute sein – ein Franzose, ein Engländer, ein Bourgeois – und das ist gar nichts." (E, 113)

Die ebenfalls wie ein großes Gedankenexperiment sich gebende Erziehung des Zöglings Emile versucht, dessen ursprüngliche, vermeintlich gesellschaftsunabhängige Charaktereigenschaften so lange wie möglich zu erhalten, ihn deshalb erst im Alter von zwölf Jahren in die Gesellschaft zu führen. Das Ziel dieser solitären Erziehung soll die Erhaltung der natürlichen Substanz des zu Erziehenden sein, der dann der Gesellschaft und ihren verderblichen Einflüssen nicht schutzlos ausgesetzt sein soll.

Sachwalter dieser Natürlichkeit soll allerdings der Erzieher sein, der die Bedingungen für die Isolation des Zöglings von der Gesellschaft herstellt. Die Natur, die hierbei erhalten werden soll, ist demnach höchst künstlich herbeigeführt, nicht einmal die Beziehung zum anderen Geschlecht ergibt sich „natürlich", d. h. ohne genauen Plan. Der *Emile* ist demnach eine Fortsetzung der Kulturkritik der beiden Diskurse, aus der er eine praktische Folgerung ziehen will. Eine nähere Betrachtung zeigt freilich, dass die Natur, die es hier zu erhalten gilt, ein Produkt der erzieherischen Kunst ist. Der *Gesellschaftsvertrag* versucht demgegenüber, dialektisch die substantielle Freiheit des Einzelnen und die politischen Regeln als notwendig aufeinander bezogen zu erweisen. Der *Emile* will genau dies unterbinden.

Trotz der Einheitlichkeit in Rousseaus Denken liegt eine Widersprüchlichkeit in dem fundamentalen Begriff der Natur des Menschen. Auf der einen Seite meint er den vorgesellschaftlichen und damit vorzivilisatorischen Zustand, der von einem zivilisierten und gesellschaftlich organisierten wie immer abgelöst wurde. Auf der anderen Seite zielt der Begriff auf die „Natürlichkeit" des Gesellschaftszustandes selbst, der, einmal etabliert, auf eine vernünftige und damit natürliche Grundstruktur hin geordnet ist, wie sie der *Gesellschaftsvertrag* entwirft. Bestrebt, den Gesellschaftszustand auf verbindlichen allgemeinen Regeln zu begründen, setzt Rousseau auf eine unveränderliche, den historisch aufgetretenen und den zu gründenden Staaten objektiv vorgegebene Norm, die ihm zufolge nur demokratisch sein kann.

Diese Norm hat einen metaphysischen Charakter, der, wenn auch ganz unausgesprochen, an die alte Naturrechtslehre anknüpft. Der kritisierte Abfall von der Natur ist zum einen die Distanzierung von den anfänglich fast noch tierischen Verhältnissen, zum anderen Abkehr von der vernünftigen und egalitären Bestimmung der politischen Einrichtungen. Diese Mehrdeutigkeit des Naturbegriffs, der indessen nie die rein materielle Natur im Sinne d'Holbachs meint, geht auf die eigentümliche Stellung Rousseaus im Zusammenhang der Aufklärung zurück. Einerseits partizipiert er ohne Vorbehalte an dem in seiner Epoche erwachten historischen Bewusstsein, dem zufolge alle menschlichen Verhältnisse und alle Formen des Denkens geschichtlich bestimmt und damit veränderlich sind. Andererseits hat er die Notwendigkeit gesehen, auch im Bereich der praktischen Philosophie bei allem Wandel eine unausweichliche und verbindliche normative Allgemeinheit zu finden. Um den Aporien des Relativismus zu entgehen, lädt er sich unwissentlich die ungelösten Probleme des metaphysischen Realismus der Tradition auf.

Literatur

Brandt, R./Herb, K. (Hrsg.) 2012: Jean-Jacques Rousseau. Vom Gesellschaftsvertrag oder Prinzipien des Staatsrechts, Berlin.

Boulanger, N.A. 1776: Gouvernement, London.

Condorcet 1963: Entwurf einer historischen Darstellung der Fortschritte des menschlichen Geistes, hrsg. von W. Alff, Frankfurt.

Helvétius, C. A. 1972: Vom Menschen, seinen geistigen Fähigkeiten und seiner Erziehung, hrsg. von G. Mensching, Frankfurt.

Holbach, P.-Th. d' 1960: System der Natur, oder von den Gesetzen der physischen und der moralischen Welt, übers. von F. G. Voigt, Berlin.

Kant, I. 1964: Werke in zwölf Bänden, hrsg. von W. Weischedel, Frankfurt a.M.

Mensching, G. 2003: Rousseau zur Einführung, 2. Aufl., Hamburg.

Mensching, G. 2011: Zum Problem des kollektiven Willens bei Wilhelm von Ockham, in: G. Mensching (Hrsg.), Radix totius libertatis. Zum Verhältnis von Willen und Vernunft in der mittelalterlichen Philosophie (Contradictio, Bd. 12), Würzburg, 183–193.

Meyer, A. 2008: Zeichen-Sprache. Modelle der Sprachphilosophie bei Descartes, Condillac und Rousseau, Würzburg.

Rousseau, J.-J. 1978: Brief an Christophe de Beaumont, in: Schriften, hrsg. von H. Ritter, Bd. I, Frankfurt, 500–589.

Rousseau, J.-J. 1978: Rousseau richtet über Jean-Jacques, in: Schriften, hrsg. von H. Ritter, Bd. II, Frankfurt, 253–636.

Marsilius von Padua 1971: Der Verteidiger des Friedens, hrsg. von H. Rausch, Stuttgart.

Simone Zurbuchen
11 Zur Wirkungsgeschichte der beiden Diskurse

11.1 Die Polemik um die beiden *Diskurse* in Frankreich

Mit seiner These, die „Wiederherstellung der Wissenschaften und Künste" – also der Fortschritt der Kultur oder Zivilisation seit der Renaissance – habe den moralischen Verfall der Gesellschaft begünstigt, provozierte Rousseau einen Skandal, der das Selbstverständnis der Aufklärung erschütterte. Am Umstand, dass Rousseau mit seinem *Ersten Diskurs* schlagartig zum berühmten Schriftsteller wurde, dem die Zeitgenossen mit einer Flut von Kritiken entgegentraten, war die Akademie von Dijon maßgeblich beteiligt, die seinen *Diskurs* mit dem ersten Preis krönte, worüber er sich selbst höchst erstaunt zeigte (Goldschmidt, 271). Mit der Polemik um den *Ersten Diskurs* entstand eine paradoxe Situation: Rousseau stellte die Wissenschaften und Künste in einer akademischen Schrift in Frage, in der er sich der Kunst der Rhetorik und Argumentation sowie der Geschichtsschreibung bediente. Umgekehrt war es seinen Kritikern, wie gelehrt sie auch sein mochten, unmöglich, mit ihrem schriftstellerischen Talent allein gegen ihn die Reinheit der Sitten ihrer Zeit zu beweisen. Dies sollte dazu führen, dass die gegnerischen Parteien das gemeinsame Feld der Debatte verließen und die Kontroverse je auf einer anderen Ebene weiterführten: Rousseau suchte die Unabhängigkeit und brach abrupt mit den Grundsätzen seines Jahrhunderts, während seine Gegner den seltsamen Menschen, der die Tugend verherrlichte, zum Objekt ihrer Neugierde machten, das man kennenlernen wollte, oder aber diesen Verächter der Kultur verfolgten und seine Schriften verbrannten (Goldschmidt, 272 f.).

Mit Ausnahme der vom polnischen König Stanislaus verfassten Rezension stammten die frühen Kritiken des *Ersten Diskurses* von wenig bekannten Autoren. Ihre wichtigsten Einwände betreffen das ungeklärte Verhältnis zwischen Unwissenheit und Tugend (warum sollten die unkultivierten Menschen tugendhaft und nicht vielmehr wild und grausam gewesen sein?), die wahren Ursachen des moralischen Verfalls (war dafür nicht vielmehr der Luxus als die Kultur verantwortlich?) sowie das Fehlen praktischer Schlussfolgerungen, wie dem Verfall zu begegnen sei. In diesem Zusammenhang wurde auch der Vorwurf erhoben, Rousseau sei ein Apologet der Unwissenheit, ein Zerstörer der Kultur, der das Verbrennen der Bibliotheken und die Rückkehr zur Barbarei proklamiere (Wokler, 258–261; Masters, 165–170). Rousseau empörte sich zwar über die zweitrangigen

Schriftsteller, die ihn belehren wollten, obwohl sie nicht einmal die zentrale Frage verstanden hätten (B, 360; Masters, 165), beantwortete aber die meisten Einwände in Briefen (OC III, 35–107) und kam auch in späteren Schriften, so im Vorwort zu seiner Komödie *Narcisse* sowie im *Brief an d'Alembert* wieder darauf zurück. Nach heutiger Auffassung trug die Polemik um den *Ersten Diskurs* wesentlich dazu bei, dass es Rousseau gelang, seine Position deutlicher zu begründen und im *Zweiten Diskurs* eine systematische Theorie der Ursprünge von Kultur und Gesellschaft zu entwickeln (Wokler, 261–272; Masters, 168–170).

Die auch nach Rousseaus eigener Ansicht bedeutendste Antwort auf den *Ersten Diskurs* (OC III, 42–43; Goldschmidt, 273, 283) stammte von Jean Le Rond d'Alembert, der zeitgleich zu Rousseaus Arbeit daran die *Einleitung* der *Encyclopédie* verfasste. Dort findet sich gegen Schluss eine offene, jedoch höfliche, ja kollegiale Kritik an Rousseaus Argumentation, die in die Feststellung mündet: Selbst wenn man die menschlichen Kenntnisse mit Rousseau desavouieren wollte – was natürlich nicht in der Absicht des Autors liege –, folgte daraus nicht, dass sie zerstört werden müssten. Denn die Laster blieben erhalten, und die Unwissenheit käme noch hinzu (d'Alembert, 93 f.). Während diese kritische Bemerkung allgemein bekannt ist, wird in der Literatur selten erwähnt, dass sich der ganze zweite Teil der *Einleitung* als implizite Auseinandersetzung mit den Thesen des *Ersten Diskurses* verstehen lässt, denen d'Alembert zustimmt, sie dann jedoch so interpretiert, dass sie sich entschärfen lassen und den Fortschritt der Kultur, auf den das Projekt der *Encyclopédie* baut, nicht in Frage stellen. Mit seiner Unterscheidung zwischen wahrhaften Philosophen wie John Locke, der die Metaphysik als „Experimentalphysik der Seele" neu begründet habe, und jenen Verdunklern klarer Ideen, die ebenfalls Anspruch auf den Titel eines Metaphysikers erhöben (d'Alembert, 78 f.), oder mit der Unterscheidung zwischen der kleinen Zahl wahrer Genies wie Voltaire, die Ruhm verdienten, und den mittelmäßigen Geistern, die ihnen diesen streitig machten (d'Alembert, 90 f.), gelingt es d'Alembert zwar, die Wissenschaften und Künste gegen Rousseaus Kritik in Schutz zu nehmen. Dabei verlagert er aber den Gegensatz zwischen Kultur und Moral, auf den es Rousseau ankommt, ganz auf das Gebiet der Kultur (Goldschmidt, 275–285). Auf die Frage des Einflusses der Künste und Wissenschaften auf die Moral der Staaten und der Bürger, die am Schluss der *Einleitung* noch Erwähnung findet, sollte er erst in den *Elementen der Philosophie* (1759) eingehen, seiner letzten und definitiven Antwort auf den *Ersten Diskurs* (Goldschmidt, 285–291).

Die Kritiker des *Zweiten Diskurses* waren von anderer Statur als jene des ersten (D2, 426–489). Zu erwähnen ist zunächst Voltaire, der sich mit seinem Brief vom 30. August 1755 bei Rousseau für die Zusendung des Werks bedankte und ironisch bemerkte, man bekomme Lust, auf allen Vieren zu gehen, wenn man es lese (OC III, 1379). Weiter handelt es sich um den Genfer Naturphilosophen Charles Bonnet, der seine Kritik in Form eines Briefes unter dem Pseudonym ‚Philopolis' im *Mercure de France* publizierte, sowie um Charles-Georges Le Roy, der Rousseau Einwände übermitteln ließ, hinter denen der bekannte Naturforscher Georges Louis Leclerc de Buffon stand. Obwohl Rousseau nun öffentliche Kontroversen zu vermeiden suchte (Kelly/Masters, 22), verfasste er Antworten auf die Einwände der genannten Autoren, wobei er nur den Brief an Voltaire vom 18. August 1756 abschickte, der dann ohne seine Erlaubnis 1760 veröffentlicht wurde (OC IV, 1057–1075). Damit reagierte er auf Voltaires Gedichte über das Erdbeben von Lissabon und über das Naturrecht, in denen dieser den Optimismus von Leibniz und Pope kritisierte (Voltaire IX, 439–464, 465–479). Warum Rousseau darin einen Angriff auf den *Zweiten Diskurs* sah, obwohl Voltaire in seinen Gedichten nicht direkt darauf Bezug nahm, erklärt sich vor dem Hintergrund seiner Auseinandersetzung mit Bonnet.

Tatsächlich las Bonnet den *Zweiten Diskurs* als Angriff auf den Optimismus und verteidigte Leibniz' und Popes Lehre von der besten aller Welten. Er folgte damit der damals weit verbreiteten, aber falschen Ansicht, bei Alexander Popes *Essay on Man* (1732–1734) handle es sich um eine Popularisierung der Rechtfertigung Gottes angesichts der Übel in der Welt, die Leibniz in seiner *Theodizee* (1710) vorgelegt hatte (Crousaz 1737). Bonnet warf Rousseau vor, er habe bei seiner Kritik an all den Übeln, die der gesellschaftliche Zustand hervorbringe, vergessen, dass der Mensch Teil eines unendlichen Ganzen sei, von dem wir wüssten, dass es das Werk der vollkommenen Weisheit sei. So erhebe er sich, ohne sich darüber Rechenschaft abzulegen, gegen den Willen desjenigen, der den Menschen geschaffen und diesen Zustand verfügt habe (D2, 453/455). Rousseau wies diesen Angriff mit dem Argument zurück, sein Kritiker unterscheide nicht zwischen allgemeinen und besonderen Übeln und Gütern und sei deshalb gezwungen zu bestreiten, dass es überhaupt besondere Übel gebe, unter denen jemand leide. Vernünftigere Optimisten wie Leibniz und Pope würden diesen Unterschied dagegen anerkennen und rechtfertigten die Vorsehung angesichts einer Vielzahl besonderer Übel, die unmöglich zu bestreiten seien. Rousseau wandte sich also gegen die passive Selbstzufriedenheit seines Kritikers, deren es gar nicht bedürfe, um den Optimismus zu verteidigen (D2, 467–471).

Vor diesem Hintergrund wird verständlich, warum Rousseau Voltaires Angriff auf die göttliche Vorsehung, mit der dieser auf die Katastrophe des Erdbebens von Lissabon reagierte (Voltaire IX, 439–464), als Kritik am *Zweiten Diskurs* interpretierte. Voltaire verteidigt darin die traurige, von allen Menschen anerkannte alte Wahrheit, dass es Übel auf der Welt gebe, die das Axiom Popes, wonach alles gut ist, als eine Beleidigung des Leidens in unserem Leben erscheinen lasse. Voltaire ergreift Partei für die empfindenden Wesen, die das System des Optimismus vergisst: Welche Art von Gut könnte das erlebte Leid kompensieren? Wenn das menschliche Unglück eine Tatsache ist, unterminiert dieses den Glauben und bringt das Gebäude des Optimismus ins Wanken, das Gott durch die Vernunft zu rechtfertigen sucht (Radica, 42 f.).

In seinem Antwortbrief (OC IV, 1057–1075) wirft Rousseau Voltaire vor, er karikiere die Position der Optimisten, wenn er diesen unterstelle, besondere Übel ließen sich durch besondere Güter kompensieren, wie wenn das Wohl der wilden Tiere, die einen Menschen fressen, den Verlust seines Lebens ausgleichen könnte. Wie schon Bonnet hält er auch Voltaire die Unterscheidung zwischen besonderen und allgemeinen Übeln und Gütern entgegen, auf welche die Vertreter des Optimismus abstellten. Die entscheidende Frage sei nicht, ob jeder von uns leide oder nicht, sondern ob es gut sei, dass das Universum existiere und ob unsere Leiden darin unvermeidlich seien. Rousseau geht es jedoch nicht darum, die vernünftige Rechtfertigung der göttlichen Vorsehung zu verteidigen, wie sie von Leibniz und Pope vertreten wurde. Denn er betont, es sei unmöglich, von der Betrachtung des Besonderen zur Erkenntnis Gottes überzugehen oder umgekehrt. Für Rousseau sind die Existenz Gottes und die Bejahung der Ordnung des Universums, die daraus hervorgeht, Gegenstand eines Glaubens, der auf dem Willen und der Hoffnung des Subjekts beruht, sich dem Widerspruch zwischen der Erfahrung von Leid und dem Wunsch nach Glück entziehen zu können. Rousseaus Verteidigung des Optimismus beruht also auf dessen tröstendem Charakter und nicht etwa auf der Möglichkeit seiner rationalen Rechtfertigung (Radica, 45–58).

Ähnlich wie Voltaires Gedicht über das Erdbeben von Lissabon ist auch Denis Diderots Artikel *Naturrecht* (droit naturel), der im fünften Band der *Encyclopédie* erschien (Diderot 1755), nicht ohne Weiteres als Kritik an Rousseaus *Zweitem Diskurs* zu erkennen. Diderot bezieht sich darin auf die Schwierigkeiten, die Rousseau gegen den Begriff des Naturrechts geltend machte, wenn er etwa die Frage aufwarf, ob auch die Tiere daran teilhaben (D2, 58), oder wenn er Hobbes zugestand, er habe die Mängel des modernen Naturrechts erkannt, daraus aber die falschen Schlussfolgerungen gezogen, weil er statt vom selbstgenügsamen natürlichen vom zivilisierten Menschen ausgegangen sei, der eine Vielzahl von Leidenschaften befriedigen müsse, die das Werk der Gesellschaft seien (D2, 136–138). Im Zusammenhang mit seiner Entlarvung des Gesellschaftsvertrags als Betrugs der Reichen an den Armen sowie mit seiner Kritik an der moralischen Ungleichheit nahm Rousseau zwar auf das Naturrecht als Verkörperung des Gerechten Bezug, ohne dieses aber zu definieren. Im Artikel *Naturrecht* führt Diderot zunächst den Vorschlag ad absurdum, das Naturrecht aus der Perspektive eines vernünftigen Egoisten begründen zu wollen, den er als „gewalttätigen Denker" (raisonneur violent) in Szene setzt, um dieses dann als „Gemeinwillen" (volonté générale) des menschlichen Geschlechts zu definieren, der sich in jedem Individuum als reiner Akt des Verstandes manifestiere, der im Schweigen der Leidenschaften überlege, was er von anderen fordern könne und was die andern berechtigt seien, von ihm zu fordern (Spector 2012). Diesen Vorschlag Diderots sollte Rousseau im 2. Kapitel des 1. Buches des *Genfer Manuskripts* des *Gesellschaftsvertrags* widerlegen (OC III, 281–289), das er dann nicht in die publizierte Fassung aufnahm. Die Replik auf Diderot stellte die Grundlage für seine Konzeption des „Gemeinwillens" als Wille einer partikularen politischen Gemeinschaft dar.

11.2 Rezeption in Deutschland, der Schweiz und Großbritannien

Ähnlich wie in Frankreich wurden die beiden *Diskurse* auch in anderen Ländern breit kommentiert und diskutiert, wobei die Besprechungen oft in Bezug zu den Übersetzungen standen (Taylor; Trousson; Goldenbaum; Sewall 1937, 1939; Warner). Der *Erste Diskurs* wurde 1751 ins Englische und im Jahr darauf ins Deutsche übersetzt, und auch die Debatten darum fanden Beachtung (Gautier 1752; Rousseau 1753). In beiden Ländern wurde der *Erste Diskurs* überwiegend, wenn auch nicht ausschließlich kritisch beurteilt. Wie schon in Frankreich werden Rousseau unübertreffliche rhetorische Fähigkeiten attestiert, oft begleitet vom Verdacht, er bringe gar nicht seine wahren Überzeugungen zum Ausdruck und vertrete provokante Thesen aus Liebe zum Paradox. Sehr kritisch äußerte sich Johann Christoph Gottsched in Leipzig über die Kritik an Wissenschaften und Künsten, während Albrecht von Haller in Göttingen Rousseau gegen Gottsched verteidigte, seine Thesen jedoch als bloße Satire abtat. Eine beachtenswerte Ausnahme stellte dagegen Gotthold Ephraim Lessings Rezension dar, welche die Aufmerksamkeit der Leser statt auf die vielen möglichen Einwände direkt auf die zentrale und berechtigte Frage der Tugend verwies (Goldenbaum, 14–17).

Die Auseinandersetzungen über die Thesen des *Ersten Diskurses* fanden im Umfeld der Königlich-Preußischen Akademie der Wissenschaften und schönen Künste zu Berlin besondere Beachtung. Aus Anlass des Geburtstags Friedrichs II. hielt der Schweizer Johann Georg Sulzer 1757 eine Rede zum Ursprung und den verschiedenen Bestimmungen der Wissenschaften und Künste (Sulzer 1781). Diese stammten nicht, wie Rousseau argumentiere, von den Lastern ab, sondern trügen zur Vervollkommnung der Menschen bei. Unter Bezugnahme auf die von Johann Jakob Breitinger und Johann Jakob Bodmer gemeinsam verfasste *Critische Dichtkunst* (Breitinger 1740), die einen wichtigen Beitrag zur Begründung der Ästhetik darstellt, schreibt Sulzer den Wissenschaften und Künsten zwei komplementäre Funktionen zu: Während die Wissenschaften die Aufgabe haben, die Wahrheit zu entdecken und sie der Welt mitzuteilen, haben die Künste diese schön und angenehm zu machen. Die Wissenschaften sind einer Elite von Philosophen vorbehalten, welche die Muße und die Fähigkeiten haben, anspruchsvolle Forschung zu betreiben, während die Künste, welche die Sinne und die Einbildungskraft ansprechen, sich an alle Menschen richten. Da der Künstler es verstehe, Gefühle zu erwecken, sei er Herr der menschlichen Herzen, bedürfe zu seiner Leitung jedoch der Philosophie, damit die Kunst nicht zur Spielerei verkomme und auf Abwege gerate (Zurbuchen, 494 f.).

Von größerer Bedeutung als Sulzers Rede waren jedoch die Preisfrage der Berliner Akademie über den Einfluss der Regierung auf die Wissenschaften (1779) sowie Johann Gottfried Herders preisgekrönte Antwort darauf (1780), die als Lösung für das Problem interpretiert werden kann, das Rousseau im *Ersten Diskurs* aufgeworfen hatte. Dass es zur Formulierung dieser Preisfrage kam, ist nicht zuletzt dem Hugenotten Jean-Henri-Samuel Formey zu verdanken, der seit 1748 der Akademie als ständiger Sekretär diente und später für seinen *Émile chrétien* (1763) und seinen *Anti-Émile* (1764) berühmt werden sollte. Durch seine Rezensionen des *Ersten Diskurses* (Bibliothèque impartiale, 3/1, März–April 1751, 250–260) sowie der Sammlung von Streitschriften dazu (Nouvelle bibliothèque germanique 13, Juli–Sept. 1753, 213–220; vgl. Rousseau 1753) und durch seine *Philosophische Untersuchung über die wirkliche Verbindung zwischen den Wissenschaften und Sitten* (1755), die er mit der Ankündigung verband, darin den Streit Rousseaus mit seinen Gegnern zu lösen, war er in die Debatte direkt involviert. Mit seiner Unterscheidung zwischen moralischer Güte und der durch Wissenschaften und Künste beförderten Verfeinerung der Sitten, welche die Menschen der sanften Gewalt gesellschaftlicher Konventionen unterwürfen, sowie der damit nicht ohne Weiteres zu vereinbarenden These, die Wissenschaften im engen Sinn des Begriffs (wie z. B. die Physik oder die Chemie) vermöchten das Verhalten gewöhnlicher Leute gar nicht zu beeinflussen, handelte er sich jedoch den Vorwurf ein, er bestätige Rousseaus Anklage gegen die Wissenschaften und Künste statt sie zu entkräften (Schmitt, 254–259). In einer zweiteiligen programmatischen Rede, die er anlässlich der Geburtstage des Königs im Januar 1767 und 1768 vortrug (Formey 1769, 1770), erklärte Formey dann die Reglementierung der Gelehrsamkeit zum Hauptzweck der Akademien, deren Aufgabe es sei, den Missbrauch von Wissenschaften und Künsten durch Halbwissende (demi-savants) zu verhindern. Damit schloss er sich der verbreiteten Polemik gegen Dilettanten an, verwarf zugleich aber auch das Ideal einer unabhängigen Öffentlichkeit, wie es etwa Samuel König zur Abwehr der autoritären Intervention der Akademie in seinem Streit mit Maupertuis verteidigte hatte (Schmitt, 259–261).

Herders preisgekrönte Schrift (1780) kann zusammen mit zwei weiteren seiner Preisschriften aus derselben Zeit (Herder 1775, 1781) als dreiteilige Antwort auf Rousseau gelesen werden (Schmitt, 262). Im Unterschied zu Rousseau argumentierte er, die Wissenschaften seien immer Teil der menschlichen Gesellschaft und könnten nicht wie etwas künstlich Geschaffenes daraus verbannt werden. Ihre Auswirkungen auf die Gesellschaft hingen von ihrem jeweiligen Gebrauch ab und könnten sich im Unterschied zu einer patriarchalischen oder despotischen nur unter einer freien Regierung wie derjenigen Athens im richtigen Verhältnis zur menschlichen Natur entwickeln (Schmitt, 263 f.). Beeinflusst durch die Lektüre von David Humes *Über den Aufstieg und Fortschritt der Künste und Wissenschaften* (1742) und Adam Fergusons *Versuch über die Geschichte der bürgerlichen Gesellschaft* (1767) pries er die Kultur der antiken Republiken, die er – Rousseau folgend – mit dem moralischen Verfall und Despotismus in der Moderne konfrontierte (Schmitt, 264–266). Um darzulegen, wie die Regierungen seiner Zeit durch die Gewährung von Meinungsfreiheit, die Belebung von Handel und Austausch zwischen den Nationen und Kulturen sowie durch die Gewährung von Ehren die Gelehrsamkeit fördern könnten, berief er sich auf Humes Konzept der modernen zivilisierten Monarchie, die nach und nach Errungenschaften einer freien Regierung wie die Rechtsstaatlichkeit (rule of law) einführe (Schmitt, 266–268). Da Herder Rousseau darin Recht gab, dass nicht der Luxus allein, sondern auch die Wissenschaften zuweilen zum moralischen Verfall der Gesellschaften beitrügen, sprach er sich für eine politische Reglementierung von Wissenschaften und Künsten aus. Insofern stellt seine Preisschrift einen wichtigen Beitrag zum Aufruf zu einer Reform des veralteten Bildungssystems in Deutschland dar (Schmitt, 268–270).

Auch der *Zweite Diskurs* wurde bald nach seinem Erscheinen ins Englische und ins Deutsche übersetzt. Die Mehrzahl der Kommentare, die gerade in England im Zusammenhang mit Neuausgaben der Übersetzung auch noch in den sechziger Jahren erschienen (Warner, 479 ff.), äußerten sich kritisch bis abschätzig über das Werk und seinen Autor. So wurden seine Thesen als gefährlich und absurd beurteilt und Rousseau als Misanthrop hingestellt. Obwohl dieser nie für die Rückkehr zum ursprünglichen Naturzustand plädierte, wurde der *Zweite Diskurs* immer wieder mit dieser These in Verbindung gebracht.

Im Folgenden werden ausschließlich Aspekte der Wirkungsgeschichte besprochen, die von einer zwar kritischen, aber produktiven Auseinandersetzung mit dem *Zweiten Diskurs* zeugen. Ansätze dazu finden sich bereits in den frühen Aneignungen und Rezensionen.

In Deutschland ist Lessings kurze, zur vorurteilsfreien Lektüre auffordernde Besprechung in der *Vossischen Zeitung* vom 10. Juli 1755 erwähnenswert, die in engem Zusammenhang mit Moses Mendelssohns Übersetzung des *Zweiten Diskurses* zu sehen ist, der neben dem Dankesbrief Voltaires an Rousseau ein Brief an Lessing und eine Nachschrift beigefügt sind (Rousseau 2000). Mendelssohn weist die Kritik zurück, Rousseau habe „aus kindlicher Liebe zur Seltsamkeit" eine aller Sittlichkeit widersprechende Meinung vertreten, und gibt sich überzeugt, dieser habe sich vorgenommen, „uns eine Wahrheit zu lehren" (Rousseau 2000, 253). Da es ihm unmöglich erscheint, dass Rousseau die „wahre Würde" (Rousseau 2000, 252) und die „wahre Bestimmung des Menschen" (Rousseau 2000, 251) in dessen tierischem Teil gesehen haben könne, erklärt er die Zueignungsschrift an die Republik Genf, die er auch integral übersetzt, zum Schlüssel für das Verständnis der Schrift. Hier offenbare sich, dass Rousseau sich nicht nach dem ursprünglichen Naturzustand, sondern nach dem geselligen Umgang mit seinesgleichen sehne, sofern dieser in Ruhe und Freiheit möglich sei, weshalb er seine Wünsche in der Republik Genf erfüllt sehe (Rousseau 2000, 236). Seine Absicht müsse darin bestanden haben, die despotische Regierung und die Missbräuche in den Staatsverfassungen zu kritisieren (Rousseau 2000, 253), weshalb es ihm auch nicht um die Freiheit, in der ein tierisches Geschöpf lebe, sondern um die Freiheit „im moralischen Sinne", wie ihn die Anhänger der Republik verstünden, gegangen sein müsse (Rousseau 2000, 253 f.).

Mendelssohns republikanische Interpretation des *Zweiten Diskurses* erklärt sich aus seiner Bewunderung für die Freiheit in den schweizerischen Republiken (Rousseau 2000, 247) sowie aus seiner von der Philosophie Christian Wolffs beeinflussten Auffassung von der wahren Bestimmung des Menschen, die durch Johann Joachim Spaldings Schrift *Bestimmung des Menschen* (1748) weite Verbreitung fand. So kritisiert er, Rousseau habe bei der Erklärung der „Perfektibilität" (perfectibilité) – die er als „Vermögen, alle unsere Fähigkeiten in der vollständigsten Harmonie empor zu heben" umschreibt (Rousseau 2000, 242) – die Rangordnung der natürlichen Fähigkeiten umgekehrt. „Die Seele, unser Ich, unser Wesen" nehme den obersten Platz ein und die uns von der Natur eingepflanzte Sorge um die Erhaltung müsse vornehmlich darauf gerichtet werden; an zweiter Stelle folge dann die Befriedigung der körperlichen Bedürfnisse, an dritter Stelle die Vergnügungen der Sinne (Rousseau 2000, 243). In engem Bezug zum Gebrauch der Vernunft als wahrer Bestimmung des Menschen (Rousseau 2000, 252) steht auch Mendelssohns Verteidigung der Liebe zur Geselligkeit. Nicht das Mitleid, das Rousseau dem Wilden noch zuerkenne, sondern die Liebe, die sich ihrerseits auf die Lust an Harmonie und Ordnung gründe, sei eine ursprüngliche natürliche Neigung (Rousseau 2000, 239), weshalb Menschenliebe und Freundschaft als wahre Tugenden zu gelten hätten (Rousseau 2000, 244). Da Mendelssohn den von Rousseau beschriebenen Stand der Wildheit als „kindisches Alter unseres Geschlechts" bestimmt, in dem die höheren Vermögen noch nicht entwickelt sind (Rousseau 2000, 245), verteidigt er gegen diesen auch die Ableitung des Naturrechts aus einem Zustand des Menschen auf der Stufe der Vollkommenheit, auf die er sich nach langer Arbeit erhoben habe; denn die „Gesetze der Gerechtigkeit" müssten auf die wesentliche Beschaffenheit des Menschen gegründet werden (Rousseau 2000, 245 f.).

Ähnlich wie Mendelssohn argumentierte Emer de Vattel in seiner Besprechung des *Zweiten Diskurses*, die im August 1755 im *Journal helvétique* (220–228) erschien. Dies ist insofern nicht erstaunlich, als auch der aus Neuchâtel stammende Autor eines bedeutenden Traktats über das Völkerrecht (Vattel 1758) zu den ausgezeichneten Kennern der Wolff'schen Philosophie gehörte. Wenn die Perfektibilität nicht zu einem sinnlosen Wort werden solle, setze sie in dem Wesen, das damit begabt sei, jene höheren Fähigkeiten voraus, die Rousseau dem Wilden abspreche. Dieser könne wohl Lust und Schmerz empfinden, aber das Gefühl (sentiment), die Empfindung des Herzens, setze eine Seele voraus, die über eine reflektierte Kenntnis ihrer selbst verfüge (Vattel 1755, 221). Wie Mendelssohn verteidigt auch Vattel die natürliche Geselligkeit des Menschen, wenn er gegen Rousseau argumentiert, nicht eigennützige Motive wie die verfeinerten Wohltaten des Luxus oder der hochmütige Wunsch zu befehlen ließen den Menschen die Gesellschaft anderer suchen. Es seien dies vielmehr das Vergnügen, die höheren Fähigkeiten des Geistes auszuüben und der Zauber, der von der Liebe und vom Geliebtwerden ausgehe. Hätte Rousseau den Zustand einer freien, einfachen und sanften Gesellschaft, in der Liebe und Freundschaft bekannt wären, als goldenes Zeitalter beschrieben, wäre Vattel gern zu seinem Anhänger geworden (Vattel 1755, 223 f.). Im Unterschied zu Mendelssohn geht Vattel allerdings nicht auf die Zueignung an die Republik Genf ein, sondern kommt auf den *Ersten Diskurs* zurück, wenn er den Nutzen der Wissenschaften und Künste wie auch der Philosophie verteidigt, die ihren Ursprung erst in der verdorbenen Welt hätten und Heilmittel gegen das Laster versprächen (Vattel 1755, 226).

Eine dritte frühe Besprechung des *Zweiten Diskurses* stammt von Adam Smith, der Auszüge daraus in einem anonymen Brief an die *Edinburgh Review* von 1756 übersetzte und kommentierte. Bemerkenswert ist dabei die Parallele, die er zwischen Rousseaus und Mandevilles Rekonstruktion der Vergesellschaftung beobachtet: Beide Autoren unterstellten, dass der Mensch von Natur ungesellig sei. Nach Bernard de Mandeville, der den Naturzustand als den erbärmlichsten Zustand beschrieb, zwinge das Elend den Menschen, die Gesellschaft zu suchen. Nach Rousseau, der den Naturzustand als den glücklichsten Zustand beschrieb, riefen dagegen gewisse unglückliche Zustände die unnatürliche Leidenschaft des Ehrgeizes und den eitlen Wunsch nach Übermacht hervor, die dieselbe verhängnisvolle Wirkung zeitigten. Trotz dieses Unterschieds stimmten die beiden Autoren darin überein, dass alle Talente, Gewohnheiten und Künste, welche die Menschen zum Leben in der Gesellschaft zusammenfügen, sich stufenweise entwickelten, und sie beschrieben den Fortschritt in ziemlich ähnlicher Weise. Auch seien sie sich einig, dass die Gesetze der Gerechtigkeit, welche die Ungleichheit aufrecht erhielten, ursprünglich von den Schlauen und Mächtigen erfunden worden seien, um eine unnatürliche und ungerechte Übermacht über ihre Mitmenschen zu erlangen oder zu erhalten (Smith, 250 f.). Der einzige Unterschied bestehe darin, dass Rousseau es für möglich halte, dass das Mitleid – das auch Mandeville als natürlich betrachte – all jene Tugenden hervorbringe, die Mandeville bestreite. Rousseau scheine aber überzeugt, dass das Mitleid selbst keine Tugend darstelle, sondern bei den Wilden und den verdorbenen Menschen in größerer Vollkommenheit vorkomme als bei jenen mit den feinsten und kultiviertesten Sitten, worin er wieder vollkommen mit Mandeville übereinstimme. Smith selbst gibt sich überzeugt, dass das Leben des Wilden sich aus der Distanz sowohl als vollkommen träge als auch als gefährlich und abenteuerlich beschreiben lasse. Der Umstand, dass Rousseau nur die träge Seite in den schönsten und angenehmsten Farben beschrieben habe, gibt ihm Anlass zu folgender Feststellung: Dank der Hilfe seines Stils und „ein wenig philosophischer Chemie" erweckten die Prinzipien und Ideale des verdorbenen Mandeville bei Rousseau den Anschein all der Reinheit und Erhabenheit der Moral Platos. Darin komme der wahre, aber etwas überbordende Geist eines Republikaners zum Ausdruck (Smith, 251).

In den folgenden Jahren setzte sich Smith in seiner *Theorie der ethischen Gefühle* (1759) und in *Der Wohlstand der Nationen* (1776) ausführlicher mit Rousseaus Thesen auseinander, ohne diesen jedoch ausdrücklich zu nennen. Während Smiths Auseinandersetzung mit dem Genfer Philosophen lange Zeit kaum auf Interesse stieß, ist diese in jüngerer Zeit zu einem wichtigen Gegenstand der Forschung geworden (Hanley 2006, 2008; Rasmussen 2008, 2013; Griswold), wohl weil sich daran auf neue Weise zeigen lässt, dass Smith kein naiver Apologet des *laisser-faire* war oder sich der Ideologie des Besitzindividualismus verschrieben hätte, sondern Rousseaus Kritik der bürgerlichen Gesellschaft in wichtigen Aspekten zustimmte (Rasmussen 2013, 55). Da die Debatte über das Verhältnis Smiths zu Rousseau weit über die Wirkungsgeschichte des *Zweiten Diskurses* hinausgeht, seien hier nur zwei Fragen aufgegriffen, die in direktem Bezug zur Rezension von 1756 stehen.

Die erste betrifft Smiths Erwähnung der Rolle, die Rousseau dem Mitleid zuschreibt. Gewisse Interpreten vertraten die Auffassung, Rousseau habe Smith dazu angeregt, seine *Theorie der ethischen Gefühle* auf die Sympathie zu gründen. Dagegen wurde aber zu Recht betont, dass Smith diese Anregung viel eher Hume verdankte. Sein Begriff der Sympathie setzt zwar, wie Rousseaus Begriff des Mitleids, die Fähigkeit voraus, sich an die Stelle eines anderen zu versetzen. Im Unterschied dazu betrifft die Sympathie jedoch nicht nur negative Gefühle wie Schmerz und Leid, sondern auch positive wie Freude oder Glück. Außerdem steht für Smith im Unterschied zu Rousseau nicht im Vordergrund, was der Handelnde empfindet, sondern was für Gefühle in jeder beliebigen Situation im Beobachter erweckt werden. Wenn der Beobachter sich vorstellt, was er an der Stelle eines anderen in der gleichen Situation fühlen würde, handelt es sich um einen kognitiven Prozess, während Rousseau das Gefühl des Mitleids der Vernunft entgegensetzt (Griswold, 61–66). Indem Smith in der Rezension auf die Gemeinsamkeiten zwischen Rousseau und Mandeville hinweist, lässt er außerdem keinen Zweifel daran, dass er in Rousseau einen Vertreter der Hypothese des Egoismus sieht, während er selbst auf der Grundlage der Sympathie die These von der natürlichen Geselligkeit des Menschen verteidigt (Griswold, 66 f.)

Die zweite Frage betrifft die Bedeutung der „philosophischen Chemie", die Smith Rousseau zuschreibt: Stimmt er mit dieser Bemerkung der These zu, der Mensch sei von Natur gut, und entpuppt er sich damit gar als geheimer Verehrer Rousseaus (Force, 20; Rasmussen 2013, 65)? Gegen diese Hypothese spricht, dass Smith in der *Theorie der ethischen Gefühle* die Selbstverleugnung und spartanische Disziplin primitiver Gesellschaften ausdrücklich kritisiert und diese mit der Menschlichkeit und Höflichkeit zivilisierter Gesellschaften kontrastiert. Obwohl er Rousseau darin zustimmt, dass die Neigung, die Reichen und Mächtigen zu bewundern und die Armen und Schwachen zu verachten, die wichtigste Ursache der Korruption unserer moralischen Gefühle darstelle, bestreitet er, dass dies auch lasterhaftes Verhalten nach sich ziehe. So betont er, für die mittleren und unteren Schichten, die in der bürgerlichen Gesellschaft den größten Teil der Bevölkerung ausmachten, seien der Pfad zur Tugend und zum Erfolg fast der gleiche. Berufliche Fähigkeiten, gepaart mit klugem und gemäßigtem Verhalten, seien höchst selten von Misserfolg begleitet. Da diese Leute stark von ihrem Ansehen abhingen, ein gutes Ansehen aber von leidlich geregeltem Verhalten abhänge, erweise sich das Sprichwort, wonach Rechtschaffenheit die beste Politik sei, fast durchweg als wahr (Rasmussen 2013, 63 f.). Hier zeigt sich, dass Smith Mandevilles Auffassung bestritt, dass sich die moralische Kritik an der bürgerlichen Gesellschaft allein mit dem Verweis auf die „öffentlichen Vorteile" (d. h. den ökonomischen Gewinn) rechtfertigen lasse. Indem er aufzeigte, dass gesellschaftlicher Austausch und Handel auch mit einem Zuwachs bürgerlicher Tugenden und Menschlichkeit einhergehen, verteidigte er die bürgerliche Gesellschaft jedoch auch gegen Rousseaus Kritik.

Der wohl bedeutendste Aspekt der Wirkungsgeschichte der beiden *Diskurse* im 18. Jahrhundert stellt die Begründung der Geschichtsphilosophie dar, die von Rousseaus „Suche nach den Ursprüngen" (Starobinski 1993, 403–416) beherrscht war. In diesem Zusammenhang kommt der *Geschichte der Menschheit* (1764) des Schweizers Isaak Iselin eine Schlüsselrolle zu. Dieser suchte 1752 anlässlich einer Frankreichreise das Gespräch mit Rousseau über dessen *Ersten Diskurs*, mit dem er sich ebenso wie später mit dem *Zweiten Diskurs* kritisch auseinandersetzte (Kapossy, 76–85). Wie er im Rückblick auf die Entstehungsgeschichte der *Geschichte der Menschheit* feststellen sollte, diente deren erster Entwurf hauptsächlich der Prüfung der Rousseauschen Paradoxe. Auf Anregung von Henry Home, Lord Kames, habe er sein Projekt später dahingehend erweitert, dass er auch nachweisen wollte, dass die Natur selbst einen größeren Einfluss auf die Gewohnheiten und Gesetze habe als die von Montesquieu in *Vom Geist der Gesetze* (1748) genannten Ursachen wie Klima, Boden und Religion (Zedelmaier, 260). Die Originalität von Iselins Ansatz besteht darin, dass er seiner Rekonstruktion der Geschichte der Menschheit eine psychologische Betrachtung des menschlichen Individuums zugrunde legt. Wie sich die seelischen „Triebräder" Sinnlichkeit, Einbildungskraft und Vernunft von der Kindheit bis zum Erwachsenenalter im Individuum nach und nach entfalten, so entwickle sich auch die Menschheit. Der Kindheit entspricht dabei die Stufe der Wildheit und Barbarei, in der die Völker unter dem Gesetz sinnlicher Begierden und der Einbildung stehen, dem Erwachsenenalter der durch die Vernunft bestimmte gesittete, bürgerliche Stand, der sich nur sehr langsam und allmählich entwickelt. Der wilde und der gesittete Stand stellen jedoch nicht nur zwei Entwicklungsstufen der Menschheit dar, sondern bezeichnen auch zwei Klassen des menschlichen Geschlechts: Während die erste bis hin zu den gegenwärtigen „Wilden" im ersten Stand verblieb, begann in der zweiten Klasse der Prozess der „Policierung", der bei den europäischen Nationen am weitesten fortgeschritten sei. Unter dem Einfluss von Vernunft und Aufklärung bewegten sich diese auf die Freiheit zu, während die orientalischen Völker mit der Ausnahme von China noch unter dem Despotismus verharrten (Zedelmaier, 250–254).

Mit den Thesen des *Zweiten Diskurses* setzt sich Iselin im Rahmen des zweiten Buches der *Geschichte der Menschheit* auseinander, das vom Stand der Natur handelt. Sein erster kritischer Einwand betrifft den ursprünglichen, den „tierischen" Zustand des Menschen, den Rousseau im ersten Teil des *Diskurses* beschreibt. Über diesen können nach Iselin weder die Geschichte noch die Ethnographie Auskunft geben, weshalb man sich ganz auf eine hypothetische Konstruktion im Ausgang von der psychologischen Betrachtung des Menschen sowie auf die Naturgeschichte verlassen müsse. Den Fehler Rousseaus sieht er darin, dass dieser die Perfektibilität dem natürlichen Menschen nur der Möglichkeit nach zugeschrieben und deren Entfaltung auf zufällige äußere Bedingungen zurückgeführt habe. Nach Iselin handelt es sich dagegen um einen „Trieb zur Vollkommenheit", der dem Menschen von der Natur verliehen und durch die göttliche Vorsehung bestimmt sei (Iselin 1786, 134); er treibe diesen seit Beginn, seine Fähigkeiten zu entwickeln. Die Perfektibilität sei nicht die Ursache des Verfalls, sondern die Bedingung der Möglichkeit der Glückseligkeit des Menschen. Der ursprüngliche Naturzustand sei ein „Unding" (Iselin 1786, 139), und selbst wenn er Wirklichkeit wäre, so handelte es sich sicher nicht um einen Zustand der Glückseligkeit, da letztere aus Tugend und Weisheit hervorgehe (Zedelmaier, 262–264).

Eine zweite These Iselins bezieht sich auf den Zustand des Menschen, den Rousseau im zweiten Teil des *Zweiten Diskurses* als glücklichste und dauerhafteste Epoche beschrieb. Den Umstand, dass Rousseau selbst gezwungen gewesen sei, den Menschen über die niedere Sphäre emporzuheben, in die er ihn nach seinen ersten Grundsätzen verbannt habe, deutet Iselin bereits als Schwäche, als Eingeständnis der eigenen Widersprüchlichkeit. Sein Haupteinwand richtet sich dann jedoch gegen jene Maxime der natürlichen Güte, die nach Rousseau das Mitleid allen Menschen eingebe: „Sorge für dein Wohl mit dem geringstmöglichen Schaden für andere" (D2, 151). Dabei handle es sich um ein Konstrukt, das aus der Projektion späterer gesellschaftlicher Zustände auf den Naturzustand resultiere. Das Empfinden eines solchen Grundtriebs erfordere nicht nur Überlegung, sondern sogar mathematische Berechnung (Iselin 1786, 159 f.). Im Unterschied zu Rousseau erkennt Iselin im Mitleid die Quelle aller geselligen Empfindungen, die in der ersten Anlage der menschlichen Fähigkeiten bereits wirksam seien und sich dann mit der Entwicklung der Einbildungskraft und der höheren Seelenkräfte rasch entfalteten. Auch Iselin verteidigte also die natürliche Soziabilität des Menschen (Iselin 1786, 161 f.; Zedelmaier, 167). Seine Auseinandersetzung mit Rousseau trug ihm von Mendelssohn das Lob ein, die gründlichste Widerlegung der Meinungen Rousseaus vorgetragen zu haben (Zedelmaier, 269).

An dem von Iselin initiierten Projekt, Rousseaus Paradoxe durch die Arbeit an einer Geschichte der Menschheit „zu widerlegen, zu differenzieren, weiterzuentwickeln oder auch zu kompensieren und ‚aufzuheben'" (Zedelmaier, 270), sollte sich auch Martin Wieland mit seinen *Beyträgen zur geheimen Geschichte der Menschheit* (1770) beteiligen, die als originelles Element einen Kommentar zur empirischen Beglaubigung des ursprünglichen Menschen enthält. Dabei widerlegt er mit Hilfe einer Analyse der zweifelhaften methodischen Verfahren, mit denen Rousseau angebliche ‚Tatsachen' produziere, dessen Vermutung, die Pongos bzw. Orang-Utans, die von Reiseschriftstellern als dem Menschen „ähnliche" Tiere beschrieben wurden, seien in Wirklichkeit wahrhaft wilde Menschen gewesen und könnten die Hypothese vom ursprünglichen Naturzustand stützen (Zedelmaier, 276–282; vgl. D2, Anm. X, 323–349).

Eine positivere Würdigung erfuhren Rousseaus *Diskurse* in der Geschichtsphilosophie Immanuel Kants. Wie Ernst Cassirer in seiner Studie *Kant und Rousseau* von 1939 betonen sollte, betrachtete dieser Rousseaus Lehre vom Naturzustand „nicht als eine Schilderung des Gewesenen, sondern als einen Ausdruck des Geforderten, nicht als einen elegischen Rückblick, sondern als einen Ausblick und Vorblick" (Cassirer 2012b, 99). In der *Idee zu einer allgemeinen Geschichte in weltbürgerlicher Absicht* (1784) entwickelt Kant den Leitfaden zu einer Geschichte der menschlichen Gattung als Vollziehung eines verborgenen „Plans der Natur", die auf die Errichtung einer weltbürgerlichen Verfassung abziele, in der alle

Anlagen in der Menschheit völlig entwickelt wären. Deren Kernstück besteht in der Theorie der „ungeselligen Geselligkeit", d. h. dem Widerstreit der Neigung des Menschen, sich zu vergesellschaften, und seinem Hang, sich zu isolieren. Nach Kant ist es diese in Ehrsucht, Herrschsucht und Habsucht sich manifestierende ungesellige Eigenschaft, die alle Kräfte im Menschen erweckt und „die ersten wahren Schritte aus der Rohigkeit zur Kultur" bewirkt (Kant XI, 38). Ausgehend von der „ungeselligen Geselligkeit" diskutiert Kant, wie der menschlichen Gattung die Errichtung einer bürgerlichen Verfassung sowie gesetzmäßiger Verhältnisse zwischen den Staaten, zu denen die Natur sie zwinge, gelingen könne. Im Zusammenhang mit dem Antagonismus zwischen den Staaten und der Schwierigkeit, als letzten Schritt einen weltbürgerlichen Zustand einzuführen, erwähnt er die „härtesten Übel", welche die menschliche Natur „unter dem betrüglichen Anschein äußerer Wohlfahrt" zu erleiden habe, und fügt an: *„Rousseau* hatte so Unrecht nicht, wenn er den Zustand der Wilden vorzog". Denn bevor die menschliche Gattung die letzte Stufe (die Errichtung eines weltbürgerlichen Zustandes) erstiegen habe, sei alles vermeintlich Gute „lauter Schein und schimmerndes Elend". So sei diese durch Kunst und Wissenschaft wohl in hohem Grade kultiviert und im Blick auf „gesellschaftliche Artigkeit und Anständigkeit" zivilisiert. Was dagegen noch fehle, sei die Moralisierung bzw. die Ausbildung einer moralisch guten Gesinnung, die ebenfalls noch zur Kultur gehörte (Kant XI, 44). Kant stimmt Rousseaus Diagnose vom moralischen Verfall der Gesellschaft also zu, relativiert diese jedoch insofern, als er darin nur ein Moment in der Entwicklungsgeschichte der menschlichen Gattung sieht, wenn er im Rekurs auf einen verborgenen Plan der Natur „eine tröstende Aussicht in die Zukunft" eröffnet, „in welcher die Menschengattung in weiter Ferne vorgestellt wird" (Kant XI, 49). In seiner Schrift *Zum ewigen Frieden*, in der er die Frage einer weltbürgerlichen Verfassung erneut aufgreifen sollte, betont Kant ausdrücklich, dass es sich bei der Annahme, die Geschichte der menschlichen Gattung gehorche einem verborgenen Plan der Natur (oder werde von der göttlichen Vorsehung gelenkt) um eine bloße Unterstellung handle, da die menschliche Vernunft nicht ausreiche, um die Natur und ihre Zwecke zu erkennen (Kant XI, 218). In der *Idee zur einer Geschichte in weltbürgerlicher Absicht* erklärt er, eine wichtige Motivation für diesen „besonderen Gesichtspunkt der Weltbetrachtung" bestehe in der Rechtfertigung der Natur oder der Vorsehung (Kant XI, 49). Ähnlich wie Rousseau im Brief an Voltaire vom 18. August 1756 verlagert Kant also die Theodizee auf das Gebiet der Geschichtsphilosophie.

In der Schrift *Mutmaßlicher Anfang der Menschengeschichte* (1786) widmet sich Kant dem „ersten Anfang" der menschlichen Geschichte, der „ersten Entwickelung der Freiheit aus ihrer ursprünglichen Anlage in der Natur des Menschen" (Kant XI, 85), also jenem Problem, das Rousseau im *Zweiten Diskurs* behandelte.

Im Unterschied zu diesem verlässt er sich jedoch nicht auf bloße Vermutungen und stützt sich auch nicht auf ethnographische Berichte, sondern er entwickelt seine Mutmaßungen am Leitfaden des Alten Testaments (Genesis: 1. Mose, Kap. II–VI). Auch hier stimmt er der These vom „unvermeidlichen Widerstreit der Kultur mit der Natur des menschlichen Geschlechts" zu, die Rousseau in den beiden *Diskursen* entwickelt habe, und bestätigt dessen Ansicht, wonach die Geschichte der Natur mit dem Guten anfange, da sie das Werk Gottes sei, die Geschichte der Freiheit jedoch vom Bösen, da sie Menschenwerk sei. Rousseau habe „mit viel Wahrheit" über die Ungleichheit geklagt, die von der Kultur nicht zu trennen sei, solange sich diese gleichsam planlos entwickle (Kant XI, 95 Anm.). Kant betont jedoch, der Widerstreit der Kultur mit der Natur beschränke sich auf die physische Gattung, in der das Individuum seine Bestimmung ganz erreichen sollte. Die Frage, wie die Kultur sich entwickeln müsse, um die Anlagen der Menschheit als einer sittlichen Gattung zu entwickeln, „bis vollkommene Kunst wieder Natur wird" (Kant XI, 95), habe Rousseau dagegen erst im *Emile* und im *Gesellschaftsvertrag* behandelt.

11.3 Vom 19. Jahrhundert bis zur Gegenwart

Je größer der zeitliche Abstand zum Erscheinen der beiden *Diskurse* ist, desto schwieriger wird es, deren Wirkungsgeschichte von der Interpretation von Rousseaus politischer Philosophie oder seines Gesamtwerks zu unterscheiden. Die folgende Darstellung zielt nicht auf eine möglichst breite Übersicht, wie sie in Bänden zur Rousseau-Rezeption angestrebt wird (Harvey, Jaumann, Leigh, Spector 2001), sondern sie konzentriert sich auf Interpretationen, die den beiden *Diskursen* eine Gründerrolle oder eine Schlüsselfunktion für die anhaltende Aktualität von Rousseaus Philosophie zuschreiben.

Geht man von Axel Honneths These aus, wonach Rousseau mit dem *Zweiten Diskurs* eine Tradition kritischer Sozialphilosophie begründete (Honneth 1994), ist es eher erstaunlich, dass sich im 19. Jahrhundert kaum namhafte Quellen zur Rezeption dieser Schrift ausfindig machen lassen. Dies ist wohl dem Umstand geschuldet, dass sich bei Rousseau noch keine klare Unterscheidung zwischen Staat und bürgerlicher Gesellschaft findet. Obwohl dieser seinen Zeitgenossen im *Gesellschaftsvertrag* vorwarf, sie wüssten nicht mehr zwischen dem „bourgeois" und dem „citoyen" zu unterscheiden und verwechselten letzteren mit dem ersteren (GV, I, 6, Anm.), setzte er selbst – wie in der Tradition des modernen Naturrechts üblich – die Gesellschaft mit dem Staat gleich, den er als Körper mit einem gemeinsamen Selbst und einem einheitlichen Leben und Willen beschrieb (GV, I, 6.). Das zeigt sich u. a. daran, dass er sich den ökonomischen Wandel, dem die Gesellschaft seiner Zeit unterlag, nicht bewusst machte und die politische Ökonomie als Wissenschaft definierte, die von der guten Verwaltung oder Regierung des Staates handle. Hegel und Marx gingen dagegen von der systematischen Unterscheidung zwischen Staat und Gesellschaft aus, die im 18. Jahrhundert im Werk Adam Smiths vorgezeichnet ist. Von diesem übernahmen sie auch das Interesse, zunächst zu beschreiben und zu erklären, wie die gesellschaftliche Welt tatsächlich funktioniert, statt sich wie Rousseau auf die normative Begründung des Staates zu konzentrieren (Neuhouser 2012a, 651–657).

Karl Marx vertrat die Auffassung, Rousseau habe im *Zweiten Diskurs* das vereinzelte Individuum der bürgerlichen Gesellschaft in den Naturzustand zurückprojiziert und als ursprünglichen Zustand beschrieben, was tatsächlich das Resultat der Entwicklung der kapitalistischen Gesellschaft sei (Marx, 615). Dagegen argumentierte Friedrich Engels, dieser habe die dialektische Methode von Marx vorweggenommen, indem er den Fortschritt der Zivilisation als Fortschritt der Ungleichheit gedeutet habe, die sich unter dem Einfluss der gesellschaftlichen Antagonismen in ihr Gegenteil verkehre (Engels, 91–96). Im 20. Jahrhundert wurden im Gefolge der Abkehr vom offiziellen Marxismus jedoch auch Interpretationen von Rousseaus politischer Philosophie vorgeschlagen, die von einem neuen Interesse am *Zweiten Diskurs* zeugen. Louis Althusser schrieb Rousseau bereits in seinen frühen Schriften in der Ideologie des 18. Jahrhunderts eine Sonderstellung zu. Während Montesquieu für ihn die feudal-liberale Klasse verkörpert und die Enzyklopädisten die Bourgeoisie repräsentieren, sieht er in Rousseau den Vertreter des deklassierten Handwerkers und Kleinbauern, der ökonomisch unabhängig und deshalb frei sei. Als interner Feind der Aufklärung habe Rousseau die Entwicklung der menschlichen Natur als dialektischen Prozess beschrieben und den Widerspruch zwischen dem Fortschritt des Geistes und dem Niedergang der menschlichen Gattung aufgezeigt. Obwohl Rousseau gesehen habe, dass nicht die Vernunft, sondern eine materielle Notwendigkeit die Entwicklung der menschlichen Gattung bestimme, sei er im *Gesellschaftsvertrag* dann jedoch einer idealistischen Lösung des Problems der Geschichte verhaftet geblieben (Althusser 2006, 110–114; Spector 2011, 32–34). In seinen Vorlesungen und Schriften nach 1960 wandte sich Althusser dann allerdings von der Kritik am Idealismus Rousseaus ab und sah in diesem vielmehr einen Verbündeten im Versuch, die Realität der Geschichte mit Marx als einen Prozess ohne Subjekt zu denken, der den ihm unterworfenen Individuen eine Ordnung auferlege, ohne dass ihm ein Ziel zugeschrieben werden könnte (Althusser 2012; Spector 2011, 34–36).

Auch im italienischen Marxismus der Nachkriegszeit spielte Rousseaus politische Philosophie eine wichtige Rolle. Galvano Della Volpe (1957) würdigte Rousseau nicht nur als Vorläufer des Marxismus-Leninismus, sondern sah im

Gesellschaftsvertrag auch eine Quelle zu dessen Erneuerung im Sinne eines reformistischen Sozialismus, der auf die Ablösung der repräsentativen durch eine direkte und egalitäre Demokratie zielt (Spector 2011, 40 f.). Rousseaus Originalität sieht Della Volpe aber vor allem im *Zweiten Diskurs*, den er im Licht der *Kritik des Gothaer Programms* neu liest. Dabei erweist sich die Anmerkung zur distributiven Gerechtigkeit als Schlüsselstelle (D2, Anm. XIX, 381–383), in der Rousseau als erster die Fragen der sozialen Anerkennung des Individuums und des Verhältnisses zwischen gesellschaftlichem Wert und persönlichem Verdienst diskutiert und richtig erkannt habe, dass Gerechtigkeit in einem gut eingerichteten Staat nicht auf strikter Gleichheit, sondern auf der Proportionalität von Belohnung und Verdienst beruhe (Della Volpe, 67–84; Spector 2011, 43).

Eine ganz andere Lesart des *Zweiten Diskurses* schlug Emile Durkheim, einer der Gründerväter der französischen Soziologie, vor. In einer nicht genau datierbaren Vorlesung zu Rousseaus *Gesellschaftsvertrag*, die er während seiner Zeit in Bordeaux hielt (1892–1901) und die 1918 posthum in der *Revue de Métaphysique et de Morale* erschien, weist er auf den widersprüchlichen Charakter von Rousseaus Theorie der Gesellschaft hin. So habe dieser im *Zweiten Diskurs* die Genese sozialer Beziehungen des Menschen im Ausgang vom isolierten Individuum beschrieben und die Vergesellschaftung auf zufällige äußere Ursachen zurückgeführt. Weil er die Natur auf das Individuum beschränke, erscheine die Gesellschaft als etwas Künstliches, als Produkt des Zufalls (Durkheim, 133–135). Für einen Soziologen wie Durkheim, der jede Konzeption der Gesellschaft kritisierte, die diese auf die Individuen als sie konstituierende Teile zurückführte, war dies zutiefst problematisch. Denn dieser fehle gerade das „Mehr" – das, was dem Gesellschaftlichen seinen eigenen Charakter, sein moralisches Gewicht verleihe, das den Willen der Individuen zu beugen vermöge (Arppe, 7 f.). Einen Hinweis auf die Verbindung der Teile, die das Ganze der Gesellschaft ausmacht, d. h. eine bestimmte Art der Organisation der Interaktion, fand Durkheim in einem Abschnitt im *Genfer Manuskript* des *Gesellschaftsvertrags*, wo Rousseau allerdings nicht erklärt, wie die Gesellschaft tatsächlich entsteht, sondern wie sie sein sollte. Rousseau führt dort aus, dass die „allgemeine Gesellschaft" (société générale), wenn es sie gäbe, ein moralisches Wesen sein müsste, das besondere, von den sie konstituierenden partikularen Wesen unterschiedene Eigenschaften hätte, ungefähr wie chemische Verbindungen Eigenschaften hätten, die sich nicht auf diejenigen ihrer Komponenten reduzieren ließen (OC III, 284). Was Rousseau hier als hypothetische Bedingungen der politischen Gesellschaft beschreibt, wird bei Durkheim zum faktischen Substrat der sozialen Bindung, zum Gegenstand der Soziologie, den er zugleich als „natürlich" und „moralisch" versteht, als verbindende Kraft und als kollektive Repräsentation. Was Rousseau in kritischer Absicht als hypothetische Bedingung einer politischen Gesellschaft versteht, wird bei Durkheim zur Eigenart des Gesellschaftlichen. Rousseau habe verstanden, dass die Gesellschaft etwas sei, was sich der psychischen Welt des Individuums hinzufügt (Arppe, 11 f.).

Während Durkheim zwar nicht den *Zweiten Diskurs* als solchen, wohl aber die darin angelegte Reflexion auf das Verhältnis zwischen Individuum und Gesellschaft für die Soziologie fruchtbar zu machen suchte, entdeckte Claude Lévy-Strauss im gleichen Text später die Ankündigung einer neuen Wissenschaft: der Ethnologie (Lévy-Strauss). Er bezieht sich dabei auf jene Anmerkung, in der Rousseau beklagt, dass man keine Menschen fände, die eine Reise um die Welt unternähmen, um nicht wieder Steine und Pflanzen, sondern einmal die Menschen und die Sitten zu studieren. Stelle man sich vor, sie täten dies tatsächlich und schrieben anschließend die natürliche, moralische und politische Geschichte dessen, was sie gesehen hätten, so sähen wir unter ihrer Feder eine neue Welt entstehen und lernten auch unsere eigene Welt verstehen (D2, Anm. X, 345–349). Nach Lévy-Strauss sah Rousseau die Ethnologie jedoch nicht nur voraus, sondern er begründete sie zugleich, indem er den *Zweiten Diskurs* verfasste, wo er das Problem des Verhältnisses zwischen Natur und Kultur untersuchte, und indem er in seinem *Versuch über den Ursprung der Sprachen* den Gegenstand der Ethnologie definierte, den er von jenem des Moralisten und Historikers unterschied, wenn er forderte, man müsse, um den Menschen zu studieren, den Blick erst in die Ferne schweifen lassen und die Unterschiede zwischen *den* Menschen beobachten, um die Eigenschaften *des* Menschen zu entdecken. Es sind vor allem zwei Einsichten, die der Begründer des ethnologischen Strukturalismus Rousseau zuschreibt: Zum einen habe dieser durch sein Werk sowie durch seinen Charakter und sein Temperament, die sich darin Ausdruck verschafften, dem Ethnologen ein Bild vermittelt, in dem dieser sich wiedererkenne und das ihm helfe, sich nicht im Sinne von Descartes' „ich denke" (cogito) als reine betrachtende Intelligenz, sondern als unfreiwilliger Agent einer Transformation zu verstehen, die sich durch ihn vollziehe. In der ethnographischen Erfahrung erfasse sich der Beobachter als sein eigenes Instrument der Beobachtung. Zum anderen verweist Lévy-Strauss auf das Mitleid, das er als Fähigkeit deutet, sich nicht nur mit einem Verwandten oder Vertrauten, sondern mit irgendeinem Menschen, ja irgendeinem Lebewesen zu identifizieren. Nur weil Rousseau das Mitleid als wesentliche Fähigkeit des Menschen erkannt habe, sei es ihm gelungen, im *Zweiten Diskurs* den Übergang von der Natur zur Kultur, vom Gefühl zur Erkenntnis und von der Tierheit zur Menschheit zu erklären (Lévy-Strauss; Honneth 1987).

Der Aneignung wesentlicher Einsichten des *Zweiten Diskurses* durch die Begründer neuer Wissenschaften steht die philosophische Rezeption diese Schrift zur Seite. In diesem Zusammenhang kommt der Interpretation Ernst Cassirers grundlegende Bedeutung zu, der einen problemgeschichtlichen Zugang vorschlug. Wie schon der Titel *Das Problem Jean-Jacques Rousseau* (1932) zeigt, geht es Cassirer darum, das Werk Rousseaus nicht als „feste und fertige Doktrin" zu behandeln, sondern als „eine stetig sich erneuernde *Bewegung* des Gedankens", die keine objektive historische Betrachtung zulässt (Cassirer 2012a, 7). Da Rousseau der erste Denker gewesen sei, der die klare Bestimmung und Umgrenzung der Dinge in Frage stellte, indem er der statischen Denkweise des 18. Jahrhunderts seine persönliche Dynamik des Gedankens, des Gefühls und der Leidenschaft gegenüberstellte, habe der Gehalt seiner Fragen nichts von seiner Unmittelbarkeit verloren. Cassirer geht es darum, Rousseaus Grundgedanken von der Verknüpfung mit den individuellen Eigenheiten des Autors zu lösen und sie als objektive Problematik vorzustellen, die „eine innere, streng-sachliche Notwendigkeit" in sich berge (Cassirer 2012a, 11). Diesen methodischen Überlegungen folgend, interpretiert er die beiden *Diskurse* vor dem Hintergrund von Rousseaus Lebensgeschichte, die auf den Abstand zwischen schweizerischer Heimat und höfischer Geselligkeit in Paris verweist. Darin sieht er die Quelle von Rousseaus Misanthropie und die Grundlage der Unterscheidung zwischen Natur und Kultur bzw. zwischen dem, was der Mensch ist, und dem, wozu er sich künstlich gemacht hat, die Rousseau in den beiden *Diskursen* thematisiert (Cassirer 2012a, 12–14). Nach Cassirer war Rousseau weder Historiker noch Ethnologe, weshalb er den hypothetischen Charakter der Erwägungen des *Zweiten Diskurses* betont und die Selbsterkenntnis und echte Selbstbesinnung als einzige Quelle anerkennt, aus der Rousseau „das wahre Wissen vom Menschen" (Cassirer 2012a, 20) geschöpft habe.

Die zentrale und umstrittene These Cassirers, die auch seine Deutung von Kants Rousseau-Interpretation prägen sollte (Cassirer 2012b), betrifft das Verhältnis zwischen dem *Zweiten Diskurs* und dem *Gesellschaftsvertrag*. Während er in ersterem jenen „schrankenlosen Individualismus" am Werk sieht, der sich auch in den autobiographischen Schriften Ausdruck verschaffte und Rousseaus Verurteilung der Gesellschaft zugrunde liege, sieht er im *Gesellschaftsvertrag* die Verherrlichung eines „schlechthin ungebundenen Absolutismus des Staatswillens" (Cassirer 2012a, 22), vor der jeder Sonder- und Einzelwille zerbreche. Ausgehend von dieser Feststellung zielt Cassirer auf den Nachweis, dass es im Werk Rousseaus keinen Widerspruch gebe, sondern dass der *Gesellschaftsvertrag* als Antwort auf den *Zweiten Diskurs* gelesen werden müsse. Während Rousseau in letzterem von der Frage ausgehe, was der Mensch ist, lege er in ersterem dar, was der Mensch sein solle. Seine „eigentlich revolutionäre Tat" (Cassirer 2012a, 34) bestehe darin, dass er der Politik die ethische Aufgabe zugewiesen habe, darzulegen, wie ein Volk so vollkommen als möglich gemacht werden könne. Diesen inneren Zusammenhang von Rousseaus Gedankenwelt habe nur einer klar und richtig erkannt: Immanuel Kant.

Anders als Cassirer wies Jean Starobinski alle Versuche zurück, die fehlenden Bindeglieder zwischen den Elementen in Rousseaus Gedankenwelt eigenmächtig einzufügen und daraus eine strenge Philosophie oder ein System zu machen. Er plädiert hingegen dafür, von der Vorstellung „eines *Pulsierens* zwischen der Diskontinuität des theoretischen Diskurses [...] und der Kontinuität eines zugrunde liegenden Ich, auf das uns die Brüche selbst hinweisen" auszugehen. Statt die Lücken in Rousseaus System zu stopfen, gelte es den Zusammenhang zwischen der Diskontinuität des theoretischen Werks und dem Beharren auf der Schilderung des Ich zu beachten und Rousseaus Berufung auf die Geschichte seines Lebens als innere Autorität zu erkennen, auf die dieser von Anfang an alles gegründet habe (Starobinski 1962, 407 f.). Als Leitfaden dient dabei die Suche nach dem Ursprung, den Rousseau in den beiden *Diskursen* sowie im *Versuch über den Ursprung der Sprachen* zum Hauptthema machte, während er in den autobiographischen Werken den subjektiven Ursprung seiner früheren Werke enthüllte. Aus dieser Perspektive gesehen ist die Natur des Menschen nicht der Gegenstand, über dessen Definition Rousseau in den beiden *Diskursen* mit den Philosophen, Juristen und Theologen streiten würde, sondern diese fällt mit der Subjektivität des sprechenden Subjekts in eins, weshalb Rousseau sich selbst erzählt. Sein Vorgehen bezeichnet Starobinski als „regressiv", handelt es sich beim Weg zum Ursprung doch um einen Weg des Rückzugs auf das Ich, der den Autor zugleich in eine exzentrische Stellung gegenüber der Welt der Lebenden führt (Starobinski 1962, 410).

Indem Starobinski den *Zweiten Diskurs* als Geschichte der Zivilisation liest, die diese „als fortschreitende Negation des Naturgegebenen begreift, als Fortschritt, dem ein Verlust der ursprünglichen Unschuld entspricht", sieht er darin eine Vorwegnahme von Hegels und Marx' Theorie der Entfremdung (Starobinski 1993, 41). Er lehnt dann jedoch sowohl Engels' materialistische als auch Kants und Cassirers idealistische Deutung ab, wonach der *Gesellschaftsvertrag* im Sinne einer Negation der Negation als Fortsetzung bzw. als dramatische Auflösung des *Zweiten Diskurses* gelesen werden könnte (Starobinski 1993, 49–55). Da Rousseau die Möglichkeit einer Synthese, welche die verlorene Einheit wiederherstellt, nur angedeutet habe, bleibe der *Gesellschaftsvertrag* ein Postulat ohne historischen Anhaltspunkt. Statt die historische Bedingung einer Rückkehr zur Einheit zu denken, habe Rousseau vielmehr auf der Ebene seines eigenen Lebens für das Problem der Versöhnung eine unmittelbare Lösung gesucht. Seine Bemühungen galten nicht der äußeren Welt, sondern dem Ich (Starobinski 1993, 56 f.).

Obwohl von der Philosophie herkommend, steht Axel Honneth mit seiner Interpretation des *Zweiten Diskurses* Durkheim und Lévy-Strauss näher als etwa Cassirer. Denn er sieht in Rousseaus Schrift wie diese das Gründungsdokument wenn nicht einer neuen Wissenschaft, so doch einer eigenständigen Richtung der praktischen Philosophie: der modernen Sozialphilosophie, die im Unterschied zur politischen Philosophie nicht nach den Bedingungen einer richtigen oder gerechten Gesellschaftsordnung frage, sondern Entwicklungsprozesse der Gesellschaft behandle, die sich als „Pathologien des Sozialen" begreifen lassen (Honneth 1994, 12–14). Dabei bezieht er sich weniger auf den Inhalt von Rousseaus kritischer Diagnose als auf „die Art der Fragestellung und die methodische Form der Antwort" (Honneth 1994, 21), die dieser im *Zweiten Diskurs* entwickelte. Ausgehend von der These, dass Rousseau das Bild des menschlichen Naturzustandes als Kontrastfolie bzw. als methodisch bewusste Idealisierung verwende, vor deren Hintergrund sich die Pathologien der modernen Lebensform erkennen lassen, unterscheidet er im *Zweiten Diskurs* zwei Schichten der Kritik: Auf einer ersten Ebene zeige Rousseau „mit dem Scharfsinn eines frühen Soziologen" auf, wie das Verlassen des Naturzustands zu sozialer Ungleichheit habe führen müssen. Auf einer zweiten Ebene habe er denselben Vorgang als Prozess gedeutet, „durch den der Mensch in ein Verhältnis der Selbstentfremdung getrieben wurde" (Honneth 1994, 18). Als wesentlich erachtet Honneth dabei, dass Rousseau die Entfremdung mit dem Entstehen erster Interaktionsverhältnisse beginnen lässt, was dazu führt, dass die Subjekte sich nicht mehr an ihrer eigenen Bedürfnisnatur, sondern an den Erwartungen anderer orientieren und sich nur noch mit der Absicht begegnen, „Talente und Kräfte vorzutäuschen, die ihnen ein höheres Maß an sozialer Anerkennung verschaffen können". Vor dem Hintergrund des künstlich gewachsenen Bedürfnisses nach Prestigegewinn, das er als „Eigenliebe" (amour propre) bezeichnet, erkläre Rousseau dann auch den Erwerb von Privateigentum und die damit verbundene Herausbildung sozialer Ungleichheit (Honneth 1994, 19 f.).

Ausgehend von der These, Rousseau habe „wenn auch nicht dem Begriffe so doch der Sache nach, die philosophische Idee der ‚Entfremdung' hervorgebracht" (Honneth 1994, 21), zeichnet Honneth dann in großen Zügen die Entwicklung der Sozialphilosophie im 19. und 20. Jahrhundert nach, die über Hegel, Marx und Nietzsche zunächst zu den Gründervätern der Soziologie, dann zur Erneuerung der Sozialphilosophie in Gestalt von Geschichtsphilosophie (Georg Lukacs) und philosophischer Anthropologie (Helmuth Plessner) sowie zur Totalitarismuskritik führt (Hannah Arendt, Horkheimer und Adorno) und in eine Reflexion auf die Lage der Sozialphilosophie am Ende des 20. Jahrhunderts mündet. Keiner der von Honneth besprochenen Philosophen bezieht sich jedoch auf den *Zweiten Diskurs* als Gründungstext zurück. Obwohl sich etwa zwischen Hegels sozialphilosophischer Diagnose der „Entzweiung", Marx' Kritik der „Entfremdung" oder Lukacs' Theorie der „Verdinglichung" des Menschen in der kapitalistischen Gesellschaft und Rousseaus Analyse der Dynamik der Eigenliebe durchaus formale Analogien feststellen lassen (Honneth 1994, 21), darf diese Tradition nicht mit der Wirkungsgeschichte des *Zweiten Diskurses* verwechselt werden.

Der jüngste Vorschlag, den *Zweiten Diskurs* neu zu lesen, stammt von Frederick Neuhouser. Obwohl der Titel seiner Studie *Pathologien der Selbstliebe* stark an Honneths Bestimmung des Gegenstands der kritischen Sozialphilosophie erinnert, und obwohl beide Autoren Rousseaus Philosophie vor dem Hintergrund einer Theorie der Anerkennung lesen, wie sie im 19. Jahrhundert von Hegel ausgearbeitet werden sollte, sind ihre Interpretationsansätze verschieden. Während Honneth auf misslungene, das Subjekt von sich entfremdende Formen gesellschaftlicher Beziehungen fokussiert, die auf der Eigenliebe (amour propre) beruhen, geht es Neuhouser um den Nachweis, dass Rousseau mit dem Begriff der Eigenliebe das menschliche Verlangen nach Anerkennung bezeichnet habe, das nicht ausschließlich oder notwendig negative Folgen habe, sondern Formen annehmen könne, die die menschliche Existenz bereichern und sogar jene Übel beheben könne, die aus ihm selbst hervorgingen (Neuhouser 2012b, 28). Die Eigenliebe (amour propre) darf dabei nicht mit der Selbstliebe (amour de soi) verwechselt werden. Wie Rousseau selbst feststellte, handelt es sich um „zwei Leidenschaften, die ihrer Natur und ihren Wirkungen nach sehr verschieden sind" (D2, Anm. XV, 369), wobei der Hauptunterschied darin besteht, dass nur die Eigenliebe relational ist, d. h. sich auf die vergleichende Wertschätzung durch andere bezieht (Neuhouser 2012b, 25–27).

Wie Cassirer und Starobinski interessiert sich Neuhouser nicht für die Zivilisationskritik des *Zweiten Diskurses* als solche, sondern er betrachtet diese als Baustein „eines einzigen, kohärenten Gedankensystems" (Neuhouser 2012b, 31), indem er den *Gesellschaftsvertrag* und den *Emile* als komplementäre und miteinander zu vereinbarende Erwiderungen auf die im *Zweiten Diskurs* diagnostizierten Probleme interpretiert (Neuhouser 2012b, 33). Diesem kommt jedoch zentrale Bedeutung zu, da er sich als grundlegend für das Studium der negativen Folgen der Eigenliebe erweist. Neuhouser formuliert in diesem Zusammenhang zwei zentrale Thesen: Die erste bezieht sich auf die Ursache der Übel der menschlichen Existenz. Gegen die verbreitete Ansicht, wonach Rousseau mit der Eigenliebe, dem Privateigentum, der materiellen Abhängigkeit und der Vermögensungleichheit verschiedene Ursachen für die Ungleichheit unter den Menschen und deren moralischen Verfall geltend gemacht habe, zielt Neuhouser auf den Nachweis, dass diese ökonomischen Phänomene im Vergleich zur Eigenliebe von zweitrangiger Bedeutung seien und in Wirklichkeit auf diesen zurückgeführt werden könnten. Er räumt dieser also gegenüber den anderen Ursachen Priorität ein. Die zweite These bezieht sich auf die Theodizee. Wie Rousseau und Cassirer betrachtet er Rousseaus Zivilisationskritik als „Teil der langen christlichen Auseinandersetzung mit dem Problem des Bösen" (Neuhouser 2012b, 11). Indem dieser auf den Nachweis ziele, dass die Eigenliebe die Übel, die sie selbst verursache, heilen könne, folge er der traditionellen Strategie, im Bösen selbst das Versprechen auf Erlösung zu suchen. Er weiche jedoch insofern von der Tradition ab, als er das Erlösungspotential der Eigenliebe nicht als Beleg eines göttlichen Zweckes in der Natur ansehe, sondern die Erlösung als Möglichkeit betrachte. Wenn die Erlösung überhaupt stattfinden sollte, so müsste sie „eine vollkommen irdische Angelegenheit" (Neuhouser 2012b, 14) sein, deren Bedingungen Rousseau im *Gesellschaftsvertrag* und im *Emile* darlege, ohne dabei jedoch konkrete Schritte im Sinne von Anleitungen zu einer sozialen oder politischen Revolution zu empfehlen. Die praktische Funktion der Theodizee bestehe vielmehr darin, den Gesellschaftskritiker bei der Diagnose gesellschaftlicher Missstände anzuleiten und ihm Hinweise zu vermitteln, wie eine bestehende Gesellschaft sich dem Ideal einer glücklichen Existenz nähern könnte (Neuhouser 2012b, 17 f.).

Literatur

Althusser, L. 2006: Politique et Histoire, de Machiavel à Marx, 1955 à 1972, Paris.
Althusser, L. 2012: Cours sur Rousseau (1972), hrsg. von Y. Vargas, Paris.
Arppe, T. 2005: Rousseau, Durkheim et la constitution affective du social, in: Revue d'Histoire des Sciences Humaines 13, 5–31.
Breitinger, J. J. 1740: Critische Dichtkunst, Zürich. Neusatz 2013.
Cassirer, E. 2012: Über Rousseau, hrsg. und mit einem Nachwort von G. Kreis, Frankfurt a.M., a. Das Problem Jean Jacques Rousseau (1932), 7–90, b. Kant und Rousseau (1939), 91–144.
Crousaz, J.-P. de 1737: Examen de l'Essai de M. Pope sur l'Homme, Lausanne.
D'Alembert, J. Le Rond 1989: Einleitung zur ‚Enzyklopädie' (1750), hrsg. und mit einem Essay von G. Mensching, Frankfurt a.M.
Della Volpe, G. 1957: Rousseau e Marx, Rom.
Diderot, D. 1755: Droit naturel, in: J. Le Rond d'Alembert, D. Diderot (Hrsg.): Encyclopédie ou Dictionnaire raisonné des sciences, des arts et des métiers, Bd. 5, Paris, 115–116.
Durkheim, E. 1953: Montesquieu et Rousseau: précurseurs de la sociologie, Paris.
Engels, F. 1975: Herrn Eugen Dührings Umwälzung der Wissenschaft, MEW XX, Berlin.
Force, P. 2003: Self-Interest before Adam Smith: a Genealogy of Economic Science, Oxford.
Formey, J. H. S. 1755: Examen philosophique de la liaison réelle qu'il y a entre les sciences et les moeurs, in: Histoire de l'Académie des sciences et belles lettres, Berlin, 397–416.
Formey, J. H. S. 1769: Considérations sur ce qu'on peut regarder aujourd'hui comme le but principal des académies, et comme leur effet le plus avantageux, in: Histoire de l'Académie des sciences et belles lettres, Berlin, 367–381.
Formey, J. H. S. 1770: Considérations sur ce qu'on peut regarder aujourd'hui comme le but principal des académies, et comme leur effet le plus avantageux. Second discours, in: Histoire de l'Académie des sciences et belles lettres, Berlin, 357–366.
Gautier, J. 1752: An Answer to the Discourse … by M. Guatier (richtig: J. Gautier), To which are added, Observations on the Above Answer to that Discourse by J.-J. Rousseau, transl. from the French Originals, Dublin.

Goldenbaum, U. 2000: Einleitung, in: J.-J. Rousseau: Abhandlung von dem Ursprung der Ungleichheit unter den Menschen. Aus dem Französischen von M. Mendelssohn, hrsg. von U. Goldenbaum, Weimar, 1–63.

Goldschmidt, V. 1980: Le problème de la civilisation chez Rousseau (et la réponse de d'Alembert au „Discours sur les sciences et les arts"), in: Jean-Jacques Rousseau et la crise contemporaine de la conscience, Paris, 269–316.

Griswold, Ch. L. 2010: Smith and Rousseau in dialogue: Sympathy, *pitié*, spectatorship and narrative, in: The Adam Smith Review, Bd. 5: Essays commemorating the 250th anniversary of The Theory of Moral Sentiments, hrsg. von V. Brown und S. Fleischacker, London/New York, 59–83.

Hanley, R. 2006: From Geneva to Glasgow: Rousseau and Adam Smith on the Theater and Commercial Society, in: Studies in Eighteenth Century 35, 177–202.

Hanley, R. 2008: Commerce and Corruption: Rousseau's Diagnosis and Adam Smith's Cure, in: European Journal of Political Theory 7, 137–158.

Harvey, S. et al. (Hrsg.) 1980: Reappraisals of Rousseau: studies in honour of R. A. Leigh, Manchester 1980.

Herder, J. G. 1775: Ursachen des gesunknen Geschmacks bei den verschiedenen Völkern, da er geblühet, in: ders.: Werke Bd. 4, hrsg. von J. Brummack und M. Bollacher, Frankfurt a. M. 1994, 109–148.

Herder, J. G. 1780: Von Einfluss der Regierung auf die Wissenschaften und der Wissenschaften auf die Regierung, in: ders.: Werke Bd. 9/2, hrsg. von R. Wisbet und K. Pradel, Frankfurt a.M. 1997, 294–391.

Herder, J. G. 1781: Über die Wirkung der Dichtkunst auf die Sitten der Völker in alten und neuen Zeiten, in: ders.: Werke Bd. 4, hrsg. von J. Brummack und M. Bollacher, Frankfurt a. M. 1994, 149–214.

Honneth, A. 1987: Ein strukturalistischer Rousseau. Zur Anthropologie von Claude Lévy-Strauss, in: Merkur 41, 819–833. Wieder abgedruckt in: ders.: Die zerrissene Welt des Sozialen, Frankfurt a.M. 1990, 93–112.

Honneth, A. 1994: Pathologien des Sozialen. Die Aufgabe der Sozialphilosophie, Frankfurt a.M. Wieder abgedruckt in: Das Andere der Gerechtigkeit. Aufsätze zur praktischen Philosophie, Frankfurt a.M. 2000, 11–87.

Iselin, I. 1976: Ueber die Geschichte der Menschheit (1786), 2 Bde., Basel. Nachdruck in einem Bd. Hildesheim.

Jaumann, H. (Hrsg.) 1995: Rousseau in Deutschland. Neue Beiträge zur Erforschung seiner Rezeption, Berlin/New York.

Kant, I. 1964: Werke in zwölf Bänden, hrsg. von W. Weischedel, Frankfurt a.M.

Kapossy, B. 2006: Iselin contra Rousseau. Sociable Patriotism and the History of Mankind, Basel.

Kelly, Ch., Masters, R. D. 1995: The Coherence of his System: Rousseau's Replies to the Critics of the *Second Discourse*, in: L. Clark, G. Lafrance (Hrsg.): Rousseau and Criticism, Pensée libre No. 5, Ottawa, 21–31.

Leigh, F. A. (Hrsg.) 2010: Rousseau after Two Hundred Years, Cambridge.

Lévy-Strauss, C. 1973: J.-J. Rousseau, fondateur de sciences de l'homme, in: ders.: Anthropologie structurale II, Paris, 45–56.

Marx, K. 1961: Grundrisse der Kritik der politischen Ökonomie, MEW XIII, Berlin.

Masters, R. D. 1988: Rousseau and the attacks on the *First* and *Second Discourses*, in: J. Terrasse (Hrsg.): Etudes sur les *Discours* de Rousseau/Studies on Rousseau's *Discourses*, Ottawa, 163–177.

Neuhouser, F. 2012a: Conceptions of Society in Nineteenth-Century Social Thought, in: A. W. Wood/S. S. Hahn (Hrsg.): The Cambridge History of Philosophy in the Nineteenth Century (1790–1870), 651–675.

Neuhouser, F. 2012b: Pathologien der Selbstliebe. Freiheit und Anerkennung bei Rousseau. Aus dem Amerikanischen von Ch. Heilbronn, Frankfurt a.M.

Rasmussen, Dennis C. 2008: The Problems and Promise of Commercial Society: Adam Smith's Response to Rousseau, University Park, PA.

Rasmussen, Dennis C. 2013: Adam Smith and Rousseau: Enlightenment and Counter-Enlightenment, in: Ch. J. Berry/M. P. Paganelli/C. Smith (Hrsg.): The Oxord Handbook of Adam Smith, Oxford, 54–76.

Rousseau, J.-J. 1753: Recueil de toutes les pièces qui ont été publiées à l'occasion du Discours de M. J.-J. Rousseau, Gotha.

Rousseau, J.-J. 2000: Abhandlung von dem Ursprunge der Ungleichheit unter den Menschen, und worauf sie sich gründe (1756); aus dem Französischen von M. Mendelssohn, Berlin. Neu hrsg. mit einer Einführung und Erläuterungen von U. Goldenbaum, Weimar.

Schmitt, A.: Scholarship, Morals, and Government 2012: Jean-Henri-Samuel Formey's and Johann Gottfried Herder's Responses to Rousseau's *First Discourse*, in: Modern Intellectual History 9/2, 249–274.

Sewall, R. B. 1937: Rousseau's First Discourse in England, in: PMLA 52/3, 908–9011.

Sewall, R. B. 1939: Rousseau's Second *Discourse* in England and Scotland from 1762 to 1772, in: Philological Quarterly 18/3, 225–242.

Smith, A. 1982: A Letter to the Authors of the *Edinburgh Review*, in: ders., Essays on Philosophical Subjects, hrsg. von W. P. D. Wightman and J. C. Bryce, Indianapolis, 242–256.

Spector, C. 2011: Au Prisme de Rousseau: usages politiques contemporains, Oxford.

Spector, C. 2012: De Diderot à Rousseau: la double crise du droit naturel moderne, in: Du contract social, ou Essai sur la forme de la République (Manuscrit de Genève), hrsg. von B. Bachofen, B. Bernardi und G. Olivo, Paris, 141–153.

Starobinski, J. 1962: Rousseau und die Suche nach den Ursprüngen, in: ders.: 1993, 403–417.

Starobinski, J. 1964: Die Abhandlung über den Ursprung der Ungleichheit, deutsch in: ders. 1993, 417–449.

Starobinski, J. 1993: Rousseau: eine Welt von Widerständen, Frankfurt a.M.

Sulzer, J. G. 1781: Gedanken über den Ursprung und die verschiedenen Bestimmungen der Wissenschaften und schönen Künste, in: ders.: Vermischte Schriften, 2. Teil, Leipzig, 110–128.

Taylor, S. B. 1963: Rousseau's Contemporary Reputation in France, in: Th. Besterman (Hrsg.): Studies on Voltaire and the Eighteenth Century, Bd. 27, Genf, 1545–1574.

Tente, L. 1974: Die Polemik um den ersten Discours von Rousseau in Frankreich und Deutschland, 3 Bde., Kiel.

Trousson, R. 1969: J.-J. Rousseau et son Œuvre dans la presse périodique allemande de 1750 à 1800, in: Dix-huitième siècle 1, Paris, 289–310.

Vattel, E. de 1758: Le droit des gens, ou Principes de la loi naturelle, appliqués à la conduite et aux affaires des Nations et des Souverains, 2 Bde., London.

Voltaire 1877–1885: Œuvres completes, hrsg. von L. Moland, Paris.

Warner, J. H. 1933: The Reaction in Eighteenth-Century England to Rousseau's Two Discours, in: PMLA 48/2, 441–487.

Wokler, R. 1980: The *Discours sur les sciences et les arts* and its offspring: Rousseau in reply to his critics, in: S. Harvey et al. (Hrsg.): Reappraisals of Rousseau: studies in honour of R. A. Leigh, Manchester 1980, 250–278.

Zedelmaier, H. 2003: Der Anfang der Geschichte. Studien zur Ursprungsdebatte im 18. Jahrhundert, Hamburg.

Zurbuchen, S. 2013: Reacting to Rousseau: difficult relations between erudition and politics in the Swiss Republics, in: A. Holenstein/H. Steinke/M. Stuber (Hrsg.): Scholars in Action: The Practice of Knowledge and the Figure of the Savant in the 18th Century, Bd. 1, Leiden, 481–501.

Auswahlbibliographie

Primärtexte

Discours sur les sciences et les arts, in: Œuvres complètes, hrsg. von B. Gagnebin und M. Raymond, Bd. III, Paris 1964 (Bibliothèque de la Pléiade), 1–30.

Disours sur l'origine et les fondements de l'inégalité parmi les hommes, in: Œuvres complètes, hrsg. von B. Gagnebin und M. Raymond, Bd. III, Paris 1964 (Bibliothèque de la Pléiade), 109–223.

Discours sur les sciences et les arts. Lettre à d'Alembert sur les spectacles, hrsg. von J. Varloot, Paris 1987.

Discours sur l'origine et les fondements de l'inégalité parmi les hommes, commentaire et notes par J.-L. Lecercle, Paris 1983.

Discours sur l'origine et les fondements de l'inégalité parmi les hommes, éd., introduite et annotée par B. Bachofen et B. Bernardi, Paris 2008.

Discours sur les sciences et les arts. Abhandlung über die Wissenschaften und die Künste. Französisch/Deutsch, übers. von D. Butz-Striebel in Zusammenarbeit mit M.-L. Petrequin, hrsg. von B. Durand, Stuttgart 2012.

Diskurs über die Ungleichheit. Discours sur l'inégalité. Kritische Ausgabe des integralen Textes. Mit sämtlichen Fragmenten und ergänzenden Materialien nach den Originalausgaben und den Handschriften neu ediert, übersetzt und kommentiert von H. Meier, 6. Aufl. Paderborn 2008.

Abhandlung über den Ursprung und die Grundlagen der Ungleichheit unter den Menschen, aus dem Französischen übers. und hrsg. von P. Rippel, Stuttgart 2010.

Schriften zur Kulturkritik. Die zwei Diskurse von 1750 und 1755, hrsg. und übers. von K. Weigand, Hamburg 1978.

Kulturkritische und politische Schriften in zwei Bänden, hrsg. von M. Fontius, Berlin 1989.

Sekundärliteratur

Althusser, L. 2006: Politique et Histoire, de Machiavel à Marx, 1955 à 1972, Paris.

Althusser, L. 2012: Cours sur Rousseau (1972), hrsg. von Y. Vargas, Paris.

Arppe, T. 2005: Rousseau, Durkheim et la constitution affective du social, in: Revue d'Histoire des Sciences Humaines 13, 5–31.

Bachofen, B. 2002: La condition de la liberté. Rousseau, critique des raisons politiques, Genf/Paris.

Bachofen, B. 2012: Logische Genesen, geschichtliche Anfänge, Begründung im Recht: Figuren des Ursprungs und der Grundlegung bei Rousseau, in: P. Delhom/A. Hirsch (Hrsg.): Rousseaus Ursprungserzählungen, München, 19–36.

Bouchardy, F. 1964: Einführung und Endnoten zu *Discours sur les sciences et les arts*, in: Rousseau, Œuvres complètes, Bd.III, Gallimard (Pléiade), XXVII–XLI und 1237–1284.

Brandt, R./Herb, K. (Hrsg.) 2012: Jean-Jacques Rousseau. Vom Gesellschaftsvertrag oder Prinzipien des Staatsrechts, Berlin.

Cassirer, E. 2012: Über Rousseau, hrsg. und mit einem Nachwort von G. Kreis, Frankfurt a.M.

Cheneval, F. 2008: Rousseau, in: J. Rohbeck/H. Holzhey (Hrsg.), Grundriss der Geschichte der Philosophie. Die Philosophie des 18. Jahrhunderts, Band 2: Frankreich, Basel, 618–683.
Delhom, P./Hirsch, A. (Hrsg.) 2012: Rousseaus Ursprungserzählungen, München.
Della Volpe, G. 1957: Rousseau e Marx, Rom.
Delon, M. 1996: État de nature, in: T. Raymond/F. Eigeldinger (Hrsg.): Dictionnaire de Jean-Jacques Rousseau, Paris, 645–647.
Dent, N. 2005: Rousseau, London/New York.
Derathé, R. 1950: Jean-Jacques Rousseau et la science politique de son temps, Paris.
Derathé, R. 1984: L'Homme selon Rousseau, in: G. Genette et T. Todorov (Hrsg.), Pensée de Rousseau, Paris.
Duchet, M. 1971: Anthropologie et histoire au siècle des lumières. Buffon, Voltaire, Rousseau, Helvétius, Diderot, Paris.
Durand, B. 2007: Rousseau, Stuttgart.
Durkheim, E. 1953: Montesquieu et Rousseau: précurseurs de la sociologie, Paris.
Ferrara, A. 1993: Modernity and Authenticity. A Study of the Social and Ethical thought of Jean-Jacques Rousseau, Albany.
Fetscher, I. 1975: Rousseaus politische Philosophie. Zur Geschichte des demokratischen Freiheitsbegriffs, Frankfurt a. M.
Forschner, M. 1977: Rousseau, Freiburg i. Br./München.
Franzini, E. 2002: Il teatro, la festa e la rivoluzione. Su Rousseau e gli enciclopedisti, Palermo.
Garrard, G. 2003: Rousseaus Counter-Enlightenment. A republican critique of the „philosophes", New York.
Goldenbaum, U. 2000: Einleitung, in: J.-J. Rousseau: Abhandlung von dem Ursprung der Ungleichheit unter den Menschen. Aus dem Französischen von M. Mendelssohn, hrsg. von U. Goldenbaum, Weimar, 1–63.
Goldschmidt, V. 1974: Anthropologie et Politique. Les Principes du Système de Rousseau, Paris.
Goldschmidt, V. 1980: Le problème de la civilisation chez Rousseau (et la réponse de d'Alembert au „Discours sur les sciences et les arts"), in: Jean-Jacques Rousseau et la crise contemporaine de la conscience, Paris, 269–316.
Gouhier, H. 1983: Rousseau et Voltaire. Portraits dans deux miroirs, Paris.
Gouhier, H. 1984: Les méditations métaphysiques de J.-J. Rousseau, Paris.
Harvey, S. et al. (Hrsg.) 1980: Reappraisals of Rousseau: studies in honour of R. A. Leigh, Manchester 1980.
Hatzenberger, A. 2012: Rousseau et l'utopie. De l'État insulaire aux cosmotopies, Paris.
Herb, K. 1988: Rousseaus Theorie legitimer Herrschaft. Voraussetzungen und Begründungen, Würzburg.
Herb, K. 1999: Bürgerliche Freiheit. Politische Philosophie von Hobbes bis Constant, München/Freiburg.
Honneth, A. 1987: Ein strukturalistischer Rousseau. Zur Anthropologie von Claude Lévy-Strauss, in: Merkur 41, 819–833. Wieder abgedruckt in: ders.: Die zerrissene Welt des Sozialen, Frankfurt a.M. 1990, 93–112.
Hulliung, M. 1994: The Autocritique of Enlightenment, Rousseau and the Philosophers, Cambridge, London.
Iacono, A. M. 1998: Paura e meraviglia. Storie filosofiche del XVIII secolo, Catanzaro.
Iacono, A. M. 2000: Autonomia, potere, minorità, Milano.
Jaumann, H. (Hrsg.) 1995: Rousseau in Deutschland. Neue Beiträge zur Erforschung seiner Rezeption, Berlin/New York.

Kapossy, B. 2006: Iselin contra Rousseau. Sociable Patriotism and the History of Mankind, Basel.
Kelly, Ch., Masters, R. D. 1995: The Coherence of his System: Rousseau's Replies tot he Critics of the *Second Discourse*, in: L. Clark, G. Lafrance (Hrsg.): Rousseau and Criticism, Pensée libre No. 5, Ottawa, 21–31.
Klemperer, V. 1966: Geschichte der französischen Literatur im 18. Jahrhundert, 2 Bde., Halle (Saale), Band II: Das Jahrhundert Rousseaus.
Kuster, F. 2012: Private Tugenden – öffentliche Wohlfahrt. Rousseaus Geschlechterpolitik, in: K. Herb/M. Scherb (Hrsg.): Rousseaus Zauber. Lesarten der Politischen Philosophie, Würzburg, 101–112.
Leigh, F. A. (Hrsg.) 2010: Rousseau after Two Hundred Years, Cambridge.
Lévi-Strauss, C., 1975: Jean-Jaques Rousseau. Begründer der Wissenschaften vom Menschen, in: Strukturale Anthropologie II, Frankfurt a.M., 45–56.
Lovejoy, A. 2012: Der vermeintliche Primitivismus von Rousseaus Abhandlung über die Ungleichheit, in: Deutsche Zeitschrift für Philosophie 60/4, 491–508.
Martin-Haag, É. 2009: Rousseau ou la conscience sociale des Lumières, Paris.
Master, R. D. 1968: The Political Philosophy of Rousseau, Princeton/New York.
Masters, R. D. 1988: Rousseau and the attacks on the *First* and *Second Discourses*, in: J. Terrasse (Hrsg.): Etudes sur les *Discours* de Rousseau/Studies on Rousseau's *Discourses*, Ottawa, 163–177.
Meek, R.L. 1976: Social Science and the Ignoble Savage, Cambridge.
Meier, H. 2008: Ein einführender Essay über die Rhetorik und die Intention des Werkes, in: J.-J. Rousseau. Diskurs über die Ungleichheit. Discours sur l'inégalité, hrsg. und übers. von H. Meier, Paderborn u. a., XXI–LXXXV.
Mensching, G. 2000: Rousseau zur Einführung, Hamburg.
Meyer, A. 2008: Zeichen-Sprache. Modelle der Sprachphilosophie bei Descartes, Condillac und Rousseau, Würzburg.
Moravia, S. 1973: Beobachtende Vernunft. Philosophie und Anthropologie in der Aufklärung, München.
Morel, J. 1909: Recherches sur les sources du Discours sur l'inégalité, Annales de la Société J.-J. Rousseau, Bd. 5, Genf.
Müller, R. 1997: Anthropologie und Geschichte. Rousseaus frühe Schriften und die antike Tradition, Berlin.
Nagl-Docekal, H. 1994: Geschichtsphilosophie als Theorie der Geschlechterdifferenz – Das Beispiel Rousseaus, in: Deutsche Zeitschrift für Philosophie, 42, 4, 571–589.
Neuhouser, F. 2011: Jean-Jacques Rousseau and the Origins of Autonomy, in: Inquiry, 54, 5, 478–493.
Neuhouser, F. 2012: Pathologien der Selbstliebe. Freiheit und Anerkennung bei Rousseau, Frankfurt a.M.
Neuhouser, F. 2014: Rousseau's Critique of Inequality: Reconstructing the Second Discourse, Cambridge University Press.
Plattner, M.F. 1979: Rousseau's State of Nature, DeKalb.
Rang, M. 1959: Rousseaus Lehre vom Menschen, Göttingen.
Rasmussen, Dennis C. 2008: The Problems and Promise of Commercial Society: Adam Smith's Response to Rousseau, University Park, PA.
Rehm, M. 2006: Bürgerliches Glaubensbekenntnis. Moral und Religion in Rousseaus politischer Philosophie, München/Paderborn.

Rohbeck, J. 2010: Aufklärung und Geschichte, Berlin.
Salaün, F. 2006: Diderot – Rousseau. Un entretien à distance. Actes du colloque „Diderot hanté par Rousseau, Rousseau hanté par Diderot", Université Paul-Valéry Montpellier III, 9 avril 2005, Paris.
Scherl, M. 2012: Freunde, Bürger, Soldaten. Republikanische Tugend und Männlichkeit bei Rousseau, in: K. Herb/M. Scherb (Hrsg.): Rousseaus Zauber. Lesarten der Politischen Philosophie, Würzburg, 113–128.
Sewall, R. B. 1937: Rousseau's First Discourse in England, in: PMLA 52/3, 908–9011.
Sewall, R. B. 1939: Rousseau's Second Discourse in England and Scotland from 1762 to 1772, in: Philological Quarterly 18/3, 225–242.
Soëtard, M. 2012: Jean-Jacques Rousseau. Leben und Werk, München.
Sommer, A. U. 2006: Sinnstiftung durch Geschichte? Zur Genese der spekulativ-universalistischen Geschichtsphilosophie zwischen Pierre Bayle und Immanuel Kant, Basel.
Spaemann, R. 2008: Rousseau – Mensch oder Bürger. Das Dilemma der Moderne, Stuttgart.
Spector, C. 2011: Au Prisme de Rousseau: usages politiques contemporains, Oxford.
Spector, C. 2012: De Diderot à Rousseau: la double crise du droit naturel moderne, in: Du contract social, ou Essai sur la forme de la République (Manuscrit de Genève), hrsg. von B. Bachofen, B. Bernardi und G. Olivo, Paris, 141–153.
Starobinski, J. 1964: Introduction au Discours sur l'origine et les fondaments de l'inegalité, in: J.-J. Rousseau, Œuvres Complètes, Bd. III, Paris, XVLII–LXX.
Starobinski, J. 1989: Le remède dans le mal. Critique et légitimation de l'artifice à l'âge des Lumières, Paris.
Starobinski, J. 1993: Rousseau: eine Welt von Widerständen, Frankfurt a.M.
Steinbrügge, L. 1987: Das moralische Geschlecht. Theorien und literarische Entwürfe über die Natur der Frau in der französischen Aufklärung, Weinheim.
Strauss, L. 1956: Naturrecht und Geschichte, Stuttgart.
Sturma, D. 2001: Jean-Jacques Rousseau, München.
Taylor, S. B. 1963: Rousseau's Contemporary Reputation in France, in: Th. Besterman (Hrsg.): Studies on Voltaire and the Eighteenth Century, Bd. 27, Genf, 1545–1574.
Tente, L. 1974: Die Polemik um den ersten Discours von Rousseau in Frankreich und Deutschland, 3 Bde., Kiel.
Vincenti, L. 2001: Rousseau – L'individu et la république, Paris.
Weigand, K. 1978: Rousseaus negative Historik, in: J.-J. Rousseau. Schriften zur Kulturkritik. Die zwei Diskurse von 1750 und 1755, Hamburg.
Wokler, R. 1995: Rousseau, Oxford.
Zedelmaier, H. 2003: Der Anfang der Geschichte. Studien zur Ursprungsdebatte im 18. Jahrhundert, Hamburg.
Zurbuchen, S. 2013: Reacting to Rousseau: difficult relations between erudition and politics in the Swiss Republics, in: A. Holenstein, H. Steinke, M. Stuber (Hrsg.): Scholars in Action: The Practice of Knowledge and the Figure of the Savant in the 18th Century, Bd. 1, Leiden, 481–501.

Personenregister

Adorno, Theodor W. 20, 215
Althusser, Louis 201
Aristoteles 63, 108, 182

Benjamin, Walter 24
Bonnet, Charles 197, 198
Boulanger, Antoine 183, 184
Buffon, Georges-Louis Leclerc de 84–88, 90–93, 96–98, 100, 101, 136

Cassirer, Ernst 207, 212–214, 216
Condillac, Étienne Bonnot de 97, 117, 133
Condorcet, Marie Jean Antoine 18, 180

d'Alembert 58, 78, 196
Darwin, Charles 89
Descartes, René 75, 91, 115, 212
d'Holbach, Paul Thiry 138, 184, 185
Diderot, Denis 35, 92, 171, 198

Engels, Friedrich 175, 210

Fabricius 43, 44
Fontenelle, Bernard de 76

Herder, Johann Gottfried 200, 201
Hobbes, Thomas 14, 81, 83, 108, 111, 117, 128, 147, 160–162, 164, 173
Horkheimer, Max 20, 215

Iselin, Isaak 206, 207

Kant, Immanuel 70, 81, 146, 191, 207–209
Klemperer, Victor 4, 5, 9, 44

Le Roy, Charles-Georges 85, 197
Lévi-Strauss, Claude 68, 75, 80, 110, 111, 212, 216
Livius, Titus 69, 70
Locke, John 13, 83, 84, 112, 128, 147, 165, 169
Lukrez 3, 144

Mandeville, Bernard 38, 154, 203–205
Marx, Karl 154, 157, 210, 214
Maupertuis, Pierre Louis Moreau de 95–97, 117, 118
Mendelssohn, Moses 201–203
Montaigne, Michel de 4, 35
Montesquieu, Charles-Louis de 38, 77, 78, 171
Morus, Thomas 73, 74
Mumford, Lewis 73, 74

Ockham, Wilhelm von 186, 187

Platon 37, 66, 76
Pufendorf, Samuel 6, 170, 172

Sokrates 29, 40–43, 45
Starobinski, Jean 214
Strauss, Leo 108

Turgot, Anne Robert Jacques 18, 20, 101

Vattel, Emer de 203
Volney, Constantin François 18
Voltaire 18, 98, 104, 196, 198

Sachregister

Abhängigkeit 123, 130, 142, 151
Adel 4
amour de sois s. Selbstliebe
amour propre s. Eigenliebe
Anerkennung 12, 13, 148, 149, 174, 215
Anthropologie (s. a. Mensch, Natur des Menschen) 7, 8, 11, 68, 79–81, 90, 110, 111, 130, 160, 161, 176, 177
Antike 15, 30, 31, 33, 37, 39, 56, 108, 180, 187
Arbeit 13, 14, 113, 115, 146, 156
- Teilung der A. 20, 21, 141–146, 153
Aufklärung 1, 2, 49–54, 59, 60, 195
- Kritik der A. 20, 49–54, 59, 110
Bedürfnis
- natürliches B. 32, 113
- künstliches B. 32, 38, 120, 151, 152
Bekenntnisse 43, 115, 141
bougeois 177, 209
Brief an d'Alembert 15, 34, 65, 196

citoyen 171, 177, 209

Degeneration 20, 100, 101
Dekadenz s. Verfall
Demokratie 59, 64, 67–72, 172, 190, 211
droit naturel s. Recht der Natur

Eigenliebe 12, 121, 122, 141, 148, 151, 152, 215, 216
Eigentum 7, 13, 23, 24, 81, 112, 127, 128, 141, 145, 146, 153, 170, 174, 183, 190
Emile oder Über die Erziehung 5, 15, 29, 41, 123, 135, 177, 179–181, 191, 192, 216
Emotion s. Gefühl
Encyclopédie 39, 49, 50, 58, 196
Entfremdung 154, 188, 214, 215
Erklärung 77, 99, 183
- intentionale 19
- kontrafaktische 23
Erzählung s. Geschichte als E.
Erziehung 15, 16, 39, 66, 177, 179, 191, 192
Ethnologie 75, 212
Experiment 6, 23, 97, 188

Familie 11, 88, 93, 133–135, 147, 183, 187
Fest 65–67
Fortschritt 1, 18–20, 28, 30, 31, 47–49, 54–56, 59, 77, 87, 180, 184, 185, 195, 196
Frau s. a. Mensch, weiblicher
Freiheit 10, 44, 68–70, 92, 101, 123, 124, 150, 151, 164–166, 169, 170, 186, 188, 190
Friede 70–72, 163

Gefühl 10–12, 16, 29, 69, 93, 120, 121, 127, 133, 148, 174, 203
Gemeinwille 67, 68, 172, 188, 189, 198
Gender s. Geschlecht
Geschichte 6, 14, 18–24, 30, 31, 36, 44, 45, 75–79, 81, 84–100, 159
- der Menschheit 1, 10, 18, 31, 36, 83, 90–100, 122, 123, 156
- Teleologie der G. 20, 21
- G. als Erzählung 2, 22–24
Geschichtsphilosophie s. Philosophie der Geschichte
Geschichtsschreibung 6, 18
Geschlecht 2, 14–16, 93
- Geschlechterverhältnis 14, 15, 135
- Geschlechtercharaktere 15, 93
Geschmack s. Neigung
Gesellschaft 7, 8, 33, 57, 58, 80, 81, 110, 111, 123, 160, 187–190
- entstehende 11, 161
- bürgerliche 1, 7, 13, 18, 128, 142, 153, 162–164, 167, 172–174, 187–193, 209, 210
Gesellschaftsvertrag s. a. Vertrag
Gesellschaftsvertrag 57, 59, 67, 68, 162, 165, 167, 168, 177, 179–181, 188–190, 191, 192, 213
Gesetz 71–73, 80, 172, 189
- natürliches 64, 146, 152, 153, 190
Gewalt 79–81, 162, 164, 176
Glück 5, 39, 48, 53, 67–69, 72, 73
goût s. Neigung

Herrschaft, politische 32, 63, 157, 169, 186–188
Historiographie s. Geschichtsschreibung

Höflichkeit 1, 32–34, 47, 137
homme naturel s. Mensch, natürlicher
Hypothese 75, 78, 80, 81

Instinkt 89, 105, 137, 147, 148

Julie oder Die Neue Héloïse 5, 15, 17, 18, 34, 179

Katastrophe 22, 141–143, 183, 184, 197
Klima 21, 72, 90, 96, 98, 99, 184
Knechtschaft s. Sklaverei
Konkurrenz 7, 11, 13, 16, 31, 156, 173
Kontingenz s. Zufall
Kontraktualismus s. Vertrag
Korruption 38, 44, 175
Krieg s. Kriegszustand
Kriegszustand 14, 111, 112, 155, 156, 160, 161, 168
Kultur s. Zivilisation
Künste 2, 3, 37, 44–50, 146, 199–201
– mechanische (s. a. Technik) 2

Laster 1, 9, 34, 37, 39, 40, 44, 48, 64, 67, 137, 148, 149
Liebe 93, 121, 133, 136, 202
– Gattenliebe 11
– Elternliebe 11
Luxus 3, 9, 37–39, 43, 44, 56

Mann 14–17
Meditation 115
Mensch 12, 72, 75, 76, 80, 89, 202
– Mensch/Tier 5, 85, 86, 89–92, 94–96, 98–100, 104, 118, 132, 133
– wilder Mensch 5, 11, 32, 36, 90, 91, 94, 95, 103, 104, 139, 177, 202–204
– natürlicher 6, 11, 79, 84, 90, 91, 93, 99, 103–105, 111, 130, 191
– zivilisierter 90, 91, 99, 111, 119, 120, 147, 148, 177
– weiblicher 15, 16, 17, 93, 100
Menschheit s. Geschichte der M.
Methode s. Experiment, Hypothese
Mitleid 10, 68, 79, 104, 138, 202, 204, 207, 212
Moderne s. Zivilisation, moderne

mœurs s. Sitten
Moral 16, 17, 48, 56, 91, 92, 104, 105, 138

Narration s. Geschichte als Erzählung
Natur 5, 30, 63, 80, 83–85, 88, 89, 91, 110, 130, 131, 142, 151, 179–182, 184, 188
– des Menschen 6–8, 76, 77, 80, 81, 88–90, 99, 105–107, 170, 171, 191–193
– Gesetz der N. 173
Naturgeschichte 83–85, 87–89, 90–92
Naturrecht s. Recht der Natur
Naturzustand 5–7, 10–12, 78, 83–85, 103, 107, 114, 127, 147, 160, 161, 166, 173
Neigung 17, 177, 202, 205, 208

Ökonomie 7, 19, 113, 114, 210
Ökonomie (Art. in der Encyclopédie) 13, 163, 169, 190

Perfektibilität 10, 55, 56, 100–102, 117, 123, 202, 203, 206
perfectibilité s. Perfektibilität
Philosophie 32, 42
– der Gesellschaft (Sozialphilosophie) 7, 8, 11, 14, 15, 17, 18, 209, 215, 216
– der Geschichte (Geschichtsphilosophie, geschichtsphilosophisch) 1, 2, 18–21, 24, 86–88, 205
– philosophe 49, 52, 54
Physiokraten 13, 110
pitié s. Mitleid
Politische Ökonomie s. Ökonomie
Privateigentum s. Eigentum

Recht 146, 157, 162, 164–167, 171–173, 176, 189, 190
– der Natur (Naturrecht) 6, 77, 81, 84, 108–110, 198, 146, 156, 157, 169, 198
– des Stärkeren 156, 161, 176
Republik 63–65, 69, 70
Reichtum s. Ungleichheit
Religion 5, 81, 83, 153
Revolution 31, 88, 174
– erste 93, 133
– große 142, 149
– Französische 2, 70
Rhetorik 3, 27, 195

Rousseau richtet über Jean-Jacques 58, 108, 180

Säkularisierung 19
Schauspiel 65–67, 72
Selbsterhaltung s. Selbstliebe
Selbstliebe 10, 12, 15, 22, 79, 120, 148, 218
Sitten 22, 27, 30, 38, 47, 48, 182
Sklaverei 31, 32, 70, 142, 151, 164, 174
Souveränität 64, 67, 172, 189
Sozialphilosophie s. Philosophie der Gesellschaft
Soziologie 154, 211
Sprache 95, 117, 118, 129, 132, 133, 182
Staat 14, 65–68, 69–71, 113, 165, 166, 168, 169, 172, 173, 184, 187–189, 209

Tatsachen, historische 78–81, 83, 129
Technik (s. a. mechanische Künste) 11, 90, 112, 143, 145, 147
Teleologie s. Geschichte, teleologisch
Träumereien eines einsamen Spaziergängers 34, 53
Tugend 17, 36, 37, 40–42, 48, 57
– des Mannes 14–17
– der Frau 14–17, 72

Ungleichheit 4, 12, 52, 58, 63, 69, 77, 107, 134, 137, 142, 149, 150, 156, 174
– natürliche 22, 80, 83, 146
– soziale 12, 22, 77, 80, 122, 142

Ursprung s. Ungleichheit und Sprache
Utopie 4, 72–74, 124

Verfall 22, 30–32, 36–39, 100, 135, 165, 180, 182, 195, 208
Verfassung 65, 181, 202
Vermutung s. Hypothese
Vernunft, Verstand 16, 30, 79, 120, 121, 122, 138, 154, 166, 170
– Kritik der V., Vernunftkritik 15, 16
– Einsicht in V., Vernunfteinsicht 16
Versuch über den Ursprung der Sprachen 19, 75, 117, 132, 133, 136, 183, 185, 212, 214
Vertrag 14, 160–162, 163, 167, 168, 170–172, 175, 188, 189
vertu s. Tugend
volonté général s. Gemeinwille

Wahrheit, historische 5, 80, 83, 129, 156
Wilder s. Mensch, wilder
Wirtschaft s. Ökonomie
Wissenschaft 2, 3, 8, 9, 31–33, 44, 45, 47–60, 83, 84, 182, 195, 196, 199, 200, 201

Zeitalter, goldenes 18, 127, 141, 148, 149
Zivilisation 6–8, 11, 76, 91, 99, 116, 134
– Kritik der Z. 5, 7, 33, 34, 36, 44, 103, 147, 177, 183
– moderne 1, 12, 17, 18, 73, 74, 77, 138, 154, 201
Zufall 21–24, 123, 139, 143–145

Hinweise zu den Autorinnen und Autoren

Blaise Bachofen, Absolvent der École Normale Supérieure, promoviert in Philosophie und Politischer Wissenschaft, ist Professor an der Universität Cergy-Pontoise. Monographie: *La Condition de la liberté* (2002). Herausgeber oder Mitherausgeber von: *Le Libéralisme au miroir du droit* (2008); *Cornelius Castoriadis, réinventer l'autonomie* (2008); *Rousseau, politique et esthétique* (2011); *Philosophie de Rousseau* (2014). Editionen: *Rousseau: Principes du droit de la guerre et Écrits sur la paix perpétuelle* (2008); *Rousseau: Discours sur l'inégalité* (2008); *Rousseau: Manuscrit de Genève*, première version du *Contrat social* (2012).

Béatrice Durand, Jahrgang 1960. Absolventin der École Normale Supérieure (Paris). Lehrtätigkeit an amerikanischen und deutschen Universitäten (Brown, State University of New York, Potsdam, Chemnitz, Halle). 2003 Habilitation an der Martin Luther-Universität Halle. Zur Zeit Lehrerin am Französischen Gymnasium in Berlin und Privatdozentin an der Freien Universität Berlin. Arbeitsschwerpunkte: französische Literatur des 17. und 18. Jahrhunderts, Erziehungsliteratur, Literatur und Anthropologie, deutsch-französische Imagologie. Autorin von *Le Paradoxe du bon maître. Essai sur l'autorité dans la fiction pédagogique des Lumières* (1999); *Cousins par alliance. Les Allemands en notre miroir* (2002); *La Nouvelle Idéologie française* (2010).

Antonio Gómez Ramos, Professor für Philosophie an der Universidad Carlos III de Madrid. Studium der Philosophie und Germanistik in Madrid und Berlin. Promotion über *Gadamer und das Problem der Übersetzung*. Übersetzer ins Spanische von u. a. Gadamer, Dilthey, Kosselleck und Hegel (*Phänomenologie des Geistes*). Wichtigste Veröffentlichungen: *Entre las líneas. Gadamer y la pertinencia de la traducción* (2000); *Reivindicación del centauro. Actualidad de la filosofía de la historia* (2003); *Diálogo y Deconstrucción. Los límites del encuentro entre Gadamer y Derrida* (2001); *Tiranía. Aproximaciones a una figura del poder* (2007); *El fondo de la historia. Ensayos sobre idealismo y romanticismo* (2013). Zahlreiche Aufsätze über Hannah Arendt, Walter Benjamin, Hegel und Reinhard Kosselleck. Forschungsschwerpunkte: Geschichtsphilosophie, Theorien der Subjektivität in der Moderne, politische Philosophie.

Karlfriedrich Herb, geb. 1957, ist ordentlicher Professor für Politische Philosophie und Ideengeschichte an der Universität Regensburg. Wichtigste Buchveröffentlichungen: *Hobbes über die Freiheit* (mit G. Geismann, 1988); *Rousseaus Theorie legitimer Herrschaft* (1989); *Bürgerliche Freiheit. Politische Philosophie von Hobbes* bis Constant (1999); *Alexis de Tocqueville* (mit O. Hidalgo, 2008); *Rousseau-Brevier* (mit B. H. F. Taureck, 2011). *Rousseaus Zauber* (hg. mit M. Scherl, 2012); *Raum und Zeit. Denkformen des Politischen bei Hannah Arendt* (hg. mit M. Gebhardt und K. Morgenstern, 2014). Mitgründer des *Bayerischen Zentrums Politische Theorie*. Zahlreiche Gastprofessuren und Forschungsprojekte in Brasilien; Initiator des Forums *BrasilienKontext*.

Alfonso M. Iacono ist ordentlicher Professor für Geschichte der Philosophie an der Universität Pisa (Italien). Sein Forschungsschwerpunkt ist die politische Philosophie unter besonderer Berücksichtigung der Autonomie und der Minderheitenrechte. Außerdem arbeitet er über Erkenntnistheorie, insbesondere über das Problem des Beobachters und der visuellen Repräsentation. Wichtigste Veröffentlichungen: *Le fétichisme. Histoire d'un concept* (1992); *The American Indians and the Ancients of Europe*, in: The Classical Tradition and the Americans (1994); *Paura e meraviglia. Storie filosofiche del XVIII secolo* (1998); *L'événement et l'observateur* (1998); *Autonomia, potere, minorità* (2000); *L'universalisme moderne et la question de l'autre*, in: Aufklärung und Aufklärungskritik (2003); *Il borghese e il selvaggio* (2003); *Storia, verità e finzione* (2006); *Diderot, L'antro di Platone* (Hg. 2009); *L'illusione e il sostituto* (2010); *Fetischismus und Substitution*, in: Fetisch als heuristische Kategorie (2011).

Susanne Lettow, zur Zeit Gastprofessorin für kritische Gesellschaftstheorie an der Goethe-Universität Frankfurt/Main, 2000 Promotion an der Freien Universität Berlin, 2009 Habilitation im Fach Philosophie an der Universität Paderborn. Vertretungs- und Gastprofessuren in Berlin, Wien und Basel. Forschungsaufenthalte am Institut für die Wissenschaften vom Menschen in Wien, am Department for History and Philosophy of Science, Cambridge University, am Department for Philosophy, Pennsylvania State University, und am Max-Planck-Institut für Wissenschaftsgeschichte Berlin. Arbeitsgebiete: Sozialphilosophie/Politische Philosophie, Philosophie- und Wissenschaftsgeschichte, Gender Studies. Veröffentlichungen: *Biophilosophien. Wissenschaft, Technologie und Geschlecht im philosophischen Diskurs der Gegenwart* (2011); *Reproduction, race and gender in philosophy and the early life sciences* (hg. 2014)

Günther Mensching, geboren 1942. Bis 2008 Professor für Philosophie an der Leibniz Universität Hannover. Forschungsgebiete: Philosophie des Mittelalters und der Aufklärung, Geschichte des Materialismus, Metaphysik und Sozialphilosophie. Veröffentlichungen u. a.: *Totalität und Autonomie. Untersuchungen zur philosophischen Gesellschaftstheorie des französischen Materialismus* (1971); *Das Allgemeine und das Besondere. Der Ursprung des modernen Denkens im Mittelalter*

(1992); *Thomas von Aquin* (1995); *Jean-Jacques Rousseau zur Einführung* (2. Aufl. 2003); *Roger Bacon* (2005).

Michaela Rehm, Juniorprofessorin in der Abteilung Philosophie der Universität Bielefeld. Wichtigste Veröffentlichungen zu Rousseau: *Bürgerliches Glaubensbekenntnis. Moral und Religion in Rousseaus politischer Philosophie* (2006); *Obligation in Rousseau: Making Natural Law History?*, in: Annual Review of Law and Ethics/Jahrbuch für Recht und Ethik (2012); *Rousseau médiateur: la religion et les Lumières*, in: Études Rousseau 17 (2009); *„Ihr seid verloren, wenn ihr vergeßt, daß die Früchte allen gehören und die Erde niemandem": Rousseaus Eigentumskonzeption*, in: Bernd Ludwig/Andreas Eckl (Hrsg.), *Was ist mein?* (2005).

Johannes Rohbeck, Seniorprofessor für Praktische Philosophie und Didaktik der Philosophie an der Technischen Universität Dresden. Mitherausgeber des *Grundrisses der Geschichte der Philosophie* (begründet von Friedrich Ueberweg), Reihe 18. Jahrhundert, Romanische Länder. Edition: *Anne Robert Jacques Turgot. Über die Fortschritte des menschlichen Geistes* (mit Lieselotte Steinbrügge, 1990). Monographien: *Egoismus und Sympathie* (1978); *Die Fortschrittstheorie der Aufklärung* (1987); *Technologische Urteilskraft* (1993); *Technik – Kultur – Geschichte* (2000); *Geschichtsphilosophie zur Einführung* (2004); *Didaktik der Philosophie und Ethik* (2008, 3. Auflage 2013); *Marx* (2006, 2. Aufl. 2014); *Aufklärung und Geschichte* (2010); *Zukunft der Geschichte* (2013).

Lieselotte Steinbrügge, Professorin für Romanische Philologie und Mitglied des Direktoriums des Master-Studiengangs Gender Studies an der Ruhr-Universität Bochum. Veröffentlichungen u. a.: *Das moralische Geschlecht. Theorien und literarische Entwürfe über die Natur der Frau in der französischen Aufklärung* (2. Aufl. 1992; *The moral sex. Woman's nature in the French Enlightenment*, 1995). Herausgeberschaften u. a.: *Anne Robert Jacques Turgot. Über die Fortschritte des menschlichen Geistes* (mit Johannes Rohbeck, 1990); *Die Frau im Dialog. Studien zu Theorie und Geschichte des Briefs* (mit Anita Runge, 1991); *Conceptualising Woman in Enlightenment Thought/Conceptualiser la femme dans la pensée des Lumières* (mit Hans-Erich Bödeker, 2001); *Pour une histoire genrée des littératures romanes* (mit Annette Keilhauer, 2013).

Philip Stewart, Professor em. für Französische Literatur an der Duke University (USA), ist Spezialist für den Roman und die Ideengeschichte des 18. Jahrhunderts. Sieben Monographien zur Literatur der französischen Aufklärung, u. a. *L'Invention du sentiment: roman et économie affective au XVIIIe siècle* (2010). Zu Rousseau neben zahlreichen Aufsätzen die Monografie: *Éditer Rousseau: enjeux* *d'un corpus (1750–2012)* (2012). Herausgeber von *Rousseau juge de Jean-Jacques* (*Œuvres complètes*, Champion, 2012) und Übersetzer (mit Jean Vaché) von *Julie or the new Heloise* (1997). Mitherausgeber der Korrespondenz von Montesquieu (ENS Éditions et Classiques Garnier).

Simone Zurbuchen ist Professorin für frühneuzeitliche und neuzeitliche Philosophie an der Universität Lausanne. Ihre Forschungsgebiete sind die Geschichte der Moralphilosophie und der politischen Philosophie im 17. und 18. Jahrhundert (Naturrecht, Toleranz, Republikanismus) sowie die zeitgenössische politische Philosophie (Menschenrechte, Migrationsethik, globale Gerechtigkeit). Zur frühen Neuzeit hat sie in jüngerer Zeit Aufsätze u. a. zu Emer von Vattel, Montesquieu und Samuel Pufendorf publiziert. In der Reihe *Klassiker Auslegen* erschien von ihr der Beitrag: *Ist Lockes politische Philosophie „sexistisch" und „rassistisch"? Formen der Herrschaft im häuslichen Verband der Familie* (Kap. 1, 4, 6, 15), in: *John Locke: Zwei Abhandlungen über die Regierung*, hg. von B. Ludwig und M. Rehm (2012).

Bei Fragen zur Produktsicherheit wenden Sie sich bitte an:
If you have any questions regarding product safety,
please contact:

Walter de Gruyter GmbH
Genthiner Straße 13
10785 Berlin
productsafety@degruyterbrill.com